MSX

재믹스

MSX & 재믹스 퍼펙트 카탈로그

samho MEDIA

머리말

여러 게임기 각각에 개별적으로 초점을 맞춰 그 기기의 매력을 전달해 온 「퍼펙트 카탈로그」 시리즈도 어느덧 12권 째를 맞아(일본 기준) 슬슬 소재가 고갈되었으리라 추측하는 독자의 우려도 들려오는 듯한 상황에서, 금번의 테마는 당돌하게도 MSX로 잡았다.

MSX는 당대의 일본산 컴퓨터로서는 전 세계에 400만 대 이상이나 보급된 베스트셀러인데다, 패미컴·세가 마크 Ⅲ 등의 8비트 계열 게임기가 융성했던 시대를 함께 했었기에, 수많은 유저들의 추억 속에 깊이 남아

있는 하드웨어다. 특히 그 시대에 유·소년기를 보냈던 게임 팬들 중에는 '게임기는 무리겠지만, 컴퓨터라면 부모님도 사주시겠지'라는 이유로 MSX를 골라 선물 받은 사람도 많지 않았을까? 내가 알고 지내온 프로그래머와 디자이너, 뮤지션 등 무언가를 창작하는 직업에 종사하는 사람들 중에도, 생애 첫 컴퓨터가 MSX였던 사람이 제법 많다. 단순한 게임기로는 샘솟지 않는 '감성'을 자극하는 '도구'. MSX는 그런 기기였다고 생각한다.

이번 책을 기획·제작하면서 가장 우려했던 점은, 이만큼 수많은 사람

들의 추억이 뭉쳐있는 기기이다 보니 책을 두고 '이게 없다', '저것도 없다' 라는 식으로 누락을 지적하는 목소리가 나올 가능성이 높다는 것이었다. MSX의 모든 것을 책 한 권에 남김없이 담아내기란 일단 무리이기도 하고, 애초에 예산과 시간이라는 제약이 존재하는 출판물 제작의 세계에서 '완전한 한 권의 책'을 목표로 잡았다가는 아무리 시간이 지나도 완성하지 못할 것임을 능히 예견할 수 있었다. 심지어 '퍼펙트 카탈로그'라는 시리즈 명을 표방하는 이상, 어설픈 책으로 낼 수는 없다. 그랬기에, 금번의 중압

감은 이전까지의 시리즈와는 차원이 달랐다.

그리하여, 이번 책에서는 목표를 '이제까지의 퍼펙트 카탈로그 시리즈가 관철해온 초지를 일관하는' 것으로 잡았다. 기본적으로 게임 소프트와 주요 하드웨어 기종은 전부 수록한다는 대전제 하에서 부가적인 주변 정보를 가능한 한 보강하되, **게임 플랫폼으로서의** MSX의 매력을 최대한 독자에게 전달하는 책을 만들자는 쪽으로 방향을 정했다. 그렇다보니 일반 프로그램과 아마추어 소프트·유틸리티 등, '상품화된 게임' 이외의 활용법

과 정보는 부득이하게 간략화 내지는 싣지 않는 쪽으로 하였다. 그것이야말로 MSX를 말하는 데 화룡점정이나 다를 바 없는 부분이 아닌가 하는 의견이 나올 터임은 충분히 상상되나, 그 점에 대해서는 추후의 기회를 잡아 다른 시점에서 새롭게 MSX를 다루는 책을 집필함으로써 보충하고자 한다.

2020년 5월,
마에다 히로유키

MSX & 재믹스 퍼펙트 카탈로그

CHAPTER 3

일본 MSX 하드웨어 & 소프트웨어 색인

CHAPTER 4

한국의 MSX & 재믹스 이야기

Special Thanks To

accpower	MSX를 보면 늘 가슴이 설레는 직장인
ASTERiS	MSX 시리즈 유저입니다. http://asteris.pe.kr
ToughkidCST	
까울	고전게임에 빠져 사는 게임 기획자
강병균	전 (주)대우전자 컴퓨터개발부 엔지니어
꿀딴지곰	고전게임 컬럼니스트, 유튜브 채널 '꿀딴지곰의 게임탐정사무소' 운영
라판	레트로 수집가
박상원	전 (주)대우전자 컴퓨터개발부 엔지니어
신비	레트로 게임 전기종 올 콜렉팅을 목표로 하는, 네이버 카페 '엔터게임' 운영자
오영욱	게임잡지의 DB를 꿈꾸는 게임개발자
이승준	'레트로장터' 행사 주최자
정세윤	http://blog.naver.com/plaire0
조학동	게임기자, '레트로장터' 행사 주최자, 아마추어 게임기 제작팀 '네오팀' 소속
타잔	레트로 게임 컬렉터, 네이버 카페 '추억의 게임 여행' 운영자
푸3촌	네이버 카페 '구닥동' 회원. 8비트 컴퓨터 및 서적이 주 관심사
홍성보	월간 GAMER'Z 수석기자

Chapter 1

MSX
하드웨어 대연구

MSX HARDWARE CATALOGUE

해설 원대한 야망을 짊어져야 했던 컴퓨터, MSX
COMMENTARY OF MSX #1

니시 카즈히코가 세운 깃발 아래, '공통규격'이 탄생하다

Windows가 세계 PC 시장을 석권하기 무려 20년도 전인 1980년대 초. 미국의 마이크로소프트(이하 MS) 사와 일본의 아스키 사가 개인용 컴퓨터의 통일규격을 책정하겠다는 원대한 야망을 품었던 시기가 있었다. 그 당시의 컴퓨터업계는 한 해가 멀다 하고 극적인 기술혁신이 거듭되던 시기였던지라, 다른 제조사의 컴퓨터끼리는 소프트가 호환되지 않는 게 당연했고, 심지어는 같은 제조사의 컴퓨터조차도 모델이 달라지면 기존의 소프트를 돌릴 수 없게 되는 문제가 일상다반사였다. 지금에 비유하자면 '플레이스테이션에서는 Xbox용 게임이 돌아가지 않는 것'과 비슷한 일이, 당시의 컴퓨터업계에서는 당연시되고 있었다고 표현하면 이해가 될까. 그런 상황을 타개하고자 했던 두 회사가, 전구나 건전지처럼 컴퓨터에도 어떤 제조사의 기기이던 소프트를 공통으로 사용할 수 있는 통일규격이 필요하다고 제창하며 내놓은 방안. 그것이 바로 MSX 규격이다.

당시 미국 MS의 극동(極東)담당 부사장이자 아스키 사의 사장이었던 니시 카즈히코는 TK-80(역주 ※)부터 시작해 당대의 일본산 컴퓨터 대부분의 개발에 깊이 관여했고, 이 컴퓨터들은 거의 예외 없이 MS가 제공한 BASIC 언어를 내장했다. 하지만 당시의 컴퓨터는 기종간의 차이를 소프트웨어로 메우기엔 보잘것없는 성능이었기에, 내장 BASIC 역시 각 기종의 특성에 맞춰 최적화해야만 했다. 그 결과, 동일한 언어가 여러 지역으로 파생되면서 수많은 사투리가 생겨나듯, NEC의 컴퓨터는 N-BASIC, 후지쯔의 컴퓨터는 F-BASIC이라는 식으로, 각 기종별로 고유의 BASIC이 난립하는 상황이 되어버린 것이다.

이런 문제점을 타개해야 한다는 공감대는 널리 퍼져 있었기에, MSX라는 제안은 당시 일본 컴퓨터업계의 빅 3였던 NEC·샤프·후지쯔를 비롯해, 과거 가정용 컴퓨터 시장에 참전했던 적이 있는 기업은 물론 새로이 참전을 계획하던 기업들에게도 지지를 받아, 다수의 제조사들로부터 참가 약속을 받아내는 데 성공했다.

하지만 순풍에 돛단배처럼 진행되던 교섭과정의 물밑에서, 예상치 못했던 기습공격이 들어왔다. 손 마사요시 사장이 이끌던 일본소프트뱅크(현 소프트뱅크) 사가 움직인 것이다. 당시 일본소프트뱅크는 일본의 컴퓨터 소프트 유통업계를 좌우하던 큰손이었으며, '우리 회사에서만 독점 유통할 수 있는 소프트 타이틀을 확충해야 한다'는 필요성 때문에 독자적으로 공통규격 컴퓨터를 계획하고 있었는데, 이 구상은 당연히 MS와 아스키가 제창하는 MSX와 정면으로 상충하는 것이었다. 이대로 가면 통일규격은커녕, 당시 VTR 업계에 발발했던 VHS와 베타맥스의 규격경쟁처럼 될 것이 뻔했다. 상황이 위험함을 느낀 니시와 손 두 사람은 물밑에서 치열한 교섭을 거듭해, 결과적으로는 화해하여 MSX로 일원화하는 데 성공했다. 합의 다음날인 1983년 6월 27일 열린 MSX 규격 보도발표회 행사는, 아스키의 니시 카즈히코와 MS의 빌 게이츠 등의 핵심인사들을 비롯해 일본의 가전 제조사 14개사 대표자들이 출석하여 성황리에 개최되었다. MSX 규격이 세상에 화려하게 데뷔하는 순간이었다.

실은, MSX 규격 책정 당시에 과정을 시종일관 주도한 쪽은 니시 카즈히코였고, 당시 MS 사장이었던 빌 게이츠는 '지금은 소프트 사업에 전념할

때'라는 이유로 MSX 규격 주도에 소극적이었다고 한다. 규격 출범 당시에는 MS가 MSX의 상표권을 보유하고 있었으나, 1986년 MS와 아스키가 제휴관계를 끝내면서 MSX의 저작권은 MS가, 상표권은 아스키가 보유하는 형태로 마무리되었다.

참고로, MSX의 로고마크는 니시가 VHS 마크를 참고해 고안했다고 하며, 이 마크의 사용 로열티는 무료다. 이는 앞서 언급한 손 마사요시와의 교섭 과정에서, 소프트 개발 시의 로열티 무료화와 함께 손 측이 제시했던 조건이었다고 한다.

MSX 규격에 찬동하고 참가를 표명한 기업은 캐논, 일본악기제조(현 야마하), 후지쯔, 제너럴, 히타치 제작소, 교세라, 마쓰시타 전기산업(현 파나소닉), 미쓰비시 전기, 일본전기(NEC), 일본빅터, 파이오니아, 산요 전기, 소니, 도쿄시바우라 전기(현 도시바)(발족 기자회견 당시. 회사명은 모두 당시 표기 기준)로서, 다들 일본에서 한가락 하던 가전 제조사들이다. 이 기업들 중엔 과거에 자사 독자규격으로 가정용 컴퓨터 전쟁에 참전했었으나 패배해 와신상담하던 회사도 많았기에, MSX로의 재참가가 일종의 시장 복귀 기회를 노려온 끝에 내린 결정인 경우도 있었으리라 추측할 수 있다.

또한 '가전 제조사'라고 묶어 표현하긴 하였으나, MSX 규격에 참가했던 회사들의 면면을 보면 정통 컴퓨터 제조사부터 악기 제조사, AV 가전 제조사 등 폭넓은 분야의 기업들이 집결해 있었기에, 통일규격이라고는 하나 각 제조사들이 자사의 특색을 살려 다양한 제품을 발안했다.

그리하여 1983년 10월, 미쓰비시가 MSX 제 1호기인 'ML-8000'을 발

(역주 ※) 1976년 8월 일본전기(NEC)가 발매한 일본 최초의 싱글 보드 컴퓨터로, 초기 일본의 퍼스널 컴퓨터 붐에 초석을 놓은 역사적인 기기이며 NEC가 일본 PC 시장을 개척하게 된 요인이 되었다.

▲ 아스키가 제작했던 MSX 규격 홍보용 팸플릿. 당시의 기존 컴퓨터와 MSX의 차이를 Q&A 형식으로 상세하게 설명했다. 권말에는 지원 소프트 라인업도 게재했다.

매한다. 이를 시작으로 각 회사들이 차례차례 MSX를 출시하여 순식간에 일본 컴퓨터 시장을 석권하는가 싶었지만, 일이 그렇게 순조롭게 가지는 않았다.

MSX에 참여한 제조사들 중, 이미 자사 컴퓨터로 일본 시장에서 일정 점유율을 석권 중이던 '빅 3' NEC·샤프·후지쯔가 자사 제품과 경합한다는 이유로 차례차례 이탈했다. 심지어 NEC와 샤프는 아예 단 한 기종도 내놓지 않고서 손을 털었다. 이미 일정 점유율을 보유한 제조사 입장에서는, 구태여 자기 점유율을 제 손으로 깎는 바보 같은 짓을 할 이유가 없다고 여겼을 터이다. 그 결과, 컴퓨터를 개발·판매하는 노하우가 부족한 제조사들만이 MSX 규격에 남아 작디작은 점유율을 나눠 가지는 상황이 되어, 화려하게 데뷔했던 MSX 규격은 출범하자마자 '군소연합'이라는 현실에 직면하게 되었다.

치명적인 계산 착오로 기반이 무너져버린 연합군

시작부터 한 번 발을 헛디딘 하였으나, MSX는 대형 가전 제조사들이 다수 참가한 공통규격이라는 안정감이 있었으므로, 소프트 개발사들도 소프트를 적극 투입했다. 덕분에 첫 출시 후 2년을 넘긴 시점에서 하드웨어 100만 대 출하를 달성하는 등, 나름대로 성공을 거두었다. 하지만 MSX에 '게임이 주목적인, 완구 느낌이 강한 컴퓨터'라는 이미지가 씌워져버린 것은 니시 카즈히코의 관점에서는 계산 착오였다. 니시의 원래 구상은 가정에서 다양한 목적에 공통으로 사용되어 '가정 내의 단말기로 자리매김하는 컴퓨터'였고, 게임은 어디까지나 당시의 아이들을 유인할 방편에 불과했기 때문이다.

이 문제를 만회하기 위해, 아스키는 MSX1이 출범한지 불과 2년 만에 후속규격인 MSX2를 연이어 내세웠다. 구체적인 하드웨어 해설은 이후의 페이지로 넘기겠으나, MSX2의 목적은 '완구' 이미지의 불식이었으므로, 일본어 처리에 필요한 것을 제외하고는 그래픽 기능의 강화를 의도적으로 억제했다. 니시에게 MSX1의 스프라이트 기능은 저렴한 VDP를 쓰다보니 덤으로 들어간 데 불과했으므로, 있으나 없으나 관심 밖이었던 것이다. 규격 주관자인 아스키가 품고 있던 이러한 인식 차이는 MSX가 게임에 필요한 표현능력을 더욱 확충하길 원했던 시장 일선의 하드웨어 제조사들 및 유저들과 동떨어져 있었기에, MSX라는 규격의 토대가 무너져가는 결과로 연결되었다.

그렇다보니 MSX2는 고도의 일본어 처리를 구현할 만한 표현능력을 갖추는 데는 성공하였으나, 반대로 MSX의 본래 장점이었던 '저렴한 컴퓨터'라는 커다란 매력을 잃고 말았다. 결국 현실과는 맞지 않다고 판단한 하드웨어 제조사들이 하나하나 이탈해, MSX 규격에서 왕성한 판매력을 보여준 마쓰시타·소니 등의 몇 개사 외에는 거의 대부분이 철수해버리는 결과에 이르렀다.

이런 MSX에 다시금 뼈아픈 타격을 가한 것이, NEC의 양대 베스트셀러 컴퓨터인 PC-8801과 PC-9801의 존재였다. 일본 내에서 폭넓은 보급에 성공해 규모의 경제를 실현하여 대폭적인 단가절감이 가능해진 덕에, 이 두 기종은 가격을 지속적으로 인하하여 MSX의 가격적 우위성마저도 빼앗아버렸다. 이렇게 되자 대세를 뒤집는 것이 아예 무리인 상황까지 몰려, MSX의 열세는 누가 보아도 확연해졌다.

1990년이 되자 전 세계의 MSX 출하대수가 400만 대를 돌파했음에도 일본 시장에서의 MSX는 이미 쇠퇴기에 돌입하여, 최후의 MSX 규격인 MSX turboR 대응기종은 마쓰시타 단 한 회사만이 출시했고, 최후의 MSX가 된 FS-A1GT도 1995년엔 결국 출하를 종료함으로써, 12년에 걸쳐 유지된 MSX 시장도 결국 막을 내렸다.

기술의 진보가 빠르고 라이프사이클이 짧은 컴퓨터의 세계에서, MSX가 무려 12년이나 현역을 유지했다는 사실만큼은 결코 작지 않은 의미가 있다. 오히려 MSX뿐만 아니라 일본의 독자 아키텍처 컴퓨터들 모두가 같은 해 일본에도 출시된 Windows 95로 인해 후일 종언을 고하게 되니, 혹여 MSX가 일본 시장의 패권을 쥐었다 한들 결국은 외세의 일본 진출로 침몰하여 마찬가지로 사라져갈 운명이 아니었을까.

HARDWARE
1983
1984
1985
1986
1987
1988
1989
1990
1991
1992
1993-
INDEX

공통규격의 꿈을 짊어지고 태어난 제 1세대기

MSX

TOSHIBA
64K MSX HX-20 PASOPIA IQ

사진은 도시바의 HX-20 (상세사항은 38p 참조)

■ '슬롯'을 도입하여 완전호환을 구현

MSX는 1983년 마이크로소프트와 아스키가 제창했던 가정용 컴퓨터 공통규격이다. '어느 제조사의 컴퓨터라도, MSX 마크가 붙어있다면 소프트는 물론 주변기기까지도 공통으로 쓸 수 있다'라는 원대한 목표를 구현하기 위해. MSX는 규격을 기획 책정하던 단계부터 '슬롯'이라는 개념을 도입했다.

MSX의 슬롯은 일단 '슬롯 0'~'슬롯

3'까지 크게 4개 슬롯으로 구성되며 각 슬롯마다 다시 0~3번으로 나뉘므로, 슬롯 수는 총합 16개가 되며 단위별로 64KB만큼의 주소 공간을 배분받는다(MSX1의 최대 메모리 용량이 64KB인 것도 이런 이유 때문이다). MSX는 컴퓨터에 내장된 각 개별 기능은 물론이고 메모리와 ROM에 이르기까지 모두 슬롯을 통해 연결되는 시스템이므로, 구조의 단순성과 유연한 확장성을 양립시킬 수 있었다.

대체로 본체 내장 ROM은 슬롯 0에,

ROM 카트리지 슬롯은 슬롯 1~2에, 각 제조사별 독자 기능은 슬롯 3에 할당하는 경우가 많았으며, 구체적으로 어떻게 기능을 배치할지는 제조사 측의 판단에 맡겼다. 슬롯은 BIOS의 관리 하에 '연결해두고 켜기만 하면 인식·동작하는' 완전한 플러그&플레이 구조였으니, 1983년 당시에 이런 개념을 구현했다는 것 자체가 실로 경탄할 만한 선구안이었다 하겠다.

이 '슬롯' 사양 덕분에, 제조사들 간에 완전한 호환성을 유지하면서도 음악 기능이 강한 컴퓨터, 영상표현에 능한 컴퓨터, 워드프로세서에 특화시킨 컴퓨터 등 각 제조사별로 자사의 강점 분야를 살린 개성적인 MSX들이 발매되어, 시장에 먼저 나와 있던 빅 3의 컴퓨터들에도 꿀리지 않는 대규모의 'MSX 군단'을 조직할 수 있었던 것이다.

MSX1의 사양

CPU	Z80A 상당품 3.58MHz
ROM	32KB (BIOS, MSX-BASIC)
RAM	메인 메모리 : 8KB(최대 64KB), VRAM : 16KB
그래픽 기능	텍스트 표시 : 최대 40글자×24행 그래픽 표시 : 최대 256×192픽셀, 16색 스프라이트 표시 : 32스프라이트/화면, 4스프라이트/라인, 16색 중 단색
사운드 출력	PSG 음원 : 8옥타브 3중화음(AY-3-8910 상당품)
인터페이스	RF 출력, 컴포지트 비디오, 모노럴 오디오, 조이스틱×2, 프린터, 카세트테이프, 카트리지 슬롯

TOP VIEW

REAR VIEW

LEFT SIDE VIEW

RIGHT SIDE VIEW

HARDWARE
1983
1984
1985
1986
1987
1988
1989
1990
1991
1992
1993-
INDEX

MSX 시스템 블록 다이어그램

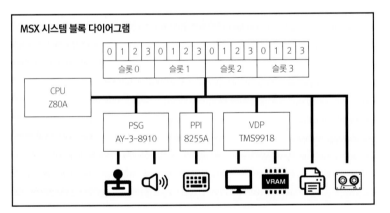

0	1	2	3	0	1	2	3	0	1	2	3	0	1	2	3
슬롯 0				슬롯 1				슬롯 2				슬롯 3			

CPU Z80A

PSG AY-3-8910

PPI 8255A

VDP TMS9918

VRAM

8KB에 불과했던 기종은, 메모리 증설 없이는 카세트테이프 등의 여타 매체를 이용하는 소프트 대부분이 구동되지 않았으므로, 실질적으로는 ROM 카트리지로 공급된 게임 소프트만 돌릴 수 있는 게임기로 사용되곤 했다.

한 슬롯은 앞서 서술한 대로 BIOS 상에서 0~3번까지 4개로 나뉘어 있으므로, 슬롯 하나를 4개로 확장하는 것도 가능하다. 실제로 NEOS 사의 'MSX 확장슬롯 박스'처럼, 일부 회사가 ROM 카트리지 슬롯을 확장시켜 주는 주변기기를 발매하기도 했다. 다만, 일부 주변기기는 특정한 슬롯이 아니면 구동되지 않는 버그가 있기도 했었다.

ROM 카트리지로 게임을 간편하게

MSX의 최대 특징으로 꼽히는 점 중 하나가, 바로 ROM 카트리지 슬롯의 존재다. 본래는 앞서 언급한 슬롯 개념에 따라 호환성과 확장성을 양립시키기 위해 설치한 것으로, 본체 전면에 카트리지 슬롯을 배치함으로써 '소프트 공급 매체'라는 역할을 ROM 카트리지에 부여한 것이다.

이러한 발상은 일본에서는 대표적으로 NEC의 PC-6001 역시 채택했으며 당시 전 세계의 가정용 컴퓨터에도 흔하게 채용되었는데, ROM 카트리지를 꽂고 전원을 켜면 바로 소프트웨어가 구동되므로 간편하면서도 사용이 쉬워, 특히 게임 소프트용 매체로 매우 애용되었다. 또한 같은 시기 가정용 게임기의 세계에서도 이미 ROM 카트리지로의 소프트 공급이 정착되어 있었으므로, 이 점도 한몫 하여 유저에게 '게임기처럼 편하게 쓰는 컴퓨터'라는 인상을 연출할 수 있었다.

특히 카시오의 PV-7 등 내장 메모리가 MSX 규격이 규정한 최저용량인

▲ ROM 카트리지로 간편하게 소프트를 구동할 수 있는 것이 MSX의 큰 특징이었다.

MSX1 내부 (사진은 도시바의 HX-10D)

HARDWARE

1983
1984
1985
1986
1987
1988
1989
1990
1991
1992
1993-

INDEX

MSX는 비교적 염가로 발매할 수 있도록 생산비용을 낮추는 것이 목표였으므로, 당시 기준으로도 스펙 자체는 결코 뛰어나지 않았다. 1981년 NEC가 발매했던 PC-6001의 설계사상을 기반으로 하여, 비교적 부품 단가가 저렴했던 Z80A와 TMS9918을 CPU와 VDP로 선택하고, 본체 ROM 내에는 MSX-BASIC 1.0을 탑재하여 이를 컴퓨터의 기본 언어이자 동시

에 하드웨어 제어의 핵심으로 삼는다는, 당시의 가정용 컴퓨터로서는 보편적이었던 설계구조를 답습했다(참고로, MSX-BASIC의 명령어 구조 역시 PC-6001의 N-BASIC과 꽤 유사하다). MSX의 사양을 책정하는 과정에는 NEC도 관여했었으며, PC-6001 시리즈의 후계기로서 MSX로도 동작하는 하이브리드 기종을 낸다는 계획도 있었다고 한다.

입력장치로는 병렬 접속식 키보드

를 내장했고, 별도로 조이스틱 포트를 2개 마련했다. 이 조이스틱 포트는 D-SUB 9핀 타입으로서 세칭 '아타리 규격'으로도 불리지만, 실제로는 범용 입출력 포트이므로 조이스틱뿐만 아니라 마우스와 태블릿 등도 연결할 수 있다. 공통규격답게 호환성과 장래성을 충분히 염두에 두면서도 구조적으로는 단순하게 설계한, 실로 잘 짜여진 시스템이라 하겠다.

CPU

MSX에 채용된 CPU는, 미국 자일로그 사가 개발한 8비트 CPU인 Z80A다. 다만 실제로는 샤프와 NEC 등, 다양한 반도체 제조사가 제작한 Z80A 호환품이 주로 사용되었다.

Z80은 1970년대 후반부터 1980년대에 이르기까지, 당대의 8비트 홈 컴퓨터들에 널리 사용되었던 인기 CPU였다. 일본에서도 PC-8001을 비롯한 NEC의 컴퓨터 전반부터 샤프의 MZ/X1 시리즈까지, 채용된 사례를 일일이 다 열거하려면 끝이 없을 정도다.

대량으로 유통되었으므로 어느 회사든 비교적 쉽게 다룰 수 있고, 앞서 서술했듯 당초의 모델이었던 PC-6001에도 탑재되었기에, Z80A가 MSX의 CPU로 채택된 것은 당연한 흐름이었다 하겠다.

Z80A의 동작 클럭은 원래 4MHz이지만, MSX는 설계 용이성을 위해 영상신호용 클럭과 부품을 공용화하는

▲ 샤프의 LH0080A. 오른쪽에 'Z80A-CPU'라는 실크 인쇄가 보인다.

쪽을 택해, 3.58MHz라는 조금 느린 클럭으로 동작하게 되었다.

그래픽

MSX의 VDP로는 미국 텍사스 인스 트루먼츠 사의 TMS9918A가 채용되 었다. 1981년에 발표된 칩으로, 가격 이 저렴했던 탓에 1980년대 중반까지 의 염가형 홈 컴퓨터와 게임기에 흔하 게 쓰였던 인기 VDP였다. 칩 내부적 으로는 SCREEN 0부터 SCREEN 3까 지 4가지 모드가 존재하지만, MSX에 서는 대체로 SCREEN 1 혹은 2를 사 용했다.

스프라이트 기능

'스프라이트'란 다양한 캐릭터를 픽 셀 단위로 화면에 배치하거나 겹칠 수 있는 기능으로, 이 당시에 액션 게임 등을 제작하려면 이 기능이 필수적이 었다. 8×8픽셀 또는 16×16픽셀 단 위의 스프라이트를 한 화면 내에 최대 32개, 가로 일렬로는 4개(이를 넘길 경 우, 우선순위가 낮은 스프라이트는 사라져 버린다)까지 표시할 수 있다. 스프라이 트는 가로세로 2배 사이즈로 확대도 가능하지만, 모든 스프라이트에 일괄 적용되어 버리므로 활용성이 나빠 실 제로는 사용된 사례가 거의 없다시피 하다.

한 스프라이트에 사용 가능한 색수 는 1색뿐이며, 팔레트 기능이 없어 '다 른 색깔의 동일한 캐릭터'조차도 별도 캐릭터로 정의해야만 했다. 캐릭터 어

트리뷰트(상하좌우 반전 등) 기능도 없 으므로, 캐릭터의 왼쪽 모습과 오른 쪽 모습조차도 각 각 별도로 만들어 넣어야만 한다.

백그라운드

BG(백그라운드) 란, 8×8픽셀을 1 패턴으로 삼아 이 패턴들을 다닥다닥 배치해 그림이나 문자를 표시할 수 있는 기능이다. MSX 의 BG 화면은 1장이며, 해상도 및 패 턴 정의 개수는 본 페이지의 하단에 정리했다.

보통 게임에서는 BG를 배경화면으 로 사용하는 경우가 일반적이지만, 스 프라이트로는 다 표현할 수 없는 대량 의 캐릭터나 큼직한 캐릭터를 표시하 기 위해 BG를 사용하기도 했다(다만 8 ×8픽셀 단위로만 표시할 수 있고, 1장뿐이 므로 BG끼리 겹치는 테크닉도 불가능하다).

하드웨어 스크롤 기능도 없으므로, 스크롤 표현을 위해서는 BG를 계속 갱신해 그려야만 했다. BG는 8픽셀 단위로만 배치할 수 있으니, 당연히 스 크롤도 8픽셀 단위로만 가능하다. 상 하좌우 하드웨어 스크롤 기능을 내장

▲ TMS9918A. RGB 출력 기능이 있는 MSX의 경우, 자매품인 TMS9928A가 대신 사용되었다.

한 패미컴에 비해 MSX가 가장 뒤떨어 져 보이는 것이 이 부분으로서, 패미컴 으로도 발매된 동일 타이틀에서 계속 비교당하는 약점이 되었다.

표시 색수 관련

MSX의 표시 색수는 16색 고정으로 서 본 페이지 하단에 나열한 색만을 사 용할 수 있는데, 가정용 TV로 화면을 표시한다는 것을 전제로 설계했으므로, 디지털 화면다운 강렬한 원색이 아니 라 독특한 분위기의 발색이 나오게 된 다. 그래픽 모드의 경우 8픽셀 범위 내 에서는 단 2색만 사용 가능하다는 제한 이 있어 개별 픽셀 단위로 모든 색을 자 유롭게 사용해 그래픽을 그릴 수는 없 으나, 픽셀과 컬러의 교묘한 배치를 연 구하면 제법 화려한 표현도 가능했다.

MSX의 그래픽 화면 기능 개요

TMS9918의 화면 모드

SCREEN 0	256×192픽셀, 16색 중 2색 (TEXT1)
SCREEN 1	256×192픽셀, 16색 (GRAPHIC1)
SCREEN 2	256×192픽셀, 16색 (GRAPHIC2)
SCREEN 3	64×48픽셀, 16색 (MULTI COLOR)

사용 가능한 스프라이트 사이즈

(단위 : 픽셀)

화면 내에 표시 가능한 스프라이트 개수는 32개까지.
(가로 방향으로는 4개까지)

스프라이트 사이즈는 2종류이나, 혼재는 불가능.
(16×16픽셀로 할 경우, 모든 스프라이트가 이 사이즈로 통일)

스프라이트는 가로세로 2배로 정비례 확대가 가능.

컬러 팔레트에 대하여

0번은 투명색.

16색은 고정으로, 팔레트 변경이 불가능.

MSX의 화면표시 개념도

BG

스프라이트 최대 32개까지

패턴 정의 개수에 대하여

스프라이트 : 패턴 정의 개수는 8×8픽셀 사이즈일 경우 최대 256개까지,
16×16픽셀 사이즈일 경우 64개까지 정의 가능.

BG : 패턴 정의 개수는 8×8픽셀을 1패턴으로 간주하여 최대 256개까지.
SCREEN 2 한정으로, 768개까지 정의 가능.

사운드

MSX의 사운드는 미국 제너럴 인스트루먼츠 사의 AY-3-8910 이라는 칩으로 연주된다. 이 칩은 PSG(Programmable Sound Generator)라고도 불리며, 세간에서 말하는 '뻥뻥음'을 울리는 반도체의 일종이다. 구형파 3채널과 노이즈를 합성하여 출력 가능하며, 이를 이용해 음악도 연주할 수 있다.

비단 MSX뿐만 아니라 샤프의 X1, NEC의 PC-6001, 후지쯔의 FM-7 등 이 칩을 음원으로 사용한 컴퓨터가 많았기에, 당시의 컴퓨터 유저들 사이에서는 보편적인 사운드였다. 또한 이 칩은 범용 입출력 포트 2개도 내장하여, MSX에서는 이를 조이스틱 단자 입출력용으로 사용했다.

▲ 나쇼날 사의 CF-2000에 탑재된 제너럴 인스트루먼츠 사의 순정 AY-3-8910 칩.

조이스틱

MSX가 본체에 D-SUB 9핀 규격의 조이스틱 포트를 내장하고 있다는 점은 앞서 설명한 바 있으며, 당시엔 대부분의 MSX 제조사들이 자사 기종을 위한 조이스틱을 제작·발매했다. 이것만 보아도, MSX를 보급하는 데 있어 게임이 매우 중요시되었음을 알 수 있다.

MSX 초기에는 조종간형 조이스틱이 일반적이었으나, 패미컴이 등장하고서부터는 조이패드형 컨트롤러가 표준이 되어, 각 회사가 발매하는 컨트롤러에도 패드형이 늘어났다.

확장 슬롯

MSX는 기본적으로 ROM 카트리지 슬롯을 사용해 기능을 확장할 것을 상정하고 설계했으므로, 전원은 물론 외부 사운드 입력까지도 슬롯 내에 배선되어 있다(PV-7 등의 일부 기종은 단가절감을 이유로 몇몇 배선을 생략하기도 했다). 하지만 자사 컴퓨터 전용으로 만들어 고객을 묶어두거나, 사양 상 ROM 카트리지 단자만으로는 불충분한 신호도 다루기 위한 목적으로, 독자규격의 확장 슬롯을 자사 기종에 별도 설치한 제조사도 제법 있었다.

다만 독자규격이라고는 해도 결국은 확장 슬롯을 변형한 것이다 보니, 어댑터 등을 장착하면 일반적인 ROM 카트리지 슬롯으로 써먹을 수 있는 기종도 많았다.

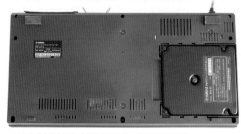
▲ 본체 바닥면에 독자 사양의 슬롯을 설치한 야마하의 MSX.

소프트웨어 매체

10년 이상에 걸쳐 현역으로 활약한 탓에, MSX에는 다양한 소프트 공급 매체가 존재했다. 본 지면에서는 대표적인 것들 위주로 소개하겠다.

ROM 카트리지

MSX1 당시에는 게임 공급용 매체로서 가장 일반적으로 사용되었다. 가정용 게임기와 마찬가지로 본체에 꽂고 전원을 켜면 바로 게임이 구동되었으므로, 유저 입장에서도 매우 편리해 애용되었다. MSX 중기 이후부터는 배터리 백업이나 세이브용 SRAM, 대용량 게임이 들어가는 메가 롬을 탑재한 카트리지도 등장했다.

카세트테이프

당대에 음악용으로 널리 사용되었던 컴팩트 카세트테이프를 데이터 기록용 매체로서 활용하는 방식이다. 대량으로 양산되었기에 가격이 저렴했고, 테이프의 데이터를 읽거나 저장하기 위한 기기인 데이터레코더 자체도 일반적인 가정용 테이프레코더로 대체(에러 발생률이 높아지므로 추천하기는 어렵지만)할 수 있었으므로 직접 짠 프로그램의 저장용으로도 애용되었으며, 염가 제조가 가능하다는 이점을 살려 일부 소프트 개발사가 공급매체로 사용하기도 하였다.

플로피디스크

원래는 고속·대용량이 필수적인 사무용 컴퓨터를 중심으로 사용되던 매체였다. 초기에는 드라이브도 디스크도 고가였으므로 보급률이 낮았으나, 여타 8비트 컴퓨터나 워드프로세서에 탑재되기 시작하면서 가격이 서서히 싸져, MSX2 중반 이후부터는 ROM 카트리지를 대체하고 일반적인 소프트 공급 매체의 지위를 획득했다. MSX에는 3.5인치 1DD(360KB) 혹은 2DD(720KB)가 채용되었고, 특히 2DD가 가장 널리 보급되었다.

▲ 견고하고 다루기 쉬워, MSX1 세대에서는 소프트 공급매체로 가장 보편화되었던 ROM 카트리지.

BEE CARD

허드슨이 채용했던 신용카드 크기의 ROM 카드로, PC엔진의 HuCARD와 매우 닮았다. 「스타 포스」와 「타카하시 명인의 모험도」 등 6개 타이틀이 발매되었다. 실제로 MSX에서 사용하려면 별매품인 BEE PACK이 필요하다.

퀵디스크

미츠미 전기가 개발한 컴퓨터용 데이터 기록매체로, 약칭은 'QD'다. 외관은 플로피디스크와 비슷하지만 실제로는 나선형으로 데이터를 기록하므로, 원리적으로는 카세트테이프를 원반형으로 만든 구조에 가깝다. 디스크 사이즈는 2.8인치이며, 기록용량은 단면으로 64KB다(뒤집어 양면으로 사용하는 것도 가능). 참고로 패미컴의 디스크 시스템도 실은 퀵디스크 규격이므로, 세로 길이를 조정해 디스크 시스템에 퀵디스크를 넣어 쓰는 사람도 있었다.

▲ MSX 초기에 널리 사용된 매체였던 카세트테이프와 데이터레코더.

▲ 폭넓게 사용된 3.5인치 플로피디스크.

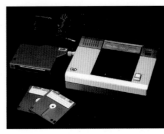
▲ MSX용 퀵디스크 드라이브와 디스크.

▲ BEE CARD와, 이것을 ROM 카트리지 슬롯에 접속시키는 어댑터인 BEE PACK.

약점이었던 그래픽 성능을 대폭 업그레이드!

MSX2

사진은 파나소닉의 FS-A1 (상세사항은 30p 참조)

당초의 MSX2는 고가격 고성능 전략

MSX2는 1985년 발표된, MSX와의 완전호환을 구현한 상위규격이다. MSX2의 특징은 MSX1 대비 대폭 강화된 그래픽 성능이었다. 이는 MSX1의 TMS9918을 대체하여 탑재한 야마하의 신개발 VDP 'V9938' 덕분으로, 80자×24행만큼의 문자 표시가 가능한 고해상도는 물론, 512색 중에서 16색 혹은 256색의 동시표시가 가능한 비트맵 그래픽(픽셀 단위로 그리는 그래픽) 기능까지 탑재하여, 영상표현 능력

이 일거에 향상되었다. 또한 스프라이트도 라인 단위로 색지정이 가능해졌고, 세로방향 한정이지만 하드웨어 스크롤 기능도 추가했다.

이러한 기능 확장은 모두 기존의 '저렴한 취미용 컴퓨터' 노선을 탈피하겠다는 노림수로서, 당시 일본 시장에서 빅 3가 발매하던 10만 엔 이상급 기종들과의 직접 경쟁을 겨냥해 의도적으로 설정한 것이다. 이렇다보니 초기의 MSX2는 본체와 키보드가 분리된 세퍼레이트 디자인을 채택하고 플로피디스크 드라이브와 한자 ROM을 내장하여, 가격도 10~20만 엔대의 고

가로 잡은 제품 위주로 라인업되었다. 대신 MSX2가 출시된 후에도 입문용으로서 MSX1 제품군의 판매는 지속하여, 가격대를 차별화해 고객층을 나눈다는 전략을 취했다.

▲ 초기의 MSX2는 키보드 분리형 등, 고급기종 시장을 노린 디자인이 주류였다.

MSX2의 사양

CPU	Z80A 상당품 3.58MHz
ROM	MSX-BASIC ver2.0 48KB, MAIN-ROM 32KB, SUB-ROM 16KB
RAM	메인 메모리 64KB 이상, VRAM 64KB 이상
그래픽 기능	텍스트 표시 : 최대 80글자×24행 그래픽 표시 : 최대 512×212픽셀(인터레이스 시 512×424픽셀), 최대 512색 중 256색 스프라이트 표시 : 32스프라이트/화면, 8스프라이트/라인, 최대 512색중16색 표시 그래픽 기능 : 세로방향 하드웨어 스크롤, 팔레트
사운드 출력	PSG 음원 : 8옥타브 3중화음(AY-3-8910 상당품)
인터페이스	RF 출력, 컴포지트 비디오, 아날로그 RGB, 모노럴 오디오, 조이스틱×2, 카세트테이프, 프린터, 카트리지 슬롯

HARDWARE

1983
1984
1985
1986
1987
1988
1989
1990
1991
1992
1993-

INDEX

TOP VIEW

REAR VIEW

LEFT SIDE VIEW

RIGHT SIDE VIEW

저가 MSX2 등장으로 보급률이 급상승

MSX1과 MSX2로 시장을 분할한다는 당초의 전략이 크게 변화하게 된 계기는, 도시바가 개발한 통합 칩 'MSX ENGINE'의 등장이다. 상세한 것은 다음 페이지에서 설명하겠으나, 이 칩이 나옴으로써 하드웨어의 제조원가를 대폭 낮출 수 있게 되어, 마쓰시타는 파나소닉 브랜드로 FS-A1을 1986년 발매했고, 같은 해 소니도 HB-F1을 발매했다. 이 두 기종은 초기의 MSX1보다도 낮은 3만 엔 전후로 가격을 설정해, MSX2를 단숨에 아이들도 접할 수 있을 만한 범위의 가격대까지 끌어내리는 데 성공했다.

파나소닉 역시 FS-A1의 주 고객을 게임을 즐기는 저연령층 유저로 잡았으므로, 홍보용 이미지 캐릭터로 파충류를 형상화한 수인(獸人) '아쉬기네'를 기용해, 이 캐릭터를 활용한 오리지널 게임 3개 작품을 발매하는 등 대대적으로 홍보를 펼쳤다. 이 전략은 제대로 적중하여, 초기의 수요가 어느 정도 채워져 대상이 침체되어 가던 당시의 일본 MSX 시장을 다시 활성화시켰다.

이러한 일련의 전개로 인해, 이전까지는 그래픽이 빈약해 패미컴보다도 뒤떨어진다고 평가받았던 MSX의 이미지가 다시금 신선해져, MSX2가 실질적인 규격 표준이 되었다. 덕분에 정체미가 뚜렷했던 MSX 시장의 상황이 거짓말처럼 뒤집혀, 빈번하게 신기종이 발표되고 기능이 추가되는 모델 체인지가 줄을 이었다.

시장경쟁 원리에 따라 가격이 낮아지고 성능은 높아진 것 자체는 유저들 입장에선 기쁜 일이었으나, 아이러니하게도 MSX에 참가하던 가전 제조사들 입장에선 파나소닉과 소니가 불을 댕긴 저가격 경쟁에 다같이 휘말려 소모전이 격화되는 형국이 되어버렸다. 그 결과, 파나소닉·소니·산요 전기 3개사를 제외한 거의 대부분의 제조사가 MSX 시장에서 철수하는 사태에 이르고 만다.

▲ '아쉬기네'를 사용한 파나소닉의 캠페인 광고. MSX2 초기의 고가격 전략이라는 이미지는 흔적조차 남지 않고, 철저하게 게임에 집중하는 쪽으로 바뀌었다.

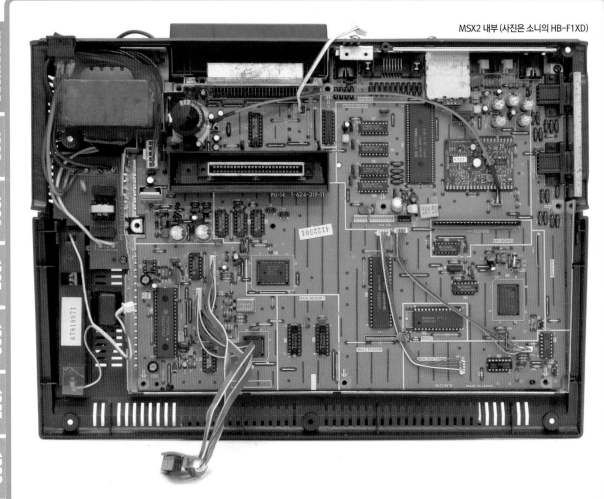

MSX2 내부 (사진은 소니의 HB-F1XD)

원칩 내에 MSX의 기능을 집적하다

MSX2는 CPU에 MSX1과 동일한 Z80A를 채용했고 동작 클럭도 그대로이므로, 연산성능 자체는 변경되지 않았다. 부품 수가 많아 생산가격 면에서 불리했던 MSX의 상황을 개선하기 위해, 성능 향상보다 단가절감을 위한 설계 재검토에 주력한 것이다. 그 결과가, 도시바가 개발한 칩 'MSX ENGINE'이다.

이 칩은 CPU를 비롯해 PSG 음원, 병렬 인터페이스 등 MSX의 주요 기능을 모두 원칩으로 통합했기 때문에, 'MSX ENGINE과 메모리만 있으면 MSX가 만들어진다'는 말까지 나올 정도였다. MSX ENGINE도 몇 종류로 나뉘는데, MSX1 상당의 기능을 원칩으로 통합한 T7775와 T7937, MSX2의 기능을 통합한 T9769(이 칩은 'MSX ENGINE2'로 불렸다)가 제작되

었다. 도시바는 MSX 하드웨어의 직접 생산에서 철수한 후에도 타 제조사에 MSX ENGINE을 공급했으므로, MSX ENGINE은 소니 제품을 제외한 모든 MSX에 탑재되었음은 물론, 파친코 제어용 기판이나 도시바의 일본어 워드프로세서 'Rupo'에도 사용되었다. 이 칩의 출하개수가 MSX의 총 판매대수를 훨씬 웃돌아, 니시 카즈히코가 "MSX로 가장 많이 번 회사는 도시바"라고 언급했을 정도였다고 한다.

MSX ENGINE과 유사한 발상의 통합 칩으로는 야마하가 개발한 'MSX-SYSTEM'이 있는데, 이쪽은 CPU를 제외한 기타 주변회로를 원칩으로 통합한 반도체다. MSX1 상당의 주변기능을 제공하는 S3527, MSX2 상당의 S1985(MSX-SYSTEMⅡ)가 있으며, 소니의 MSX에 채용되었다.

▲ 'MSX ENGINE2'라는 별명이 있는 T9769. MSX2의 염가화를 실현시킨 공로자라 할 수 있다.

▲ 소니의 HB-F1XD 기판에서 볼 수 있는 MSX-SYSTEMⅡ. 야마하 외에, MSX와 아스키의 로고도 들어가 있다.

HARDWARE | 1983 | 1984 | 1985 | 1986 | 1987 | 1988 | 1989 | 1990 | 1991 | 1992 | 1993- | INDEX

그래픽

MSX2의 최대 변경점은 그래픽 기능의 대폭적인 강화다. MSX1에 사용된 TMS9918A 대신 야마하가 MSX2용으로 신개발한 V9938을 VDP로 채용하여, 기존 TMS9918A와의 완전한 호환성을 유지하면서도 SCREEN 4부터 SCREEN 8까지의 다채로운 모드를 추가했다. 또한 세로방향 한정이긴 하나 스크롤 기능을 탑재했으므로, MSX2의 부팅 타이틀 화면에도 이 기능을 살려 MSX 로고가 아래에서 밀려 올라오는 데모를 도입했다.

스프라이트 기능

스프라이트의 표시 개수는 합계 32개로 그대로이지만, 가로 방향으로 8개까지 표시할 수 있게 되었다. 또한 1라인 단위로 색 변경이 가능해졌고, 스프라이트 2개를 논리합으로 겹칠 수도 있어, 단색 스프라이트 표시만이 가능했던 MSX1에 비해 훨씬 색표현이 풍성해졌다.

백그라운드

MSX2의 백그라운드 화면 확장의 두 가지 요점은, 고해상도화에 따라 당시 일본 내 타 경쟁기종과 비견될 만큼의 문자표시능력(SCREEN 6·7)과 다색 컬러 표시 능력(SCREEN 8)을 구현했다는 것이다. 양쪽 모두 기존의 MSX1과 같은 16KB VRAM으로는 구현이 불가능하므로, MSX2 규격은 64KB 혹은 128KB의 VRAM 탑재를 공식 사양으로 규정했다.

다만 탑재된 VRAM 용량에 따라 사용 가능한 화면 모드에 제한이 있어, 64KB 기종에서는 SCREEN 7·8의 사용이 불가능하다. MSX2의 화려

▲ 야마하가 개발한 V9938. MSX2 표현력의 원천은 이 칩이라 할 수 있다.

한 그래픽이 볼거리인 게임은 대체로 SCREEN 8을, 타 기종 원작의 미소녀 게임 이식판은 SCREEN 7을 사용했으므로, 이런 게임을 즐기기 위해서라도 VRAM 128KB 탑재 기종을 택하는 게 사실상 필수였다 하겠다.

V9938에서 추가된 화면 모드		
SCREEN 4	256×192픽셀, 16색 (GRAPHIC3)	
SCREEN 5	256×212 혹은 192픽셀, 512색 중 16색 (GRAPHIC4)	
SCREEN 6	512×212 혹은 192픽셀, 512색 중 4색 (GRAPHIC5)	
SCREEN 7	512×212 혹은 192픽셀, 512색 중 16색 (GRAPHIC6)	※ VRAM 128KB 필요
SCREEN 8	256×212 혹은 192픽셀, 512색 중 256색 (GRAPHIC7)	※ VRAM 128KB 필요

메인 메모리와 메모리 매퍼

MSX에 탑재된 Z80A는, 사양 상 64KB까지의 메모리 공간에만 직접 액세스할 수 있다. MSX2는 이 제한을 넘어가는 메인 메모리를 다룰 수 있도록 '메모리 매퍼'라는 기능을 탑재했다. 이 기능은 본체 메모리를 16KB 단위의 페이지 4개로 나누고, 다른 구역에 위치한 메모리를 256페이지까지 조합할 수 있도록 한 것이다. 이 페이지 조합은 언제라도 전환이 가능하므로, 연구를 거듭하여 유사 멀티태스킹 형태의 프로그램까지 짠 사람도 있었다. 이 기능의 추가로, MSX2는 최대 4MB까지의 메모리 탑재가 가능해졌다.

MSX용 OS, 'MSX-DOS'

MSX는 본체 ROM 내에 BASIC이 표준 탑재돼 있으므로, 이 BASIC으로 기본적인 본체 제어는 가능하다. 하지만 다수의 파일을 사용하는 고도의 프로그램을 제작하려면 OS의 존재가 필수이므로, 디스크 드라이브가 탑재된 MSX용으로 MSX-DOS가 제공되었다(MSX1도, 디스크 탑재 기종이라면 MSX-DOS를 동봉했다).

MSX-DOS는 마이크로소프트의 MS-DOS와 호환성이 있으며 CP/M[역주]※용 소프트도 구동 가능하고, BASIC과 동일한 디스크 포맷을 채용했으므로, 그야말로 MSX의 모든 장점을 하나로 묶은 OS였다. 마이크로소프트가 MSX라는 사양을 책정할 당시 파일 시스템과 포맷을 얼마나 세심하게 결정했는지를 엿볼 수 있다.

▲ MSX-DOS의 시스템 디스크.

(역주 ※) 1974년 발표된 세계 최초의 PC용 DOS. 인텔 8080과 Z80을 CPU로 삼은 컴퓨터들 간의 사용환경 표준화를 구현, 80년대 초까지 널리 사용되었다. 초기의 MS-DOS에 막대한 영향을 끼친, DOS의 원류에 해당한다.

횡스크롤과 자연화 모드를 '투 플러스'하다

MSX2+

사진은 소니의 HB-F1XDJ (상세사항은 34p 참조)

▌횡스크롤과
▌자연화 모드를 추가

MSX2+(투 플러스)는, 1988년 제정된 MSX2의 후계 규격이다. 이 규격에 맞춰 탑재된 야마하 개발의 신규 VDP 'V9958' 덕에 종스크롤뿐만 아니라 횡방향 스크롤도 지원되었고, 자연화 모드(역주※)도 추가되어 최대 19,268색 동시 발색이 가능해졌다(이 때문에 내장 MSX-BASIC도, 추가된 SCREEN 모드를

반영하여 버전 3.0이 되었다). 추가된 화면 모드는 SCREEN 10~SCREEN 12의 3종류(오른쪽 페이지 표 참조)이며, SCREEN 10·11은 그래픽 관련 명령어의 색 처리가 약간 다른 정도로서 기본적으로는 동일하다.

MSX2+는 당초 MSX의 목표였던 홈 컴퓨터 용도보다는 게임 및 업무용 영상편집 용도로 확장의 방향성을 잡아, 스펙을 근본적으로 개편하기보다는 제조사들의 요망에 맞춰 기능을 추

가한 마이너 업데이트라는 측면이 강하다. 굳이 MSX'3'가 아니라 '2+'라는 표기에 머무른 데에도 그러한 사정이 엿보인다.

그 외의 변경점으로는, MSX2에서는 옵션이었던 플로피디스크 드라이브와 일본어 한자 ROM이 충분히 단가가 낮아짐에 따라 정식 규격화된 것 등이 있다. 또한 정규 포함되지는 않았으나, MSX-JE와 MSX-MUSIC 두 가지도 옵션 규격으로 제정되었다. 이 둘은 말이 옵션이지 대부분의 MSX2+ 규격 기종에 탑재되었으니, 실질적으로는 MSX2+의 표준규격이라 해도 무방할 정도였다.

MSX-JE란 이른바 일본어 변환 입력기로서, Windows의 IME와 비슷한 것이다. 이 기능과 한자 ROM의 표준 탑재 덕에, 드디어 MSX도 자유로운 일본어 입력 환경을 갖추게 되었다.

MSX2+의 사양

CPU	MSX-ENGINE2 (Z80A 호환) 3.58MHz
ROM	MSX-BASIC ver3.0 96KB, MAIN-ROM 32KB, SUB-ROM 16KB, 제 1수준 한자 ROM
RAM	메인 메모리 64KB, VRAM 128KB
그래픽 기능	텍스트 표시 : 최대 80글자×24행 그래픽 표시 : 최대 512×212픽셀(인터레이스 시 512×424픽셀), 최대 19,268색 동시 발색 스프라이트 표시 : 32스프라이트/화면, 8스프라이트/라인, 최대 512색 중 16색 표시 그래픽 기능 : 하드웨어 스크롤, 팔레트
사운드 출력	PSG 음원 : 8옥타브 3중화음(AY-3-8910 상당품)
인터페이스	RF 출력, 컴포지트 비디오, 아날로그 RGB, 모노럴 오디오, 조이스틱×2, 카세트테이프, 프린터, 카트리지 슬롯

(역주 ※) TV 영상·총천연색 사진 등의 자연색 화면을 MSX로 유사 구현하는 모드(YJK 모드라고도 한다). 제한된 VRAM과 색수로 자연색을 표현하기 위해 픽셀의 휘도를 조절하는 테크닉을 사용했다. 다만 제약이 많아, 실제 소프트에선 널리 활용되지 않았다.

TOP VIEW

REAR VIEW

LEFT SIDE VIEW

RIGHT SIDE VIEW

당시 일본의 다른 기종들보다는 한 발 늦었으나, 정식 지원이니만큼 유저에 겐 다행한 일이었다.

당시의 MSX 유저들은 어떻게 받아들였나?

MSX2+ 규격으로 출시된 제품은 파나소닉·소니·산요 전기 3개사의 총 7개 기종에 그쳤고, 대부분의 하드웨어 제조사들은 이미 이 시점에서 MSX 사업으로부터 철수한 상태였다. 앞서 꼽은 신기능들도 딱히 극적인 진화라 할 정도는 아니었기에, 'MSX2를 능가하는 새로운 규격'이라기보다는 '신기능이 추가된 MSX2'로 보인다는 것이 당시 소비자들의 솔직한 인상이었다. 실제로도, MSX2+ '지원 소프트'는 제법 있었으나 '전용 소프트'는 「레이독 2」와 「요시다 건설」 등 한 손에 꼽을 정도라, 유저들의 반응이 뜨뜻미지근했던 것도 무리는 아니었다.

MSX2+ 회심의 신기능이었을 횡스크롤 기능 추가 역시, MSX2로도 SET ADJUST(0~7픽셀 범위 내에서 좌우로 표시위치를 조정) 기능을 사용한 유사 횡스크롤 구현 테크닉이 등장한 뒤였으

므로 'MSX2+로만 즐길 수 있는' 결정적인 우위성까지는 되지 못했다(애초에 MSX2+의 횡스크롤 기능 자체가, 내부적으로는 이 SET ADJUST와 똑같은 처리로 구현한 것이다). 결국 당시의 유저들은 MSX2+를 어디까지나 '신형 MSX2'로 인식하여 구입한 것이라고 볼 수 있다. 반대로 말하면, MSX2는 충분한 완성도의 하드웨어이니 여기에 MSX-MUSIC과 한자 ROM 등의 부가기능

까지 한 대로 통합할 수 있음을 장점으로 여겨 MSX2+를 샀다고도 할 수 있겠다.

V9958에서 추가된 화면 모드	
SCREEN 10	256×212 혹은 192픽셀, 12499색 동시 발색 (YJK·RGB 혼재 모드)
SCREEN 11	256×212 혹은 192픽셀, 12499색 동시 발색 (YJK·RGB 혼재 모드)
SCREEN 12	256×212 혹은 192픽셀, 19268색 동시 발색 (YJK 모드)

▲ 횡스크롤과 자연화 모드 등, MSX2+의 그래픽 기능을 구현하는 신형 VDP인 야마하의 V9958.

16비트 컴퓨터로 진화한, 최강·최후의 MSX

MSX turboR

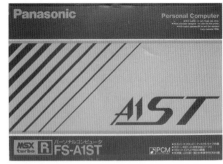

사진은 파나소닉의 FS-A1ST (상세사항은 31p 참조)

16비트 CPU 'R800'을 탑재

MSX turboR(이하 turboR)은 아스키가 1990년 발표한 최후의 MSX 규격이다. 16비트 CPU 'R800'을 채용함으로써 이전까지의 역대 MSX에서 최대 병목이었던 연산처리성능을 16비트화하여 일거에 끌어올렸으며, MSX1부터 MSX2+까지의 소프트 호환성 유지를 위해 Z80A 상당품도 별도 CPU로서

병행 탑재했다. 이 두 CPU는 초기 구동 시 소프트웨어로 전환하는 구조이므로, 동시 활용은 불가능하다(turboR 전용 소프트 외의 구종 소프트를 구동할 때는 Z80A로 동작한다). R800은 아스키가 turboR을 위해 개발한 RISC 프로세서(명령어 수를 줄여 고속화한 CPU)로서, turboR과 R800의 'R'은 RISC에서 따온 것이다.

turboR은 팬들이 염원해오던 16비트 MSX였음에도 불구하고, 파나소닉

단 한 회사만이 발매하는 등 다소 소박하게 출범했다. 그럼에도 최초 발매 기기인 FS-A1ST는 시크한 그레이 컬러 본체에 금빛 문자로 장식하는 등 고급감이 있는 배색을 택해, 발매를 갈망해온 유저들의 호평을 받아 많은 판매량을 기록했다. 또한 그 인기에 힘입어 다음해 발매된 후계 모델인 FS-A1GT는 512KB의 RAM, MIDI(디지털 악기를 제어하는 신호규격) 단자, MSX View(Windows와 Mac처럼 마우스를 사용하는 조작환경) 등, 당시 추가할 수 있었던 모든 사양을 꽉꽉 채워 넣은 호화 스펙을 자랑했다. 실로 MSX의 제왕이라 할 만한 제품이었으나, 이 기종을 끝으로 1983년부터 이어져온 MSX의 역사가 막을 내리게 되었다.

MSX turboR의 사양

CPU	MSX-ENGINE2 (Z80A 호환) 3.58MHz + R800 7.16MHz
ROM	MSX-BASIC ver4.0 160KB, MAIN-ROM 32KB, SUB-ROM 16KB, 제 1·2수준 한자 ROM
RAM	메인 메모리 256KB 이상, VRAM 128KB
그래픽 기능	텍스트 표시 : 최대 80글자×24행 그래픽 표시 : 최대 512×212픽셀(인터레이스 시 512×424픽셀), 최대 19,268색 동시 발색 스프라이트 표시 : 32스프라이트/화면, 8스프라이트/라인, 최대 512색 중 16색 표시 그래픽 기능 : 하드웨어 스크롤, 팔레트
사운드 출력	PSG 음원 : 8옥타브 3중화음(AY-3-8910 상당품) FM 음원 : 9중화음, 혹은 6중화음 + 드럼 셋 5음(YM2413) PCM 음원 : 8비트(모노럴)
인터페이스	RF 출력, 컴포지트 비디오, 아날로그 RGB, 모노럴 오디오, 조이스틱×2, 프린터, 카트리지 슬롯

MSX HARDWARE CATALOGUE

HARDWARE

1983
1984
1985
1986
1987
1988
1989
1990
1991
1992
1993-

INDEX

TOP VIEW

REAR VIEW

LEFT SIDE VIEW

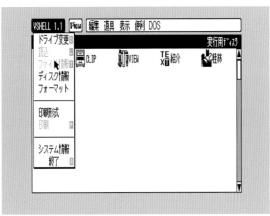

RIGHT SIDE VIEW

■ 8비트 PCM을 추가 탑재

turboR의 기타 특징으로서, MSX2+에서는 옵션이었던 MSX-JE 와 MSX-MUSIC 두 기능과 함께 전용 OS 'MSX-DOS2'가 정식 규격으로 제정되었다.

반면, 그래픽 성능은 MSX2+와 동등해 그 자체로는 발전한 것이 없다. 당시의 MSX 전문 잡지 'MSX·FAN'에 서는, 야마하가 신규 VDP인 V9990 을 개발 중이며 차세대 MSX에 탑재

될 예정이라고 소개한 바가 있었다. 최종적으로는 turboR 개발에 맞추지 못해 제외되었으나, 잡지 기사에 따르면 32,768색 동시 발색과 스프라이트 기능의 대폭 강화, 다중 스크롤이 가능한 그래픽 화면 등, 당시 샤프의 16비트 컴퓨터인 X68000을 의식한 듯한 사양이었다.

사운드 기능은 MSX2+를 그대로 계승해 탑재된 MSX-MUSIC에, 추가로 8비트 PCM 음원을 탑재하여 디지털 녹음이 가능해졌다. 다만 재생 시 CPU 기능을 점유하므로 다른 처리와

병행할 수가 없어, PCM 기능은 마이크로캐빈 사의 「프레이 : 사크 외전」 등 극히 일부 소프트만이 사용하는 데 그쳤다.

MSX 시장 말기의 하드웨어인지라 시판된 지원 소프트 수는 적었지만 아마추어 소프트 시장에서 인기가 많아, 동호인 행사 등을 통해 turboR 전용 소프트를 발표하는 아마추어 크리에이터도 다수 존재했으니, 애호가들의 사랑을 듬뿍 받았던 컴퓨터임도 분명하다.

▲ MSX turboR의 기판 상에서 존재감을 발하는 R800. 이 CPU가 이전까지의 MSX에서는 맛볼 수 없었던 새로운 차원의 고속체험을 유저에게 맛보여 준다.

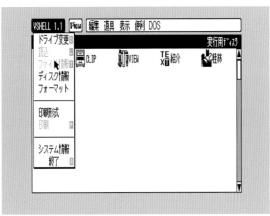

▲ FS-A1GT에 내장돼 있는 소프트 「MSX View」. 드디어 MSX에도 마우스 중심의 GUI 환경이 기본 탑재되었다!

유저의 창작열을 자극했던 MSX

MSX를 단순한 게임기로만 사용했던 유저가 많았다고는 하나, MSX는 역시 '컴퓨터'라는 점에서 여타 게임기와는 뚜렷하게 구분된다 하겠다. ROM 카트리지로 언제든 편리하게 게임을 즐길 수 있으면서도, 카트리지를 꽂지 않고 전원을 켜면 MSX-BASIC이 구동된다. 이렇게 양 측면을 간단히 전환할 수 있었기에, '나도 어디 한 번 뭔가 만들어볼까?'라는 마음이 생기기 쉬웠

던 기기임도 사실이다.

프로그래밍은 물론이고 그래픽과 사운드, 심지어 게임 개발용 툴까지도 다수 나와, '만드는 사람과 즐기는 사람을 나누는 경계선이 지극히 낮았던' 점도 MSX의 커다란 특징이 아니었을까. 타인이 만든 게임을 즐기기만 하다 허기를 느낀 유저가 전문 잡지에 실린 프로그램을 직접 입력해보다, 잘 돌아가면 이번엔 수치를 조작해 자기 나름

대로 개조해보고, 기왕지사 좀 어설프더라도 오리지널 게임 제작에 도전해보고……. 그러다 어느새 '게임을 만드는 행위' 자체의 재미에 눈을 뜨게 되는 것이다.

본 지면에서는 가정용 게임기로는 절대로 맛볼 수 없는 그러한 '창작열'을 자극시켜준 MSX의 다른 일면을 소개해보고자 한다.

프로그래밍 툴

모든 MSX 규격의 컴퓨터는 ROM 내에 MSX-BASIC을 탑재하도록 규정돼 있으므로, 어떤 기종이든 비교적 간편하게 프로그래밍에 입문하여 기능을 제어할 수 있었다. MSX-BASIC은 여러 버전이 존재하며, MSX 규격의 확장에 맞춰 버전이 개정되었다. 구체적으로는 1.0(MSX1), 2.0(MSX2), 3.0(MSX2+), 4.0(MSX turboR(FS-A1ST)), 4.1(MSX turboR(FS-A1GT))로 총 5종류가 나왔다.

MSX-BASIC은 BASIC 언어라는 측면에서 보면 마이크로소프트 순정 BASIC인지라 문법이 평이하고 특별히 까다로운 부분이 없는 언어체계였던 데다, 하드웨어의 스프

라이드를 직접 다룰 수 있었고 스프라이트끼리의 충돌판정 체크까지도 지원했으므로, 비교적 초보자라도 노력만 하면 게임 프로그램을 짜기가 쉬웠다. 이에 더해 상급자용 개발 환경으로 MSX-C와 어셈블러도 제공함으로써, 단순한 구색을 넘어서 하드웨어를 제대로 파고들 수 있는 상급 단계의 환경까지 마련했던 점도, 저예산 개발자 유저들이 모여든 이유라 할 수 있다.

MSX 베이직 군

BASIC 프로그램을 기계어로 변환해주는 BASIC 컴파일러 카트리지. 자작 프로그램을 이 툴로 변환하면 15~20배의 속도향상을 기대할

▲ MSX-BASIC의 구동 화면. 사진은 MSX2+에 기본 탑재된 MSX-BASIC 3.0이다.

수 있다. 하지만 카트리지에 내장된 전용 BASIC으로만 프로그램을 짜야 했고, 컴파일된 프로그램을 동작시킬 때도 「베이직 군」 카트리지가 필요했기 때문에, 실제 활용도는 애매한 편이었다. 산요 전기의 PHC-70FD는 「베이직 군 플러스」를 아예 내장하기도 했다.

BASIC 입문

MSX 초기에 각 하드웨어 제조사들이 발매했던 BASIC 학습용 소프트 중 하나. 프로그램을 직접 짜기보다는 어디까지나 예제에 맞춰 배우는 게 목적이므로, 이것만으로는 자유롭게 프로그램을 짤 수 없다. 그래서 이런 류의 학습용 소프트가 프로그램 실력 증진에 얼마나 도움이 되었는지는 불분명한 면이 있다.

▲ 「MSX 베이직 군」의 외장 패키지. 이외에도 MSX2+를 지원하는 「MSX 베이직 군 플러스」와, turboR을 지원하는 「MSX 베이직 군 터보」가 있다.

▲ 카시오의 「BASIC 입문 II」 외장 패키지. 이것으로 배워보자!

MSX의 다양한 음원들

MSX에 사용된 음원 칩들 중에선 본체 내장인 PSG 음원과 MSX-MUSIC이 유명하지만, 그 외에도 다양한 MSX용 음원이 별도 발매되었다. SCC 외에는 모두 FM 음원 계열이라, 당시에 가장 선호 받았던 것이 FM 음원이었음을 강하게 시사한다.

SCC는 자체적인 단독 상품이 아니라, 개별 게임 소프트의 ROM 카트리지에 탑재되는 형태로 유통되었다. 코나미 외의 다른 게임 소프트 개발사에 공급하는 것도 검토했었던 듯하나, 최종적으로는 그런 경우 없이 「그라디우스 2」를 비롯한 코나미 자사 소프트에만 내장되는 데 그쳤다. 다만 MSX 매거진이 발매했던 음악 제작용 툴 「MuSICA」는 PSG 및 FM 음원과 함께 SCC를 제어할 수 있어, 일반 유저가 SCC로 곡을 제작해 발표하기도 했다.

MSX-AUDIO

MSX-MUSIC 이전에 발매되었던, 야마하의 FM 음원 칩 'Y8950'을 탑재한 확장음원. FM 음원부 외에 ADPCM과 PCM 음원도 탑재했으므로, 이를 위해 별도로 128KB의 메모리도 내장했다. 그렇다보니 가격도 34,800엔으로 고가여서, 지원 소프트가 거의 나오지 않았다.

FM 신디사이저 유닛

아케이드 게임 및 X68000에 탑재된 바가 있는 OPM 계열 음원을 채용하고 MIDI 단자도 추가한 야마하 독자 제작 FM 음원 유닛으로, 야마하 사의 MSX 컴퓨터 전용 주변기기. SFG-01(YM2151 칩 탑재)과 SFG-05(YM2164 칩 탑재)의 두 종류가 있으며, 야마하 제 MSX1·2를 모두 지원한다.

MSX-MUSIC

지나치게 비쌌던 MSX-AUDIO의 문제점을 교훈삼아, 기능을 간소화한 FM 음원 'YM2413'을 탑재한 새로운 규격. 「FM 파나 어뮤즈먼트 카트리지」에 처음 탑재되었고, 이후 수많은 MSX 본체에 내장되어 실질적인 MSX의 표준 FM 음원으로 정착했다.

SCC

코나미가 자사 소프트용으로 독자 개발한 파형 메모리 방식의 확장음원 칩. SCC 음원은 5채널 사운드를 출력하며, MSX 본체의 PSG 사운드와 합성되어 최종적으로 총 8채널 재생이 가능해진다. 투명한 울림이 있는 독특한 음색 덕에 팬이 많아, 「스내처」·「SD 스내처」는 디스크판 소프트임에도 SCC 카트리지를 일부러 동봉하는 등 사운드에 공을 들였다.

그래픽 툴

MSX1 당시에는 각 하드웨어 제조사들이 본체에 동봉한 그래픽 툴이나 당시의 잡지·서적 부록 프로그램을 이용해 그래픽을 그리는 게 일반적이었으나, FDD 내장형 MSX2가 보급되는 시기부터는 소프트 개발사가 제작해 단독상품으로 발매한 그래픽 툴이 시장에 등장했다. 이들 대부분은 사내에서 소프트를 개발할 때 사용했던 내부 개발 툴이 기반이었으므로, 쓰기 편리하고 실용적인 제품이 많았다.

픽셀3

일러스트 제작이 가능한 그래픽 에디터는 물론, BG 그래픽용 패턴 에디터와 스프라이트 에디터까지 포함된 통합 그래픽 툴이다.

그래프사우루스

BIT[2] 사가 개발한, 일러스트 드로잉에 특화시킨 그래픽 툴. MSX2의 각종 스크린 모드를 지원한다.

DD클럽

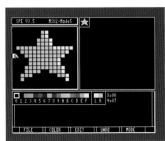

「픽셀3」과 마찬가지로, T&E 소프트가 사내에서 사용하던 개발 툴을 상품화시킨 것. 스프라이트 및 패턴 에디터 용도로는 최강이다.

뮤직 툴

MSX1 당시에는 본체 내장 툴 형태로 악보 입력 소프트가 제공되는 경우가 많았으나, 기본적으로 유희 용도의 연장선상에 있었기에 그다지 실용적이지 못했다. 그래픽 툴과 마찬가지로 MSX2 이후부터는 상용 소프트가 발매되었지만, 꼭 그것이 없더라도 MSX-BASIC에서 직접 음원을 제어할 수 있었으므로(4.1은 MIDI마저도 BASIC으로 제어 가능했다), 상용 뮤직 툴은 BASIC을 쓰지 않는 유저용이라는 측면이 강했다.

신디사우루스

BIT[2] 사가 개발한, 내장 PSG와 MSX-MUSIC을 지원하는 뮤직 소프트. 마우스 조작으로 음표를 배치해 곡을 만들 수 있다.

μSIOS

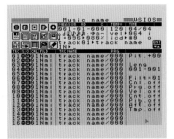

BIT[2] 사가 개발한 MIDI 시퀀서 소프트로, '뮤시오스'라고 읽는다. 소프트 성능상, 4분음표 분해능은 96이다.

MIDI사우루스

이 소프트도 BIT[2] 사가 개발한 MIDI 지원 뮤직 소프트. 악보 입력식이 아니라 스텝 에디터 방식으로 곡을 제작한다.

게임 개발용 툴

게임은 만들고 싶지만, 프로그래밍을 바닥부터 배우기는 좀……이라는 유저들의 바람에 부응해, 여러 개발사들이 게임 제작용 개발 툴 소프트를 발매했다. 대부분은 게임 개발자 기분만 내는 정도의 제품에 불과했으나, 본 지면에서

소개하는 「Dante」와 「요시다 건축」은 제작의 자유도가 상당히 높아 본격적인 게임을 만들 수 있고, 단독 구동되는 소프트로 만들어 재배포하는 것도 가능하다.

참고로 「Dante」는 후일 「RPG 만들기」라는 상품명으로 여러 가

정용 게임기에 발매되어(슈퍼 패미컴판 「RPG 만들기」는 타이틀명 아래에 'SUPER DANTE'라고 표기했다), 이후 아스키의 대표상품이 된 각종 '만들기' 계열 시리즈의 위대한 시조가 되었다.

Dante

「드래곤 퀘스트」풍의 필드형 RPG를 제작 가능한 툴로, 끈기만 있다면 제대로 된 제품판급의 RPG까지도 만들 수 있는 본격파 소프트다. 콘테스트 우수작이 실제로 제품화되기도 했다.

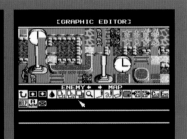

요시다 건축 [吉田工務店]

종스크롤 슈팅 게임을 만들 수 있는 툴로, 캐릭터와 배경 디자인은 물론 시퀀스 연출이나 보스까지도 제작 가능하다. 자매 작품으로 「요시다 건설」·「요시다 콘체른」도 있다.

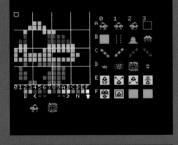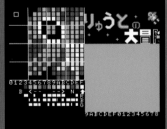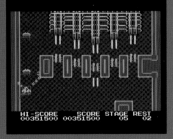

HARDWARE

1983
1984
1985
1986
1987
1988
1989
1990
1991
1992
1993-
INDEX

MSX HARDWARE CATALOGUE : NATIONAL

나쇼날

마쓰시타 전기산업은 MSX 참여 당시에는 '나쇼날' 브랜드로 제품을 전개하여, 다양한 하드웨어 라인업을 선보였다.

마쓰시타 전기산업(현 파나소닉)은 MSX 초기부터 말기까지 일관되게 활동해온 유일한 기업이다. 초기에는 자사의 일본 내수용 브랜드인 '나쇼날'로 발매했으며, 저가격 노선을 제외한 모든 가격대로 제품을 공급해왔다.

당초에는 자사의 MSX 브랜드명을 '킹콩'으로 설정하여, 광고 캐릭터로도 킹콩을 채용해 내세웠으나, 워드프로세서 내장 노선이 정착되면서 FS 시리즈로 형식번호를 통일시켜 파나소닉 브랜드로 전환해 명맥을 이어가게 된다.

킹콩 CF-2000

MSX | ROM ×2

발매일	1983년 10월
가격	54,800엔
RAM	16KB
VRAM	16KB
기타	

마쓰시타의 MSX 제 1호기. 스펙은 초기 MSX로서는 표준형으로, ROM 카트리지도 2슬롯 형태다. 안정적인 인기를 자랑했다.

킹콩 CF-2700

MSX | ROM ×2

발매일	1984년 10월
가격	59,800엔
RAM	32KB
VRAM	16KB
기타	

CF-2000의 메모리를 증량한 제 2세대 모델. 슬롯부가 직선적으로 튀어나온 쐐기형 디자인을 도입했는데, 이후 나쇼날 MSX1의 표준 디자인으로 정착했다.

킹콩 CF-1200

MSX | ROM ×2

발매일	1985년
가격	43,800엔
RAM	16KB
VRAM	16KB
기타	컬러 바리에이션 (레드·화이트·블랙)

메모리를 16KB로 억제하여 염가화를 중시한 입문용 모델. 본체 컬러에 3종류의 바리에이션을 최초로 도입했다.

킹콩 CF-3000

MSX | ROM ×2

발매일	1984년 11월
가격	79,800엔
RAM	64KB
VRAM	16KB
기타	RGB 영상출력, 슈퍼임포즈(별매)

나쇼날 최초의 키보드 분리형 디자인 채용 기종. 별매품인 슈퍼임포즈 유닛(CF-2601)을 연결하면, 비디오와 컴퓨터 영상을 합성해 표시할 수 있다.

킹콩 CF-3300

MSX | ROM ×2 | 200 ×1

발매일	1985년
가격	148,800엔
RAM	64KB
VRAM	16KB
기타	RGB 영상출력, 슈퍼임포즈(별매)

업계 최초로 3.5인치 2DD 드라이브 1개를 내장한 MSX. MSX-DOS가 탑재된 오리지널 디스크를 동봉했다.

워프로 퍼스컴 FS-4000

MSX | ROM ×2 | 漢

발매일	1985년
가격	106,000엔
RAM	64KB
VRAM	16KB
기타	열전사 프린터 내장, 컬러 바리에이션 (화이트·블랙)

워드프로세서(일본에서는 '워프로'라는 약칭이 널리 쓰였다)와 MSX를 일체화하고, 열전사 프린터까지 내장시킨 독특한 모델. 본격 워드프로세서로 사용 가능한 기종으로서 애용되었다.

MSX | **MSX**2 | **MSX**2+ | **MSX** R 대응 기종 아이콘

워프로 퍼스컴 *FS-4500*

MSX2 | ROM ×2 | 漢

발매일	1986년 3월
가격	108,000엔
RAM	64KB
VRAM	128KB
기타	RGB 영상출력, 열전사 프린터 내장

MSX2가 되어, 본격 워드프로세서 용도로 사용 가능해진 후계기.

워프로 퍼스컴 *FS-4600F*

MSX2 | ROM ×2 | 200 ×1 | 漢

발매일	1986년
가격	138,000엔
RAM	128KB
VRAM	128KB
기타	RGB 영상출력, 열전사 프린터 내장

FS-4500에 FDD를 추가 탑재해, 문서파일을 저장할 수도 있게 되었다.

워프로 퍼스컴 *FS-4700*

MSX2 | ROM ×2 | 200 ×1 | 漢

발매일	1986년
가격	158,000엔
RAM	64KB
VRAM	128KB
기타	RGB 영상출력, 열전사 프린터 내장, 컬러 바리에이션 (블랙·실버)

FS-4600F에 8KB SRAM을 추가한 모델

FS-1300

MSX | ROM ×2

발매일	1985년
가격	39,800엔
RAM	64KB
VRAM	16KB
기타	조이스틱 동봉

CF-1200에서 메모리를 64KB로 증량한 후계기. 조이스틱 1개를 동봉해, 게임이 주목적인 유저용 제품으로 발매했다.

FS-5500

MSX2 | ROM ×2 | 200 ×1~2 | 漢

발매일	1985년 12월 1일
가격	188,000엔(F1), 228,000엔(F2)
RAM	64KB
VRAM	128KB
기타	RGB 영상출력, 슈퍼임포즈, 비디오 컨트롤, 트랙볼 탑재

키보드 분리형 디자인을 채용한 고급형 MSX2. 슈퍼임포즈 기능으로 비디오 영상을 합성할 수 있고, 비디오 컨트롤도 가능하다.

FS-5000

MSX2 | ROM ×2 | 200 ×2

발매일	1986년 10월
가격	158,800엔(F2)
RAM	128KB
VRAM	128KB
기타	RGB 영상출력, 스테레오 음성출력

FS-5500에서 슈퍼임포즈와 비디오 컨트롤 기능을 삭제한 보급형 기종. 내장 PSG 음원을 스테레오로 출력할 수 있는 기능이 있다.

CATALOGUE

 카세트 테이프 ROM 카트리지 플로피 디스크 MSX-MUSIC 漢 JIS 제1수준 한자 ROM 漢 JIS 제2수준 한자 ROM

HARDWARE

1983
1984
1985
1986
1987
1988
1989
1990
1991
1992
1993-

INDEX

파나소닉

MSX2 보급의 기폭제가 된 FS-A1부터 최후의 MSX가 된 GT까지, 파나소닉의 전 모델을 소개한다!

파나소닉 브랜드로의 첫 출시작인 FS-A1은 3만 엔 미만이라는 경이적인 염가로 발매되어, 소니의 HB-F1과 함께 큰 호평을 받아 일본의 MSX 시장을 일거에 MSX2 중심으로 바꿔놓았다. 키보드 일체형 본체 디자인을 표준화시킨 기종이기도 했다.

이후 FDD 내장형임에도 5만 엔대라는 전략적 가격으로 발매한 FS-A1F, MSX2+ 규격에 대응한 FS-A1FX, 고속 클럭 구동을 구현하고 FM 음원을 표준 탑재한 FS-A1WX 등, 기동성 있게 신모델을 속속 전개했다.

그 결과 일본 MSX 시장은 파나소닉의 사실상 독점 상태가 되어 타사가 차례차례 철수, MSX turboR에 이르자 파나소닉 단 한 회사만이 발매하게 되었다. 본 지면에서는 일본의 후기 MSX 시장을 수놓은 파나소닉 제품을 소개한다.

FS-A1

MSX2 | ROM ×2

홍보용 마스코트 캐릭터로 요코야마 코우가 디자인한 '아쉬기네'를 기용하고, 염가형 MSX2 노선을 확립시켜버린 명기. 해당 캐릭터를 사용한 게임도 3작품 발매되었다.

발매일	1986년
가격	29,800엔
RAM	64KB
VRAM	128KB
기타	RGB 영상출력, 컬러 바리에이션 (레드·블랙)

FS-A1mk2

MSX2 | ROM ×2

발매일	1987년
가격	29,800엔
RAM	64KB
VRAM	128KB
기타	RGB 영상출력, 연사 기능 조이패드 동봉

같은 가격이면서도 연사 기능이 있는 조이패드를 동봉해, 한층 더 게임 용도에 특화시킨 제품. 당시의 일체형 본체 중에서는 드물게 텐키패드가 있는 점도 특징이다.

FS-A1F

MSX2 | ROM ×2 | 2DD ×1 | 漢

발매일	1987년
가격	54,800엔
RAM	64KB
VRAM	128KB
기타	RGB 영상출력

3.5인치 2DD 드라이브 1대를 탑재해, MSX2용 게임 소프트 매체가 ROM 카트리지에서 디스크로 전환되는 데 공헌한 기기. 한자 ROM도 표준 탑재했다.

FS-A1FM

MSX2 | ROM ×2 | 2DD ×1 | 漢

발매일	1988년
가격	89,800엔
RAM	64KB
VRAM	128KB
기타	RGB 영상출력, 1200bps 모뎀 내장

FS-A1F에 1200bps 모뎀을 탑재해, 본체 단독으로 PC통신이 가능하도록 한 기종. 그 외의 기능은 FS-A1F와 동일하다.

FS-A1FX

MSX2+ | ROM ×2 | 2DD ×1 | 漢

발매일	1988년 10월 21일
가격	57,800엔
RAM	64KB
VRAM	128KB
기타	연사·일시정지 기능, RGB 영상출력, CPU 고속 클럭 구동 (5.38MHz) 모드탑재

최초의 MSX2+ 규격 대응 기종. 본체 디자인을 리뉴얼했으며, 이후의 파나소닉 MSX는 이 디자인으로 통일된다.

MSX | **MSX2** | **MSX2+** | **MSXR** 대응 기종 아이콘

HARDWARE | 1983 | 1984 | 1985 | 1986 | 1987 | 1988 | 1989 | 1990 | 1991 | 1992 | 1993- | INDEX

FS-A1WX

MSX 2+ ROM ×2 200 ×1 ♪ 漢

발매일	1988년 10월 21일
가격	69,800엔
RAM	64KB
VRAM	128KB
기타	연사·일시정지 기능, RGB 영상출력, CPU 고속 클럭 구동 (5.38MHz) 모드 탑재

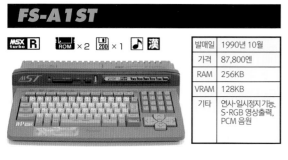

본격적인 워드프로세서 기능을 내장하고, 취소·실행 키를 추가했다. 워드프로세서 조작성 향상 목적으로, CPU 고속 클럭 구동 모드를 탑재했다.

FS-A1WSX

MSX 2+ ROM ×2 200 ×1 ♪ 漢

발매일	1989년 10월
가격	69,800엔
RAM	64KB
VRAM	128KB
기타	연사·일시정지 기능, S·RGB 영상출력, CPU 고속 클럭 구동 (5.38MHz) 모드 탑재

컬러 프린터를 지원하며, 워드프로세서에서도 컬러 출력을 구현한 모델. 데이터레코더 단자를 삭제하고, 대신 S단자 영상출력을 추가했다.

FS-A1ST

MSX turbo R ROM ×2 200 ×1 ♪ 漢

발매일	1990년 10월
가격	87,800엔
RAM	256KB
VRAM	128KB
기타	연사·일시정지 기능, S·RGB 영상출력, PCM 음원

MSX turboR 규격 대응 제품. MSX-MUSIC은 물론 PCM 음원도 탑재하고, 녹음용 마이크도 내장했다.

FS-A1GT

MSX turbo R ROM ×2 200 ×1 ♪ 漢

발매일	1991년 11월
가격	99,800엔
RAM	512KB
VRAM	128KB
기타	연사·일시정지 기능, S·RGB 영상출력, PCM 음원, MIDI 단자, MSX View 내장

일본 MSX 시장 최후의 모델이 된 제품. FS-A1ST에 MIDI 단자를 추가하고, 본체 내장 소프트로 GUI 셀 프로그램「MSX View」를 탑재했다.

CATALOGUE

MSX HARDWARE CATALOGUE : SONY

소니

다양한 유저층을 상정하고 폭넓은 마케팅을 전개하여, 유저의 추억에 남는 명기를 다수 내놓았다.

MSX 규격 제창 당시 일찍부터 찬동했던 소니는, 이전 자사의 독자 사양 컴퓨터인 SMC-777 때부터 사용했던 'HiT-BiT'(히트비트)라는 브랜드명으로 MSX 시장에 참가했다. 도시적인 센스가 빛나는 본체 디자인과, 당시 인기 절정이었던 아이돌 가수 마츠다 세이코를 기용해 대량 투하한 TV광고 효과 더에, 마쓰시타와 함께 MSX 양대 거두의 포지션을 확립했다. 취미용부터 업무용까지 폭넓은 모델을 전개한 HiT-BiT는, 10년에 걸친 긴 수명을 누린 시리즈가 되었다.

HiT-BiT HB-55

발매일	1983년 10월
가격	54,800엔
RAM	16KB
VRAM	16KB
기타	컬러 바리에이션 (레드·아이보리)

제품번호의 '55'는 자사의 첫 트랜지스터 라디오 'TR-55'에서 따온 것. 첫 모델부터 컬러 바리에이션을 전개한 것만 봐도, MSX에 걸었던 큰 기대감이 느껴진다.

HiT-BiT HB-75

발매일	1984년
가격	69,800엔
RAM	64KB
VRAM	16KB
기타	컬러 바리에이션 (화이트·블랙)

HB-55에서 메인 메모리를 증량시킨 상위 모델. 타이프라이터 키보드를 채용해, 본격적으로 프로그래밍을 하고픈 유저를 노린 제품이라 하겠다.

HiT-BiT MEZZO HB-101

발매일	1984년
가격	46,800엔
RAM	16KB
VRAM	16KB
기타	컬러 바리에이션 (레드·블랙·아이보리)

운반하기 편리한 캐링 핸들(손잡이), 커서 키에 결합시켜 사용하는 조이스틱 등 독특한 아이디어가 다량 들어간 패셔너블한 MSX다.

HiT-BiT MEZZO HB-201

발매일	1985년
가격	59,800엔
RAM	64KB
VRAM	16KB
기타	컬러 바리에이션 (블랙·아이보리)

MEZZO 제 2세대 모델. HB-101에서 메모리를 증량해, 제대로 컴퓨터를 활용해보려는 유저를 만족시킨 모델이다.

HiT-BiT HB-701

발매일	1984년 11월
가격	99,800엔
RAM	64KB
VRAM	16KB
기타	RGB 영상출력, 슈퍼임포즈

소니 최초의 세퍼레이트(키보드 분리형) 모델. 슈퍼임포즈로 MSX의 영상과 비디오 영상의 합성이 가능하며, 본체 동봉 프로그램 'HiT-BiT 아트'로 그래픽 기능도 만끽할 수 있다.

HiT-BiT HB-701FD

발매일	1984년 11월
가격	148,000엔
RAM	64KB
VRAM	16KB
기타	RGB 영상출력, 슈퍼임포즈

HB-701의 상위모델로, 1DD식 3.5인치 플로피디스크 드라이브 1대를 탑재해 'HiT-BiT 아트'로 제작한 그래픽 데이터를 손쉽게 저장할 수 있다.

대응 기종 아이콘

HiT-BiT MEZZO *HB-10*

MSX　ROM ×2

발매일	1985년
가격	34,800엔
RAM	64KB
VRAM	16KB
기타	컬러 바리에이션 (레드·블랙)

게임 「로드 러너」와 BASIC 첨삭지도 통신 강좌 무료신청서를 동봉한, 입문용 모델.

HiT-BiT U *HB-11*

MSX　ROM ×2　漢

발매일	1986년 2월 21일
가격	54,800엔
RAM	64KB
VRAM	16KB
기타	영일사전 내장, 컬러 바리에이션 (레드·네이비)

영어-일본어 사전과 워드프로세서 소프트를 내장한, 학생용을 상정한 모델.

HiT-BiT *HB-F5*

MSX2　ROM ×2

발매일	1985년 10월
가격	84,800엔
RAM	64KB
VRAM	128KB
기타	RGB 영상출력, 컬러 바리에이션 (화이트·블랙)

소니 최초의 MSX2 규격 컴퓨터. 이전까지의 패셔너블 이미지에서 탈피해, 실용주의적인 이미지로 전환한 코어 유저 노선의 HiT-BiT.

HiT-BiT *HB-F500*

MSX2　ROM ×2　200 ×1

발매일	1985년
가격	128,000엔
RAM	64KB
VRAM	128KB
기타	RGB 영상출력

2DD 드라이브를 최초 탑재하고 텐키패드도 넣은, 본격적인 사무용 지향 MSX.

HiT-BiT *HB-F900*

MSX2　ROM ×2　200 ×2

※ 사진은 AV 크리에이터(HBI-F900)와의 세트

발매일	1986년
가격	148,000엔
RAM	256KB
VRAM	128KB
기타	RGB 영상출력, 슈퍼임포즈

영상 믹서 기능을 탑재한, 본격 전문가용 사양의 AV 머신.

HiT-BiT *HB-G900D*

MSX2　ROM ×2　200 ×1

발매일	1987년
가격	불명
RAM	256KB
VRAM	128KB
기타	RGB 영상출력, 슈퍼임포즈, 젠록 탑재

젠록(Genlock; 영상 제어신호) 기능을 지원하는, 방송업무용 MSX.

HiT-BiT *HB-F1*

MSX2　ROM ×2

발매일	1986년
가격	32,800엔
RAM	64KB
VRAM	128KB
기타	일시정지 기능, RGB 영상출력, 컬러 바리에이션 (레드·블랙)

MSX2의 가격대를 3만 엔대로 끌어내려 일거에 염가화시키는 전환점이 된 모델. 포즈(pause) 버튼 추가로 일시정지가 가능해진 것도 장점.

HiT-BiT *HB-F1II*

MSX2　ROM ×2

발매일	1987년
가격	29,800엔
RAM	64KB
VRAM	128KB
기타	RGB 영상출력, 스피드 컨트롤, 연사·일시정지 기능

HB-F1의 후계 모델. 게임을 즐길 때 편리한 스피드 컨트롤과 연사 기능을 탑재하고, 3만 엔 미만으로 인하한 보급형 모델이다.

 카세트 테이프　 ROM 카트리지　 플로피 디스크　 MSX-MUSIC　 漢 JIS 제 1수준 한자 ROM　 漢 JIS 제 2수준 한자 ROM

HARDWARE 1983 1984 1985 1986 1987 1988 1989 1990 1991 1992 1993- INDEX

HiT-BiT *HB-T7*

MSX2 ROM ×2 漢

발매일	1987년
가격	59,800엔
RAM	64KB
VRAM	128KB
기타	RGB 영상출력

1200bps 모뎀을 내장한 통신 특화형 컴퓨터. 본체 내에 PC통신 소프트를 내장했으며, 니프티서브(역주 ※) 체험 쿠폰도 동봉했다.

(역주 ※) 당시 NEC의 PC-VAN과 함께 양대 산맥이었던 일본의 PC통신 서비스.

HiT-BiT *HB-T600*

MSX2 ROM ×2 200 ×1 漢

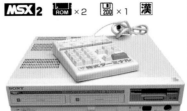

발매일	1987년
가격	135,000엔
RAM	128KB
VRAM	128KB
기타	RGB 영상출력, 키보드 별매

개인투자가용 주식관리 소프트 및 전용 키보드를 세트화한 특화형 MSX. 일반 키보드는 별매였지만, HB-F500/900용 키보드로 대체 가능하다.

HiT-BiT *HB-F1XD*

MSX2 ROM ×2 200 ×1

발매일	1987년
가격	54,800엔
RAM	64KB
VRAM	128KB
기타	RGB 영상출력, 스피드 컨트롤, 연사·일시정지 기능

2DD 드라이브 1개를 탑재하고도 5만 엔대 중반의 가격을 실현한, 가격 대 성능비가 우수한 MSX2. 추첨으로 4,000명에게 「이스」를 증정하는 캠페인도 벌였다.

HiT-BiT *HB-F1XDmk2*

MSX2 ROM ×2 200 ×1

발매일	1988년 9월 21일
가격	49,800엔
RAM	64KB
VRAM	128KB
기타	RGB 영상출력, 스피드 컨트롤, 연사·일시정지 기능

HB-F1XD의 기본 성능은 유지하면서 다시 가격을 5만 엔 미만으로 내려, 가격 대 성능비를 더욱 끌어올린 모델.

HiT-BiT *HB-F1XDJ*

MSX2+ ROM ×2 200 ×1 ♪ 漢

발매일	1988년 10월 21일
가격	69,800엔
RAM	64KB
VRAM	128KB
기타	RGB 영상출력, 스피드 컨트롤, 연사·일시정지 기능

MSX2+ 규격으로 제작된 후계 모델. MSX-MUSIC과 JIS 제 2수준 한자 ROM을 탑재한, 소니 MSX의 완성형이라 할 수 있다.

HiT-BiT *HB-F1XV*

MSX2+ ROM ×2 200 ×1 ♪ 漢

발매일	1989년 10월 21일
가격	69,800엔
RAM	64KB
VRAM	128KB
기타	RGB 영상출력, 스피드 컨트롤, 연사·일시정지 기능

소니 MSX의 최종 모델. 워드프로세서와 신디사우루스, F1 툴 디스크 등으로 구성된 '크리에이티브 디스크' 3장을 동봉했다.

CATALOGUE

MSX MSX2 MSX2+ MSX turbo R 대응 기종 아이콘

MSX HARDWARE CATALOGUE : SANYO

산요 전기

'WAVY'는 MSX에 제 3의 물결이 된다는 의미로 붙인 브랜드명이다. 그 이름대로, 수많은 기종이 발매되었다.

산요의 MSX는 가전부문 중심인 산요 본사가 제작한 'MPC' 시리즈와, 독자규격 컴퓨터를 제조하던 자회사인 산요 전기특기의 'PHC' 시리즈라는 두 계통으로 나뉜다. '가전 감각의 MPC(WAVY)'와 '실용 노선의 PHC'로 서로의 컬러가 확실했으나, 후일 통합되어 형식번호는 PHC를 계승하되, 브랜드명으로서의 WAVY는 남겼다.

산요는 소니와 함께 MSX2+까지는 하드웨어 공급을 지속했으며, 결코 화려한 디자인은 아니었으나 게임 프로그래머를 중심으로 지지층이 견고했던 제조사였다.

WAVY10 MPC-10

발매일	1983년
가격	74,800엔
RAM	32KB
VRAM	16KB
기타	라이트 펜 동봉

MSX ROM × 1

산요는 당초엔 라이트 펜 중심의 조작계를 적극적으로 밀었기에, 라이트 펜 접속단자를 마련해두었다. 본체 오른쪽 위에 펜용 스탠드 홀이 있는 것도 특징.

WAVY5 MPC-5

발매일	1984년
가격	54,800엔
RAM	16KB
VRAM	16KB
기타	

MSX ROM × 2

메모리 용량은 낮췄으나 슬롯을 2개로 늘린 입문용 MSX.

WAVY10 MPC-10mk2

발매일	1984년
가격	75,800엔
RAM	32KB
VRAM	16KB
기타	라이트 펜 동봉

MSX ROM × 1

MPC-10의 디자인을 변경한 후계 모델. 라이트 펜으로 화면에 그림을 그릴 수 있는 기본기능도 공통으로, 외장 디자인 외에는 동일하다.

WAVY11 MPC-11

발매일	1984년
가격	99,800엔
RAM	32KB
VRAM	16KB
기타	RGB 영상출력, 슈퍼임포즈, 라이트 펜 단자

MSX ROM × 1

세퍼레이트 디자인을 채용한 고급기. 전면에 비디오 입력 단자가 있다.

PHC-30

발매일	1984년 5월
가격	64,800엔
RAM	16KB
VRAM	16KB
기타	

MSX ROM × 2

데이터레코더를 본체에 내장해, 사용성이 좋기로 당시 정평이 났던 MSX. 산요 전기특기 사의 형식번호인 PHC를 계승했으나, 이전 기종과는 호환성이 없다.

PHC-30N

발매일	1984년
가격	69,800엔
RAM	64KB
VRAM	16KB
기타	컬러 바리에이션 (레드·블랙)

MSX ROM × 2

PHC-30의 후계기종. 본체 디자인은 동일하나, 메모리 용량을 64KB로 대폭 올리고 본체 컬러를 2개 색으로 늘렸다.

 카세트 테이프   ROM 카트리지   플로피 디스크   MSX-MUSIC   漢 JIS 제 1수준 한자 ROM   漢 JIS 제 2수준 한자 ROM

WAVY1 MPC-1

MSX ▯ROM ×2

발매일	1985년
가격	불명
RAM	16KB
VRAM	16KB
기타	

오른손이 닿는 부분에 팜레스트가 있는, 독특한 형태가 인상적인 기기. 초기의 입문용 MSX로는 표준 사양이었던 16KB 메모리를 탑재했다.

WAVY2 MPC-2

MSX ▯ROM ×2

발매일	1985년
가격	39,800엔
RAM	64KB
VRAM	16KB
기타	컬러 바리에이션 (화이트·블랙)

MPC-1과 동일한 디자인이며, 메모리를 64KB로 증량한 모델. 화이트·블랙의 2색 바리에이션을 전개했다.

WAVY3 MPC-3

MSX ▯ROM ×3

발매일	1985년 2월
가격	46,800엔
RAM	16KB
VRAM	16KB
기타	

ROM 카트리지 슬롯이 무려 3개인, 보기 드문 사양의 MSX. 커서 키 상단의 버튼으로, 어느 슬롯을 유효화시킬지 선택할 수 있다.

WAVY6 MPC-6

MSX ▯ROM ×1

발매일	1985년
가격	55,800엔
RAM	64KB
VRAM	16KB
기타	

MPC-10의 바디 디자인을 재사용한 후계기. 라이트 펜 단자는 삭제했지만, 본체 우상단의 펜홀더는 남겨두었다.

WAVY25 MPC-25FK

MSX2 ▯ROM ×2 ▯100 ×1 漢

발매일	1986년 4월
가격	125,000엔
RAM	64KB
VRAM	128KB
기타	

산요 최초의 MSX2로, 세퍼레이트 디자인을 채용한 고급 모델이다. RS-232C 단자도 내장해, PC통신 용도도 상정한 스펙이었다.

PHC-27

MSX ▯ROM ×2

발매일	1985년
가격	49,800엔
RAM	64KB
VRAM	16KB
기타	

키보드 입력을 장시간 해도 피로감이 적은 스텝 스컬처 키보드를 채용한 실용계 MSX. 스펙은 MSX1 계열로는 일반적인 사양이다.

PHC-33

MSX ▭ ▯ROM ×2

발매일	1985년
가격	59,800엔
RAM	64KB
VRAM	16KB
기타	

PHC-27과 같은 시기에 발매된 형제기. 스텝 스컬처 키보드는 물론, 2배속 데이터레코더까지 본체에 내장해 유저들을 기쁘게 했다.

WAVY23 PHC-23

MSX2 ▯ROM ×2

발매일	1986년
가격	32,800엔
RAM	64KB
VRAM	128KB
기타	

MPC-1의 디자인을 답습한 MSX2 컴퓨터. 파나소닉의 FS-A1, 소니의 HB-F1 등과 함께 저가격 MSX2 노선을 개척했다.

MSX MSX2 MSX2+ MSX R 대응 기종 아이콘

WAVY23 *PHC-23J*

MSX2 | ROM ×2 | 漢

발매일	1987년
가격	32,800엔
RAM	64KB
VRAM	128KB
기타	

PHC-23과 동일한 디자인에, JIS 제 1수준 한자 ROM을 추가한 후계 모델. 외관 디자인으로는 거의 구별이 되지 않으니 주의하자.

WAVY77 *PHC-77*

MSX2 | ROM ×2 | 200 ×1 | 漢

발매일	1987년
가격	138,000엔
RAM	64KB
VRAM	128KB
기타	접이식 디자인, 열전사 프린터 및 MSX Write 내장

프린터 내장형이며, 키보드를 접어서 보관할 수 있는 독특한 디자인의 MSX2.

WAVY35 *PHC-35J*

MSX2+ | ROM ×2 | 漢

발매일	1989년
가격	불명
RAM	64KB
VRAM	128KB
기타	연사·일시정지 기능

FDD가 탑재되지 않은 유일한 MSX2+ 규격 컴퓨터.

WAVY55FD2 *PHC-55FD2*

MSX2 | ROM ×2 | 200 ×2 | 漢

발매일	1988년
가격	불명
RAM	64KB
VRAM	128KB
기타	컬러 바리에이션 (블랙·그레이)

FDD 2개를 탑재한 MSX2 컴퓨터. 바디 디자인은 PHC-70FD2와 동일하다.

WAVY70FD *PHC-70FD*

MSX2+ | ROM ×2 | 200 ×1 | ♪ | 漢

발매일	1988년 11월 4일
가격	64,800엔
RAM	64KB
VRAM	128KB
기타	연사·일시정지 기능, BASIC 컴파일러 내장

「MSX 베이직 군 플러스」와 동등한 소프트를 내장한 프로그래머용 MSX2+.

WAVY70FD2 *PHC-70FD2*

MSX2+ | ROM ×2 | 200 ×2 | ♪ | 漢

발매일	1989년 10월 21일
가격	87,800엔
RAM	64KB
VRAM	128KB
기타	RGB 영상출력, BASIC 컴파일러 내장

산요 최후의 MSX 컴퓨터. 2DD 드라이브를 2개 탑재했다.

CATALOGUE

 카세트 테이프
 ROM 카트리지
 플로피 디스크
 MSX-MUSIC
 JIS 제 1수준 한자 ROM
 JIS 제 2수준 한자 ROM

HARDWARE

1983
1984
1985
1986
1987
1988
1989
1990
1991
1992
1993-
INDEX

MSX HARDWARE CATALOGUE : TOSHIBA

도시바

도시바는 발매 모델 수가 결코 많지는 않으나, MSX 전반에 끼친 영향력은 매우 컸다. 과연 어떤 공적을 남겼기에?

도시바는 자사의 과거 독자규격 컴퓨터 브랜드명이었던 'PASOPIA'(파소피아)를 계승해, 'PASOPIA IQ'라는 브랜드로 MSX를 개발·발매했다.

도시바는 1985년이라는 비교적 이른 시기에 MSX 직접 생산에서 철수했으나, 반도체 제조사이기도 한 자사의 강점을 살려, CPU를 비롯한 MSX의 주요 기능을 원칩에 집약시킨 통합 칩 'MSX-ENGINE'과 'MSX-ENGINE2'를 개발했다. 이 칩을 타 제조사에 공급해, 일본의 MSX 및 MSX2 전체의 제조단가 절감에 크게 기여했다.

PASOPIA IQ　HX-10S

MSX　ROM × 1

발매일	1983년
가격	55,800엔
RAM	16KB
VRAM	16KB
기타	컬러 바리에이션 (레드·블랙)

도시바가 처음으로 세상에 내놓은 MSX. ROM 카트리지 슬롯이 하나뿐인 데다 프린터 포트도 없어, 실무용으로는 맞지 않는 사양이었다.

PASOPIA IQ　HX-10D

MSX　ROM × 1

발매일	1983년
가격	65,800엔
RAM	64KB
VRAM	16KB
기타	컬러 바리에이션 (실버·블랙)

HX-10S의 형제기로, 탑재 메모리 용량 외에는 동일 사양이다. 키보드 등의 성형색 차이와 컬러 바리에이션으로 차별화를 꾀했다.

PASOPIA IQ　HX-10DPN

MSX　ROM × 1

발매일	1984년
가격	69,800엔
RAM	64KB
VRAM	16KB
기타	RGB 영상출력

HX-10D의 파생모델로, HX-10D에 아날로그 RGB 단자를 추가해 고화질로 즐길 수 있도록 한 모델. RGB 단자는 도시바 독자 사양이니 주의하도록.

PASOPIA IQ　HX-20

MSX　ROM × 2

발매일	1984년 10월 16일
가격	69,800엔
RAM	64KB
VRAM	16KB
기타	스테레오 음성출력

도시바 MSX의 제 2세대기로, 본체 내에 워드프로세서 소프트를 내장했다. PSG 음원을 스테레오 출력(3채널을 각각 중앙/좌/우에 할당)할 수 있는 기능이 있다.

PASOPIA IQ　HX-21

MSX　ROM × 2

발매일	1984년 10월 16일
가격	79,800엔
RAM	64KB
VRAM	16KB
기타	RGB 영상출력, 스테레오 음성출력

HX-20의 형제기. 워드프로세서와 스테레오 음성 등의 기능은 동일하며, 아날로그 RGB 출력 단자를 추가한 모델.

PASOPIA IQ　HX-22

MSX　ROM × 2

발매일	1984년 10월 16일
가격	89,800엔
RAM	64KB
VRAM	16KB
기타	RGB 영상출력, 스테레오 음성출력, RS-232C 단자

HX-20의 형제기. HX-21의 아날로그 RGB 출력 단자는 물론, PC통신 등에 사용 가능한 RS-232C 단자도 덧붙였다.

PASOPIA IQ *HX-30*

발매일	1985년
가격	43,800엔
RAM	16KB
VRAM	16KB
기타	

도시바 MSX의 제 3세대기로, 이 기종만 메모리가 16KB다. 통합 칩을 채용하여 대폭적인 단가절감이 가능해졌다.

PASOPIA IQ *HX-31*

발매일	1985년
가격	49,800엔
RAM	64KB
VRAM	16KB
기타	

HX-30의 형제기로서, 메인 메모리를 64KB로 끌어올린 모델. 그 외의 특징은 HX-30과 전부 동일하다.

PASOPIA IQ *HX-32*

발매일	1985년
가격	79,800엔
RAM	64KB
VRAM	16KB
기타	스테레오 음성출력

JIS 제 1수준 한자 ROM을 탑재한 모델. 이 기능을 HX-20 및 HX-30 시리즈에서 사용하려면 별매품인 한자 ROM 카트리지가 필요하다.

PASOPIA IQ *HX-34*

발매일	1985년
가격	148,000엔
RAM	64KB
VRAM	128KB
기타	RGB 영상출력, 스테레오 음성출력

PASOPIA IQ 시리즈 유일의 세퍼레이트 모델. 2DD 드라이브를 1개 장착했다.

CATALOGUE

MSX HARDWARE CATALOGUE : HITACHI

히타치 제작소

일본 컴퓨터의 여명기부터 컴퓨터를 꾸준히 제작해온 명문이 홈 컴퓨터 시장에 본격 참가했다. 히타치가 MSX로 노린 수요층은 과연?

히타치는 1978년부터 일찍이 '베이직마스터' 시리즈를 내놓아 초기 일본 컴퓨터의 빅 3로 꼽혔던 명가다. 하지만 취미 유저층을 잡으려면 MSX로 단숨에 판세를 뒤집을 필요가 있었다.

그리하여 히타치는 휴대성과 데이터레코더·태블릿 내장을 통한 '캐주얼함'으로 전략을 잡아, 'H' 시리즈를 발매했다. 전략 자체는 나쁘지 않았으나, 캐주얼함과는 상반된 무뚝뚝한 디자인 탓인지 타사에 뒤처지게 되어, 결국 1985년 MSX 시장에서 철수하고 만다.

MB-H1

발매일	1983년 12월
가격	62,800엔
RAM	32KB
VRAM	16KB
기타	컬러 바리에이션 (레드·아몬드)

캐링 핸들이 있어 운반할 수 있었던 점이 큰 특징이다. 기계어 모니터와 리버스 어셈블러를 내장 소프트로 넣은 점도 진기했다.

MB-H1E

발매일	1983년
가격	54,800엔
RAM	16KB
VRAM	16KB
기타	컬러 바리에이션 (아몬드·블랙)

MB-H1의 기본 디자인을 답습하면서, 메인 메모리를 줄이고 내장 소프트를 삭제해 가격을 낮춘 염가형 모델.

MB-H2

발매일	1984년
가격	79,800엔
RAM	64KB
VRAM	16KB
기타	스피드 컨트롤, 데이터레코더 내장

MB-H1의 후계기. 데이터레코더를 본체에 내장했고, BASIC 명령어를 사용해 오디오테이프를 제어하거나 재생할 수도 있다.

MB-H21

발매일	1984년
가격	49,800엔
RAM	32KB
VRAM	16KB
기타	스피드 컨트롤, 컬러 바리에이션 (화이트·블랙)

MB-H2에서 데이터레코더를 삭제한 염가형 모델.

CATALOGUE

MSX MSX 2 MSX 2+ MSX turbo R 대응 기종 아이콘

MB-H3

MSX 2 ROM ×2

발매일	1985년
가격	99,800엔
RAM	64KB
VRAM	64KB
기타	스피드 컨트롤, 펜 태블릿 내장

부속품인 펜으로 그림이나 글자를 그릴 수 있는 태블릿을 본체에 내장한 모델.

MB-H25

MSX ROM ×2

발매일	1986년
가격	34,800엔
RAM	32KB
VRAM	16KB
기타	스피드 컨트롤, 조이패드 동봉

MB-H21의 염가판. MB-H50의 동봉품과 동일한 조이패드가 포함돼 있다.

MB-H50

MSX ROM ×2

발매일	1986년 10월 21일
가격	24,800엔
RAM	64KB
VRAM	16KB
기타	LED 일루미네이션, 조이패드 동봉

64KB 메모리를 탑재하는 등, 게임 용도에 특화시킨 염가형 MSX.

MB-H70

MSX 2 ROM ×2 ⌷200 ×1

발매일	1986년
가격	138,000엔
RAM	128KB
VRAM	128KB
기타	RGB 영상출력

미쓰비시 전기의 ML-G30 모델 2에서 컬러링을 바꿔 히타치 브랜드로 발매한 OEM 제품. RS-232C 등의 일부 단자는 삭제했다.

MSX HARDWARE CATALOGUE : PIONEER

파이오니아

AV기기 제조사인 파이오니아가 내놓은 MSX는 LD 연동 기능이 특징이었다. 이 두 기종을 소개한다.

파이오니아 MSX의 컨셉은 매우 확고해, 자사의 '레이저디스크 플레이어와 연동되는 컴퓨터'이다. 이를 지원하는 레이저디스크 플레이어와 같이 설치할 수 있도록 키보드 세퍼레이트형 디자인을 채택해, AV기기를 연상시키는 고급감 넘치는 파이오니아다운 제품이 되었다.

다만 그런 만큼 가격도 비싸져버렸기에, 가격 대비로 성능이 낮은 MSX1의 결점이 더 두드러지게 된 탓도 있어, 단 두 모델만 출시한 채 시장에서 철수하고 말았다.

PALCOM PX-7

MSX ROM ×2

발매일	1984년 4월
가격	89,800엔
RAM	32KB
VRAM	16KB
기타	슈퍼임포즈, 레이저디스크 제어, 컬러 바리에이션 (블랙·실버)

스펙 면에서는 일반적인 MSX1이지만, 어쨌든 디자인 하나는 멋지다. P-BASIC을 사용해 레이저디스크를 제어할 수 있다.

PALCOM PX-V60

MSX ROM ×2

발매일	1986년
가격	불명
RAM	32KB
VRAM	16KB
기타	슈퍼임포즈, 레이저디스크 제어

PX-7과 동등한 스펙이지만, 본체 후면의 ROM 카트리지 슬롯을 전면으로 옮긴 것이 특징. 관공서·기업용 모델이라 일반 판매는 하지 않았다.

 카세트 테이프 ROM 카트리지 플로피 디스크 MSX-MUSIC JIS 제 1수준 한자 ROM　漢 JIS 제 2수준 한자 ROM

HARDWARE
1983 1984 1985 1986 1987 1988 1989 1990 1991 1992 1993- INDEX

HARDWARE

1983
1984
1985
1986
1987
1988
1989
1990
1991
1992
1993-
INDEX

MSX HARDWARE CATALOGUE : YAMAHA

야마하

'뮤직 컴퓨터'라는 측면 외에도 반도체 제조사로서 MSX 시장을 지탱했던 야마하. 야마하에게 MSX는 과연 무엇이었을까?

야마하(일본악기제조)는 '뮤직 컴퓨터'를 표방한 CX 시리즈(악기점 유통)와 홈 컴퓨터인 YIS 시리즈(컴퓨터 판매점 유통)라는 두 브랜드를 전개하여, 다수의 기종을 발매했다.

한편 반도체 제조사라는 측면도 있어, FM 음원 칩은 물론이고 MSX2·2+·turboR의 VDP는 모두 야마하가 설계·개발했기 때문에, 도시바와 함께 MSX의 출범부터 종언까지 10년간에 걸쳐 깊숙이 관여한 회사라 할 수 있다.

▲ FM 신디사이저 유닛을 통해, 전용 뮤직 키보드(KB-20)를 연결한 상태.

CX5

MSX ROM × 1

발매일	1983년
가격	59,800엔
RAM	32KB
VRAM	16KB
기타	

야마하가 발매한 첫 MSX 컴퓨터. 아이솔레이션 키보드를 채용해, 특정 소프트가 제공하는 오버레이 시트를 키보드 위에 깔 수도 있었다.

CX5F

MSX ROM × 1

발매일	1984년
가격	64,800엔
RAM	32KB
VRAM	16KB
기타	FM 신디사이저 유닛(SFG-01) 탑재

CX5의 키보드를 타이프라이터형으로 변경하고, FM 신디사이저 유닛을 표준 탑재하여 음악 방면의 용도에 특화시킨 모델.

CX7/128

MSX2 ROM × 2

발매일	1985년
가격	99,800엔
RAM	128KB
VRAM	128KB
기타	RGB 영상출력

자사의 대히트 신디사이저 'DX7'과 디자인을 맞춘 쿨한 느낌의 MSX2. 아날로그 RGB 출력도 표준 내장해, 깨끗한 화면으로 즐길 수 있다.

CX7M/128

MSX2 ROM × 2

발매일	1985년
가격	128,000엔
RAM	128KB
VRAM	128KB
기타	RGB 영상출력, FM 신디사이저 유닛 II(SFG-05) 탑재

CX7/128에 FM 신디사이저 유닛 II를 표준 탑재한 모델. FM 음원의 연주는 물론, MIDI로 외부 악기의 제어도 가능하다.

CX11

MSX ROM × 2

발매일	1985년
가격	54,800엔
RAM	32KB
VRAM	16KB
기타	RGB 영상출력

CX7/128의 디자인을 답습한 MSX1 기기. 성능이 낮은 만큼 가격을 저렴하게 책정한 입문용 기종이라 할 수 있다.

MSX **MSX2** **MSX2+** **MSX turboR** 대응 기종 아이콘

HARDWARE

1983
1984
1985
1986
1987
1988
1989
1990
1991
1992
1993-
INDEX

SX100

MSX | ROM ×1

발매일	1985년
가격	36,800엔
RAM	32KB
VRAM	16KB
기타	컬러 바리에이션 (화이트·블랙)

ROM 카트리지 슬롯이 하나만 있는 입문용 모델. 전용 확장기기인 SX101 확장 박스(26,800엔)도 별매했다.

YIS303

MSX | ROM ×1

발매일	1983년 11월
가격	49,800엔
RAM	16KB
VRAM	16KB
기타	

외관은 CX5와 매우 유사하나, 탑재 메모리가 적고 프린터 단자도 삭제된 입문용 기종.

YIS503

MSX | ROM ×1

발매일	1984년
가격	64,800엔
RAM	32KB
VRAM	16KB
기타	

외관은 CX5F와 동일하며, FM 신디사이저 유닛은 탑재돼 있지 않다. 하드웨어 자체는 동일하므로, 유닛을 별도 구입하면 동등한 기능으로 만들 수 있다.

YIS503II

MSX | ROM ×2

발매일	1985년
가격	54,800엔
RAM	64KB
VRAM	16KB
기타	RGB 영상출력

CX11과 동일한 디자인의 MSX1 기기. CX11과 가격은 동일하면서도 메모리 용량이 많았기에, 가격 대 성능비 면에선 이쪽이 우위라 할 수 있다.

YIS604/128

MSX 2 | ROM ×2

발매일	1985년
가격	99,800엔
RAM	128KB
VRAM	128KB
기타	RGB 영상출력

CX7과 완전 동일 성능의 YIS 브랜드 모델. 주변기기도 공통 사용이 가능하므로, 취향에 맞춰 고르면 어떨까?

YIS805/128

MSX 2 | ROM ×2 | 2DD ×1

발매일	1986년 6월 21일
가격	148,000엔~
RAM	128KB
VRAM	128KB
기타	RS-232C 단자 (805/256 한정), RGB 영상출력

야마하의 유일한 세퍼레이트 모델. FDD 2개 내장에 메모리도 늘린 805/256도 있었다.

CATALOGUE

MSX HARDWARE CATALOGUE : MITSUBISHI

미쓰비시 전기

세계 최초의 MSX를 발매했던 미쓰비시는, 발매 모델 수는 적지만 개성적인 제품을 내놓았던 제조사였다.

미쓰비시 전기는 사무용 컴퓨터를 만들어온 제조사였지만 MSX를 계기로 홈 컴퓨터 시장에 들어와, 발매 모델 수는 적지만 제법 다양한 유저층을 노린 개성적인 상품들을 전개했다. 입문용 MSX1 브랜드 'Letus'(레터스), 하이엔드 MSX2 브랜드 'Melbrain's'(멜브레인즈), 모뎀 내장형 MSX2 '텔레컴 스테이션' 등, 다들 인상적인 제품이었다. Letus와 세트로 제어 가능한 ML-ROBO라는 로봇도 발매한 적이 있다.

ML-8000

MSX ROM ×1

발매일	1983년 10월 21일
가격	59,800엔
RAM	32KB
VRAM	16KB
기타	

미쓰비시가 발매한 '세계 최초의 MSX'. 극초기의 제품이다 보니 특출한 기능은 딱히 없고, 기본에 충실한 제품이다.

Letus ML-F110

MSX ROM ×2

발매일	1984년
가격	54,800엔
RAM	16KB
VRAM	16KB
기타	

ROM 카트리지 슬롯 2개 내장 + 16KB 메모리라는, 당시의 염가형 입문용 모델로서는 표준적이었던 제품.

Letus ML-F120

MSX ROM ×2

발매일	1984년
가격	64,800엔
RAM	32KB
VRAM	16KB
기타	

ML-F110의 메모리를 32KB로 2배 증량하고, C-BOL이라는 간이언어 등의 내장 프로그램을 추가 탑재한 형제기. 본체 컬러링도 변경했으며, 그 외의 사양은 공통이다.

Letus ML-F120D

MSX ROM ×2

발매일	1985년
가격	74,800엔
RAM	32KB
VRAM	16KB
기타	RGB 영상출력

ML-F120을 기반으로 하여 아날로그 RGB 출력을 추가한 모델. 이 기종도 포함해, Letus 시리즈는 전 모델이 병행 판매되었다.

CATALOGUE

MSX MSX2 MSX2+ MSX R 대응 기종 아이콘

MelBrain's *ML-G10*

MSX2 📻ROM ×1

발매일	1985년
가격	98,000엔
RAM	64KB
VRAM	128KB
기타	RGB 영상출력

MSX2의 그래픽 성능을 활용한 전용 그래픽 툴 '아트페이퍼'를 내장하고, 전용 확장 박스도 별도 발매한 하이엔드 MSX2.

MelBrain's *ML-G30*

MSX2 📻ROM ×1 💾200 ×1~2 漢

발매일	1985년 8월
가격	168,000엔(model1), 208,000엔(model2)
RAM	128KB
VRAM	128KB
기타	컬러 바리에이션 (화이트·블랙)

세퍼레이트 키보드를 채용한 하이엔드 MSX2. 2종류의 모델이 있었다.

텔레컴 스테이션 ML-TS2

MSX2 📻ROM ×1

발매일	1987년 11월
가격	65,000엔
RAM	64KB
VRAM	128KB
기타	

ML-TS2H에서 전화 부분을 삭제한 모델. 별매품인 ML-TS2H 킷(10,000엔)을 추가하면 동등한 기능품으로 만들 수 있다.

텔레컴 스테이션 ML-TS2H

MSX2 📻ROM ×1

발매일	1987년 11월
가격	75,000엔
RAM	64KB
VRAM	128KB
기타	수화기 동봉

1200bps 모뎀을 내장하고 수화기를 장착한 독특한 MSX2. 일반 전화기로도 쓸 수 있고, 주소록을 MSX로 관리할 수도 있다.

MSX HARDWARE CATALOGUE : FUJITSU

후지쯔

당시 일본 컴퓨터업계의 빅 3 중에서는 유일하게 MSX를 발매한 회사로, 발매 기종도 단 하나뿐이었다.

후지쯔는 NEC·샤프와 함께 일본 컴퓨터업계의 '빅 3'로 불리며 당시의 일본 홈 컴퓨터 시장을 나눠가졌던 유력 제조사다. NEC와 샤프는 MSX에 관여하기는 했으나 실제로 제품을 발매하지는 않은 데 비해, 후지쯔는 단 한 기종뿐이긴 하나 실제로 제품을 내놓았다는 점이 크게 다르다.

자사의 인기 기종 'FM-7'과 연결하면 상호간에 기능이 확장되어, 메인 메모리 증량·PSG 6화음 재생·스프라이트 사용 등 두 컴퓨터의 협조 작업이 가능했던 독특한 제품이었다.

FM-X *MB-25150*

MSX 📻ROM ×1

발매일	1983년 12월
가격	49,800엔
RAM	16KB
VRAM	16KB
기타	자사 컴퓨터FM-7과 연동 가능

입문용 모델로서는 비교적 표준 스펙. 5만 엔 미만이라는 가격도 장점이다.

CATALOGUE

MSX HARDWARE CATALOGUE : VICTOR

일본 빅터

디자인은 무덤덤하지만, 영상과 사운드 면에서 정평이 있었던 빅터의 MSX. 제법 매니악했던 빅터의 라인업을 소개한다.

일본 빅터(현 JVC)는 이른바 흑색가전(TV와 비디오 등의 AV기기)으로 일본에선 유명한 제조사로, 이 회사가 내놓은 MSX도 블랙 기조의 AV기기적이고 직선적인 디자인의 제품이 많다. 또한

영상·음성출력 회로에 고품질 부품을 써서인지 영상·음성 품질이 좋다고 정평이 나기도 해, 일부러 빅터 제품을 골라 구입하는 팬도 어느 정도 존재했다. 한편 영상 전문가용 제품도 여럿 내

놓은 탓에, 영상·방송산업 현장에서 오랫동안 빅터의 MSX가 현역으로 활동했던 점도 꼽아둘 만한 특징이라 하겠다.

HC-5

MSX ROM ×1

발매일	1983년 12월
가격	59,800엔
RAM	32KB
VRAM	16KB
기타	

빅터 최초의 MSX는 개발 지연 등의 내부 사정이 겹쳐, 야마하 CX5의 OEM 제품 형태가 되었다. 성능도 CX5와 완전 동일하며, 주변기기도 공통 사용할 수 있다.

HC-6

MSX ROM ×1

발매일	1984년 10월
가격	64,800엔
RAM	32KB
VRAM	16KB
기타	

이 기기도 야마하 YIS503의 OEM 제품. 컬러링 외에는 완전히 동등한 기기이므로, 구입을 생각한다면 취향에 따라 골라보는 것도 좋겠다.

HC-7

MSX ROM ×2

발매일	1985년
가격	84,800엔
RAM	64KB
VRAM	16KB
기타	슈퍼임포즈, RGB 영상출력

빅터 내부개발 제1호기. 비디오 합성이 가능해, 빅터의 기술이 빛나는 제품이다.

io HC-30

MSX ROM ×1

발매일	1985년
가격	36,800엔
RAM	32KB
VRAM	16KB
기타	RGB 영상출력, 컬러 바리에이션 (레드·블랙)

야마하의 SX100과 동일한 제품이지만, RGB 출력을 추가했다. 확장 박스는 커넥터의 핀수가 달라져, 야마하 쪽과는 호환성이 없다.

CATALOGUE

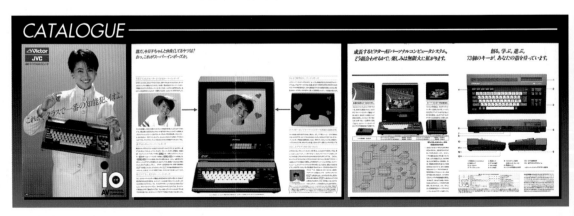

MSX MSX2 MSX2+ MSXturboR 대응 기종 아이콘

io HC-60

MSX ROM × 1

발매일	1985년 6월
가격	64,800엔
RAM	32KB
VRAM	16KB
기타	슈퍼임포즈, RGB 영상출력

MSX로서는 기본에 머무른 구조이지만, 빅터의 MSX답게 슈퍼임포즈 기능과 아날로그 RGB 출력을 구비했다.

io HC-80

MSX2 ROM × 2

발매일	1986년
가격	84,800엔
RAM	64KB
VRAM	128KB
기타	RGB 영상출력

빅터가 제작한 MSX2 컴퓨터. 영상출력 정도를 제외하면 기본적으로는 특출한 구석이 없다.

HC-90

MSX2 ROM × 1 200 × 1 漢

발매일	1986년 3월 10일
가격	168,000엔~
RAM	64KB~
VRAM	128KB
기타	슈퍼임포즈, RS-232C 단자, 서브 CPU HD-64B180 탑재

서브 CPU를 탑재한다는 독자적인 설계로, MSX2 규격의 제약을 뛰어넘은 컴퓨터. 비디오 인서트도 내장하여, 영상용 프로 기자재로 사용되었다.

HC-95

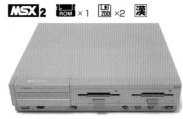

MSX2 ROM × 1 200 ×2 漢

발매일	1986년 3월 10일
가격	198,000엔~
RAM	64KB~
VRAM	128KB
기타	슈퍼임포즈, RS-232C 단자, 서브 CPU HD-64B180 탑재

HC-90과 동시 발매된 FDD 2드라이브 모델. turboR이 판매 종료된 후에도 지속적으로 판매되었기에, 판매기간 기준으론 최후의 MSX라고도 할 수 있다.

MSX HARDWARE CATALOGUE : GENERAL

제너럴

지금은 존재하지 않는 가전 제조사 '제너럴'. 이 회사가 발매했던 유일한 MSX는 TV 일체형 컴퓨터였다.

MSX 이전까지는 컴퓨터를 발매해 본 적이 없었던 순수 가전 제조사인 제너럴이 발매한 유일한 제품은, 바로 'TV 일체형 MSX'였다. 'PAXON'(팩슨)이란 브랜드명을 붙여, PCT-50과 PCT-55 두 모델이 출시되었다(메모리 차이로 모델을 나눈 것이며, 사양은 동일).

내부적으로는 RGB로 영상을 처리하므로 화질은 우수했으나, ROM 카트리지 슬롯이 하나뿐이어서 확장성이 떨어져, 애석하게도 이 제품 하나를 끝으로 철수했다.

PAXON PCT-50

MSX ROM × 1

발매일	1983년
가격	128,000엔
RAM	16KB
VRAM	16KB
기타	키보드 별매, 컬러 바리에이션 (레드·실버)

15인치 브라운관을 탑재한 MSX 일체형 TV.

CATALOGUE

MSX HARDWARE CATALOGUE : CASIO

카시오 계산기

염가형 MSX의 대명사였던 카시오. 부모님이 처음으로 사준 컴퓨터라 추억이 강한 유저도 많지 않을까?

전자계산기와 시계로 유명한 카시오는 염가형 MSX라는 컨셉으로 시장에 참가했다. 특히 29,800엔이라는 발군의 염가로 출시된 PV-7은 당시의 컴퓨터 팬들을 놀라게 했다.

하지만 생산비 절감의 대가로 탑재 메모리는 8KB에 키보드도 작았고, ROM 카트리지 슬롯도 하나뿐인데다 프린터 단자도 없는 등, 실질적으로는 딱 ROM 카트리지 게임만 돌릴 수

있었던 제한투성이 컴퓨터였기에, 타사 기기급의 확장성을 확보하려면 본체 밑면에 합체시키는 확장 박스 KB-7(14,800엔)이 필요했다.

PV-7

MSX ROM ×1

발매일	1984년 10월 15일
가격	29,800엔
RAM	8KB
VRAM	16KB
기타	컬러 바리에이션 (레드·블랙)

카시오의 첫 MSX. 문구점 유통망으로 발매하여, 카시오 브랜드의 게임과 함께 판매되었다. 확장 박스 KB-7을 장착 가능하다.

PV-16

MSX ROM ×1

발매일	1985년
가격	29,800엔
RAM	16KB
VRAM	16KB
기타	컬러 바리에이션 (레드·블랙)

PV-7에서 메모리를 증량한 모델로, 그 외의 사양은 동일. 이 기기도 프린터를 연결하거나 메모리를 증설하려면 확장 박스 KB-7이 필요하다.

MX-10

MSX ROM ×1

발매일	1985년
가격	19,800엔
RAM	16KB
VRAM	16KB
기타	

PV-7의 후계기. 더욱 소형화하여, 19,800엔이라는 저가격을 실현했다. 확장 박스 KB-10을 장착하면 합계 슬롯 3개, 메모리 64KB로 확장된다.

MX-101

MSX ROM ×1

발매일	1987년
가격	19,800엔
RAM	16KB
VRAM	16KB
기타	UHF 트랜스미터로 무선 영상 연결

TV와 무선으로 연결 가능한 모델. 확장 박스 KB-10을 장착할 수 있다.

CATALOGUE

MSX MSX2 MSX2+ MSX R 대응 기종 아이콘

MSX HARDWARE CATALOGUE : CANON

캐논

하얀 바디 컬러가 인상적이었던 캐논의 MSX. 두드러진 특징은 없으나 내실이 충실했던, 우등생 느낌의 컴퓨터였다.

캐논은 카메라와 복사기 등으로 유명한 전자기기 제조사이지만, 컴퓨터 시장에서는 독자규격인 AS-100 정도를 낸 경험이 있었을 뿐 사실상 신참이었다. 그런 캐논이 MSX 시장에 참가해 발매한 기종이 바로 V 시리즈다. 사무기기를 연상케 하는 백색 기조의 본체 컬러를 비롯해, 필요한 기능은 빠짐없이 탑재한 무난한 완성도의 MSX였다. 타사처럼 게임·음악 등의 특정 방향성에 특화시키지 않은 대신 딱히 큰 단점도 없는, 그야말로 우등생 같은 제품이었다 할 수 있다.

V-10

발매일	1984년
가격	54,800엔
RAM	16KB
VRAM	16KB
기타	

캐논의 첫 MSX. 본체 사이즈와 메모리, 슬롯 수에 가격까지 그야말로 평균적인 MSX 스펙이다. 커서 키와 펑션 키의 디자인이 독특한 편이다.

V-20

발매일	1984년
가격	64,800엔
RAM	32KB
VRAM	16KB
기타	

V-10의 메모리를 32KB로 증량한 바리에이션 모델. 백색 컬러 기조였던 캐논의 제품군 중 유일한 블랙 바디라 매우 인상에 남는 제품이다.

V-8

발매일	1985년 8월 31일
가격	39,800엔
RAM	16KB
VRAM	16KB
기타	

사이즈를 소형화한 MSX. 카시오 PV-7과 거의 동일 사이즈임에도 일반적인 인터페이스는 대부분 갖추고 있으며, 키보드도 큼직해 치기 쉬운 것이 특징이다.

V-25

발매일	1985년
가격	69,800엔
RAM	64KB
VRAM	64KB
기타	RGB 영상출력

세퍼레이트 모델이 많았던 초기의 MSX2 중에선 드물게 키보드 일체형 디자인을 채용한 제품. VRAM이 적은 탓에, MSX2 전용 게임의 경우 구동이 제한적이니 주의하자.

V-30F

발매일	1985년 11월 8일
가격	138,000엔
RAM	64KB
VRAM	128KB
기타	RGB 영상출력

캐논의 유일한 세퍼레이트 모델 MSX2. FDD 1대를 표준 탑재하고 있으나, 별도 구입하면 2대로 증설할 수 있었다.

CATALOGUE

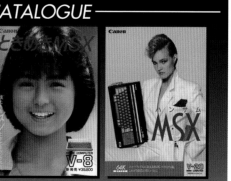

 카세트 테이프 ROM 카트리지 플로피 디스크 MSX-MUSIC 漢 JIS 제 1수준 한자 ROM   漢 JIS 제 2수준 한자 ROM

세계 각국에 발매되었던 MSX

MSX는 일본 내에 그치지 않고 세계 곳곳에서 발매되었다. 특히 MSX의 인기가 높았던 나라로는 유럽권 국가들(그중 네덜란드·스페인에서 MSX의 인기가 뜨거웠다), 브라질, 중동, 한국, 소련(현 러시아) 등이 꼽힌다. 그 외에 태국 등에서도 MSX가 발매된 적이 있다고 알려져 있다.

일본도 포함해, MSX가 널리 보급되었던 국가들의 공통점은 바로 '비영어권'이라는 것이다. 영어권에서 인기가 있었던 홈 컴퓨터가 코모도어 64, ZX Spectrum, Amstrad CPC 등인데, 이들의 점유율이 막강했던 북미와 영국 등에서는 MSX가 제대로 시장에 정착하지 못했다. 반면 비영어권에서는, MSX가 각국의 고유 언어표시에 대응할 수 있을 만큼 유연한 구조였기에

시장에 파고들어 뿌리내릴 수 있었던 것이리라 여겨진다.

MSX는 세계적으로 400만 대 이상 보급되었는데, 그중 반수 이상이 일본 외 국가에서의 판매량이다. 서두에서 서술한 대로 MSX가 당시 보급되었던 국가들에는 지금까지도 끈질긴 팬층이 존재해, MSX용 확장 하드웨어나 전용 소프트가 지금도 개발되고 있다.

북미·남미

북미에서는 SPECTRAVIDEO 사가 MSX를 발매한 바 있지만, 코모도어 64와 아타리 등 이미 홈 컴퓨터 시장을 선점했던 기종들의 점유율을 깨지 못해, 애석하게도 SPECTRAVIDEO 사 자체가 도산해 버리고 말았다.

남미의 경우 외국 제품 수입 시 부과되는 관세가 많아, 기본적으로는 자국내 기업과 현지법인으로 공급처가 한정되었다. 그중 MSX를 발매했던 회사는 gradiente 사와 샤프 브라질로, 두 회사 모두 현지 판매가격을 고려하다 보니 MSX1만

발매하는 데 그쳤다. 그러나 MSX2의 발매를 바란 유저들의 요망이 높아, MSX1을 MSX2로 업그레이드시켜주는 킷이 타사에서 발매되기도 했다. 브라질에서는 90년대 초까지 생산을 지속해, 총 판매대수가 40만 대를 넘겼다고 한다.

SHARP HOTBIT (브라질)

gradiente EXPERT (브라질)

SPECTRAVIDEO SVI-728 (미국)

SPECTRAVIDEO SVI-738 (미국)

유럽

영국에서는 BBC 등 역사가 오랜 컴퓨터 제조사가 다수 있어 홈 컴퓨터가 인기 있었으나, 그 외의 타 유럽 국가들은 언어의 장벽이 있었기에 컴퓨터가 보급되기에 불리한 조건이었다. 그러던 차에, 네덜란드의 가전 대기업인 필립스가 MSX에 참가해 적극적으로 MSX를 발매하자, 네덜란드는 유럽 지역의 MSX 총본산 격이 되었다.

한편 소프트 측면에서 유럽 MSX 시장에 크게 공헌한 국가가 스페인으로, 게임 소프트 발매 종수가 일본 다음가는 제 2위일 만큼 이쪽도 MSX 대국으로서 일가를 이루었다. 스페인에선 현재도 적극적인 창작 활동이 이어지고 있어, MSX용으로 여러 명작 아케이드 게임을 이식하기도 하고, 동인지를 제작하는 서클도 있다고 한다.

CE-TEC MPC-80 (독일)
(역주 ※) 대우전자 DPC-200의 OEM 수출품

RADIOLA MK-180 (프랑스)

소니 HB-10P (유럽)

Philips VG-8235 (네덜란드)

FRAEL BRUC100 (이탈리아)

**산요 전기
MPC-100 (영국)**

도시바 HX-52 (스페인·이탈리아)

Philips NMS800 (유럽)

HARDWARE
1983
1984
1985
1986
1987
1988
1989
1990
1991
1992
1993-
INDEX

중동

아랍 문화권인 중동은 문자를 쓰는 방향이 정반대인데다 사용하는 문자 자체도 완전히 달라, 당시의 영어권 컴퓨터가 제대로 보급되지 못했다는 배경이 있다. 중동의 MSX 보급률이 높았던 이유는 일단 MSX가 중동 특유의 언어체계에 대응 가능할 만큼 유연했기 때문이며, 열의 있는 현지 소프트웨어 개발자들이 노력한 결과이기도 했다. 중동 지역의 MSX는 전용 ARABIC-BASIC을 탑재했고, 아랍어 워드프로세서도 내장했다.

Sakhr AX-170 (중동)

아시아

아시아 지역의 MSX 중 외국에도 널리 알려진 제품으로는, 한국에서만 발매된 게임 전용 MSX인 대우전자의 '재믹스'가 꼽힌다. 엄밀히 따지면 키보드가 없고 MSX 마크도 붙지 않은 기기이지만, 국산 게임기가 딱히 없었던 당시의 한국에서 수십만 대 규모의 판매를 기록했으며, MSX2+ 호환품까지도 발매되었다고 한다.

한글을 표시하기 위한 SCREEN 9 모드가 존재하는 등 자국 문자의 표시를 제대로 지원했던 점도, MSX2가 한국 내에 널리 보급된 커다란 이유로 보인다. 한국의 MSX 제조사로는 대우전자를 비롯해 금성사(현 LG전자)와 삼성전자가 있어, 이들의 제품이 유럽·중동 등에도 OEM 형태로 발매되었다.

금성사 FC-80 (한국)

대우전자 DPC-200 (한국)

대우전자 CPC-400S (한국)

대우전자 재믹스V (한국)

Chapter 2

MSX
일본 게임 소프트 올 카탈로그

MSX GAME SOFTWARE CATALOGUE

해설 일본의 MSX 게임 소프트 이야기
COMMENTARY OF MSX #2

여러 회사가 동일 소프트를 발매했던 MSX 소프트 시장

MSX는 앞서 상세히 서술한 대로, 다수의 가전 제조사들이 하드웨어를 공급했던 공통규격이다. 그렇다 보니 유통 판로도 제조사별로 별도 전개하여, 컴퓨터 유통망에 국한하지 않고 자사 특약점부터 가전 유통망, 문구점, 악기점 루트 등등 그야말로 다양한 경로를 통해 판매했다. 판로의 폭이 넓었다는 점 자체는 환영할 일이겠으나, 문제는 이렇게 되면 MSX용 소프트의 유통 판로 확립이 어렵다는 것이었다. '전등을 샀는데 전구는 팔지 않는다', '면도기는 파는데 교체용 면도날을 파는 곳이 없다'라는 식으로 고객 입장에서 보면 극도로 불편한 상황이 되어, 판매 기회 상실로 이어질 수도 있었다. 허나 MSX를 발매하는 하드웨어 제조사들이 냅다 소프트 제작까지 당장 떠맡기도 어렵고, 설령 한다 해도 고객이 만족할 풍성한 소프트 라인업을 한 회사가 독자적으로 꾸리는 것은 무리다. 이

러한 문제의 해결책으로 취한 방법이, 바로 타사의 소프트까지 자사 브랜드를 붙여 함께 취급한다는 전략이었다.

이 수법은 MSX의 소프트 라인업이 아직 빈약했던 가운데 컴퓨터 본체부터 여기저기서 발매되었던 1983~1985년경 특히 횡행하여, 아스키·HAL 연구소·코나미 등 소프트 자산이 풍부한 개발사들의 작품이 이런 식으로 많이 보급되었다. 하드웨어 제조사들도 융통성을 발휘해, 도시바와 마쓰시타처럼 가전시장에서는 라이벌 사이인 회사들조차 MSX 보급을 위해서는 기꺼이 협력 체제를 취했다.

대부분의 제조사는 ROM 카트리지 디자인을 공통으로 사용하고 레이블과 패키지만 교체해 자사 브랜드로 판매하는 수법이 일반적이었으나, 마쓰시타처럼 패키지조차 원판 그대로 쓰고 제품번호만 스티커로 위에 덧붙이는 간편한 수법으로 대처한 경우도 있

고, 정반대로 소니처럼 카트리지도 전용 디자인이고 패키지도 다시 제작하여 일러스트까지 새로 그려 집어넣을 만큼 공을 들이는 제조사도 있었다.

이 책에서는 소프트를 소개할 때 원칙적으로 원제작자의 판본만을 다루었으며, 동일 소프트의 타사 브랜드 발매품은 생략했다. 책을 읽다 보면 자신이 보유한 소프트나 기억하고 있던 소프트의 발매사가 책에서는 달리 적혀 있는 경우가 있을 터인데, 이러한 당시 사정 때문이라고 보면 된다.

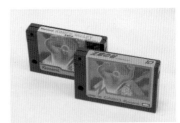

▲ 「왕가의 계곡」의 코나미판(원작)과 카시오판. 카트리지는 동일하고, 레이블 스티커와 패키지가 바뀌었다.

MSX용으로 간행된 독자적인 판매형태, '디스크 매거진'

MSX의 일본 소프트 라인업을 관찰해 보면, 동일 시리즈명이 붙은 대량의 타이틀들이 상당 비율을 점유하고 있음을 알게 된다. 이는 '디스크 매거진'이라는 판매형태로서, 말 그대로 '플로피 디스크를 매체로 삼은 잡지 형태의 정기간행물 소프트웨어'이다. 이 수법을 가장 먼저 시도한 소프트가 컴파일의 「디스크 스테이션」으로, 자사 게임뿐만 아니라 타사 게임의 체험판과 잡지 투고 프로그램도 수록하고, 연재기획과 읽을거리, 심지어는 독자 투고와 일러스트 코너까지 완비했다. 볼륨 대비로 염가였던 점도 한몫하여, 「디스크 스테이션」은 MSX를 논할 때 빼놓을 수 없는 대표적인 컨텐츠 중 하나로까지 올

라섰다.

「디스크 스테이션」의 성공을 계기로 타사도 차례차례 디스크 매거진식 타이틀을 내놓기 시작하여, 웬디 매거진의 「핑크 삭스」와 모모노키 하우스의 「피치 업」을 비롯해, T&E 소프트의 「T&E 매거진 디스크 스페셜」, 남코의 「디스크 NG」(내용은 사실 옴니버스 소프트이나, 부제목으로 'NAMCO COMMUNITY DISK MAGAZINE'을 표방했다) 등의 다양한 디스크 매거진이 간행되었다.

이런 상품 형태가 성립할 수 있었던 데는 당연히 FS-A1F 등의 저렴한 FDD 내장형 MSX2가 일본 시장에 등장했던 점이 매우 크다고 할 수 있지

만, MSX 이전부터 이미 FDD를 탑재해왔던 여타 선행 홈 컴퓨터들 쪽은 오히려 이런 류의 소프트가 신기할 만큼 거의 정착하지 못했다. 이건 당시의 일본 MSX 시장이 가졌던 특수성 때문이었을는지도 모르겠다.

간편하게 소프트를 구입할 수 있던 자판기, '소프트 벤더 TAKERU'

일본에서의 MSX 소프트 유통경로로는 컴퓨터 샵에서의 판매 외에도 서점 유통망을 사용한 SOFBOX 등 여러 가지 방식이 시도되었는데, 그중 특히 독특한 케이스가 '소프트 벤더 TAKERU'의 존재였다.

TAKERU는 기기 안에 하드디스크와 CD-ROM 드라이브가 내장된 세계

최초의 컴퓨터 소프트 자동판매기로서, 고객이 소프트를 골라 구입하면 해당 데이터를 플로피디스크에 기록시켜주는 형태로 판매했다(한 장을 기록하는 데는 약 70초 정도가 걸린다). 지원 기종 역시 MSX는 물론이고, PC-9801 등 당시 일본의 주요 컴퓨터 기종용 소프트를 널리 취급했다. 취급설명서

도 본체 하단에서 즉석 인쇄되어 나왔고, 쪽수가 많은 설명서는 별도로 우편 발송해주는 서비스도 있었다.

소프트 유통량이 줄어들게 된 구세대 기종들에게 재고가 떨어질 염려가 없는 TAKERU는 실로 든든한 조력자였고, 서비스 후기에는 상용 소프트뿐만 아니라 동인(아마추어) 소프트까지 판매했기에, 아마추어 개발자 활동이 최후의 보루였던 말기 MSX 유저들에게 매우 사랑받았다.

▲ TAKERU 단말기. 최전성기에는 일본 전국에 300대나 가동되어, 소프트 유통량이 적은 기종과 타이틀의 판로로 활용되었다.

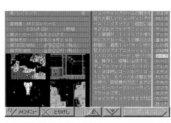

▲ TAKERU의 조작 메뉴. 단순한 소프트 판매뿐만 아니라, 다양한 정보를 유저에게 제공하는 통로 역할도 담당했다.

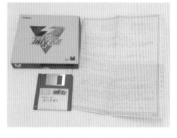

▲ TAKERU로 구입한 소프트. 구입하면 공디스크가 배출되며, 이를 직접 기기 왼쪽의 드라이브에 삽입해 기록하는 과정을 거친다.

이 책에 게재된 카탈로그의 범례

① **게임 타이틀명**

② **기본 스펙 표기란**
필요 RAM 용량, 발매 회사, 발매일, 가격. 지원 주변기기 등의 특이사항도 여기에 표기한다.

③ **지원 기종 표기**
해당 게임이 구동되는 기종을 아래 4가지 아이콘으로 표기한다.
MSX **MSX2** **MSX2+** **MSXturboR**

④ **패키지 표시**

⑤ **게임 화면**　　⑥ **내용 설명**

⑦ **매체, 지원 주변기기 아이콘**
해당 게임의 매체(둘 이상의 매체로 발매된 게임은 해당 아이콘을 모두 표기)와, 해당게임이 지원하는 주변기기를 아이콘으로 표기한다.

- 카세트 테이프
- ROM 카트리지
- 플로피 디스크
- BEE CARD
- 레이저 디스크
- VHD 디스크
- 메가롬 내장 게임
- 파나 어뮤즈먼트 카트리지 지원 게임
- MSX-MUSIC 지원 게임
- SCC 내장 게임

A1 스피리트 ①
파나소프트
1987년　조이핸들 동봉 소 ②
RAM 8K

파나소닉의 조종간형 컨트롤러 '조이핸들'에 번들된 소프트로, 기본적으로 코나미의 「F-⑥-피리트」와 동일하다. 이 작품에선 시속 500km를 내는 비행기형 차량을 조작 가능하지만, 너무 빨라 게임의 밸런스가 깨지니 주의.

MSX ③ **SCC** ⑦

1983

MSX GAME SOFTWARE CATALOGUE

MSX 원년인 1983년에 발매된 게임은 총 78개 타이틀로, 규격을 제창한 회사인 아스키가 직접 ROM 소프트를 다수 발매하여 비교적 적절한 양의 소프트 자산을 바탕으로 출범했다. 당시의 고참 소프트 개발사였던 허드슨과 마이크로캐빈은 타 기종 게임을 이식해 테이프로 발매했는데, 이를 즐기려면 그에 걸맞은 메모리를 탑재한 기종이 필요했다.

패스 볼
아스키
1983년 10월 20일 4,800엔

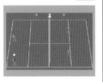

비스듬한 상공 시점의 2인제 배구 게임. 서브는 위로 띄운 볼을 쳐내는 식으로 한다. 그림자를 잘 보고 볼 위치를 파악해, 아웃되지 않도록 상대 코트로 되쳐내자. 배경색은 10색 중에서 선택 가능하고, 2인 플레이도 지원한다.

더 브레인
아스키
1983년 10월 20일 4,800엔

요즘 말로 표현하면 '뇌단련'을 하는 게임. 소리와 함께 빛나는 셀의 순번을 기억해, 플레이어 순서가 오면 대응되는 키를 눌러 재현하는 기억력 게임이다. 사용하는 셀 수는 3~8개까지 설정하며, 최대 6명까지 플레이 가능.

브레이크아웃
아스키
1983년 10월 20일 4,800엔

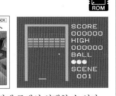

120개 스테이지를 공략하는 블록깨기 게임. 패들로 쳐낸 볼로 부술 수 있는 블록은 1개뿐이며, 블록에 볼이 맞으면 반드시 볼이 아래로 되튕기게 되는 시스템이다. 볼의 속도는 게임 시작 전에 5단계 중에서 선택할 수 있다.

스타 커맨드
아스키
1983년 10월 20일 4,800엔

'스타 트렉'이 모티브인 실시간 시뮬레이션 게임. 광자어뢰와 페이저 포 발사, 이동 등의 지시를 엔터프라이즈 호에 내려, 별이나 적인 '크림즌' 전함을 파괴한다. 적들의 수는 30~300까지 설정 가능하다.

MOLE
아스키
1983년 10월 20일 4,800엔

두더지 잡기 게임. 구멍에서 튀어나오는 두더지는 총 13개 색깔이며, 때린 망치와 맞은 두더지가 색깔이 똑같으면 페널티를 받는다. 망치 색깔은 플레이 중 계속 바뀌므로, 플레이어의 반사 신경뿐만 아니라 주의력도 시험한다.

문 랜딩
아스키
1983년 10월 20일 4,800엔

3대의 낡은 우주선을 조작해 달 표면에 착륙시키는 게임. 우주선 방향과 엔진 분사로 위치·속도를 잘 조정해야 한다. 착지 장소별로 얻는 득점이 다르다. 난이도는 '연습'부터 '프로'까지 5단계로서, 각각 중력과 속도가 다르다.

MSX-21
아스키
1983년 10월 20일 4,800엔

2종류의 트럼프 게임을 즐기는 카드 게임으로, MSX-21(블랙잭)과 포커를 수록했다. 돈을 걸고 컴퓨터 딜러와 승부를 반복해, 플레이어와 딜러 중 한쪽이 파산할 때까지 계속 진행하는 게임이다.

골프 게임
아스키
1983년 4,800엔

MSX 컨트리클럽 내의 9홀을 플레이하는 타이틀. 바람을 잘 읽고 클럽과 코스를 선택하면 화면 하단의 골퍼가 스윙한다. 벙커와 나무, 워터 해저드(페널티 지역) 개념이 있으므로 신중하게 골프를 진행해야 한다.

    대응 기종 아이콘

 카세트 테이프   ROM 카트리지

3D 테니스

아스키
1983년 4,800엔
RAM 16K

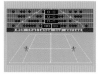

최대 4명이 즐길 수 있는 테니스 게임. 단식은 상대를 사람과 컴퓨터 중 선택 가능하나, 복식은 사람 4명으로만 플레이 가능하다. 규칙은 기본적으로 실제 테니스 기준이지만, 코트 체인지 개념이 없는 등의 차이점도 있다.

MSX 더비

아스키
1983년 4,800엔

색깔이 다양한 단색 말이 코스 내를 주파하는 경마 게임. 코스의 타입과 거리, 승률을 보고 레이스 결과를 예상해보자. 처음에 받는 자금은 3000엔. 예선부터 결승까지 총 7레이스가 펼쳐진다. 4명까지 함께 플레이할 수 있다.

크레이지 블릿

아스키
1983년 4,800엔

탱크끼리 1：1로 싸우는 슈팅 게임. 쏜 탄환의 탄도를 방향키로 바꾸어 복잡한 미로를 통과시킬 수 있다. 승부는 5판 선승제이며, 2인 플레이도 지원한다. 9종류의 플레이 존, 3단계의 플레이 스피드 중에서 선택 가능하다.

마린 배틀

아스키
1983년 4,800엔

구축함 MSX호를 조작해 소속불명의 적과 싸우는 총 4스테이지의 액션 게임. 공격해오는 잠수함과 헬리콥터에, 폭뢰와 대공포로 대항하자. 일정 시간이 경과했을 때 잠수함을 15척 이상 격파했다면 다음 판으로 넘어간다.

갱 마스터

아스키
1983년 4,800엔

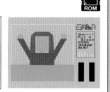

은행강도가 되어 은행을 털러 가는 어드벤처 게임. 금고로 향하는 도중 퍼즐 'Hit & Blow'를 풀어야만 하는 장면이 여러 번 나오며, 제대로 풀면 경보가 울리지 않고 경비원도 통과할 수 있다. 틀리면 바로 게임 오버이니 주의.

코멧 테일

아스키
1983년 4,800엔

꼬리를 늘어뜨리며 날아가는 혜성을 조작하는 액션 게임. 같은 색깔의 '우주 먼지'를 흡수하면 꼬리가 길어지며, 일정 길이를 넘기면 출구가 열린다. 꼬리나 장애물에 충돌하면 죽으므로, 2인 플레이 시에는 난이도가 올라간다.

페어즈

아스키
1983년 4,800엔

유령과 충돌하지 않도록 잘 피하며 카드를 뒤집는 신경쇠약+액션 게임. 짝을 맞춰가며 모든 카드를 들어내면 레벨 클리어다. 2인 플레이도 지원하는데, 플레이어 캐릭터끼리는 서로 통과할 수 없어 협력도 방해도 가능하다.

래더 빌딩

아스키
1983년 4,800엔

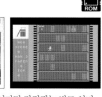

소화기를 들고 다니며 비밀서류를 모으는 스파이 액션 게임. 빌딩 내의 방들을 뒤지며 서류를 5장 이상 모아 옥상에 도달하면 한 판을 클리어한다. 모든 방에 서류가 있는 건 아니며, 화장실 등 들어가면 감점되는 방도 있다.

텔레버니

아스키
1983년 4,800엔

토끼를 움직이며 거북이를 유도하는 게임. 하트를 과일로 바꾸고, 거북이를 텔레파시로 유도하자. 과일에는 알파벳이 숨어있어, 이를 모아 과일 이름을 완성시키면 클리어된다. 거북이도 잘 이동시켜 뱀과 만나지 않도록 하자.

워리어

아스키
1983년 4,800엔

MSX 최초의 RPG. 전사 '워리어'를 조작해 암흑미궁에 도전하여, 광대한 맵을 탐색해 용을 토벌하러 가자. 전투는 자동 진행이므로, 플레이어의 역할은 매핑과 탐색을 부단히 하여 워리어의 각종 능력을 강화시켜주는 것이다.

HARDWARE | 1983 | 1984 | 1985 | 1986 | 1987 | 1988 | 1989 | 1990 | 1991 | 1992 | 1993- | INDEX

HARDWARE

1983
1984
1985
1986
1987
1988
1989
1990
1991
1992
1993-

INDEX

스코프 온

아스키
1983년 4,800엔

공격 패턴이 다른 전투기 7종류를 광자 빔으로 격추하는 종스크롤 슈팅 게임. 적기 부품의 회전까지 표현한 그래픽과 부드러운 모션이 특징이다. 프로그래밍은 「그란디아」의 미야지 타케시가, 음악+α는 고다이 히비키가 맡았다.

슈퍼 크로스 포스

아스키
1983년 4,800엔

적을 위아래의 포대로 동시에 공격하는 고정화면식 슈팅 게임. 적별로 이동법과 탄도가 다르며, 스테이지가 진행되면 아래뿐만 아니라 위로 공격하는 적도 출현한다. 포대의 연료는 거대선에서 투하되는 아이템으로 충당하자.

익스체인저

아스키
1983년 4,800엔
RAM 16K

미아가 된 청색 외계인과 황색 외계인을 각자가 살던 우주로 돌려보내는 퍼즐 액션 게임. 블랙홀과 화이트홀로 잘 워프시켜, 우주의 혼란을 수습하자. 화면 내에 점차 늘어나는 기뢰에 닿으면 목숨이 줄어든다.

골프 컨트리

아폴로 테크니카
1983년 2,800엔
RAM 16K

9홀을 수록한 골프 게임. 클럽 종류를 고르고 칠 방향과 강도를 설정해 한 타를 친다. 강도는 9단계로 나뉘어 있다. 바람과 그린의 기울기 개념이 있어, 화면 하단의 데이터를 잘 보며 신중하게 플레이해야 한다.

스크램블 에그

앰플 소프트웨어
1983년 4,800엔
RAM 8K

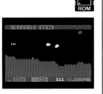

요격기 '포포론 호'를 조종해 에그 탄을 쏘는 슈팅 게임. 탄을 하얀 달걀에 맞히면 병아리가 날아오르지만, 핑크색 달걀은 맞춰도 깨지지 않고 점수도 감점된다. 병아리와도 충돌하면 안 되니, 조심하면서 최고 점수를 노려보자.

카 레이스

앰플 소프트웨어
1983년 4,800엔
RAM 8K

탑뷰형식의 레이싱 액션 게임. 전방에서 방해해오는 적 차량을 피하면서 직선 도로를 최대한 오래 달리는 게 목적이다. 적 차량에 충돌하거나 연료가 바닥나면 게임 오버. 길에 떨어져 있는 연료를 획득하며 하이스코어를 노리자.

부기우기 정글

앰플 소프트웨어
1983년 4,800엔
RAM 8K

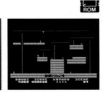

선물을 잔뜩 모아 친구 '아이'의 생일을 축하하러 간다는 스토리의 액션 게임. 화면 내의 아이템을 전부 모으면 스테이지 클리어다. 파란색 인간은 정글의 원주민이며, 공을 던져 맞히면 일정시간 기절시킬 수 있다.

슈퍼 드링커

앰플 소프트웨어
1983년 4,800엔
RAM 8K

주정뱅이가 되어 경찰관을 회피하며 술을 찾아 계속 움직이는 게임. 경찰은 항상 일정한 속도로 쫓아오지만, 주정뱅이는 취기가 돌면 게이지가 상승해 이동속도가 느려진다. 잡히지 않게 주의하며 모든 술병을 입수하자.

하이 웨이 스타

웨이 리미트
1983년 4,800엔
RAM 8K

빨간 차량 '토마토 호'를 조작해, 레이더 맵을 참고하며 깃발을 모두 획득하는 레이싱 액션 게임. 까만 적 차량을 피하며 입체교차로도 있는 미로를 달리자. 연료는 계속 줄며, 임의의 타이밍에 주유소를 들르면 급유된다.

미드나이트 빌딩

웨이 리미트
1983년 4,800엔
RAM 8K

빌딩 옥상에 침입한 후 각 층의 금고를 강탈해 지상까지 도달하는 고정화면 액션 게임. 각 층은 미로 형태이며, 한밤중이므로 주인공 주변만 표시된다. 추적하는 경비원에 잡히지 않도록 주의하며 출구까지 나가자.

HARDWARE
1983
1984
1985
1986
1987
1988
1989
1990
1991
1992
1993-
INDEX

어드벤 츄타

MIA
1983년   4,800엔
RAM 32K

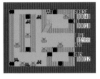

생쥐 '츄타'를 조작해, 다이아를 찾아내어 출구까지 옮기는 액션 어드벤처 게임. 다이아는 항아리 안에 있으므로 항아리는 일단 깨봐야 한다. 방해해오는 개구리는 밟아버릴 수 있고, 다이아를 놓아 길을 막을 수도 있다.

말괄량이 베키의 대모험

MIA
1983년   4,800엔
RAM 16K

열두 살 말괄량이 소녀 '베키'를 조작해, 층층마다 존재하는 적 외계인을 퇴치하는 액션 게임. 바닥에 구멍을 파, 여기에 빠진 적을 밟아 떨어뜨리면 사과로 바뀌게 된다. 모든 적을 물리치면 스테이지 클리어다.

직소 세트

MIA
1983년   4,800엔
RAM 16K

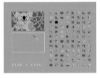

최대 96피스의 직소 퍼즐을 즐기는 타이틀. 난이도는 총 4단계이며, 피스 수는 6~96으로 선택권이 넓다. 그림은 코알라·다리·나비 3종류를 선택 가능. 제한시간이 있어, □ 안에 완성하지 못하면 □림이 폭발하게 된다.

뉴롤스

MIA
1983년   4,800엔
RAM 16K

거대한 뱀 '뉴롤스'에 지배당하는 21세기의 지구가 무대인 액션 게임. 목적은 모든 뉴롤스와 혼령을 물리치는 것이다. 주인공은 십자가에 닿으면 색과 능력이 변화하여, 분신능력과 직을 구사할 수 있게 된다.

파이널 마작

MIA
1983년   4,800엔
RAM 8K

2인 대국식 1인용 컴퓨터 마작 게임. 동장뿐이며 제 1국은 반드시 플레이어가 친이다. 초기 점수는 30000점이며, 플레이어가 마이너스가 될 때까지 진행한다. 츠모와 론의 점수 구별이 없어, 어느 쪽이든 론으로 계산한다.

애니멀 케어테이커 / 더 세븐스 데이

오크
1983년   4,800엔

장르가 다른 2가지 게임을 즐기는 타이틀. 「애니멀 케어테이커」는 소도둑에게서 소를 지키며 먹이를 주어 무사히 키우는 게임이고, 「더 세븐스 데이」는 부서져 흩어진 우주선을 수리해 우주로 돌아간다는 게임이다.

No IMAGE

조킹 맨

크로스토크
1983년   4,800엔
RAM 16K

No IMAGE

복잡한 구조의 공장이 무대인 액션 게임. 플레이어는 쇠망치를 들고 공장에 침입한 소년이 되어, 점검 로봇을 망치로 치며 돌아다닌다. 경비를 서는 고양이의 감시를 피해 고득점을 노리자. 참고로 타이틀의 의미는 '익살꾼'.

슈퍼 코브라

코나미
1983년 12월   4,000엔
RAM 8K

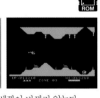

「스크램블」의 속편이자, 1981년 아케이드로 출시했던 같은 제목 슈팅 게임의 이식판. 헬리콥터를 조작해, 전방용 샷과 지상용 투하 미사일을 구사하며 싸운다. 원작과는 달리, 스테이지별로 지형 색깔이 바뀌지 않는다.

프로거

코나미
1983년 12월   4,000엔
RAM 8K

서양에서 인기였던 아케이드용 액션 게임의 이식판. 개구리를 조작해 집으로 가는 게 목적이다. 차들이 오가는 도로를 통과해, 통나무와 거북이를 넘어 화면 상단의 집으로 가자. 5마리 모두 집에 들어가면 스테이지 클리어.

메갈로폴리스 SOS

제너럴
1983년   4,800엔
RAM 16K

뉴욕과 런던 등의 세계 대도시를 우주인에게서 지키는 슈팅 게임. 공격받은 도시는 서서히 파괴되어, 결국은 폐허가 된다. 모든 도시가 파괴되면 게임 오버다. UFO의 움직임을 간파해, 기구 모양의 병기 '공뢰'를 설치하자.

 플로피 디스크
 BEE CARD
 레이저 디스크
 VHD VHD 디스크
 메가롬 내장게임
 파나 어뮤즈먼트 카트리지지원게임
 MSX-MUSIC 지원 게임
SCC 내장게임
059

피라미드

센트럴 교육
1983년   1,980엔
RAM 16K

피라미드 내를 탐색해, 왕의 방에서 보물을 갖고 나오는 게 목적인 어드벤처 게임. 커맨드를 일본어로 입력하는 시스템이며, 앞의 두 글자만 넣어도 된다. 키워드를 찾아내는 게 중요하나, 시간을 낭비하면 생매장될 수도 있다.

충돌이

센트럴 교육
1983년   1,980엔
RAM 16K

빨간 구슬과 파란 구슬이 계속 튕기며 돌아다니는 필드 내에 반사판을 설치해, 두 구슬이 충돌하도록 유도하는 액션 게임. 플레이어인 로봇에 직접 구슬이 맞거나 제한시간이 넘어가면 게임 오버다. 빨리 클리어할수록 고득점.

야채 마인드

센트럴 교육
1983년   1,980엔
RAM 16K

상대가 뽑은 핀의 색깔을 일정한 턴 내에 맞히는 보드 게임 '마스터마인드'의 야채 버전. 피망·가지·수박·오이·토마토·당근·버섯 중 무엇이 어디에 해당되는지, 정해진 횟수 안에 답을 도출해야 하는 지능형 게임이다.

크레이지 트레인

소니
1983년   4,800엔
RAM 8K

코나미가 개발한 아케이드 게임 「로코모션」의 이식판. 크레이지 철도회사의 선로 보수공이 되어 선로가 배치된 패널을 교체해가며 폭주기관차의 사고를 예방해야 한다. 바깥 철로에 있는 모든 승객을 태우면 스테이지 클리어.

마우저

소니
1983년   4,500엔
RAM 8K

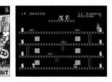

UPL 사가 제작한 아케이드 게임의 MSX판으로, 고양이 '냥타'를 조작해 애인을 구출하는 점프 액션 게임이다. 생쥐의 방해와 다른 적에 주의하며, 푸른 생쥐를 잡아내자. 일정수를 잡으면 최상층으로 가는 사다리가 출현한다.

리얼 테니스

타카라
1983년   4,800엔

입체적으로 묘사된 코트가 특징인 테니스 게임. 로브를 처올릴 때와 서브할 때는 버튼을 눌러야 하지만, 기본적으로는 볼을 자동으로 치는 시스템이다. 듀스와 코트 체인지 개념도 있어, 테니스의 기본 요소에 충실한 타이틀이다.

3D 골프 시뮬레이션

T&E 소프트
1983년   5,800엔

3차원 입체 도형처리를 처음으로 골프 게임에 도입한 획기적인 타이틀의 MSX판. 그래픽뿐만 아니라 볼의 탄도 등에도 수치 연산을 사용해, 코스 표현 시 시간이 걸리긴 하나 T&E 소프트의 높은 기술력을 보여준 게임이다.

배틀십 클랩톤 II

T&E 소프트
1983년   4,800엔

자사의 어드벤처 게임 「스타아더 전설」에 나왔던 주인공의 애기(愛機) '클랩톤 II'를 조작해 쟈미르 군과 싸우는 종스크롤 슈팅 게임. 우주공간을 무대로, 단색이지만 컬러풀한 적이 차례차례 출현하는 심플한 게임이다.

피라미드 워프

T&E 소프트
1983년   4,800엔

전갈과 박쥐가 배회하는 피라미드의 최정상으로 가야 하는 액션 게임. 곳곳의 상자에는, 얻으면 다음 판으로 가는 워프가 출현하는 다이아몬드를 비롯해 총과 미라 등이 들어있다. 클리어하려면 운과 조작실력이 중요하다.

괴수 대행진

일본마이컴학원
1983년   2,980엔
RAM 32K

No IMAGE

1970년대에 등장했던 영국산 보드 게임 '마스터마인드'를 소재로 삼은 지능형 추리게임. 원작 보드 게임에서 사용했던 색깔이 있는 핀 대신, 이 게임에서는 각자 모양이 개성적인 12마리의 괴수들이 등장한다.

     대응 기종 아이콘   카세트 테이프   ROM 카트리지

갤럭시 트래블러

일본마이컴학원
1983년   2,980엔
RAM 32K

로켓으로 별들을 순회하며
재산을 불리는 SF판 '모노
폴리' 스타일의 게임. 행성
에 기지를 건설해 다른 플
레이어들에게서 돈을 징수
하는 모노폴리의 기본 요
소는 물론, 우주해적과의 조우 등 독자적인 이벤트도 발생한다.

NERVOUS

일본마이컴학원
1983년   2,980엔
RAM 32K

「괴수대행진」(60p)의 제 2
부를 표방한 신경쇠약 게
임. 8×8칸 내에 숨어있는
괴수들을 기억해 한 쌍씩
찾아내며 컴퓨터와 기억력
을 승부하는 게임이다. 괴
수는 총 16종류가 있고, 같은 종류가 4마리씩 숨어있다.

랜덤 존

일본마이컴학원
1983년   2,980엔

우주선 챔피언 호를 조작
해, 랜덤 존 내에서 조우하
는 미지의 적과 싸우는 게
임. 챔피언 호의 유일한 무
기인 미사일을 사용해, 점
프로 적을 희롱하며 싸우
자. 적으로 우주선뿐만 아니라, 수수께끼의 괴물도 등장한다.

대양의 신 오케아노스

일본마이컴학원
1983년   2,980엔
RAM 32K

타 기종용 게임 「스마일」
의 MSX판. 해저로 찾아온
'스마일 군'을 조작해 바다
의 무법자와 싸우자. 적은
각각 약점이 있어, 물리치
려면 약점을 노려 킥을 먹
여야 한다. 적에게 먹히거나 제한시간이 끝나면 목숨이 줄어든다.

킬러 스테이션 /
바이오테크

허드슨
1983년   3,800엔
RAM 32K

2개 작품을 수록한 '더블
시리즈' 제 1탄. 지상의 발
사대를 좌우로 움직여 미
사일을 발사해 적 기지를
파괴하는 「킬러 스테이션」
과, 빔을 쏘아 개량한 균
'슈퍼 X'를 모아 드링크를 만드는 게임 「바이오테크」를 즐길 수 있다.

시 봄버 / HELP!

허드슨
1983년   3,800엔
RAM 32K

두 게임을 하나로 즐기는
'더블 시리즈' 제 2탄. 거
품처럼 떠오르며 부상하
는 '시 봄버'를 설치해 적
해파리를 퇴치하는 「시 봄
버」와, 여자친구의 머리에
사과가 떨어지지 않도록 3색 뱀들과 싸우는 「HELP!」를 수록했다.

활발한 농원 / 파이어볼

허드슨
1983년   3,800엔
RAM 32K

두 게임을 하나로 즐기는
'더블 시리즈' 제 3탄. 소방
관을 조작해 소방펌프와
냉동광선으로 화구의 불을
끄는 「파이어볼」과, 싹을
키우며 까마귀와 곰을 돌
로 쫓는 「활발한 농원」을 수록했다. 둘 다 심플한 액션 게임이다.

비 오는 날은 바빠요 /
슈퍼 도어즈

허드슨
1983년   3,800엔
RAM 32K

'더블 시리즈' 제 4탄. 비가
새는 낡은 아파트에서 물
을 퍼내고 구멍을 수리하
고 누수 원인인 생쥐를 퇴
치하는 「비 오는 날은 바빠
요」와, L자형 회전문을 잘
움직여 외계인을 잡는 게임 「슈퍼 도어즈」 두 작품을 수록했다.

건맨 / 서브마린 슈터

허드슨
1983년   3,800엔
RAM 32K

두 게임을 하나로 즐기는
허드슨의 '더블 시리즈' 제
5탄. 습격해오는 인디언들
을 권총으로 격퇴하는 「건
맨」과, 아틀란티스 제국의
수수께끼를 풀러 잠수함을
조작해 해저동굴을 계속 내려가는 「서브마린 슈터」를 수록했다.

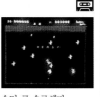

슈퍼 스네이크

HAL 연구소
1983년 11월 21일   4,800엔

시간이 지날수록 몸이 늘어
나는 뱀을 조작하는 액션
게임. 뱀은 벽이나 자기 몸
에 머리가 부딪치면 죽으므
로, 반사 신경이 필요하다.
둘이서 각각 뱀을 조작하는
경쟁 플레이도 지원한다. 게임 스피드는 고속·저속 중 선택 가능.

HARDWARE | 1983 | 1984 | 1985 | 1986 | 1987 | 1988 | 1989 | 1990 | 1991 | 1992 | 1993- | INDEX

HARDWARE

1983
1984
1985
1986
1987
1988
1989
1990
1991
1992
1993-
INDEX

드래곤 어택

HAL 연구소
1983년 11월 21일 4,800엔

긴 몸을 좌우로 뒤틀며 내려오는 드래곤 및 게 형 탱크와 싸우는 슈팅 게임. 「스페이스 인베이더」식 게임이지만, 드래곤의 몸을 쏘면 분리돼 새로운 머리가 나오는 독특한 시스템을 채용했다. 머리를 쏴야만 물리칠 수 있다.

스텝 업

HAL 연구소
1983년 11월 21일 4,800엔

클라이머를 조작해 우주선으로 향하는 액션 게임. 몬스터와 박쥐, 생쥐 등을 피해 계속 사다리를 올라가야 한다. 옥상의 우주선에 무사히 회수되면 라운드 클리어. 적에 닿거나 에너지가 바닥나면 최하층까지 떨어져버린다.

스페이스 메이즈 어택

HAL 연구소
1983년 11월 21일 4,800엔

보물 '폴스'를 찾기 위해 미로 성운을 탐색하는 게임. 적이 미로의 제약을 받지 않고 벽을 보란 듯이 통과해 오는 게 특징이다. 미로 어딘가에 있는 폴스의 열쇠에 접촉하면 스테이지 클리어다. 에너지 잔량이 시간제한인 셈.

픽처 퍼즐

HAL 연구소
1983년 11월 21일 4,800엔

16개로 분할된 패널을 움직여 맞추는 슬라이드 퍼즐 게임. 그림으로는 레오타드 차림의 돼지부터 말, 악어, 코끼리, 고양이 등 동물이 모티브인 캐릭터가 마련돼 있다. 게임 도중엔 화면에 플레이 시간도 표시된다.

부타마루 팬티

HAL 연구소
1983년 11월 21일 4,800엔

아기돼지 '부타마루'를 조작해, 구름 위의 '팬티 군'이 던지는 달걀을 프라이팬으로 받는 게임. 좌우의 파이프로 달걀을 옮겨, 아래의 병아리 마크를 모두 채우면 라운드 클리어. 붉은 달걀은 쳐내어 팬티 군을 공격할 수 있다.

프루츠 서치

HAL 연구소
1983년 4,800엔

힌트를 참고삼아 소녀들이 고른 과일을 맞히는 '마스터마인드' 계 게임. 응답 시 화면 옆에 나오는 푸른 나비 숫자는 각 소녀가 고른 과일이 포함된 수, 그리고 붉은 나비 숫자는 과일과 소녀의 조합이 딱 맞는 수를 의미한다.

슈퍼 당구

HAL 연구소
1983년 4,800엔

당구공 7개로 플레이하는 당구 게임. 공은 숫자 표기 없이 단색으로만 그려져 있으며, 큐볼을 컬러 볼에 맞혀 포켓에 집어넣는 간단한 룰의 '풀' 게임을 즐기게 된다. 샷 수 등은 게임 시작 전에 설정해 변경할 수 있다.

헤비 복싱

HAL 연구소
1983년 4,800엔

관객들이 팔을 치켜들며 응원하는 가운데, 땀을 흘날리며 싸우는 권투 게임. 조작계는 권투선수의 이동과 펀치만으로 간략화했다. 다운 확률이 높은 게임이니, 시합 초반부터 방심 말고 현란하게 움직여 상대 선수를 유린하자.

사-다리-게임

포니 캐년
1983년 11월 2,800엔

당시 일본의 TV프로 '우리들은 익살꾸러기'에서 아카시야 산마가 연기한 캐릭터 '사다리 할멈'이 모티브인 액션 퍼즐 게임. 사다리 게임에서 가로줄을 교체해 차량을 'ㅇ' 위치로 유도하자. 도중엔 방해 몬스터도 출현한다.

닌자 군

마이크로캐빈
1983년 4,800엔
RAM 16K

닌자 군을 조작해 보물을 획득하며 최상층으로 가는 게임. 상하 왕복하는 파수꾼들을 피해 좌우로 왕복하며 계속 위층으로 올라간다. 검을 들고는 있지만 무기가 아니라서, 검 끝에 파수꾼이 닿으면 오히려 닌자 군이 폭발한다.

다이아몬드 어드벤처

마이크로캐빈
1983년 2,800엔
RAM 16K

시가 수억 엔짜리 다이아몬드를 찾아 빌딩에 잠입하는 어드벤처 게임. MSX판의 경우 일본어로 단어를 입력해 다음 행동을 지시하며 진행한다. 각 방을 관찰해 숨겨진 방을 발견해내자. 무사히 다이아를 갖고 탈출하면 클리어.

피코피코

마이크로캐빈
1983년 2,800엔
RAM 16K

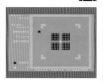

벌레 군단과 싸우는 게임. 적을 죽이면 '사체'가 그 자리에 남아, '블록'이나 '스토퍼' 용도로 방어에 쓸 수 있다. 하지만 블록은 적도 움직일 수 있고, 지켜야 하는 '공주'는 공격수단이 전혀 없다. 화면 전체를 보는 시야가 필수다.

미스터리 하우스

마이크로캐빈
1983년 2,800엔
RAM 32K

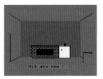

세계 최초로 그래픽 삽화를 넣은 어드벤처 게임의 타이틀명과 같지만 실은 별개의 작품. 서스펜스 요소는 없으며, '미스터리 하우스'에 있는 다이아몬드를 찾아 혼자 저택을 탐색하는 게임이다. 커맨드는 영어단어 입력으로 넣는다.

미드나이트 커맨더

마이크로캐빈
1983년 2,800엔
RAM 16K

레이더에 의존해 적 함대의 위치를 찾아내는 해전 시뮬레이션 게임으로, PC-8801로도 출시되었던 타이틀의 MSX판. 비행기 편대와 아군 함대를 지휘해 적 위치를 간파하자. 적도 아군과 동등한 전력이 있으니 방심은 금물.

4인 포커

마이크로 데이터 베이스 어소시에이츠
1983년 3,200엔
RAM 32K

4인제 포커 게임. 돈을 걸고 컴퓨터가 조작하는 3명과 대전한다. 컴퓨터는 각자 플레이스타일에 차이가 있어, 때로는 허세를 부리기도 한다. 포커의 패 목록은 게임에서 확인 가능하므로, 포커 초보자라도 즐기기 쉽다.

바퀴벌레 대작전

매직소프트
1983년 4,800엔
RAM 16K

바퀴벌레 및 나방과 싸우는 슈팅 게임. F1~F5 키로 도어를 열어 투하시킨 폭탄을 좌우로 유도해, 바퀴벌레가 쌓아올린 알을 폭파시키자. 모든 알을 파괴하면 스테이지 클리어. 나방이 도어를 모두 갉아먹으면 게임 오버다.

더 스크램블

마루후네 F.S.L.
1983년 2,800엔
RAM 16K

현대 일본이 무대인 요격전 시뮬레이션 게임. 항공자위대 하마마츠 기지에서 F-15로 출격해, 화면 오른쪽의 일본 지도를 참고삼아 국적불명의 적기 쪽으로 급행한다. 적을 발견하면 곧바로 격추해, 영공의 평화를 지키자.

UFO 인베이더

마루후네 F.S.L.
1983년 2,800엔
RAM 16K

월면기지를 습격해온 4색 UFO를 격추하는 슈팅 게임. 플레이어 기체인 포탑은 좌우 이동 가능하며, 좌우와 위로 미사일을 발사한다. 격추된 UFO는 색깔별로 집계되며, 화면 위의 UFO 카운터를 넘기면 보너스 점수를 받는다.

콘도리

레이존
1983년 4,800엔
RAM 16K

'콘도리' 어미새를 조작해 나무 깊숙이 있는 둥지를 지키는 액션 게임. 인간이 탄 기구는 쪼아 떨어뜨리고, 나무를 타고 올라오는 고양이는 격퇴하자. 기구에서는 활도 쏘아 방해하므로, 어미새의 안전에도 유의할 필요가 있다.

BEE & FLOWER

레이존
1983년 4,800엔
RAM 8K

훗날의 컴파일 사가 '싱쿠소프트' 명의로 개발했던 몇 안 되는 타이틀. 꿀벌을 조작해 꽃에서 꿀을 따 벌집으로 운반하는 액션 게임으로, 말벌 등의 곤충과 벌레잡이 소년이 방해해온다. 해질 때까지 꽃 6송이의 꿀을 모으면 클리어.

1984

MSX GAME SOFTWARE CATALOGUE

1984년은 하드웨어 제조사들이 MSX 본체를 속속 발매하여 본격적인 보급기에 접어들게 된 최초의 해라 할 수 있다. 소프트 측면에서는 이 해에만 223개 타이틀이 발매됐으며, 코나미·남코·소니·포니 캐년이 본격 참가하여 아케이드 이식물부터 판권물 타이틀까지 라인업의 폭이 일거에 넓어졌다.

라이즈 아웃

아스키
1984년 1월 20일　4,800엔

오사카 성 내에 구축된 지하미궁을 돌파하는 총 20 스테이지의 퍼즐 액션 게임. 곳곳에 놓인 상자를 열어 열쇠를 찾아내, 출구로 탈출하면 클리어다. 플레이어를 압박해오는 닌자의 움직임을 파악해 잘 유도하는 것도 중요하다.

일리거스 에피소드 IV

아스키
1984년 1월 20일　4,800엔

미래의 훈련 시뮬레이터를 사용한다는 설정의 3D 미로 게임. 시간 개념이 있어, 야간에는 적외선 뷰어와 배터리가 없으면 앞이 전혀 보이지 않는다. 순회하는 로봇과 떨어지는 함정 등의 위협에도 주의해야만 한다.

파이 패닉

아스키
1984년 1월 20일　4,800엔

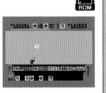

'장기치 군'을 조작해 장애물을 피하며, 왼쪽에서 나오는 마작패를 해머로 떨어뜨려 역을 만드는 액션 게임. 역을 만들어 '론'을 치면 해당 점수를 얻지만, 실수하면 페널티도 받는다. 패를 정렬하려면 '재배열' 버튼을 치자.

SASA

아스키
1984년　4,800엔
RAM 8K

패미컴용 게임 「아스트로 로보 SASA」의 원작인 액션 슈팅 게임. 인간형 로봇 SASA의 무기 '페이저 건'은 반동이 있어, 아래로 쏘면 하늘도 날 수 있다. 독특한 액션을 잘 이용해, 공중·창고·바다·우주의 4스테이지에서 살아남자.

터모일

아스키
1984년　4,800엔
RAM 16K

위아래에 여러 단으로 나뉜 레일을 옮겨 다니며, 좌우에서 공격해오는 적 우주선을 파괴하는 슈팅 게임. 공격이 먹히지 않는 적도 나오니, 때로는 회피도 필요하다. 외계인의 알은 제때 회수하지 않으면 부화하여 난동을 피운다.

스퀴시 뎀

아스키
1984년　4,800엔
RAM 16K

괴물이 점령한 빌딩을 계속 올라가는 액션 게임. 목적은 48층에 있다는, 거금이 든 가방의 획득이다. 적과의 접촉을 피할 때 양발을 들어올리는 등, 거의 양손의 힘만으로 철골을 잡고 오르는 주인공의 동작이 특징인 타이틀.

터보트

아스키
1984년 4월 10일　4,800엔

고속 군용정 '터보트'로 적지에 침투하는 슈팅 게임. 육지와 수상에서의 공격을 피하며 하천을 타고 오르는 스테이지, 비행기의 공격을 피하는 스테이지, 적의 추격을 뿌리치며 탈출하는 스테이지 등 여러 스테이지로 구성했다.

창고지기

아스키
1984년 5월 1일　4,800엔

창고 곳곳에 흩어져있는 화물을 격납장소로 옮기는 심플한 퍼즐 게임. 플레이어는 상하좌우 4방향으로 움직이며 화물을 밀어 격납장소로 이동시킨다. 움직이는 수순을 잘 고려하지 않으면 막혀버리니, 신중한 조작이 필요하다.

   　대응 기종 아이콘　 카세트 테이프　 ROM 카트리지

캔두 닌자

아스키
1984년 5월 1일   4,800엔

닌자가 주인공인 액션 게임. 온갖 함정들을 돌파해 성의 지하에 있는 다이아몬드를 탈환해야 한다. 난이도가 3단계 있긴 하나 충돌 판정이 매우 빡빡해 '연습 모드'조차도 꽤나 어렵지만, 그게 이 게임의 매력이기도 하다.

배고픈 팟쿤

아스키
1984년 6월 1일   4,800엔

숲속을 방황하는 동물 '팟쿤'을 조작해, 버섯을 먹으며 각 스테이지를 클리어하자. 방향전환은 버섯을 먹었을 때만 가능하므로, 한붓그리기 요령으로 스테이지의 골인을 노리는 심플한 퍼즐 스타일의 게임이다.

보코스카 워즈

아스키
1984년 6월   4,800엔
RAM 16K

▶ 대군세를 움직이는 독특한 감각을 맛볼 수 있다.

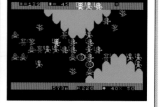

1984년 개최되었던 제 1회 '아스키 소프트웨어 콘테스트'에서 그랑프리를 받은 시뮬레이션 RPG. 샤프 X1판의 이식작이며, 개발자인 '라쇼'는 후일 이타쵸코 시스템 사를 설립해 매킨토시로 개성적인 게임을 여럿 개발했다. 주

인공 '슬렌 왕'을 조작해 아군 유닛을 이끌어, 바잠 성에 있는 오골레스 왕을 격파하자.

유닛들이 기사 · 병졸 두 종류로 크게 나뉘며, 한 덩이로 움직여야 하는 게 특징이다.

테트라 호러

아스키
1984년   4,800엔

플레이어 캐릭터를 조작해, 좌우 대각선 위로의 점프와 좌우 대각선 아래로의 점프로 'F' · 'U' · 'E' · 'L' 네 알파벳을 획득하면 에너지 탱크가 출현한다. 이를 얻으면 다시 동일한 작업을 반복하게 되는 고정화면 액션 게임.

안젤로

아스키
1984년   4,800엔

천사 '안젤로'가 되어 무지개 만들기 임무에 전념하는 액션 게임. 재료인 구름을 토관에 집어넣어 모은 후, 색을 가공하는 등의 여러 작업을 진행한다. 방해해오는 데빌과 몬스터는 천사의 링을 발사해 물리치자.

헬리탱크

아스키
1984년   4,800엔

미로에서의 전차전에 도전하는 슈팅 게임. 관통 · 파괴 가능한 녹색 벽과 탄이 반사되는 적색 벽을 잘 구분해 적 전차를 전멸시키자. 일정 시간 후엔 파괴불능의 헬리콥터가 나오니, 화면 끝단으로 나가 다른 화면으로 도망칠 것.

타와라 군

아스키
1984년   4,800엔

'타와라 군'을 조작해, 유령선에 적재된 쌀가마니에서 다이아를 찾아내는 액션 게임. 배는 서서히 물이 차오르지만, 사다리 위의 해치를 닫아 침수까지의 시간을 벌 수 있다. 유령과 바닷물에 주의하며 가마니를 가득 쌓아올리자.

플리퍼 슬리퍼

아스키
1984년   4,800엔

화면만 보면 뭐지 싶겠으나, 실은 블록깨기 스타일의 게임. 화면 아래에 있는 오목한 플리퍼 2개를 좌우로 조작해, 볼이 지면에 닿지 않도록 하여 화면 상단 좌우의 장애물을 모두 파괴하자. 부드러운 모션이 상쾌한 타이틀.

트라이얼 스키

아스키
1984년   4,800엔

일본에서는 초등학생 때 배우는 유명한 동요 '스키'가 타이틀 BGM으로 나오는, 스키 직활강을 게임화한 작품. 청색 깃발과 적색 깃발 사이를 통과하면서 골인해야 하며, 진행할수록 장애물이 늘어나고 난이도도 올라간다.

HARDWARE
1983
1984
1985
1986
1987
1988
1989
1990
1991
1992
1993-
INDEX

HARDWARE

1983
1984
1985
1986
1987
1988
1989
1990
1991
1992
1993-

INDEX

파머

아스키
1984년   4,800엔

쿼터뷰형 도트 먹기 게임. 농사가 모티브라, 액션은 똑같지만 씨를 줍는 스테이지와 싹을 기르는 스테이지가 있고, 벌레와 새가 농가의 적으로 등장하기도 한다. 적은 하늘에서도 날아오니, 지상에 너무 몰두하지 않도록.

쿵푸 마스터

아스키
1984년   4,800엔

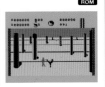

3D 풍 스크롤 스테이지와 고정화면 스테이지로 구성된 쿵푸 액션 게임. 펀치를 구사하며 다가오는 청색·적색 로봇을 물리치며, 열쇠를 찾아내는 게 목적이다. 공격을 잘 구사하는 것이 클리어의 비결.

로터즈

아스키
1984년   4,800엔

블록에 그려진 그림을 가로·세로·대각선으로 맞추는 퍼즐 액션 게임. 그림이 맞춰진 블록은 'MSX'로 바뀌며, 모든 블록을 MSX로 만들면 스테이지 클리어. 유령이 표시된 블록을 조작하거나 유령과 닿으면 목숨이 줄어든다.

부메랑

아스키
1984년   4,800엔

던지면 자신에게로 돌아오는 '부메랑'을 무기 삼아, 각 스테이지의 적을 물리치는 고정화면 액션 게임. 플레이어가 상하좌우로 이동하면 동시에 부메랑의 포물선 궤적도 바뀌며, 이를 이용해 적을 전멸시키면 스테이지 클리어.

어슬레틱 볼

아스키
1984년   4,800엔

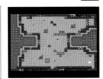

말랑말랑 섬의 주민 '말랑말랑 군'을 조작해, 볼을 사용하여 섬을 덮친 화산탄의 불을 모두 끄는 게 목적인 고정화면 액션 게임. 난이도가 높아, 볼을 바다에 빠뜨리거나 제한시간 이내에 클리어하지 못하면 실패 처리된다.

포팍 더 피시

아스키
1984년   4,800엔

바다에 투기된 쓰레기를 거품으로 없애 바다를 지키는 정의로운 물고기 '포팍' 군이 주인공인 타이틀. 버려진 병을 바다 위로 돌려보내고, 드럼통에서 새는 기름을 거품으로 없애버리자. 오염도가 높아지면 목숨이 줄어든다.

로드 오버

아스키
1984년   4,800엔

마녀와 용, 그리고 괴물이 활개 치는 중세가 무대인 전략 시뮬레이션 게임. 플레이어는 일국의 왕이 되어, 국민이 모아준 세금으로 병사를 고용해 군대를 강화시켜, 타국의 왕을 물리치고 모든 성을 점령하는 게 목적이다.

캡틴 코스모

아스키
1984년   4,800엔
RAM 16K

필드를 돌아다니는 외계인들을 샷으로 공격하여 기절시켜 포획해, 수용할 장소로 연행해가는 게 목적인 액션 게임. 보행뿐만 아니라 비행도 가능한 플레이어 캐릭터를 조작하여, 표적을 확실히 체포해 데려가도록 하자.

데인저 X4

아스키
1984년 10월   4,800엔

아름다운 달밤을 배경삼아 좌우 스크롤로 진행하는 슈팅 게임. 플레이어 전투기를 조작해, 공중용 샷과 지상용 폭탄으로 화면 하단 레이더에 표시된 적을 전멸시키면 스테이지 클리어. 적의 움직임이 제법 교묘해 어려운 게임.

창고지기 툴킷

아스키
1984년 11월   2,800엔

「창고지기」와 한 세트로 사용하는 기능 확장 프로그램. 이 소프트를 사용하면 신 스테이지 41종과 한 수 물리기, 행동수순의 재현, 설정한 수순 반복 등의 여러 신기능이 추가되어, 「창고지기」를 더욱 쾌적하게 즐길 수 있다.

테세우스

아스키
1984년 12월   4,800엔

좌우 이동과 무한 상승이 가능한 점프를 사용해, 각 스테이지의 골 지점을 찾아 진행하는 액션 게임. 미로를 구성하는 캐릭터의 도트 패턴을 풍부하게 마련하여, 부드러운 모션과 스크롤을 구현해냈다.

스타십 시뮬레이터

아스키
1984년   4,800엔

스타 아카데미의 생도가 되어, 시뮬레이터를 사용해 졸업시험을 치르는 게임. 합격 조건은 적인 시그너스 함선의 전멸이다. 적은 전방위에서 공격해 온다. 재빨리 적을 발견해, 실드가 바닥나기 전에 모두 물리치자.

코스모 트래블러

아폴로 테크니카
1984년   2,800엔
RAM 16K

1984년은 기계어로 제작된 작품에 유저들의 주목도가 몰리던 해로, 이 작품도 그 중 하나다. 좌우로 우주선을 움직이는 단순한 슈팅 게임이지만, 제법 속도감이 난다. 갑자기 고속으로 날아오는 운석을 피하는 게 어렵다.

3D 워터 드라이버

아폴로 테크니카
1984년   2,800엔
RAM 16K

플레이어 기체인 '워터 스피더'를 조작해 붉은색 럭키 플래그를 획득하며 골인을 노리는 수상 레이싱 게임. 암초가 방해해오니 충돌에 주의하자. 라운드가 진행되면 눈앞에 상어가 돌연 나타나는 등 난이도가 상승한다.

나이토 쿠니오의 박보장기

아폴로 테크니카
1984년   2,800엔
RAM 16K

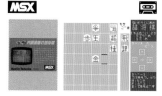

엔카 가수로도 활약했던 쇼기(일본 장기) 기사 나이토 쿠니오 9단이 감수한 쇼기 박보장기 게임. 이 국면은 어떤 수로 이길까? 공격의 힌트를 플레이어에게 지적하는 기능도 탑재한 타이틀. 일단 박보장기로 실력을 쌓아보자!

Mr.GOMOKU

아폴로 테크니카
1984년   2,800엔
RAM 16K

가로·세로·대각선 어느 쪽으로든 같은 색 바둑돌을 5개 맞추면 이기는 '오목'을 수록한 게임. 승패에 따라 타임이 증감해, 시간이 다 끝날 때까지 얻은 득점이 점수가 된다. 컴퓨터는 처음엔 약하나, 시간이 지날수록 강해진다.

다비데 II

앰플 소프트웨어
1984년   4,800엔
RAM 8K

'다비데 II호'를 타고 침략자와 싸우는 스토리의 종스크롤 슈팅 게임. 속도와 이동 타입 등이 다른 10종류의 적을 격추하며, 하이스코어를 목표로 계속 진행한다. 적기가 단색 그래픽이라 배경에 잘 묻히니, 집중력이 필요하다.

더 컴뱃 포커 / 스톤볼 ※

MIA
1984년   3,000엔
RAM 32K

제목대로, 두 가지 작품을 즐기는 타이틀. 「스톤볼」은 맨 위의 볼을 아래까지 떨구는 퍼즐 게임이다. 좌우로 2개분까지 움직일 수 있는 돌을 이용해 볼을 유도하자. 트럼프 포커 게임을 즐기는 「더 컴뱃 포커」도 동시 수록했다.

점핑 래빗

MIA
1984년   3,500엔
RAM 32K

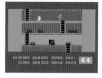

수직 점프 기록 4.85m를 자랑한다는 토끼가, 통나무로 만든 각층을 오르며 자랑거리인 다리로 정상을 향해 진행하는 액션 게임. 토끼는 기본적으로 걸어서 이동하지만, 방해물인 다람쥐나 뱀은 점프로 뛰어넘어야만 한다.

론섬 탱크 진격

MIA
1984년   3,500엔
RAM 32K

레이더 맵을 참고삼아 고독한(lonesome) 탱크로 미로를 탐색하는 슈팅 게임. 필드 위의 모든 깃발을 획득하거나, 적을 전멸시키면 클리어다. PCG로 구현한, 색채감이 풍부한 배경 그래픽이 게임의 특징이다.

HARDWARE
1983
1984
1985
1986
1987
1988
1989
1990
1991
1992
1993-
INDEX

 플로피 디스크 BEE CARD 레이저 디스크 VHD 디스크  메가롬 내장 게임 파나 어뮤즈먼트 카트리지 지원 게임 MSX-MUSIC 지원 게임 SCC 내장 게임

067

주 : 타이틀명 옆에 「※」가 붙어있는 게임의 스크린샷은 타 기종판입니다.

카미카제

오메가 시스템
1984년   3,000엔
RAM 32K

구 일본군의 아이치 99식 함상폭격기를 조종하는 공중전 게임. 성능이 우월한 적에 강한 정신력으로 맞선다는 당시의 일본군 '스러운' 타이틀이다. 무기인 후부선회총좌 7.7 기관총은 조준을 적기에 맞추면 자동 발사된다.

모기잡이 전쟁

우츄도
1984년   3,620엔

플레이어 캐릭터를 좌우로 움직여, 공중을 돌아다니는 모기를 '모기잡이 빔 포'로 격추하는 슈팅 게임. 적 중 하나인 '데몬모기'는 4마리 연속으로 잡으면 보너스 점수를 얻는다. 하이스코어를 목표로, 모기를 마구 잡아보자.

대장애 경마

카시오 계산기
1984년 10월 15일   4,800엔
RAM 8K

 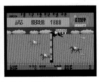

4명까지 즐길 수 있는 장애물 경마 게임. 경주마에 채찍을 가하면 스피드 업이 가능하지만, 어느 정도 말의 체력을 남겨두지 않으면 다음 레이스를 이길 수 없는 등, 전략이 중요해 파고들만한 요소가 많은 작품.

열전 코시엔

카시오 계산기
1984년 10월 15일   4,800엔
RAM 8K

봄과 여름에 열리는 뜨거운 고교야구 소년들의 싸움을 게임으로 체험하는 타이틀. 백스크린 부분에는 투수가 던지는 볼의 궤도가 표시되며, 타자가 조준을 제대로 맞추면 저스트 미트다. 1번 타자부터 홈런을 노려보자.

파친코 UFO

카시오 계산기
1984년 10월 15일   4,800엔
RAM 8K

파친코 기기 중 '하네모노' 계가 모티브인 파친코 게임. 스프라이트 기능이 탑재된 MSX의 장점을 살린 구슬의 부드러운 움직임이 상쾌하며, 'V어태커' 입상 후엔 구슬도 많이 나오므로 파친코 팬이라면 놓칠 수 없다.

스키 커맨드

카시오 계산기
1984년 10월 15일   4,800엔
RAM 8K

요원이 되어 설산을 활주하며 정면에서 나타나는 적 및 헬리콥터와 싸우는 슈팅 게임. 설산에 감춰진 비밀기지의 파괴가 목적이다. 스테이지 클리어 후, 낙하산으로 강하하며 비밀기지를 파괴하는 보너스 스테이지가 나온다.

미유키 메모리얼

키티 레코드
1984년   4,800엔

아다치 미츠루의 '미유키' TV 애니메이션 주제가 · 대사를 수록한 팬 소프트. MSX로 구동하면 영상을 감상하는 보너스 모드와, 와카마츠 미유키를 조작해 카시마 미유키보다 먼저 오빠 마사토를 확보하는 미니게임 'DOORS'가 나온다.

타임 파일럿

코나미
1984년 1월   4,800엔
RAM 8K

아케이드판을 이식한 전방향 슈팅 게임. 플레이어 기체는 시간이동이 가능하다는 설정이며, 비행선에 폭격기, 심지어 UFO까지 스테이지별로 여러 시대의 비행기가 적으로 나오는 게 특징이다. MSX판은 스테이지명이 일부 다르다.

비디오 허슬러

코나미
1984년 1월   4,500엔
RAM 8K

플레이어가 '허슬러'가 되어 6구 당구경기를 즐기는 게임. 당구대 모서리에 표시되는 하얀 점을 움직여 샷 방향을 결정하는 시스템은 1981년의 아케이드판과 공통이다. 컬러 볼을 연속으로 포켓에 넣으면 보너스를 얻는다.

남극탐험

코나미
1984년 2월 21일   4,800엔
RAM 8K

남극대륙을 일주하는 3D 스크롤 액션 게임. 펭귄을 조작해 시간 내에 각국 기지를 순회하는 게 목적이며, 적 · 장애물에 닿으면 시간이 지체된다. 지리를 배우는 교육용 소프트를 표방했고, 설명서에 남극 관련 해설도 실었다.

개구쟁이 체육

코나미
1984년 2월   4,800엔
RAM 8K

코나미의 '교육 시리즈' 제
2탄이자, 'I love 체육'을
표방한 액션 게임. 설명서
엔 스포츠 관련 미니지식
을 실었다. 화면별로 등장
하는 놀이기구나 장애물을
통과해 골까지 가는 게임이며, 코스는 좌우 어느 쪽으로든 진행 가능.

몬타 군의 하나·둘·산수

코나미
1984년 3월   4,800엔
RAM 8K

「남극탐험」으로 시작된
'교육 시리즈' 제 3탄. 화면
상단 계산식의 '?'에 해당
하는 숫자를 계산식 오른
쪽의 원숭이에게 넘겨주면
스테이지 클리어다. 숫자
는 발판 아래에 매달린 손잡이를 당기면 나온다. 정답을 찾아내보자.

하이퍼 올림픽 I

코나미
1984년 4월   4,800엔
RAM 8K

간단 조작으로 기록에 도
전하는 코나미의 대표작.
100m 달리기·멀리뛰
기·해머던지기·400m
달리기 네 종목을 수록했다.
이 게임전용 컨트롤러 '하이
퍼샷'도 같은날 발매했다. 경기 개시 전엔 영화 '불의 전차' 테마곡이 나온다.

하이퍼 올림픽 II

코나미
1984년 5월   4,800엔
RAM 8K

전작에는 수록되지 않았
던 경기인 110m 허들과
창던지기, 장대높이뛰기,
1500m 달리기 네 종목을
수록한 스포츠 액션 게임.
전작과는 다른 방향성으로
게임을 공략해야 해, 당대의 히트작이 된 작품이다.

코나미의 마작도장

코나미
1984년 6월   6,000엔
RAM 8K

마작 초보자가 대상인 2인
대국 마작 게임. 설명서에
는 마작 규칙을 충실히 기
재하여, 어른뿐만 아니라
아동도 마작을 즐겨보기를
바란다는 개발사의 의도가
엿보인다. 당시 이 게임으로 마작을 배운 아이가 제법 있었을지도.

빵 공장

코나미
1984년 6월   4,800엔
RAM 8K

공장에서 일하는 죠 아저
씨를 조작해, 기계 스위치
를 올려 빵을 굽는 액션 게
임. 방해하는 너구리는 마
취총으로 재워버리자. 완
성된 빵을 무사히 고객에
게 보내주면 스테이지 클리어다. BGM으로 유명 동요를 다수 사용했다.

서커스 찰리

코나미
1984년 7월   4,800엔
RAM 8K

서커스단의 인기인인 찰리
군을 조작해, 관중에게 멋
진 쇼를 보여주자. 사자 등
에 올라타는 '불타는 고리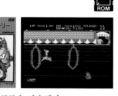
넘기'나, 원숭이와 함께하
는 '줄타기' 등에 도전한다.
BGM으로 '아메리칸 패트롤' 등 유명한 곡들을 사용했다.

하이퍼 스포츠 1

코나미
1984년 8월   4,800엔
RAM 8K

체조와 수영 경기에 도전
하는 타이틀. 다이빙·도
마·트램펄린·철봉 네 종
목을 수록했다. 원래는 코
나미의 교육 시리즈 제 4
탄이 될 예정이었지만, 개
발 도중 이과 교육 요소가 삭제되어 순수하게 스포츠 게임이 되었다고.

양배추 인형

코나미
1984년 10월   4,800엔
RAM 8K

주인공 '안나'를 조작해 양
배추밭 안쪽으로 계속 전
진하는 화면 전환식 액션
게임. 같은 해 발매했던
「개구쟁이 체육」의 소녀
버전이기도 하다. 게임을
시작하기 전에 간단한 캐릭터 메이킹이 가능하다.

하이퍼 스포츠 2

코나미
1984년 11월   4,800엔
RAM 8K

같은 코나미의 「하이퍼 올
림픽」처럼, 심플한 조작으
로 각종 스포츠를 즐기는
인기 액션 게임. 이번 작품
에선 클레이 사격·양궁·
역도 세 종목을 수록했으
며, 각 종목별로 기준점을 넘기면 클리어하게 된다.

요술나무
코나미
1984년 11월   4,800엔
RAM 8K

스위스 민요 '오 브레넬리'를 BGM 삼아, '아파치 군'을 조작해 아득한 높이의 나무 정상을 향하는 액션 게임. 도중에 출현하는 여러 적들을 조심하며 발판을 잘 딛고 올라가자. 나무열매를 얻으면 보너스 점수가 들어온다.

스카이 재규어
코나미
1984년 12월 20일   4,800엔
RAM 8K

왕도적인 구성의 종스크롤 슈팅 게임. 지상물이 없고 공중 적들만 나오나, 적 캐릭터의 종류와 패턴이 풍부하고 보스 캐릭터도 등장한다. 아이템으로 2단계까지 파워 업도 가능. 스테이지별로 충실하게 만든 배경도 멋지다.

캡틴 셰프
COLPAX
1984년   4,800엔
RAM 16K

요리사가 되어 커다란 돼지를 요리하는 게임. 곳곳에 흩어진 불씨를 프라이팬 아래로 모아 요리에 필요한 화력을 확보하자. 맵 내의 포크를 집으면 돌아다니는 돼지를 제압 가능. 불씨를 모으는 이동경로의 간파가 키포인트.

자우루스랜드
COLPAX
1984년   3,600엔
RAM 16K

곤봉을 무기삼아 원시시대에서 살아남는 액션 게임으로, '퓨타'용 게임의 이식판. 공룡·매머드·두더지 등을 물리쳐 점수를 벌자. 배경의 세 화산이 터지면 동물이 사라지는 대신 화산탄이 쏟아지므로, 이땐 잘 피해야 한다.

점프 코스터
COLPAX
1984년   4,800엔
RAM 16K

괴도가 되어 돈주머니를 모으는 액션 게임. 로프를 잡고 이동하거나, 기구나 리프트에 매달려 탈출하는 등, 코믹하고도 괴도다운 액션이 특징이다. 화면 내를 달리는 제트코스터에 치이면 목숨이 줄어드니 주의하자.

돈팡
COLPAX
1984년   3,600엔
RAM 16K

소녀의 손을 떠난 풍선이 여행하는, 동화적인 액션 게임. 시간이 지날수록 공기가 줄어드니, 다른 풍선과 접촉해 공기를 충전하며 전진하자. 까마귀나 톱상어 등의 적도 나오지만, 공기탄을 남발하면 공기가 단숨에 바닥난다.

나이트 플라이트
COLPAX
1984년   3,600엔
RAM 16K

 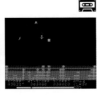

비행기로 금을 그어 밤하늘을 나눠 갖는 땅따먹기 게임. 룰은 「QIX」와 유사하며, 화면 아래 게이지의 화면 점유율이 목표치를 넘으면 클리어되고, 긋는 도중의 선 혹은 비행기가 번개나 별똥별에 맞으면 목숨이 줄어든다.

닉 니커
COLPAX
1984년   3,600엔
RAM 16K

굴러 떨어져 기절한 스니커 슈즈 '닉 니커'가 꿈속에서 과일과 야채를 모으는 고정화면 액션 게임. 기본적으로 닉 니커는 공격할 수 없으나, 스프링을 획득하면 일정 시간동안 점프가 격렬해지고, 몬스터도 물리칠 수 있다.

삐약이
COLPAX
1984년   4,800엔
RAM 16K

알을 낳아 떨어뜨려 시소를 조작해, 병아리를 최상층까지 인도하는 액션 게임. 병아리가 다치지 않도록, 적인 고양이에도 알을 맞춰 날려버리자. 여러 계층이 있는 일반 스테이지 외에, 병아리를 날려 풍선에 태우는 스테이지도 있다.

보기 '84
COLPAX
1984년   4,800엔
RAM 16K

카네코 사가 제작한 아케이드 게임의 이식작. 선글라스 남자 '보기'를 조작해, 스테이지 곳곳에 흩어진 'BOGGY84' 알파벳을 모두 획득하는 액션 게임이다. 원작은 4스테이지 구성이지만, 이식하면서 스테이지 3·4를 삭제했다.

HARDWARE
1983
1984
1985
1986
1987
1988
1989
1990
1991
1992
1993-
INDEX

Mr.Do!

COLPAX
1984년 4,800엔
RAM 16K

주인공 'Mr.Do'를 조작해, 화면 내에 있는 체리를 모두 모으는 액션 게임. 볼을 던져 맞히면 적이 쓰러지지만, 일단 던지고 나면 일정 시간이 지나야 손에 볼이 되돌아오므로 이 점에 주의해야 한다.

파인애플린

ZAP
1984년 4,800엔
RAM 16K

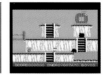

'파인애플린'을 조작해 필드 상의 파인애플을 모으는 액션 게임. 파인애플 5개를 모으면 다음 섬으로 넘어갈 수 있다. 진행 도중엔 에너지가 계속 줄어가지만, 사과 모양의 집에 들어가면 에너지 보충이 가능하다.

펑키 마우스

ZAP
1984년 4,800엔
RAM 16K

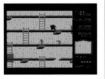

생쥐가 주인공인 액션 게임. 위험한 고양이와의 접촉을 피해, 스테이지 내의 치즈 5개를 획득하는 게 목적이다. 생쥐의 대략적인 현재 위치는 화면 오른쪽 맵에 표시된다. 총 10스테이지이며, 전부 클리어하면 루프된다.

메이니즈

ZAP
1984년 4,800엔
RAM 16K

지정된 골인 지점에 도착하면 스테이지 클리어인 미로탈출 게임. 사이드뷰로 구성된 스테이지와 탑뷰로 점프를 활용해 진행하는 스테이지가 존재하며, 교대로 전개되므로 계속 흥미롭게 플레이할 수 있다.

프로야구 슈퍼 시뮬레이션

JDS
1984년 3,500엔
RAM 32K

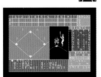

당시 가정용 게임기로도 야구 게임이 발매되던 가운데, 실존 구단과 선수명을 등록하여 프로야구 팬들 사이에 화제가 된 작품. 당시 '타이요 웨일즈' 팀에 재적했던 타카기 유타카 · 야시키 카나메 선수도 이름이 등록돼 있다.

엑세리온

전파신문사
1984년 4,500엔
RAM 16K

잘레코 사의 아케이드 게임 「엑세리온」을 이식한 작품. 단발로 발사되는 샷과 연사 가능한 샷을 잘 구사해, 공중에서 날아오는 외계인들을 격파하자. 플레이어 기체의 이동에 관성이 붙는 탓에, 조작하기가 조금 어렵다.

탑 롤러

도시바
1984년 4,800엔
RAM 8K

라이벌과 바이크 등의 다양한 방해에 헬기의 폭격까지 펼쳐지는 황당한 롤러스케이트 레이싱 게임. 타임도 순위도 없으니, 당황 말고 착실하게 골을 노리자. 원작은 아케이드 게임으로, 집에서 즐길 수 있었던 귀중한 이식작.

BANANA

스튜디오 GEN
1984년 4,800엔
RAM 16K

강가의 돌을 건너뛰며 이동해, 습격해오는 보콘타 족으로부터 살아남는 게임. 주인공 '탐험가'의 무기는 바나나뿐. 돌 위에 설치한 바나나를 적이 밟으면 넘어지게 된다. 돌에서 돌로 건너뛰다 강에 빠지지 않도록 주의하자.

무 대륙의 수수께끼

매지컬 주
1984년 4,800엔
RAM 32K

무 대륙으로 가는 입구를 발견하는 게 목적인 어드벤처 게임. 세계일주 여행 도중 풍랑에 휩쓸려 의문의 섬으로 표류해온 주인공이, 이 섬을 탐색한다는 스토리다. 게임 도중에 사용 가능한 동사는 설명서에 기재됐다.

황금의 무덤

매지컬 주
1984년 4,800엔
RAM 32K

PC-6001판 작품을 이식한 타이틀. 쿠푸 왕의 보물을 찾아 작열하는 사막을 여행하는 이집트 미스터리다. 테이프판과 디스크판은 약간 전개가 다른데, 디스크판은 능력치 관리가 필요하지만 테이프판에 없는 장면도 수록했다.

 플로피 디스크
 BEE CARD
 레이저 디스크
 VHD VHD 디스크
 메가롬 내장 게임
 파나 어뮤즈먼트 카트리지 지원 게임
 MSX-MUSIC 지원 게임
 SCC SCC 내장 게임

071

HARDWARE

1983
1984
1985
1986
1987
1988
1989
1990
1991
1992
1993-
INDEX

어드벤처 게임 시리즈 1 : 유령선

신키겐샤
1984년 3,500엔
RAM 32K

PC-6001 등으로도 발매된 텍스트 어드벤처 게임의 이식 시리즈 제 1탄. 플레이어는 해난사고에 휘말려 표류해온 '당신'이 되어, 우연히 발견한 유령선을 탐색한다. 저주를 잘 피하며, 배에 숨겨진 수수께끼를 밝혀야 한다.

어드벤처 게임 시리즈 2 : 보물섬

신키겐샤
1984년 3,500엔
RAM 32K

가타카나 텍스트의 어드벤처 게임. 선박여행 도중 조난당한 '당신'이 되어, 유일한 소지품인 나침반에 의존해 망망대해의 외딴섬을 탈출해야 한다. 진행이 막힌 유저를 위해, 유료로 힌트집을 보내주는 서비스도 했다고.

아쿠아폴리스 SOS

제너럴
1984년 4,800엔
RAM 16K

해저도시에 남겨진 주민을 잠수함으로 구출하는 고정화면 액션 게임. 배리어가 해제되는 타이밍에 맞춰 도시에 접근해, 주민을 하나씩 태운 후 부상하자. 해마에 잡히면 한동안 움직이지 못하게 되므로 주의해야 한다.

데빌즈 헤븐

제너럴
1984년 4,800엔
RAM 16K

컴파일 사가 개발한 최초의 MSX용 슈팅 게임. 작은 악마를 조작해 천사와 싸워, 위에서 나풀거리며 떨어지는 하트와 천사의 링을 쏴야 한다. 화면 오른쪽의 'DISTANCE'(거리)가 0이 되어 천국에 도착하면 라운드 클리어.

허슬 처미

제너럴
1984년 4,800엔
RAM 16K

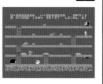

생쥐 '처미'가 주인공인 액션 게임. 화면 내의 모든 음식물을 자기 집으로 가져오는 것이 목적이지만, 가진 음식물 양만큼 처미의 이동속도가 느려진다. 점프와, 최상층과 최하층을 연결하는 토관을 잘 사용해 신속히 돌아오자.

경찰 아저씨!!

센트럴 교육
1984년 1,980엔
RAM 16K

폭탄을 설치했다는 예고전화를 받은 네코나리 마을을 무대로, 동네 경찰 아저씨가 되어 폭탄을 수색하는 게임. 몸은 하나인데 사건사고는 하나로 그치지 않다보니, 경찰 아저씨는 폭탄 외에도 여러 사건을 처리해야만 한다.

더 스타

센트럴 교육
1984년 1,980엔
RAM 16K

사로잡힌 친구를 구출하러 인베이더를 습격하는 슈팅 게임. 적지에 있는 친구를 구출해 기지로 귀환하는 게 목적이다. 플레이어 기체는 적기보다 속도도 떨어지고 무장도 구식이니, 작전을 성공시키려면 실력을 키워야 한다.

스키 게임

센트럴 교육
1984년 1,980엔
RAM 16K

동계올림픽 등에서 각광받는 '활강'·'회전'·'점프' 등의 경기를 6명까지 모여 즐길 수 있는 스키 게임. 각 경기를 3회씩 진행한 후, 각 종목당 성적을 친구들과 겨뤄볼 수 있는 일종의 파티 게임이다.

트랭퀼라이저 카드

센트럴 교육
1984년 1,980엔
RAM 16K

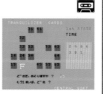

'tranquilizer'는 '신경안정제'를 의미하지만, 작품 자체는 '신경쇠약'을 수록한 카드 게임이다. 3분의 제한시간 내에 클리어하지 못하면 다시 시작한다. 신경쇠약을 클리어해야만 15게임(슬라이드 퍼즐)에 도전할 수 있게 된다.

패닉 the 트레인

센트럴 교육
1984년 2,800엔
RAM 16K

FM-7용 게임의 이식작으로, 하시시타 토모시게가 개발한 타이틀. 선로의 포인트를 전환해, 사고가 나지 않도록 열차를 적절하게 조차장으로 인도하는 퍼즐 액션 게임이다. 실패하면 열차가 탈선하거나 충돌해 큰일이 난다.

   대응 기종 아이콘
 카세트 테이프 / ROM 카트리지

펜타의 대모험

센트럴 교육
1984년 2,800엔
RAM 16K

64개의 조각을 맞추는 퍼즐 게임. 짜 맞춰야 하는 원본은 펭귄 '펭타'가 세계 7개국에서 촬영해온 사진들로, 화면 오른쪽에 표시되는 사진의 나머지 부분을 참고해 완성한다. 퍼즐 게임과 이국의 정경을 함께 즐기는 작품.

미유키 the 승부사

센트럴 교육
1984년 2,800엔
RAM 16K

팍스 소프토니카 사가 개발한 탈의 트럼프 게임. 여대생 미유키와 '51' 게임으로 승부해, 미유키가 돈이 떨어지면 빌려주는 대신 옷을 하나 벗기는 식이다. PC-6001판의 이식작으로, 원작과는 여성의 입모양과 색 등이 일부 다르다.

화투

센트럴 교육
1984년 3,800엔
RAM 16K

그래픽으로 화투를 구현한 최초의 MSX용 게임. 룰은 '코이코이' 한 종류만을 수록했다. 손패가 빌 때까지를 1회전으로 간주해, 총 10회전까지 플레이할 수 있다. 컴퓨터의 난이도로 '약함'·'보통'·'강함' 3단계를 준비했다.

실전 4인마작

소니
1984년 11월 21일 4,000엔

MSX 게임 소프트로는 비교적 초기에 발매된 4인 대국 마작 게임. 대전 상대 3명의 버림패를 보기 쉽게 표시하고, '퐁'·'깡'·'치' 등을 펑션 키로 낼 수 있게 하여 플레이가 용이한 조작성 등, 즐기기 쉽게 제작한 작품이다.

전장

소니
1984년 11월 21일 4,000엔
RAM 16K

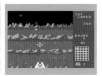

「스타 포스」로 유명한 테칸(후일의 테크모) 사가 개발한 슈팅 게임의 이식작. 전장에서 고독하게 적과 싸우는 게임으로, 멀리서 밀려오는 적기(백색)를 조준해 파괴해야 한다. 붉은 적탄을 피해 히트 & 어웨이로 싸우자.

E.I.

소니
1984년 11월 21일 4,000엔
RAM 8K

컴파일 사가 개발한, 속도감 있는 종스크롤 슈팅 게임. 냅다 쪼개지는 적이나 회전하며 나풀나풀 내려오는 적 등, 모션과 스피드가 다채로운 적들이 등장한다. 개발자의 말에 따르면, 일부 적 명칭은 '컴파일'에서 따온 말장난이라나.

Mr.Do! vs 유니콘즈

소니
1984년 11월 21일 4,500엔
RAM 8K

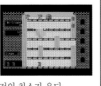

아케이드용 인기 시리즈 2번째 작품의 이식작. 고정 화면 액션 게임으로, 피에로를 조작해 해머를 쳐 바닥을 무너뜨리며 모든 적을 물리치자. 푸른 바닥을 모두 떨어뜨려야 나오는 방패를 얻게 되면 역전의 찬스가 온다.

로드 러너

소니
1984년 11월 21일 5,900엔
RAM 8K

브로더번드 사의 라이선스를 획득해 소니가 발매한 명작 액션 게임. 금괴를 모두 획득하고 사다리를 올라가면 스테이지 클리어다. 좌우로 협공당하지 않도록 주의하며, 부술 수 있는 바닥을 잘 활용해 적을 빠뜨려버리자.

MSX 실전바둑

소니
1984년 12월 21일 6,000엔
RAM 32K

바둑서적 '후지사와 히데유키 바둑교실 3 : 바둑의 기본전술'의 문제가 출제되는 타이틀. 문제를 풀며 바둑 실력과 수순을 이해하는 게임이다. 한 수 당 5회까지 도전 가능하며, 풀지 못한 문제를 기록해 재도전할 수도 있다.

슈퍼 게임 컬렉션

소니
1984년 12월 21일 6,000엔
RAM 64K

「스타 블레이저」·「파친코」·「버디」세 작품을 디스크 한 장에 수록한 타이틀. 「스타 블레이저」는 지상에서 연료를 보급하며 싸우는 횡스크롤 슈팅 게임이고, 「버디」는 어미새가 되어 아기새를 지키는 액션 게임이다.

컴퓨터 오델로

소니
1984년 3,500엔
RAM 8K

MSX로는 최초로 발매된 컴퓨터판 오델로 게임. 컴퓨터의 난이도는 총 4단계이며, 백이냐 흑이냐도 선택 가능. 대전 중엔 양쪽의 돌 수를 자동 계산해 준다. 돌이 뒤집힐 때의 스무스한 그래픽 표현이 눈을 사로잡는 타이틀.

컴퓨터 체스

소니
1984년 4,000엔
RAM 16K

난이도를 12단계나 준비한 체스 게임. 플레이어 대 컴퓨터 전과 컴퓨터 대 컴퓨터 전을 지원하며, 플레이 도중의 진행상태를 일단 저장해두는 기능도 마련했다. 패키지 내에 간단한 체스 입문 해설서도 동봉했다.

컴퓨터 당구

소니
1984년 4,500엔
RAM 8K

2명까지 함께 즐기는 당구 게임. 1인 플레이는 제한 횟수 내에 모든 표적공을 집어넣는 게 규칙으로, 클리어할수록 제한횟수가 줄어간다. 2인 플레이는 스크래치되거나 표적공을 하나도 집어넣지 못하면 교대하는 룰이다.

도로돈

소니
1984년 4,500엔
RAM 8K

회전문을 조작하는 액션 게임. 회전문은 접촉하면 색이 바뀌며, 모든 회전문을 동일 색깔로 맞추면 라운드 클리어. '?'를 얻으면 적을 공격할 수 있게 되며, 물리친 적들 수에 따라 클리어 시 보너스 점수가 가산된다.

폭주 스턴트 레이싱

소니
1984년 4,500엔
RAM 8K

고정화면 안에서 차량들끼리 마지막 생존자 자리를 걸고 싸우는 액션 게임. 충돌할수록 차량에 대미지가 축적되며, 수면이나 벽으로 밀려나면 바로 폭발해 불타오른다. 연못이 있는 스테이지 등, 맵이 여럿 준비돼 있다.

알리바바와 40인의 도둑

소니
1984년 4,500엔
RAM 8K

아라비안나이트를 소재로 삼은 액션 게임. 화면 하단의 보물들을 빼앗기지 않도록 지키면서 일정 수만큼의 도둑을 잡으면 클리어된다. 녹색인 도둑 두목에겐 잡히지 않도록 잘 도망 다니며, 다른 도적을 계속 잡아야 한다.

쥬노 퍼스트

소니
1984년 4,000엔

최신예 요격기 '쥬노 퍼스트'를 조작해 적 기지 파괴 임무를 수행하는 슈팅 게임으로, 아케이드판 원작을 이식했다. 횟수제한이 걸린 워프를 이용하면 4차원으로 몇 초간 긴급탈출이 가능하다. 입체적으로 표현한 그래픽이 특징.

스파키

소니
1984년 4,800엔
RAM 8K

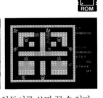

폭탄 '스파키'가 주인공인 도트 먹기 게임. 모든 통로를 통과하거나, 적을 모두 물리치거나, 일정시간이 경과하면 다음 스테이지로 넘어간다. 불꽃에 닿으면 스파키의 도화선에 불이 붙지만, 폭발하기 전에 양동이를 쓰면 끌 수 있다.

배틀 크로스

소니
1984년 4,500엔
RAM 8K

오오모리 전기가 개발한 같은 제목 아케이드 슈팅 게임의 MSX판. 탐사선 '프론티어 호'를 조작해 미지의 성간물질에 둘러싸인 '마의 우주굴'에 침입한다는 내용이다. 횡스크롤 스테이지와 3D 풍 스크롤 스테이지로 구성돼 있다.

프론트 라인

타이토
1984년 7월 4,800엔
RAM 8K

넓은 전장을 단독으로 계속 전진하여, 가장 안쪽에 있는 요새에 수류탄을 던져 넣어라! 타이토 사 왕년의 명작이 MSX로 등장했다. 캐릭터 하나에 스프라이트 여러 개를 겹쳐 다색표시를 구현하는 등, 그래픽에 공을 들였다.

쟝 프렌드

타이토
1984년 12월   4,800엔
RAM 16K

타이토 사가 발매한 마작 게임. 타이틀대로 2인 대국식 마작 게임이며, 각 펑션 키에 '치'·'퐁'·'캉'·'리치'·'츠모' 기능을 배당했다. 당시의 마작 게임 중에선 드물게 패의 그래픽을 입체적으로 표현한 타이틀이기도 하다.

챠큰 팝

타이토
1984년   4,800엔
RAM 16K

주인공 '챠큰'을 조작해, 알에서 태어나는 몬스터를 폭탄으로 물리치며 감옥에 갇힌 하트 마크를 구출하는 액션 게임. 천정도 걸을 수 있는 챠큰의 특성을 살려, 폭탄 배치와 이동의 테크닉을 잘 구사하며 진행해보자.

젝사스 광속 2000광년

디비 소프트
1984년   3,800엔
RAM 16K

정면 시점의 3D 슈팅 게임. 상하좌우 이동과 화면 중심부를 향해 발사 가능한 샷으로, 밀려오는 적기를 격추하자. 별들이 흐르는 광대한 우주 스테이지를 돌파해 적 기지 잠입 임무를 완수하고 귀환까지 무사히 성공해야 한다.

플래피

디비 소프트
1984년   3,800엔
RAM 16K

디비 소프트의 명작으로, 특정 위치까지 블루 스톤을 옮기면 클리어되는 액션 게임. 브라운 스톤을 떨어뜨려 적을 암살시키거나 발판을 만드는 등의 퍼즐 요소도 풍부하다. 5개 스테이지를 클리어할 때마다 패스워드가 나온다.

3D 골프 시뮬레이션 고속판

T&E 소프트
1984년   5,800엔

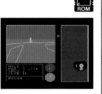

타이틀명대로 「3D 골프 시뮬레이션」의 그래픽 처리를 고속화시킨 타이틀. 상황에 따라서는, 전작 대비로 수십 초나 빨라지기도 한다. 게임 내용은 거의 동일하지만, 게임 오버 화면을 도입한 것 등의 일부 변경점도 있다.

트릭 보이

T&E 소프트
1984년   3,500엔

계산 처리로 볼의 움직임을 리얼하게 구현한 핀볼 게임. 카세트의 A면에 메모리 32K용, B면에 16K용 프로그램을 수록했다. 32K 판만 난이도 및 플레이 인수 선택이 가능하고, 틸트 화면도 표시되게끔 했다.

익사이트 4인마작

테크노 소프트
1984년   3,500엔
RAM 32K

컴퓨터와 대국하는 4인 대국 마작 게임. 플레이어는 27000점을 갖고 게임을 시작하며, 점수가 바닥나면 게임 오버돼 버린다. 각종 마작패를 매우 미려하게 그려내, 마작 초보자라도 재미있게 즐길 수 있는 작품.

문 패트롤

전파신문사
1984년 4월   4,500엔
RAM 16K

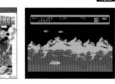

울퉁불퉁한 지면을 월면차로 달리며 기지로 향하는 횡스크롤 슈팅 게임. 샷과 점프를 잘 활용해 공중의 적을 파괴하고, 도중에 길을 가로막는 바위는 점프로 피하자. 배경에 다중 스크롤을 사용해 원근감을 표현한 것이 특징.

추억의 나우시카 게임

테크노폴리스 소프트
1984년   4,800엔

미야자키 하야오의 만화판 '바람계곡의 나우시카'가 원작인 슈팅 게임. 영화에도 등장했던 '건십'과 '메베'를 조작할 수 있다. 플레이어는 나우시카가 되어 부해 너머의 도시로 교섭하러 가며, 폭주하는 '오무'를 저지하고 바람계곡을

▶ 부해에 자리 잡고 있는 거신병(?)의 모습이 보인다.

지킨다. '오무를 죽이는 게임이라 미야자키 감독이 분노했다'라는 소문이 당시 퍼졌었는데, 실제로는 오무를 공격해도 날뛰기만 할 뿐이라 오히려 원작을 충실히 재현한 요소다.

HARDWARE

1983
1984
1985
1986
1987
1988
1989
1990
1991
1992
1993-

INDEX

조르니 : 엑세리온 II

도시바
1984년 4,800엔
RAM 8K

「엑세리온」의 속편이자 MSX 독점 발매 타이틀. 전작과 마찬가지로, 단발 샷으로 적을 쏘면 연사 가능한 샷이 충전되는 슈팅 게임이다. 이 작품은 상쾌한 연사 샷을 무제한 발사 가능한 보너스 스테이지를 추가했다.

D-DAY

도시바
1984년 4,800엔
RAM 8K

전함을 조작해 적 함대를 돌파, 적 요새를 함락시키는 게 목적인 슈팅 게임으로, 아케이드판의 이식작. 배의 방향과 조준을 개별 조작 가능해, 적탄을 피하면서도 공격할 수 있다. 하늘과 바다로 동시에 오는 맹공에서 살아남자.

아쿠어택

도시바 EMI
1984년 5,800엔
RAM 8K

 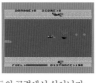

세계정복을 노리는 악의 조직이 보유한 수소폭탄 4발을 탈취하는 비밀작전 '아쿠어택'을 수행하는 액션 게임. 보트와 행글라이더 등을 활용해 이동하는 비밀공작원을 잘 인도해, 집요하게 방해해오는 적들의 공격에서 살아남자.

A.E.

도시바 EMI
1984년 5,800엔
RAM 8K

와다 준과 호라이 마코토가 개발한 APPLE II용 게임의 이식판. 이식 개발은 컴파일 사가 맡았다. 폭주한 AI형 로봇 'A.E.'를 부식가스로 파괴한다는 스토리이며, 당시의 슈팅 게임으론 드물게도 배경을 디테일하게 묘사했다.

오퍼링

도시바 EMI
1984년 2,800엔
RAM 32K

이집트가 무대인 어드벤처 게임. 아공간 워프에 사용할 에너지를 발견하러 스페이스 아카데미에서 온 주인공이 피라미드의 보검을 찾는다는 이야기다. 도중에 이집트 역사 관련 퀴즈도 나오는 등, 퍼즐을 풀려면 지식도 필요하다.

오목

도시바 EMI
1984년 5,800엔
RAM 16K

바둑은 어렵지만 이거라면 할 수 있다는 사람도 많은 듯한, '오목'을 즐기는 게임. 일본 렌쥬 사의 인증을 받은 본격파 작품이다. 난이도 조정도 가능하니, 실력에 자신이 있다면 모든 레벨의 승리를 노려보자.

수어 샘

도시바 EMI
1984년 6,800엔
RAM 8K

맨홀에 떨어진 '샘'이 지상으로 향하는 액션 슈팅 게임. 거미 집단부터 잠수함까지 출몰하는 뉴욕 지하도를 헤매며 진행하자. "Ouch!" 등 게임 중에 나오는 샘의 보이스를, MSX로는 최초인 음성합성 출력으로 구현했다.

스퀘어 댄서

도시바 EMI
1984년 5,800엔
RAM 8K

알록달록한 플레이필드 상에서 즐기는 핀볼 게임. 프로그래밍에 정평이 나 있던 T&E 소프트가 제작했다보니 볼의 궤도가 정밀하게 계산되어 리얼하게 움직인다. 속도감도 있어, 볼이 범퍼에 튕기면 스피드가 더욱 빨라진다.

화투

도시바 EMI
1984년 6,800엔
RAM 8K

화투를 사용하는 게임 2종류를 즐기는 타이틀. 일본에선 대중적인 화투 게임인 '코이코이'와 '오이쵸카부'를 수록했다. 코이코이의 경우 2000점을 갖고 컴퓨터와 대전을 개시해, 한쪽의 점수가 모두 바닥나면 게임이 끝난다.

플래시 스플래시

도시바 EMI
1984년 4,800엔
RAM 8K

에너지를 잘 보충해가며, 밀려오는 적들을 격추시키는 전형적인 스타일의 슈팅 게임. 탄을 낭비하지 않도록 주의하면서 스테이지 마지막의 보스를 물리치자. 키보드와 조이스틱을 총동원하면 3명까지 동시 플레이 가능.

     대응 기종 아이콘

 카세트 테이프   ROM 카트리지

MSX 베이스볼

나쇼날
1984년　4,800엔
RAM 8K

MSX 컴퓨터 판매 초기에 나쇼날이 직접 발매한 야구 게임. 도루와 더블플레이 등, 야구 시합을 게임화할 때 플레이어가 쾌감을 느낄 만한 테크닉을 간단

한 조작으로 낼 수 있도록 하여 디테일에 공을 들었다.

팩맨

남코
1984년 1월 18일　4,500엔
RAM 8K

다양한 기종으로 이식된 명작 '도트 먹기' 게임의 MSX판. 팩맨을 조작해 4종류의 몬스터를 잘 피하며 미로 내의 모든 도트를 먹어치우면 클리어다. 스테이지 막간의 데모 '커피 브레이크'도 제대로 수록했다.

매피

남코
1984년 1월 18일　4,500엔
RAM 8K

생쥐 경찰 '매피'를 조작해 남코 저택을 돌아다니며 도둑맞은 물건들을 회수하는 액션 게임. 아케이드판의 저택은 6층이었지만, MSX판에선 4층으로 변경

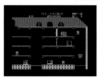

했다. 트램펄린으로 각층을 이동하며, 적을 파워 도어로 일망타진하자.

갤럭시안

남코
1984년 1월 31일　4,500엔
RAM 8K

우주공간에 질서정연히 늘어선 외계인들을 샷으로 격추하여 전멸시키는 게 목적인 슈팅 게임. '팩맨'·'매피'에 이어 등장한 남코 인기 아케이드 게임의 이식판이며, 당시 수많은 MSX 유저들이 열광했던 타이틀이다.

워프 & 워프

남코
1984년 2월 19일　4,500엔
RAM 8K

두 세계를 왕래하며 외계인들을 전멸시키는 액션 게임. '스페이스 월드'에서는 구석에서 계속 나오는 외계인들을 화면 가운데로 몰아 물리치면 고득점을

얻는다. 패미컴으로는 「워프맨」이란 타이틀명으로 발매된 작품이다.

킹 & 벌룬

남코
1984년 2월 28일　4,500엔
RAM 8K

「갤럭시안」의 아류라 할 수 있는 슈팅 게임. 날아오는 풍선들을 격파해 왕을 지켜주자. 왕이 풍선에 잡혀갈 때는 도중에 풍선을 터뜨리면 탈환할 수 있다. 아케이드판의 이식작이며, MSX판은 보너스 스테이지를 추가했다.

RALLY-X

남코
1984년 3월 30일　4,500엔
RAM 8K

타이틀명과 달리, 실은 아케이드판 「NEW RALLY-X」를 이식한 작품 (한국에선 「방구차」란 이명으로 유명). 배경 패턴을 디테일하게 그려 부드러운 스크롤을 구현했다.

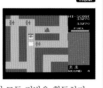

적 차량을 따돌리며 맵 내의 모든 깃발을 획득하자.

디그더그

남코
1984년 5월 25일　4,500엔
RAM 8K

여러 지층으로 구성된 땅속을 4방향으로 파며 전진해, 펌프로 적 '푸가'·'파이가'를 팽창시켜 물리치는 액션 게임. 바위를 떨어드려 적들을 한꺼번에 압사

시키면 고득점을 획득한다. 때때로 나오는 과일 아이템도 놓치지 마라!

갤러그

남코
1984년 5월 30일　4,500엔
RAM 8K

「갤럭시안」의 후속작에 해당하는 슈팅 게임. 듀얼 파이터로 합체하는 기능을 추가해, 공격력 강화뿐만 아니라 게임에 색다른 재미도 가미했다. 챌린징 스

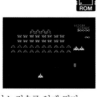

테이지에서는 외계인 무리를 전멸시키면 보너스 점수를 얻게 된다.

탱크 버탤리언

남코
1984년 8월 30일　4,500엔
RAM 8K

전차를 조작해, 화면 하단의 사령탑을 방어하며 라이벌 전차들과 싸우는 고정화면 슈팅 게임. 화면 오른쪽에 표시된 목표 수량만큼 적을 파괴하면 라운드 클리어다. 점멸하는 적을 파괴하면 플레이어 탱크가 파워 업한다.

 플로피 디스크
 BEE CARD
 레이저 디스크
 VHD VHD 디스크
 메가롬 내장 게임
 파나 어뮤즈먼트 카트리지 지원 게임
MSX-MUSIC 지원 게임
SCC SCC 내장 게임

077

HARDWARE
1983
1984
1985
1986
1987
1988
1989
1990
1991
1992
1993-
INDEX

HARDWARE
1983
1984
1985
1986
1987
1988
1989
1990
1991
1992
1993-
INDEX

보스코니안

남코
1984년 7월 14일   4,500엔
RAM 8K

8방향으로 자유롭게 스크롤이 가능한 슈팅 게임. 화면 오른쪽의 레이더로 적 기지 위치를 파악해, 플레이어 기체의 앞뒤로 발사되는 샷을 맞춰 파괴해야 한다. 황색의 정찰기는 놓치면 적의 총공격을 받으니 반드시 격추하자.

트리키 ※

니혼 텔레네트
1984년   3,800엔
RAM 16K

귀여운 동물이 등장하는 심플한 액션 게임. 주인공 새 '트리키'를 조작해 무사히 집까지 당도하자. 이동 도중에는 동물과 UFO 등이 방해해온다. 캐릭터 에디터로 자신만의 오리지널 캐릭터도 만들어 조작할 수 있다.

야구광

허드슨
1984년   4,800엔
RAM 8K

여러 컴퓨터·게임기로 소프트를 발매해온 허드슨의 당시 대표작 야구 게임으로, 대전 플레이가 치열한 작품이다. 고도의 전략성이나 디테일한 선수 데이터 등은 없지만, 가볍게 즐기는 심플한 시스템이 호평받아 히트했다.

양들아 이리로~!

허드슨
1984년   4,800엔
RAM 16K

양치기가 되어 양을 늑대로부터 지켜내는 액션 게임. 해가 질 때까지 모든 양을 울타리 안으로 몰아넣고 통로를 닫으면 스테이지 클리어. 화면 내에 소녀가 나오면 적극적으로 다가가자. 데이트하면 보너스 점수를 얻는다.

컬러 볼

허드슨
1984년   4,800엔
RAM 8K

컬러 볼을 마법의 프라이팬으로 받는 게임. 볼 궤도는 팬으로 받을수록 높아지고, 땅에 튕길수록 낮아진다. 바운드 높이에 따라 볼 색깔이 바뀌며, 하얀 볼을 받아내면 하늘로 돌아간다. 공을 모두 하늘로 보내면 스테이지 클리어.

데제니랜드

허드슨
1984년   4,800엔
RAM 32K

전설의 보물 '미츠키 마우스'를 찾는 것이 목적인 커맨드 입력식 어드벤처 게임. MSX판은 타 기종판에 있었던 컬러 페인트를 삭제해 청색·백색 두 색깔로 그래픽을 간소화했으나, 그런 만큼 게임의 동작이 쾌적해진 장점도 있다.

파이어 레스큐

허드슨
1984년   4,800엔
RAM 8K

화재현장에 갇혀버린 사람들을 구출하는 액션 게임. 구조 요청자를 화면 왼쪽의 피난통로로 데려가 떨어뜨리면, 이후엔 출구까지 알아서 이동한다. 전원을 구출하면 피난용 사다리가 출현한다. 참고로, 불은 소화전으로 끌 수 있다.

인디언의 모험

허드슨
1984년   4,800엔
RAM 8K

인디언 '제로니모'를 조작해 과일을 모으는 액션 게임. 무기인 부메랑은 벽에 맞으면 꺾여 날아가는 독특한 성질이 있다. 제로니모의 보이스를 음성합성으로 구현해, 상황에 맞춰 "약 오르지"나 "와~아" 등의 음성이 나오는 것도 특징.

닌자 카게

허드슨
1984년   4,800엔
RAM 8K

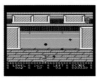

일본 전국시대가 무대인 액션 게임. 플레이어는 닌자가 되어 적의 성 깊숙이 잠입해 보물을 노린다. 두루마리를 입수하면 일정시간 특수 능력 사용이 가능해, 두루마리 색에 따라 은신부터 번개 조작까지 다양한 효과가 발휘된다.

MJ-05

허드슨 / 일본 소프트뱅크
1984년   2,800엔

습격해오는 외계인과 격전을 펼치는 슈팅 게임. 지구방위군의 최신 요격기 MJ-05를 조종해, 적의 타깃인 건설 도중의 도시를 지켜내야 한다. MJ-05는 연료가 떨어지면 자폭해버리는 사양이 있으니, 수시로 연료를 보급하자.

    대응 기종 아이콘

 카세트 테이프   ROM 카트리지

베지터블 크래시

허드슨 / 일본 소프트뱅크
1984년　2,800엔
RAM 16K

화면 아래에 있는 플레이어 기체를 좌우로 이동시키며 포크를 발사해, 우주에 출현한 야채들을 물리치는 코믹한 슈팅 게임. 얼굴이 있는 당근·가지·사과 등이 적 캐릭터로 등장해, 플레이어 기체를 향해 벌레를 떨어뜨린다.

캐논 볼

허드슨 / 일본 소프트뱅크
1984년　4,800엔
RAM 8K

많은 기종으로 이식됐고 아케이드로도 나온 작품으로, 화면 내를 튕겨 다니는 볼을 작살로 쏘아 분열시켜 모두 파괴하는 액션 게임. 작살의 히트 판정이 끝에만 있으니, 볼과 작살이 맞는 타이밍을 계산해 효율적으로 파괴하자.

개구리 슈터

허드슨 / 일본 소프트뱅크
1984년　2,800엔
RAM 16K

괴물 개구리와 전투기로 맞서 싸우는 독특한 세계관의 3D 스크롤 슈팅 게임. 개구리는 처음엔 알 형태로 출현하며, 한 발 맞히면 올챙이가 되고, 다음엔 성체 개구리로 변태하며, 이 상태에서 한 발 더 맞혀야 쓰러진다.

더 스파이더

허드슨 / 일본 소프트뱅크
1984년　2,800엔
RAM 16K

블랙홀에서 나타난 우주 거미를 격퇴하는 고정화면 슈팅 게임. 적은 플레이어의 공격보다 훨씬 빨리 화면상에 나타났다 사라지므로, 속도감이 대단하다. 거미뿐만 아니라 우주 벌과 콘도르, 심지어는 땅콩까지 적으로 나온다.

봄버맨

허드슨 / 일본 소프트뱅크
1984년　4,800엔
RAM 16K

▶ 적의 이동경로를 간파해, 폭탄으로 가둬 물리쳐라!

다른 기종에서는 「폭탄남」이란 타이틀명으로 발매했던 액션 게임. 후일 대히트하는 같은 제목 게임 시리즈의 원형이 된 타이틀이다. 플레이어는 작업복 차림의 남자를 조작해, 폭탄으로 필드 내의 몬스터 전멸을 노린다. 현재의 「봄버맨」 시리즈와 시스템적으로 다른 부분으로는 플레이어의 이동 및 폭탄 설치가 캐릭터 반절 단위라는 점, 그리고 파워 업 개념이 존재하지 않는 점 등이 꼽힌다.

이타산드리아스

허드슨 / 일본 소프트뱅크
1984년　2,800엔
RAM 16K

원자력을 초월한 신 에너지 '이타산드리아스'를 지키려 지하생물 '헥토리안'의 진격을 저지하는 게임. 지하 탱크로 땅을 파며 전진해 적을 얼려 물리치자. 파낸 길을 메우는 적 '이케다니엔'이 성가시지만, 이 녀석은 놔둬도 상관없다.

병아리 파이터

허드슨 / 일본 소프트뱅크
1984년　2,800엔
RAM 16K

No IMAGE

허드슨이 개발한 타이틀의 MSX판. 폴짝폴짝 뛰며 닭들이 낳아 보내는 달걀들을 주워 모으는 액션 게임이다. 주인공인 병아리 '피터'는 붉은 달걀을 얻으면 눈매가 사나워져, 천적인 뱀들을 물리치는 힘을 일정시간 얻게 된다.

제로 파이터

허드슨 / 일본 소프트뱅크
1984년　2,800엔
RAM 16K

제로센 전투기로 적기와 싸우는 슈팅 게임. 고도 개념이 있어, 상대와 높이를 맞추지 않으면 탄이 맞지 않는다. 탄수·연료 제한도 있으므로, 도그파이트로 빠르고 확실하게 처리해야 한다. 화면 끝까지 가면 루프되는 시스템이다.

바이너리 랜드

허드슨 / 일본 소프트뱅크
1984년　2,800엔
RAM 16K

미로에 갇힌 소년과 소녀를 골까지 인도하는 액션 게임. 한쪽은 플레이어의 조작대로 움직이고, 다른 한쪽은 좌우대칭으로 움직이는 게 특징이다. 서로의 위치 조정은 벽을 이용하고, 한쪽이 거미줄에 걸리면 스프레이로 도와주자.

 플로피 디스크 BEE CARD 레이저 디스크 VHD 디스크 메가롬 내장 게임 파나 어뮤즈먼트 카트리지 지원 게임 MSX-MUSIC 지원 게임 SCC 내장 게임

주 : 타이틀명 옆에 「※」가 붙어있는 게임의 스크린샷은 타 기종판입니다.

갱 맨

허드슨 / 일본 소프트뱅크
1984년 2,800엔
RAM 16K

 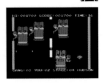

갱단에서 탈주한 남자를 조작해, 쫓아오는 갱들을 격퇴하는 카 액션 풍의 슈팅 게임. 목표 수만큼의 갱을 물리치면 스테이지 클리어이며, 남은 시간에 따라 점수가 가산된다. 다이아나 돈자루를 주워도 점수가 늘어나게 된다.

천둥동자

허드슨 / 일본 소프트뱅크
1984년 2,800엔
RAM 16K

꼬마 천둥신이 되어 외계인들과 맞서는 공중전 액션 게임. 구름을 타고 번개를 발사해, 아래에서 올라오는 외계인과 로켓을 맞혀 떨어뜨리자. 하트와, 위에서 떨어지는 과일도 얻어가며 하이스코어를 노려보도록.

올 테면 와봐!

허드슨 / 일본 소프트뱅크
1984년 2,800엔
RAM 16K

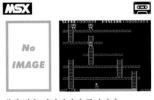

구멍을 파 외계인을 빠뜨려 묻어버리는, 사이드뷰형의 「헤이안쿄 에일리언」 같은 게임. 적으로 녹색·청색 외계인이 나오며, 청색은 2층 이상의 높이로 떨어뜨려야만 한다. 제한시간 내에 적을 전멸시키면 클리어다.

폭주특급 SOS

허드슨 / 일본 소프트뱅크
1984년 2,800엔
RAM 32K

 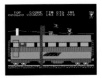

하이재킹된 폭주열차의 지붕에 올라타며 시작해, 열차를 멈추는 게 목적인 게임. 총탄은 잘 피하고, 고속 접근하는 철탑은 숙여서 넘기자. 차내에 들어와도 방심은 금물. 차내의 손잡이를 잘 이용해 적의 공격을 피하자.

3차원 봄버맨

허드슨 / 일본 소프트뱅크
1984년 2,800엔
RAM 32K

3D 미로에서 풍선 허깨비와 대결하는 1인칭 시점의 「봄버맨」. 폭염과 허깨비가 코앞까지 밀어닥치는 그래픽은 기존작과는 차원이 다른 박력이 있다. 화면 우측의 맵으로 봄버맨과 허깨비의 위치관계를 파악하며 싸우자.

은행 강도

허드슨 / 일본 소프트뱅크
1984년 2,800엔
RAM 32K

밤거리를 배회하는 은행 강도를 일망타진하는 게 목적인 고정화면 액션 게임. 플레이어는 기관총 한 자루로 다수의 강도를 몰아붙여 물리치고 빼앗긴 돈을 탈환해야 한다. 스테이지 클리어를 노려라!

골프광

허드슨 / 일본 소프트뱅크
1984년 4,800엔
RAM 8K

 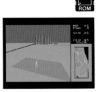

같은 회사의 「야구광」에 이어 발매된 3D 시점의 골프 게임. 화면 그래픽이 심플해 좀 엉성한 느낌은 있지만, 당시엔 이런 시점의 골프 게임이 적었던 탓에 호평을 받아, 유저들의 인상에 남은 작품이 되었다.

마작광

허드슨 / 일본 소프트뱅크
1984년 4,800엔
RAM 16K

전원의 손패를 보여주는 오픈 모드를 처음으로 탑재한 4인 대국 마작 게임의 이식작. 오픈 모드·쿠이탕 ON/OFF는 시작 화면에서 설정 가능하다. 기계어로만 작성한 게임이라 게임 스피드가 빠른 것도 특징 중 하나.

스카이다이버

허드슨 / 일본 소프트뱅크
1984년 2,800엔

낙하산으로 낙하하며 싸우는 액션 게임. 번개동자와 새를 피하며 아이템을 얻어 점수를 벌자. 주인공의 공격수단은 종이비행기로, 아이템이 매달린 풍선도 터뜨릴 수 있다. 무사히 지상에 착지하면 스테이지 클리어다.

스퀘어 가든

허드슨 / 일본 소프트뱅크
1984년 2,800엔

습격해오는 외계인들을 정원에서 퇴치하는 슈팅 게임. 정원을 지키는 파수꾼이 되어, 총으로 외계인을 물리치자. 스페이스 키를 누르면 배리어가 펼쳐지므로, 위기일 때는 자신의 몸을 직접 지킬 수 있다.

디멘셔널 워즈 ※

허드슨 / 일본 소프트뱅크
1984년 2,800엔

차원분할에 의해 만들어진 음험한 신인류 '리버스'와 이차원에서 싸움을 펼치는 3D 액션 게임. 스테이지는 분할된 차원을 표현한 3층 구조로서, 워프로 차원을 왕래하면서 리버스를 해머로 때려눕히는 식의 게임이다.

너츠 & 밀크

허드슨 / 일본 소프트뱅크
1984년 2,800엔
RAM 32K

같은 제목인 패미컴판과는 룰이 다른 작품으로, MSX판은 도트 먹기식 액션 게임이 되었다. 주인공 '밀크'를 조작해 화면상의 과일들을 전부 얻으면 어딘가에 하트가 출현하며, 이를 얻으면 스테이지 클리어다.

버블쿤도 1999

허드슨 / 일본 소프트뱅크
1984년 2,800엔
RAM 16K

미사일기지 사령관이 되어, 일본 전토에 떨어져 내리는 운석을 요격하는 디펜스 게임. 운석의 복잡한 궤도를 간파해, 각 키에 할당된 주요 도시에서 요격 미사일을 발사하자. 모든 도시가 파괴되면 게임 오버다.

파워 페일 ※

허드슨 / 일본 소프트뱅크
1984년 2,800엔
RAM 16K

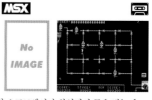

허드슨 사에 전기를 무사히 공급하기 위해, 전자회로를 끊는 아저씨를 물리치는 게임. 망치와 펀치를 바꿔 사용하며 아저씨 퇴치와 회로 수리를 병행해야 한다. 무사히 전기가 통하면 소프트웨어가 완성되어 돈을 받는다.

폴리스 독

허드슨 / 일본 소프트뱅크
1984년 2,800엔

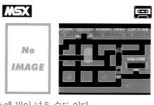

순찰중인 경찰견이 되어, 도주하는 은행 강도범인 나쁜 고릴라를 체포하는 액션 게임. 단순히 쫓아가기만 하는 게 아니라, 통행금지 표지판을 도로에 세우며 잘 몰아, 고릴라를 파출소에 밀어 넣을 수도 있다.

미스터 버터플라이 ※

허드슨 / 일본 소프트뱅크
1984년 2,800엔
RAM 16K

에너지 빔을 맞히면 알부터 유충-번데기-성충으로 변태하는 나비 무리로부터 지상을 지키는 게임. 빔은 대각선 위로 발사해 화면 내벽에 맞으면 반사되며 올라가는 독특한 궤도인데다, 탄수 제한도 있어 난사하면 안 된다.

스페이스 트러블

HAL 연구소
1984년 4,800엔

서기 200X년의 우주가 무대인 슈팅 게임. 에너지와 플레이어 기체의 연료를 얻으며 고장난 모선으로 귀환하는 게 목적이다. 도중에는 고장의 원인인 인조인간 소돔의 우주선과 장애물도 나오지만, 탄을 쏘면 연료도 줄어든다.

미스터 친

HAL 연구소
1984년 4,800엔

접시돌리기가 모티브인 액션 게임. 화면 양끝에 놓인 접시를 집어 아래층부터 하나씩 봉 위에서 돌려, 화면의 모든 봉 위에 접시가 돌도록 하면 클리어다. 악한이 나이프로 방해하며, 접시가 회전력을 잃고 깨지면 실패한다.

홀인원

HAL 연구소
1984년 4,800엔

산악과 모래언덕 등, 제법 독특한 코스도 나오는 골프 게임. 후일 패미컴의 히트작이 되는 「골프」의 원작이기도 해, 「마리오 골프」를 비롯한 닌텐도 골프 게임의 원점이라고도 할 만한 타이틀이다. 조작법은 변동하는 게이지를

▶ 2명이 함께 점수를 겨루는 플레이도 가능하다.

적절한 타이밍에 멈추는 전형적인 스타일로서, 클럽 선택과 풍향 개념도 있다. 유저들로부터도 호평받아, 후일 홀을 확장시킨 데이터·그래픽 업그레이드판도 발매되었다.

 플로피 디스크   BEE CARD   레이저 디스크   VHD 디스크   메가롬 내장 게임   파나 어뮤즈먼트 카트리지 지원 게임 MSX-MUSIC 지원 게임   SCC 내장 게임

주 : 타이틀명 옆에 「※」가 붙어있는 게임의 스크린샷은 타 기종판입니다.

(우측 세로 탭) HARDWARE | 1983 | 1984 | 1985 | 1986 | 1987 | 1988 | 1989 | 1990 | 1991 | 1992 | 1993- | INDEX

롤러 볼

HAL 연구소
1984년 4,800엔

롱셀러가 된 HAL 연구소의 핀볼 게임. 상하 스크롤로 연결되는 4화면분의 거대한 핀볼을 MSX로 즐길 수 있다. 고 이와타 사토루(전 닌텐도 사장)가 HAL 연구소 재직 시절 프로듀스했던 작품으로도 유명하다.

헤엄치며 단어배우기

HAL 연구소
1984년 4,800엔

놀이로 영어단어를 마스터하는 액션 게임. 악어를 조작해, 제시되는 부류의 영어단어가 쓰인 통나무를 규정 수만큼 먹어치우면 클리어다. 통나무는 닿아도 되나, 부류가 다른 단어의 통나무를 먹으면 목숨이 줄어드니 주의.

카라마루의 신기한 여행

HAI 연구소
1984년 4,800엔

일본 초등학생을 위한 지리 학습 게임. 까마귀 '카라마루'는 솔개 무리를 피해, 제시되는 현청소재지를 목표로 날아가야 한다. 화면 우측의 일본지도를 보며 목적지를 찾아 도착하면, 그 지역의 특산물도 알려준다.

큐스타

HAL 연구소
1984년 4,800엔

'마스터 시리즈'를 표방한 교육 소프트 시리즈 중 하나. 엉망진창 성운에 떠 있는 정육면체 별 '큐스타'가 내는 고난이도의 한자 맞추기 문제에 지구연합대학교의 엘리트 4명이 도전한다는 스토리의 게임이다.

울트라맨

반다이
1984년 4,800엔
RAM 16K

'울트라맨'이 소재인 게임. 전반부는 핵물질 수송선을 제트비틀로 호위하며, 후반부는 육지에서 레드킹·발탄 성인으로부터 트럭을 지킨다. 육지에서 제트비틀이 격추되면 울트라맨으로 변신해 격투전을 펼치게 된다.

은하표류 바이팜

반다이
1984년 4,800엔
RAM 16K

같은 제목의 애니메이션이 소재인 슈팅 게임. 우주선 제이너스 호를 타고 플래닛 A로 향하며, 도중에 적과 만나면 로봇 '바이팜'으로 출격한다. 기체가 파손되어도 귀환하면 수리 가능하지만, 수리 중에도 시간이 경과한다.

기동전사 건담

반다이
1984년 4,800엔
RAM 16K

인기 애니메이션 '기동전사 건담'을 게임화한 타이틀. 시작하면 커다란 건담이 눈앞에 서있고, 파일럿 아무로를 조작해 건담 수리가 끝날 때까지 낙하하는 철골을 좌우로 피하는 액션 게임 스테이지가 전개된다. 무사히 해치가

▶ 두 종류의 스테이지로 건담의 세계를 잘 재현했다.

열려 건담에 탑승하면 '아 바오아 쿠'로 향하는 3D 슈팅 스테이지가 시작되어, 이를

클리어하면 다시 액션 스테이지로 루프하는 구성으로 진행되는 게임이다.

고질라 vs 3대 괴수

반다이
1984년 4,800엔
RAM 16K

특촬 괴수영화 소재 게임. 고질라를 조작해 8방향으로 방사열선을 쏘며 싸우자. 구멍을 파고 나오는 메가로들을 물리치면 구멍에서 쿠몬가들이 출현하며, 끝으로 하늘에서 습격하는 킹기도라를 물리치면 처음으로 되돌아간다.

앤티

보스텍
1984년 4,800엔
RAM 16K

언제나 배고픈 흰개미 '앤티'가 주인공인 액션 게임. 나무를 갉아먹어 가지를 떨어뜨려, 모든 나무가 앙상해지면 스테이지 클리어다. 앤티를 노리는 적이 쏘는 살충 스프레이에 주의하고, 과일 등의 아이템도 먹으며 이동하자.

디지 볼

포니 캐년
1984년 3월   2,800엔
RAM 16K

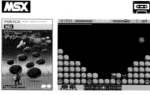

'포니카 오리지널 프로그램 콘테스트'에서 입상해 출시된 타이틀. 전자력 해머로 좌우와 발밑의 철구를 부숴, 산소통 4개를 확보하는 액션 게임이다. 하늘로 튀어 올라 떨어지는 철구에 닿으면 목숨이 줄어드니 주의하자.

초인 로크 : 마녀의 밀레니엄

포니 캐년
1984년 3월   2,800엔
RAM 32K

히지리 유키 원작의 만화 '초인 로크'를 게임화한 작품. '밀레니엄 계획'을 저지하기 위해, 소년 로크가 자신의 초능력을 사용해 주모자 '레이디 칸'이 있는 곳을 습격한다. 미로탈출 스타일의 액션 게임.

이겨라! 미각 나라의 대전쟁

포니 캐년
1984년 3월   2,800엔
RAM 32K

달콤당과 배움당의 대립으로 발발한 제1차 미각전쟁에 개입하는 턴제 시뮬레이션 게임. 플레이어는 세계적인 전쟁에 개입해, 자신의 취향으로 세계를 통일한다. 눈밭·사막·숲·언덕 등의 지형 영향도 존재하는 본격파 게임.

안녕, 주피터

포니 캐년
1984년 4월   2,800엔
RAM 32K

1980년대에 일본에서 방영했던 코마츠 사쿄 감독의 영화 '안녕, 주피터'와의 타이업 작품. 플레이어는 미네르바 기지로 잠입해 '주피터 교단'이 장치해 놓은 폭탄을 무사히 찾아내어 태양계를 구하는 게 목적이다.

프루트 패닉

포니 캐년
1984년 4월   2,800엔
RAM 32K

화면 하단의 트램펄린을 사용해 각층으로 이동, 모든 과일을 먹어치우자! 클리어하려면 몬스터에 협공 당하지 않게 잘 유도하고, 횟수제한이 있는 폭탄으로 몬스터의 발도 묶어야 한다. 보너스 스테이지도 놓치지 말자.

성룡의 프로젝트 A

포니 캐년
1984년 4월   2,800엔
RAM 32K

인기 배우 성룡(재키 찬) 주연 영화 '프로젝트 A'를 모티브로 삼은 액션 게임. 방향키와 각 버튼을 조합해 다양한 기술을 구사하여, 속속 나타나는 박쥐와 적병을 물리치며 스테이지를 클리어하자.

챔피언즈

포니 캐년
1984년 8월   3,500엔
RAM 32K

같은 제목의 영화가 모티브인 작품. 암에 걸린 기수와 골절을 경험한 말이 재기해, 꿈의 무대인 장애물 레이스 '그랜드 내셔널'에 도전한다. 플레이어는 베테랑 기수가 되어 장애물과 웅덩이를 넘어 레이스 우승을 노린다.

키스톤 케이퍼스

포니 캐년
1984년 9월 5일   4,800엔
RAM 8K

순경 '키스톤 켈리'가 도망가는 도둑 '플래시 해리'를 쫓아, 볼과 카트 등의 장애물을 헤치며 에스컬레이터와 엘리베이터도 있는 3층짜리 백화점을 달린다. 속도감이 넘쳐 재미있는 액션 게임이다.

빔라이더

포니 캐년
1984년 9월 5일   4,800엔
RAM 8K

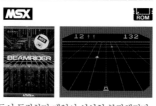

1984년 '비디오 리뷰' 잡지의 베스트 카트리지 게임 상을 수상한 슈팅 게임. 유사 3D의 우주공간에서 인베이더와 싸워 모험을 파괴하자. 돌진과 이동 방해 등 저마다 패턴이 다른 적들이 등장하며 게임이 서서히 복잡해진다.

핏폴

포니 캐년
1984년 9월 5일   4,800엔
RAM 8K

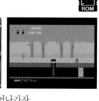

모험가 '해리'를 조작해, 정글 깊숙한 곳에 잠든 보물을 찾아내는 게 목적인 액션 게임. 통행자를 노리는 악어와 맹독을 품은 전갈에 닿지 않도록 점프로 회피해, 광대한 맵에 숨어있는 수수께끼를 풀어나가자.

 플로피 디스크   BEE CARD   레이저 디스크   VHD 디스크   메가롬 내장 게임   파나 어뮤즈먼트 카트리지 지원 게임   MSX-MUSIC 지원 게임   SCC 내장 게임

리버 레이드

포니 캐년
1984년 9월 5일　4,800엔
RAM 8K

 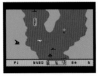

1982년 액티비전 사가 개발해, 서양에서 많은 상을 받은 슈팅 게임의 이식판. 국경전선에 파송된 격추왕이 되어, 단독으로 기습공격을 걸어 아군의 활로를 열어야 한다. 연료를 보급해 가며 적의 배와 다리를 계속 파괴하자.

전투메카 자붕글

포니 캐년
1984년 10월　3,500엔
RAM 32K

츠쿠다 하비의 같은 제목 보드 게임 기반의 전략 시뮬레이션 게임. 스토리는 원작 애니메이션의 에피소드 '여자 용사는 무서워요'를 따랐다. 아이언 기어의 워커 머신을 지휘해, 개블럿의 기체와 랜드십을 전멸시키는 게 목적.

젠지

포니 캐년
1984년 11월 5일　4,800엔
RAM 8K

액티비전 사가 개발한 퍼즐 게임. 회로 패널을 회전시켜, 제한시간 내에 녹색 에너지를 모든 패널에 통과시키면 클리어된다. 회로 끝단이 끊어져도 에너지가 모두 통하기만 하면 된다. 화염과 불꽃에는 닿지 않도록 주의하자.

데카슬론

포니 캐년
1984년 11월 5일　4,800엔
RAM 8K

이틀에 걸쳐 혼자서 10종 육상경기에 도전하는 '데카슬론'이 소재인 게임. 수록 경기도 실제 데카슬론과 동일하며, 상당수의 경기가 연타를 요구한다. 게임 자체는 심플하지만, 선수의 모션을 재현한 부드러운 그래픽이 특징.

히어로

포니 캐년
1984년 11월 5일　4,800엔
RAM 16K

 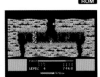

백팩형 헬기를 장비한 구조대원이 되어, 구조를 기다리는 광부에게 도달하는 게 목적인 액션 게임. 이동 속도가 빨라 섬세한 조작이 필요하며, 난이도가 높을지도 모르나 잘 조작해 난관을 돌파했을 때의 쾌감이 좋다.

남극 이야기

포니 캐년
1984년 11월　2,800엔
RAM 32K

같은 제목의 일본 영화가 원작인 시뮬레이션 게임. 남극관측선 '소야'의 선장이 되어 남극으로 물자를 운반하는 게 목적이다. 영화에도 나왔던 개 타로·지로가 등장하며, 플레이어는 적재상태는 물론 이들의 건강도 유의해야 한다.

디지 벌룬

포니 캐년
1984년 12월　3,500엔
RAM 16K

이차원에 빠져버린 '메트' 군을 조작해 화면에서 탈출하는 것이 목적인 액션 게임. 위에서 떨어지는 씨앗은 조건이 만족되면 풍선이 되어 탈출용 탈것으로 쓸 수 있다. 방해물인 부유성 생물은 시한폭탄으로 물리치자.

고르고 13 : 이리의 집

포니 캐년
1984년 12월　4,900엔
RAM 16K

만화 '고르고 13'의 제 4제국 편이 기반인 어드벤처 게임. 암살자 '고르고 13'이 되어, 제 4제국 네오 나치스의 본거지 '이리의 집'으로 잠입해 총통 말살 임무를 수행한다. 클리어하면 플레이 평가와 시크릿 키가 표시된다.

호리 치에미 스트로베리 퍼즐

포니 캐년
1984년 12월　3,500엔
RAM 32K

일본의 탤런트 호리 치에미를 묘사한 그림을 완성하는 퍼즐 게임으로, 두 종류의 룰을 준비했다. 공백한 칸을 이동시키는 익숙한 '15퍼즐'과, 가로세로 4개 단위로 조각을 한 칸씩 밀며 그림을 완성하는 '슬라이드 퍼즐'이다.

타이핑 베이더

폴리시
1984년　3,200엔
RAM 16K

타이핑 게임과 「스페이스 인베이더」를 결합시킨 타이틀. 손가락 끝에서 발산하는 아우라를 컴퓨터 키보드로 발사하여 알파벳 성인을 물리치자…라는 설정 하에, 우주에서 내려오는 적들과 손가락으로 싸워야 한다.

   대응 기종 아이콘　 카세트 테이프 ROM 카트리지

폴 아웃

폴리시
1984년 3,200엔
RAM 16K

행성 '조모스'를 무대로, '우라'가 홀로 지구를 침략한 군대와 싸운다는 스토리의 SF 액션 게임. 게임 구성은 두 가지로서, 좁은 통로를 누비는 도트 먹기 게임과 개방된 화면에서의 슈팅 게임을 수록했다.

왕장

마이크로캐빈
1984년 4,000엔
RAM 32K

컴퓨터용 쇼기 게임의 초석이 된 작품으로, MSX가 등장한 다음해에 나왔다. 컴퓨터의 사고 루틴이 그리 강하지 않으나 의욕적으로 이 장르에 도전한 작품이며, 쇼기 초보자의 입문용으로 사랑받았다.

이상한 나라의 앨리스

마이크로캐빈
1984년 3,500엔
RAM 32K

루이스 캐롤의 소설이 원작인 텍스트 어드벤처 게임. 커맨드 입력은 일본어·영어 중 선택 가능하다. 패키지 내에 어드벤처 게임 제작 강좌를 수록한 소책자를 동봉해, 플레이어가 게임 제작에 도전하도록 응원했다.

폴라 스타

마이크로캐빈
1984년 3,800엔
RAM 32K

지평선을 정면에 두고 전후좌우로 이동 가능한 유사 3D 슈팅 게임. 밀려오는 적을 샷으로 파괴하는 게 목적으로, 스테이지 최후에는 요새가 출현하며 일정량의 대미지를 주면 클리어된다. 연사성능이 좋아 통쾌한 작품.

미스터리 하우스 II

마이크로캐빈
1984년 3,800엔
RAM 32K

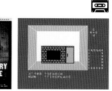

동사와 명사를 입력해 퍼즐을 푸는 어드벤처 게임으로, 「미스터리 하우스」의 속편. 아이템 소지개수 제한에 주의하면서, 저택 안에 숨겨진 다이아몬드를 찾아내야 한다. 그냥 나가려 하면 유령의 저주를 받는다.

컬러 토치카

매직소프트
1984년 4,800엔
RAM 16K

토치카를 향해 오는 적병을 기관총으로 사격하는 코믹 슈팅 게임. 벽에 숨어 잠입하는 적병이 사사삭 이동할 때를 노려 쏴야 한다. 후방에서 슬며시 나오는 푸른 적을 물리치면 화면 내의 모든 적병이 항복하여 점수를 번다.

컬러 미드웨이

매직소프트
1984년 4,800엔
RAM 16K

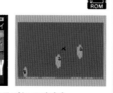

비행기를 조작해 적 함대를 파괴하는 슈팅 게임. 화면 바깥으로도 이동 가능하며, 화면 끝에 도달하면 전환된다. 비행기는 공중에 정지할 수 없으므로, 배 위를 정확한 타이밍으로 공격하는 게 점수를 버는 요령이다.

아이스크림이 녹으면 안돼

마루후네 F.S.L.
1984년 2,800엔
RAM 16K

아이스크림이 다 녹기 전에 아이스박스에 집어넣자! 화면에 표시되는 다양한 알파벳에 대응되는 아이스크림을 박스에 집어넣는 타이핑 게임이다. 아이스크림이 10개 녹으면 게임 오버. 기온도 설정할 수 있다.

대탈주

미쓰비시 전기
1984년 3,000엔
RAM 16K

꿈속에서 죄수가 된 에토군을 조작해 감옥에서 탈출하는 액션 게임. 무사히 탈옥하여 현실에서 눈을 뜨는 게 목적이다. 쫓아오는 간수를 잘 피하며 일단 출구 열쇠부터 얻자. 90p의 같은 제목 작품과는 무관하다.

화투 코이코이

RAM 소프트
1984년 4,800엔

'코이코이'를 즐기는 화투 게임. 족보가 맞춰지면 '코이'를 할지 말지 선택하는 기능도 들어있다. MSX로 출시된 화투 게임 중에선 가장 화투장을 큼직하고 미려하게 그려냈기 때문에, 뛰어난 그래픽이 세일즈포인트 중 하나였다.

 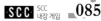

아스트론 벨트

레이저디스크 사
1984년 9,800엔
RAM 32K

MSX와 레이저디스크 재생장치의 화면을 합성하여 즐기는 3D 슈팅 게임. 플레이어 기체를 상하좌우로 움직여, 밀어닥치는 적기들을 격파하자! 샷 사운드와 폭파 영상을 MSX 본체에서 출력하는 구조의 게임이었다.

스트라이크 미션

레이저디스크 사
1984년 9,800엔
RAM 32K

화려한 영상과 높은 전략성을 어필했던 시뮬레이션 게임. 공격목표를 선택하고 필요한 무기와 탄약을 적재해 기지에서 발진하자! 'TURKEY'·'NOVICE' 난이도를 준비해, 자신의 실력에 맞춰 즐길 수 있다.

미스터리 디스크 : 살인의 미로

레이저디스크 사
1984년 9,800엔
RAM 32K

탐정 '스튜'가 주인공이며, 총 5챕터로 구성된 사건을 쫓는 추리 어드벤처 게임. '미스터리 디스크' 시리즈의 공통 특징으로서, 스토리의 조합을 선택하면 범인도 수법도 다른 총 16종의 스토리로 분기되는 시스템이다.

미스터리 디스크 : 살인자는 누구?

레이저디스크 사
1984년 9,800엔
RAM 32K

등장인물은 같지만, 스토리의 조합 선택에 따라 사건의 진상이 16종류로 변화하는 '미스터리 디스크' 시리즈의 하나. 플레이어는 슬럼가 출신의 사립탐정 '스튜 캐버노'가 되어, 냉혹한 사업가의 죽음의 진상을 쫓는다.

배드랜즈

레이저디스크 사
1984년 9,800엔
RAM 32K

코나미가 아케이드용으로 출시했던 LD 게임의 이식작으로, MSX에 연결하는 전용 LD 플레이어가 있어야 한다. 플레이어는 건맨이 되어, 악당과 몬스터가 나타나는 순간 정확한 타이밍으로 버튼을 눌러 적을 물리친다.

스타파이터즈

레이저디스크 사
1984년 9,800엔
RAM 32K

우주에서 제어불능 상태에 빠진 궁극병기 '오르페'의 핵심부에 침입해 회로를 복구하는 미래전쟁 시뮬레이션 게임. 전략 시뮬레이션·슈팅·퍼즐 스테이지로 구성했다. 3D CG로 그려진 배경은 당시로선 획기적인 볼거리였다.

붉은 도깨비, 푸른 도깨비

마루후네 F.S.L.
1984년 2,800엔
RAM 16K

붉은 도깨비와 푸른 도깨비가 배회하는 저택이 무대인 액션 게임. 플레이어는 미로처럼 꼬인 저택에서 보물을 찾아낸 후, 옥상에 대기중인 기구를 사용해 가져와야 한다. 도깨비는 물론, 도깨비가 쏘는 불도 주의하도록.

잠수함이 불쑥

마루후네 F.S.L.
1984년 2,800엔
RAM 16K

No IMAGE

잠수함으로 물고기를 잡는 액션 게임. 바다 속은 위험이 가득해, 전함이 발사하는 폭뢰나 게가 방출하는 맹독 거품에 닿으면 바로 죽어 다시는 해상으로 돌아갈 수 없다. 게임 오버가 될 때까지 최대한 많은 고기를 잡자.

헬리패닉

마루후네 F.S.L.
1984년 2,800엔
RAM 16K

구조대가 되어 헬리콥터로 구조 활동을 펼치는 액션 게임. 불타는 고층빌딩에 남아있는 사람들을 헬리콥터로 구출해 병원으로 데려다주는 내용이다. 구출에 성공하면 은행이 상금을 주는 재미있는 요소도 있다.

펭귄 데이트

마루후네 F.S.L.
1984년 2,800엔
RAM 16K

펭귄 '펭타'가 주인공인 액션 게임. 아장아장 걷는 펭타를 화면 우하단에서 기다리는 여자친구에까지 데려다주는 것이 이 작품의 목적이다. 도중에 문어와 UFO 등 다양한 적이 나와, 펭타의 평화로운 데이트를 방해한다.

대응 기종
아이콘

카세트 테이프
ROM 카트리지

1985

MSX GAME SOFTWARE CATALOGUE

이 해는 MSX2 규격이 발표되어, 영상 표현 능력이 대폭 업그레이드된 해이다. 하지만 이 시점의 MSX2는 매우 고가였으므로, 게임 용도로서는 여전히 MSX1이 시장의 중심에 있었다.

소프트는 총 204개 타이틀이 발매되었으며, 전년에 이어 코나미와 포니 캐넌이 정력적으로 신작을 출시했다.

HARDWARE
1983
1984
1985
1986
1987
1988
1989
1990
1991
1992
1993-
INDEX

에미 II

아스키
1985년 12월 6,800엔
VRAM 128K

대화를 반복할수록 대화 내용을 학습해 문장이 점차 부드러워지는 인공지능을 표방한 소프트. MSX2판의 '에미'로는 모델 이케우치 리에가 발탁되어, 실사영상으로 수록했다. 이 때문에, 이 작품엔 탈의 요소가 없다.

F-16 파이팅 팰컨

아스키
1985년 5,800엔
RAM 16K

미군의 전투기 F16의 도그 파이트에 초점을 맞춘 플라이트 시뮬레이터. 지형을 점묘 기법으로 심플하게 표현해 하드웨어의 부족한 연산력을 커버하는 유사 3D를 구현했다. 컴퓨터와 소프트를 2개씩 준비하면 대전도 가능하다.

더 블랙 오닉스

아스키
1985년 6,800엔
RAM 8K

▶ 겉보기도 내용도 심플한 일본제 RPG.

BPS 사가 개발한, 최초의 일본산 컴퓨터 RPG. 저주받은 도시 '우츠로'에 있는 블랙 타워를 제패해, 영원한 생명과 막대한 부를 준다는 보석 '블랙 오닉스'를 얻자. 당시 일본에선 아직 RPG가 생소한 장르였기에, 공격은 물리공격에 한정시키고 화면에 LIFE를 그래프로 보여주는 등 도처에 알기 쉬운 장치를 넣었다. 5인 파티 구성이며, 캐릭터는 직접 작성하거나 우호적인 파티에서 스카우트한다.

성권(聖拳) 아쵸

아스키
1985년 5,800엔

▶ 줄줄이 달려오는 적에 주의하며 전진!

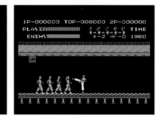

아이렘 사가 개발한 아케이드용 액션 게임 「스파르탄X」의 MSX 이식작으로, 내용은 원작과 거의 같지만 타이틀명을 변경했다. 주인공을 조작해, 사로잡힌 애인을 구하러 5층 규모의 본거지를 돌파하며 앞을 가로막는 적을 펀치와 킥으로 쓰러뜨리자. 날아오는 나이프는 점프로 피할 수 있다. 최종 보스는 내구력이 높아 만만치 않지만, 하단 킥과 펀치를 잘 구사하면 물리칠 수 있을 것이다.

퀸즈 골프

아스키
1985년 4,800엔
RAM 8K

샷을 날리는 여성 골퍼가 귀여운 골프 게임. 1코스 수록이며, 2인 동시 플레이도 가능하다. 최대의 특징은 샷 방향을 결정하는 방법으로서, 볼을 가운데 놓고 발자국 실루엣을 회전시켜 방향을 결정하게 된다.

퀸즈 골프 : 조이 팩

아스키
1985년 2,800엔

「퀸즈 골프」의 점수 올리기 수련을 위해 어프로치와 패드 연습을 시켜주는 소프트. 「퀸즈 골프」와의 차이는 어프로치 시에 후방 시점을 추가했다는 것이다. 골프연습장의 현장감을 맛볼 수 있는 타이틀이다.

HARDWARE
1983
1984
1985
1986
1987
1988
1989
1990
1991
1992
1993-
INDEX

선더 볼

아스키
1985년 5,800엔

핀볼을 소재로 삼은 게임. 이 작품의 특징은 핀볼 대의 구성을 편집할 수 있다는 점이다. 여러 형태의 플레이필드를 골라 거기에 슬링샷과 스피너, 타깃을 배치할 수 있는 것은 물론, 플리퍼 수까지도 늘릴 수 있다.

스테퍼

아스키
1985년 4,800엔

필드에 배치돼 있는 별 4개를 모두 얻으면 클리어되는 액션 게임. 사과를 얻으면 점프가 불가능해지지만 대신 사과를 쏴 벽을 파괴할 수 있으며, 이를 잘 이용하면 벽을 사다리로 바꿀 수도 있다.

레드 존

아스키
1985년 4,800엔

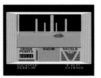

호버크래프트를 조종해 적의 감시 시스템을 파괴해 가는 3D 슈팅 게임. 지표 이동뿐만 아니라 점프하듯 상승하는 것도 가능하지만, 제대로 착지하지 못하면 대미지를 입는 등의 독특한 부유감이 뛰어나다.

액트맨

아스키
1985년 4,800엔

위험한 동굴에 잠입해 빼앗긴 보물을 입수하는 게 목적인 액션 게임. 맵 곳곳에 흩어져 있는 보물의 파편을 모두 획득하면 클리어된다. 조작성도 좋고 여러 적과 다양한 장치가 등장하는 등, 구성이 다채로운 작품.

펭귄 군 WARS

아스키
1985년 11월 5,800엔

▶ 볼끼리 부딪히면 서로의 궤도가 변화한다.

UPL 사가 개발한 아케이드 게임의 이식판. 자기 코너의 볼을 먼저 비우거나, 제한시간이 끝났을 때 볼이 적은 쪽이 승리하는 스포츠인 '도지볼' 토너먼트에 도전한다는 게임이다. 승리의 비결은, 볼을 상대에 맞혀 마비돼 있는 동안 볼을 마구 던져 보내는 것. 아케이드판은 상대를 넘어뜨리려면 힘을 충전해 던져야 했지만, MSX판은 맞히기만 하면 되며 2판 선승제로 바뀐 등의 변경점이 있다.

워로이드

아스키
1985년 5,800엔
RAM 16K

▶ 움직임이 경쾌하고, 대전 플레이가 치열한 게임.

'워로이드'라 불리는 로봇을 조작해 1 : 1로 대전하는 액션 게임. 원거리 공격인 '빔'과 근거리 공격인 '킥'을 사용해 상대의 에너지를 바닥내면 승리한다. 빔은 맞히면 상대의 에너지를 10이나 깎을 수 있지만, 쏠 때마다 플레이어의 에너지가 1만큼 줄므로 낭비해서는 안 된다. 회복 아이템과 대미지를 주는 기뢰 등의 여러 장치와, 다양한 레이아웃의 스테이지가 준비되어 있다.

점프

아스키
1985년 4,800엔

화면 오른쪽 중앙에 표시되는 예시와 동일하도록 타일 색깔을 바꾸는 것이 목적인 액션 게임. 모든 필드의 목표 타일 색을 바꾸면 클리어다. 적도 나오고, 밟으면 구멍이 열리는 함정 등의 장치도 있어 방심할 수 없다.

타티카

아스키
1985년 4,800엔

이글루 안에서 타고 있는 불을 끄기 위해 얼음을 던지거나, 아기펭귄에게 먹이를 주거나 하는 액션 게임. 북극곰 등의 방해를 피하며 모든 불을 끄거나, 아기펭귄에게 규정 수만큼의 물고기를 주면 클리어된다.

쟝카[雀華]

우츄도
1985년   4,800엔

MSX 최초의 탈의마작 게임. 화면의 누님을 벗기려면, 마작을 이기는 것은 물론 슬롯머신으로 특정 그림도 맞춰야 한다. 누님 쪽에서 나거나 유국이 되어도 옷을 입어버리므로, 전부 벗기려면 상당한 실력이 필요하다.

도어도어 mkⅡ

에닉스
1985년 7월 28일   4,800엔
RAM 8K

나카무라 코이치가 세운 회사인 춘 소프트의 첫 작품. 원작인 「도어도어」에 캐릭터 모션과 BGM을 추가했다. 주인공 '춘 군'을 조작해 화면 내의 몬스터를 도어 안에 가둬버리자. 뛰어난 액션성과 퍼즐성이 특징이다.

카루이자와 유괴 안내

에닉스
1985년 12월   5,800엔
RAM 16K

후일 「드래곤 퀘스트」로 유명해지는 호리이 유지의 어드벤처 게임. 호리이의 어드벤처 연작 제 3탄이며, 기본은 커맨드 선택식이지만 맵 이동과 전투 등 RPG 요소를 도입했고, 시나리오에도 코미디와 성인 풍을 가미했다.

윙맨

에닉스
1985년   4,800엔
RAM 32K

카츠라 마사카즈 원작의 인기 만화를 게임화했다. '윙맨' 히로노 켄타가 되어 행방불명된 드림 노트를 찾아내자. 히로인인 아오이와 미쿠가 탐색을 도와준다. 윙맨으로 변신해 싸우는 전투 신도 마련되어 있다.

자스

에닉스
1985년   4,800엔
RAM 32K

당시엔 드물었던 SF 어드벤처 게임. 21세기 말을 무대로, 우주과학자 '자스'가 되어 적에게서 오리온을 탈환하자. 명령어는 명사+동사를 직접 입력하며, 오프닝의 '미리카' 일러스트 등 애니메이션 풍 그래픽의 고속표현이 특징이다.

팔랑크스

에닉스
1985년   3,800엔
RAM 32K

기원전 400년 말의 에게 해에 떠오른 외딴섬이 무대인 본격파 RPG. 용사 3명을 조작해 사악한 뱀파이어를 타도하자. 지상을 2D 맵, 지하미궁을 3D로 모험하는 시스템이며, 기후에 따라 마법의 위력이 바뀌는 게 특징이다.

포토피아 연쇄살인사건

에닉스
1985년   3,800엔
RAM 32K

▶ MSX판은 암호가 타 기종판과 다르다.

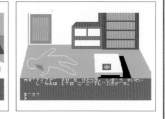

호리이 유지의 초기 대표작. 시나리오와 프로그램, 그래픽 등을 모두 호리이가 맡았다. 사회파 추리소설의 수법을 도입, 실존 지역과 인간 드라마를 게임에 녹여낸 작품은 당시엔 드문 시도였다. 스토리가 전개되어 인과관계가 명확해 진 후 펼쳐지는 의외의 전개와 진범의 정체도 화제가 되었다. 후일 「오호츠크에 사라지다」(108p)・「카루이자와 유괴 안내」(89p)와 함께 '호리이 미스터리 3부작'으로 불린다.

블릿츠

오메가 시스템
1985년   4,800엔
RAM 32K

전격전의 정수라 불리는 2차대전 당시 독일의 프랑스 침공을 소재로 삼은 시뮬레이션 게임. 전투기에 탑승해 요새 폭격이나 열차 파괴, 전차전을 행해 프랑스와 싸우는 내용의 게임이다. 에투알 개선문을 목표로 진격하자.

베를린

오메가 시스템
1985년   3,800엔
RAM 32K

제2차 세계대전 말기인 1944년을 소재로 삼은 조종석 시점의 플라이트 시뮬레이터. 독일 공군의 일원이 되어 메서슈미트 Me262a를 타고 대공・대지 전투를 펼쳐, 독일에 승리를 안겨주는 것이 목적이다.

HARDWARE
1983
1984
1985
1986
1987
1988
1989
1990
1991
1992
1993-
INDEX

U보트

오메가 시스템
1985년　3,800엔
RAM 32K

히틀러의 명령을 받은 U보트의 승무원이 되어, 적 항공모함을 격침시켜야 한다. 전투기와의 전투, 구축함과의 싸움 등 다양한 스테이지를 통과하면 항공모함을 공격할 수 있다. 공격에 실패하면 총통의 질타를 받게 된다.

아이스 월드

카시오 계산기
1985년　4,800엔
RAM 8K

백곰 '쿠키'를 조작해 '엘스톤'을 합체시켜 보물로 바꾸는 고정화면 액션 퍼즐 게임. 적 몬스터에 잡히거나 제한시간이 끝나면 아웃 처리된다. 외통수에 걸리지 않도록 잘 궁리해 진행해보자.

이글 파이터

카시오 계산기
1985년　4,800엔
RAM 8K

 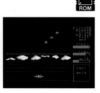

미군의 전투기 'F15 이글'을 조작해 적기를 격추시키는 유사 3D 슈팅 게임. 전투 신 전후에는 반드시 이착륙 신을 거치게 되는데, 이쪽도 난이도가 만만치 않다. 공중급유 장면은 제법 박력이 있다.

이가 인법첩

카시오 계산기
1985년　4,800엔
RAM 8K

코가 닌자에게 도둑맞은 이가 닌자의 인법첩을 되찾아라! 닌자 '이가마루'가 주인공인 액션 게임. 일단 성문에서 적 닌자를 10명 물리쳐 성내로 들어간다. 바닥의 가시 함정에 주의하며, 족자 뒤에 숨겨진 인법첩을 찾아내도록.

카 파이터

카시오 계산기
1985년　4,800엔
RAM 8K

무장한 애스턴 마틴으로 미 대륙을 주파하는 레이싱 액션 게임. 위력이 낮지만 사정거리가 긴 머신건과, 사정거리는 짧지만 위력 발군인 수류탄으로 적 차량을 날려버리자. 적 차량에 접촉하면 카운터를 맞아 바로 미스되니 주의.

카시오 월드 오픈

카시오 계산기
1985년　4,800엔
RAM 8K

당시 정력적으로 MSX용 신작을 출시했던 카시오 계산기의 골프 게임. 1번 홀부터 그린 코앞에 큼직한 연못이 있는 등 난이도가 상당하지만, 샷 직후 볼 시점으로 그래픽이 나오는 등의 묘사 덕에 광대한 홀을 만끽할 수 있다.

대탈주

캐리 라보
1985년　3,800엔
RAM 32K

감옥에 갇혀있는 동료를 구하러 적진으로 향하는 플레이어. 적병을 물리쳐 감옥 열쇠를 입수해, 포로가 된 동료를 불러 출구까지 인도하자. 독방에 포로가 있을 때는 수류탄으로 문을 부숴, 잘 유도해 전원을 탈출시키도록.

단지처의 유혹

코에이
1985년　4,800엔
RAM 32K

플레이어는 피임용구를 방문 판매하는 세일즈맨. 하지만 이달의 매상목표 달성에는 한참 못 미쳐, 수단 방법을 가릴 때가 아니다. 아파트 단지에 사는 유부녀와 좋은 분위기를 만들어, 몸으로 사용법을 알도록 해 물건을 팔자.

나이트라이프

코에이
1985년　4,800엔
RAM 32K

'밤일'을 도와주는 소프트. 여성의 안전일과 밤일에 걸리는 시간 등을 입력하면 그날에 적합할 듯한 체위를 그래픽으로 표시하여 매일의 성생활을 풍성하게 이끌어준다. 수많은 인기 시뮬레이션 게임을 배출한 코에이의 초기작.

노부나가의 야망

코에이
1985년　4,800엔
RAM 32K

일본 전국시대 소재 역사 시뮬레이션 게임의 초석인 「노부나가의 야망」 시리즈의 제 1탄. 플레이어는 오다 노부나가나 타케다 신겐이 되어, 개간과 도시 정비로 경제를 발전시켜 타국을 정벌해 전국을 통일하는 게 목적이다.

   대응 기종 아이콘　　카세트 테이프　ROM 카트리지

코즈믹 솔저

코가도 스튜디오
1985년　7,800엔
VRAM 128K

초능력을 봉인당한 주인공이 자신의 힘을 되찾기 위해 봉인 해제방법이 기록된 파일을 되찾는다는 스토리의 3D 던전 RPG. 화면 왼쪽의 어시스턴트 안드로이드에 부품을 보충시켜 주면 발생하는 흐뭇한 연출이 화제가 되었다.

커레이지어스 페르세우스

코스모스 컴퓨터
1985년　4,800엔

그리스 신화가 테마인 타이틀. 용사 페르세우스를 조작해 요마 고르곤을 물리쳐 평화로운 낙원을 되찾자. 파워는 시간 경과에 따라 감소하지만, 적을 물리치면 회복된다. 클리어 요건 달성도에 따라 엔딩이 2종류로 변화한다.

이얼 쿵푸

코나미
1985년 1월　4,800엔
RAM 8K

아케이드와 동시 발매된 대전격투 게임. MSX판은 적 캐릭터 수와 배경 영상 등을 간략화했고, 조작계를 방향키와 원 버튼으로 심플하게 다듬었다. 빈틈을 정확하게 노려야만 공격이 먹히지만, 익숙해지면 꽤 재미있는 작품.

코나미의 베이스볼

코나미
1985년 1월　4,800엔
RAM 8K

구장 전체를 조감하는 화면 구성이 특징인 야구 게임. PSG만으로 출력하는 "아웃!", "세이프!" 보이스와 투구 모션 직후까지 묘사한 투수 등, 만듦새가 훌륭하다. 주자와 송구가 속도에 별 차이가 없어, 공수 모두 득점이 쉬운 편.

코나미의 골프

코나미
1985년 2월　4,800엔
RAM 8K

클럽과 스트레이트·훅·슬라이스 등의 구종을 선택해 파워 게이지를 맞춰 샷을 치는 본격 골프 게임. 1인 플레이 시에는 총 9홀의 스트로크 플레이이며, 2인 대전 시에는 스트로크 플레이와 매치 플레이를 고를 수 있다.

모피레인저

코나미
1985년 2월　4,800엔
RAM 8K

'모피라'를 조작해 어린이들을 전부 구출하면 클리어되는 고정화면 액션 게임. 공격을 맞히면 일부 적을 바위로 만들 수 있지만, 바위는 밀기만 가능하므로 진로가 막히지 않도록 주의해야 한다. 퍼즐 요소가 있는 게임.

왕가의 계곡

코나미
1985년 3월　4,800엔
RAM 8K

이집트를 무대로 삼은 액션 퍼즐 게임. 탐험가 '빅'을 조작해 화면 내의 보물구슬을 모두 얻으면 다음 스테이지로의 문이 열린다. 바닥을 팔 수 있는 '곡괭이', 미라를 일시 무력화 가능한 '신의 검' 등의 아이템은 물론, 회전문 등의

▶ MSX로는 최초인 코나미 오리지널 퍼즐 게임.

장치도 있다. 아이템 소지 중엔 점프할 수 없으니, 검과 곡괭이를 언제 얻어 사용할지의 판단도 중요하다. 적 미라는 4종류이며 각자 이동 패턴이 다르니 이것도 유의하자.

코나미의 핑퐁

코나미
1985년 5월　4,800엔
RAM 8K

손목과 라켓만 그려져 있는 플레이어끼리 진행하는 탁구 게임. 라켓은 자동으로 이동하며, 플레이어는 공을 치는 타이밍과 백핸드/포어핸드, 구종을 컨트롤할 수 있다. 아케이드와 패미컴 등, 여러 기종으로 이식되었다.

피폴스

코나미
1985년 6월　4,800엔
RAM 8K

주인공인 소년 '피폴스'가, 여자친구가 기다리는 네버랜드를 향해 전진하는 슈팅 게임. 화면이 세로로 5라인으로 나뉘어있는 강제 종스크롤 게임으로, 적절한 라인간 이동이 공략의 키포인트다. 독특한 재미가 있는 게임.

 플로피 디스크
 BEE CARD
 레이저 디스크
 VHD 디스크
 메가롬 내장 게임
파나 어뮤즈먼트 카트리지 지원 게임
 MSX-MUSIC 지원 게임
SCC 내장 게임
091

HARDWARE 1983 1984 1985 1986 1987 1988 1989 1990 1991 1992 1993- INDEX

코나미 하이퍼 랠리

코나미
1985년 7월   4,800엔
RAM 8K

2단 기어를 탑재한 유사 3D 본격 레이싱 게임. 초원부터 터널, 설원, 피라미드에 야간주행까지 다양한 시추에이션을 배경으로 적 차량을 따돌리고 규정 랭크 내에 골인하자. 연료 잔량에 항상 주의해야 한다.

로드 파이터

코나미
1985년 8월   4,800엔
RAM 8K

아케이드판을 이식한 레이싱 게임. 장애물과 적 차량을 피해 하트로 연료를 보급하면서, 뉴욕에서 샌프란시스코까지의 총 6코스의 골인을 노린다. 최대 특징은 뛰어난 속도감. 슬립이 걸리면 역핸들링으로 빠져나오자.

하이퍼 스포츠 3

코나미
1985년 9월   4,800엔
RAM 8K

장시간 연타를 요구하는 '사이클'부터, 타이밍과 점프 각도가 중요한 '세단뛰기', 빙판 온도와 빗자루질 타이밍과 속도를 계산하는 '컬링', 조작이 제법 까다로운 '장대높이뛰기'까지, 폭넓게 즐길 수 있는 4종목을 수록했다.

코나미의 복싱

코나미
1985년 10월   4,800엔
RAM 8K

화면 우측에 있는 플레이어를 조작해 대전 상대를 넉아웃시키는 통쾌한 권투 게임. 좌우이동과 여러 종류의 펀치를 잘 구사해 공격하는 재미가 있는 타이틀이다. 대전 상대로 '모아이 킹' 등 독특한 캐릭터도 등장한다.

코나미의 테니스

코나미
1985년 11월   4,800엔
RAM 8K

귀여운 여성 테니스 선수를 조작해 대전하는 심플한 테니스 게임. 서브에 실패해 네트에 볼이 걸릴 때의 모션이나, 화면 구석에서 대기하는 볼보이가 볼을 회수하는 모습 등등, 곳곳에 볼거리와 잔재미가 있는 작품이다.

구니스

코나미
1985년 12월 28일   4,800엔
RAM 8K

같은 제목의 영화가 소재이며, 패미컴판과 동시 발매됐지만 내용은 별개이다. 주인공 '슬로스'를 조작해 각 스테이지에서 7명의 동료를 구출하고 지하 동굴에서 탈출하자. 클리어 후엔 다시 납치당해 다음 스테이지로 넘어간다.

이가 황제의 역습

코나미
1985년 12월   4,800엔
RAM 8K

▶ 2인 플레이로 대전 격투도 가능해졌다.

「이얼 쿵푸」의 속편인 격투 액션 게임. 1 : 1 대전뿐이었던 전작과는 달리, 졸개들을 물리치며 전진하는 진행과정이 추가되었다. 또한 소규모 적들을 물리치면 나오는 우롱차 찻잎을 5장 모으면 입수하는 회복 아이템 '우롱차'와, 대전 스테이지의 특정 장소를 공격하면 출현하는 무적 아이템 '라멘' 등의 요소도 있다. 전작 이상으로 개성이 풍부해진 무관 7명과 이가 황제를 물리쳐라!

코나미의 게임이 10배 더 재미있어지는 카트리지

코나미
1985년 12월   4,800엔
RAM 16K

▶ 다른 개발사에는 없었던 독특한 발상의 소프트.

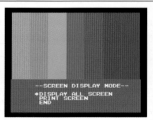

MSX로 다수의 롬 카트리지 게임을 발매한 코나미가, 유저 서비스 제공을 위해 '게임을 10배 더 재미있게!'라는 컨셉으로 개발한 옵션 카트리지. 단독으로는 동작하지 않으나, 슬롯 1에 이 카트리지를 삽입한 상태로 이 소프트를 지원하는 코나미 작품을 슬롯 2에 삽입하면 '플레이어 수 설정'·'스테이지 선택'·'화면 인쇄' 등의 기능을 제공해, 지원되는 코나미 작품을 더욱 깊이 즐길 수 있도록 했다.

대응 기종 아이콘

카세트 테이프

ROM 카트리지

코나미의 사커

코나미
1985년 12월 4,800엔
RAM 8K

7인 팀제의 축구 게임. 팀 컬러와 컴퓨터 레벨, 시합 시간 길이를 선택 가능하며, 팀명도 직접 입력할 수 있다. 2인 플레이 대전도 지원한다. 시간 내에 결관이 나지 않을 때를 위해 승부차기도 마련해뒀다.

웨딩 벨

COLPAX
1985년 4,800엔
RAM 16K

신랑신부를 교회까지 인도해 커플에게 사랑의 축복을 선사하는 게임. 교회로 향하는 길목에는 커플의 길을 방해하는 늑대 등이 등장한다. 하트마크를 얻으면 일정 시간 무적이 되니, 이 틈에 골인해 결혼식을 거행하자.

오스트리치

COLPAX
1985년 3,200엔
RAM 16K

오스트리치(타조)를 조작해, 화면 내를 돌아다니는 '에그몬'들을 잘 유도하여 바닥을 무너뜨려 바다에 빠뜨리는 액션 게임. 당시 일본의 컴퓨터잡지인 월간 '마이컴' 지면에 덤프리스트(프로그램)가 게재된 적이 있다.

THE 코이코이 AND 하나아와세

COLPAX
1985년 3,200엔
RAM 32K

'하나아와세'와 '코이코이'를 즐기는 일본식 화투 게임. 두 게임은 여러 차이점이 많으나, 무엇보다 하나아와세는 원칙적으로 3인용이고, 코이코이는 2인용이다. 족보는 거의 공통이라, 초보자라도 이것만 익혀두면 안심.

자이로 어드벤처

COLPAX
1985년 3,200엔
RAM 16K

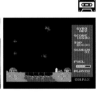

붉은 고속 헬리콥터(자이로)를 조작해 좌우 샷과 아래로 투하하는 봄으로 대지·대공전을 펼치는 슈팅 게임. 적의 폭탄 투하를 차단하며 공중으로 다리 블록을 운송해 다리를 완성시키자. 구름에서 방출되는 번개에도 주의!

점프 랜드

COLPAX
1985년 3,200엔
RAM 16K

필드에 놓여있는 식품과 음료를 모두 획득하는 게 목적인 액션 게임. 특징은 발판 전체가 좌우로 엇갈려 이동한다는 것. 화면 끝으로 가도 루프되는 시스템이 아니므로, 생각 없이 움직이면 바로 통수에 몰려버린다.

슈퍼 파친코

COLPAX
1985년 4,800엔
RAM 16K

제한시간 내에 얼마나 구슬을 많이 따는지를 겨루는 파친코 게임. 스페이스 키로 파워를 조절하며, TIME이 0이 되면 게임 오버. 중앙의 슬롯머신에 '777'이 뜨면 보너스 타임이 추가되어 더 오래 플레이할 수 있다.

다이얼 넘버

COLPAX
1985년 3,200엔
RAM 32K

다이얼식 전화기를 모티브로 삼은 독특한 액션 게임. 번호칸 위로 점프해 다이얼을 돌려, 오른쪽의 'DIAL'에 지정된 번호로 전화를 걸면 클리어된다. '110'(한국의 112에 해당)이나 '119'로도 걸 수 있으니 시험해보자.

대결! 합체 로보

COLPAX
1985년 3,200엔
RAM 16K

지구연방의 스페이스십 'W-ING'에 탑승해 수수께끼의 병단과 싸우는 슈팅 게임. 적인 '파츠 로보'는 대미지를 입으면 합체해 '합체 로보'가 되어 공격이 강해진다. 적의 폭탄을 파괴해 지상을 수호하며 로보를 물리치자.

핑키 체이스

COLPAX
1985년 4,800엔
RAM 16K

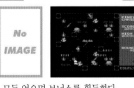

토끼 '핑키'를 조작해 밭의 야채를 모두 먹어치우는 게 목적인 게임. 맵은 지상과 지하로 나뉘며, 지하는 지하도로만 이동할 수 있다. 모자·지팡이·부츠·시계의 4개 아이템이 등장하며, 모두 얻으면 보너스를 획득한다.

HARDWARE
1983
1984
1985
1986
1987
1988
1989
1990
1991
1992
1993-
INDEX

핀볼 메이커

COLPAX
1985년　4,800엔
RAM 32K

오리지널 핀볼 보드 제작이 가능한 게 세일즈포인트인 핀볼 게임. 범퍼 등의 장치와 보드 자체의 컬러링, 하이스코어까지도 자유롭게 설정할 수 있다. 물론 자신이 제작한 핀볼대나 샘플 핀볼대를 직접 플레이할 수도 있다.

파이팅 라이더

COLPAX
1985년　3,200엔
RAM 32K

타이틀명대로, 폭력 요소가 가미된 바이크 레이싱 게임. 바이크로 달리는 캐릭터는 킥 액션의 발동이 가능해, 라이벌을 직접 방해할 수 있다. 코스에도 바위나 드럼통 등이 배치돼 있어, 부딪치면 실패하게 된다.

Mr.Do's 와일드 라이드

COLPAX
1985년　4,800엔
RAM 16K

오락실에서 히트했던 「Mr. Do!」 시리즈 중 하나로, 유원지 제트코스터의 레일 위를 이동하며 골로 향하는 액션 게임. 주행 중인 코스터에 치이지 않도록 사다리에 올라 타이밍을 재자. 큼직한 백색 공도 주의할 것.

미라클 머신

COLPAX
1985년　3,200엔
RAM 16K

육·해·공이 무대인 4종의 수송 미션에 도전하는 슈팅 게임. 플레이어에게 내려진 임무는 군의 중요 기밀서류를 무사히 사령부에 배송하는 것이다. 하지만 가는 길엔 기밀서류를 노리는 암살자들이 잔뜩 배치돼 있다.

와일드 캣

COLPAX
1985년　4,800엔
RAM 16K

우주의 미지를 추구하는 고양이 '와일드'가 되어, 상어형 전함을 이끄는 악당 '샤크 선단'과 싸우는 코믹 슈팅 게임. 게·물고기 등의 어패류 적은 물론, 잠수함에 UFO까지 와일드를 노린다. 전함을 파괴하면 스테이지 클리어.

오일즈 웰

컴프티크
1985년 9월　5,900엔
RAM 16K

모든 석유를 시간 내에 채취해내라! 기점에서 나오는 파이프는 적에 닿으면 실패다. 화면 전체를 주시해, 뻗을 때는 과감히 뻗고 물러설 때는 바로 물러서자. 순간의 판단 미스가 치명적인, 아슬아슬한 도트 먹기 게임.

댐 버스터

컴프티크
1985년　5,900엔
RAM 16K

폭격기를 조작해 적지의 댐을 파괴하는, 플라이트 시뮬레이터 요소가 있는 슈팅 게임. 엔진 스로틀을 조작해 비행하여, 공격 목표에 폭탄을 투하한다. 댐 위치는 지도로 확인하자. 서치라이트 등의 연출도 신선한 타이틀.

챔피언 보울더 대시

컴프티크
1985년　5,900엔
RAM 16K

주인공 '록포드'를 조작해, 땅속을 상하좌우로 파 들어가며 다이아몬드를 채집하는 액션 퍼즐 게임. 바로 아래에 공간이 생기면 낙하하는 바위를 피하며, 제한시간 내에 탈출하자. 클리어하려면 이동경로를 잘 간파해야 한다.

하이스트

컴프티크
1985년　5,900엔
RAM 16K

영국산 게임의 이식작. 시간 내에 건물 안의 모든 미술품을 훔치면 클리어되는 액션 게임이다. 열쇠가 있어야만 열리는 문과 벨트 컨베이어 바닥, 열렸다 닫혔다를 반복하는 셔터문 등의 다양한 장치가 기다리고 있다.

브루스 리

컴프티크
1985년　5,900엔
RAM 16K

당대의 액션 스타 브루스 리(이소룡)가 주인공인 액션 게임. 정권지르기와 날라차기를 구사하며 화면 전환식의 광대한 맵에서 랜턴을 모아 지하요새로 향하자. 적인 닌자와 스모 레슬러에도 주의해야 한다.

   대응 기종 아이콘

 카세트 테이프 ROM 카트리지

글라이더

ZAP
1985년 4,800엔
RAM 16K

글라이더를 조종하는 시뮬레이션 게임. 시간 내에 체크포인트를 도는 'POINT CHECK'와 'LANDING', 목표물을 파괴하는 'SHOOTING'과 'FLYING TIME'으로 총 4가지 과제를 준비했다.

페어리

ZAP
1985년 4,800엔
RAM 16K

요정의 집을 망치는 적에 슬리퍼를 던져 퇴치하며 집을 지켜야 하는 액션 게임. 적으로는 스테이지별로 밭을 망치는 쐐기벌레, 집안을 돌아다니는 쥐, 거미줄을 펼치는 거미, 집에 들러붙는 곰팡이가 4종류가 등장한다.

프로페셔널 마작

샤누아르
1985년 6,800엔
RAM 8K

실전을 방불케 하는 현장감이 느껴지는 마작 게임. CPU 난이도와 스피드 등을 플레이어의 실력·취향에 맞춰 세부 설정 가능하다. 점수 자동계산은 물론 한자 표시와 선명한 그래픽 등, 화면이 깔끔한 것도 특징이다.

드래곤 슬레이어

스퀘어
1985년 7월 15일 5,200엔
RAM 16K

일본에 RPG 장르를 전파한 타이틀 중 하나. 당시 니혼팔콤의 핵심 프로그래머였던 키야 요시오의 작품으로, 액션 게임 요소를 도입했다. 플레이어 캐릭터를 조작해 삼두 드래곤에게서 크라운을 되찾아 집에 가져오는 게 목적.

번겔링 베이

소니
1985년 7월 21일 4,900엔
RAM 16K

8방향 스크롤이 특징인 슈팅 게임. 플레이어는 선더 헬기를 조작해 번겔링 만에 세워진 병기공장을 전멸시키는 것이 목적이지만, 적은 아군의 항공모함도 계속 공격해온다. 항공모함을 지키며 공장을 파괴하라!

백개먼

소니
1985년 4,000엔
RAM 16K

세계에서 가장 오래된 보드 게임 중 하나로 불리는 '백개먼'이 소재인 타이틀. CPU와 싸우는 1인용, 대인전을 치르는 2인용의 두 가지 모드를 준비했다. 더블링 큐브 룰은 없는, 고전적인 사상의 백개먼이다.

힘내라 트럭 보이 : 페이로드

소니
1985년 11월 21일 4,900엔
RAM 16K

▶ 음주운전하면 곧바로 면허취소다.

장거리 트럭 운전사로 시작해 운송회사 창업을 노리는 수송 시뮬레이션 게임. 전국의 트러커가 동경하는 화제의 트럭커 '테츠'가 되어, 제한시간 내에 화물을 날라 100만 엔을 벌자. 트럭에는 터보도 무선기도 있다. 과적으로 거금을 벌고, 졸음은 드링크로 해소하자. 터보로 속도를 보충하고, 도로의 스피드건은 레이더로 회피한다. 당시 일본의 사회문제를 반영한, 트럭 운전사의 비애가 엿보이는 타이틀.

α-스쿼드론

소니
1985년 4,000엔
RAM 8K

조종석 시점의 3차원 플라이트 시뮬레이터. 지구의 운명을 걸고 최신예기 α-스쿼드론을 조종해 적을 격파하는 게 목적이다. 이륙부터 시작하여, 적을 격파하고 귀환해 착륙하기까지를 시뮬레이트하는 게임이다.

MSX 쇼기

소니
1985년 5,800엔
RAM 8K

CPU와 대전을 즐기는 쇼기 게임. 선수·후수와 플레이어의 핸디캡(비차, 각행, 비차·각행, 비차·각행·향차 떼기)을 선택 가능. 먼저 커서로 말이 이동할 곳을 정하고, 그리로 이동할 말을 펑션 키로 고르는 조작도 편리하다.

 플로피 디스크
 BEE CARD
 레이저 디스크
 VHD 디스크
 메가롬 내장 게임
 파나 어뮤즈먼트 카트리지 지원 게임
 MSX-MUSIC 지원 게임 · SCC 내장 게임

095

코스모 익스플로러

소니
1985년 4,900엔
RAM 16K

시뮬레이션 요소를 도입한 슈팅 게임. 25세기의 우주를 무대로, 우주선 '코스모 익스플로러'를 조작해 외계인에게 점령당한 지구를 구해내자. 곳곳에 산재한 부유대륙에 전진기지를 건설하며 지구 탈환을 노려야 한다.

사이언

소니
1985년 4,000엔
RAM 16K

「제비우스」와 비슷한 느낌의 종스크롤 슈팅 게임. 플레이어 기체는 아군 유닛과 합체하면 대지공격이 가능해지며, 지상의 적 건축물을 모두 파괴하면 완전 클리어가 된다. 난이도가 낮아 가볍게 즐길 수 있는 작품이다.

슈퍼 골프

소니
1985년 6,200엔
RAM 16K

변화무쌍한 총 27홀을 플레이하는 골프 게임. 코스가 상당히 고난이도라, 표시되는 거리와 풍향·풍속에 맞춰 적절한 클럽을 골라야만 한다. 컨스트럭션 기능도 있어, 자신만의 오리지널 코스도 만들 수 있다.

슈퍼 사커

소니
1985년 4,900엔
RAM 16K

2인 플레이를 지원하는 가로화면 시점의 고전적인 축구 게임. 8종류의 팀 컬러 중에서 임의로 선택해 게임을 개시, 각 6분 반의 전후반을 치른다. 경기장 벽의 광고판은 도시바·야마하 등 실존 회사들의 로고다.

슈퍼 테니스

소니
1985년 4,500엔
RAM 8K

더욱 현장감 있는 분위기를 목표로 제작한 테니스 게임. 모션도 부드러워 즐기기 편한 작품이다. 단식과 복식 모두 플레이할 수 있으며, 복식으로 페어를 짤 경우에만 2인 동시 플레이가 가능하다.

스타 블레이저

소니
1985년 4,000엔
RAM 8K

5개의 목표물을 저공비행으로 근접해 폭격하는 것이 목적인 횡스크롤 슈팅 게임. 적의 공격을 회피하고 나무나 탑에 충돌하지 않도록 조심하며 목표물에 접근하는 스릴과 속도감이 재미있는 타이틀이다.

차플리프터

소니
1985년 4,900엔
RAM 16K

APPLE Ⅱ용 게임의 이식작. 제트헬기를 조작해 인질 전원을 구출하는 횡스크롤 슈팅 게임이다. 인질은 총 64명이고, 헬기에는 최대 16명까지 태울 수 있다. 점수나 적기 파괴가 아니라 어디까지나 인질 구출이 목적이며, 관성이 걸

▶ 난이도는 인질 구출을 완료할수록 상승한다.

리는 헬기의 거동과 버튼으로 방향을 전환하는 시스템도 특징이다. 유명한 패미컴판과 는 달리, MSX판은 지나친 개변 없이 APPLE Ⅱ판을 충실히 재현한 하드코어 게임이다.

미스터리 더 파티

소니
1985년 9,800엔
RAM 32K

게임과 점술 등, 여러 사람이 함께 즐기는 컨텐츠를 합본 수록한 파티 소프트. 주사위로 승부하는 '오퍼레이션 P'를 비롯해 '빙고'·'사다리 게임' 등의 게임, 인생 상담과 애인끼리의 애정도 진단이 가능한 점술을 즐긴다.

로드 러너 II

소니
1985년 5,800엔
RAM 8K

인기 액션 게임 「로드 러너」의 속편. 컴파일 사가 개발을 담당한 타이틀이다. 파괴한 블록의 시간차 복구를 이용한 금괴 획득 테크닉 등을 필수로 익혀야 해, 전작 이상으로 플레이어의 실력을 요구하는 게임이다.

   대응 기종 아이콘

 카세트 테이프 ROM 카트리지

은하전사 다이모스

소프트스튜디오 WING
1985년 2,600엔
RAM 32K

당시엔 드물었던, 누구든 클리어 가능한 난이도의 어드벤처 게임. 은하전사 다이모스가 되어 '쥬노 X1'을 조종해 우주해적 바구스의 야망을 저지하자. 난이도를 낮추기 위해, 입력에 필요한 고유명사에 꺾쇠 기호를 붙였다.

백과 흑의 전설 [백귀 편]

소프트스튜디오 WING
1985년 4,900엔
RAM 32K

초자연 세계가 무대인 어드벤처 게임. 디테일한 설정이 들어간 대작이다. 이 작품은 3부작의 제 1부로서, 주인공 시라토리 및 동료들과 적인 '백귀'의 첫 만남을 그렸다. 음향효과 보충용으로 음악 테이프를 동봉한 것이 특징.

모리코 협박사건

소프트스튜디오 WING
1985년 4,800엔
RAM 16K

원래는 글리코·모리나가 사건 발생 당시 오이타현의 컴퓨터 샵이 발매했던 어드벤처 게임이다. 형사 콜롬다가 되어 세상이 두려워하는 흉악범 '괴인 100면상'을 뒤쫓자. 보너스로 사이드뷰 액션 게임 '잠비 하우스'를 동봉.

익사이팅 팩

소프트 프로
1985년 6,800엔
RAM 16K

3종류의 게임을 수록한 타이틀. 뱀주인자리 성역에서 적 함대와 대치하는 '하이퍼 블러스트'와 빔 요격포로 싸우는 '에일리언 바운스'는 슈팅 게임이며, '큐비'는 사각기둥 위에서 적과 싸우는 액션 게임이다.

비지 고스

소프트 프로
1985년 3,800엔
RAM 16K

중세의 고성을 무대로 삼은 액션 게임. 흡혈귀 '비지 고스'가 사는 성의 핵심부에 도달하는 게 게임의 목적이다. 플레이어의 움직임에 맞춰 날아오는 박쥐 등의 여러 위협을, 무기인 부메랑으로 격퇴하며 전진하자.

래비안

소프트 프로
1985년 3,800엔
RAM 16K

'지혜를 짜내라. 땀을 짜내라. 작업을 해내라.'란 선전문구의 작업계 게임. 래비안을 조작해 화물들을 계속 아래로 보내, 최하층 수로를 다니는 배에 싣자. 화물은 래비안에 닿으면 한층 아래로 떨어지며, 적을 압사시킬 수도 있다.

리버 체이스

소프트 프로
1985년 3,800엔
RAM 16K

하천 위에서 보트 추격전을 펼치는 하이스피드 액션 게임. 플레이어는 수상경찰의 일원이 되어, 수뢰를 설치해 추격을 따돌린다. 게임이 진행될수록 속도가 빨라진다. 보급선으로 연료를 보충하며 순위를 올려나가자.

엘리베이터 액션

타이토
1985년 4,900엔

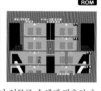

타이토의 명작 아케이드 게임의 이식작. 플레이어는 스파이가 되어, 옥상으로 잠입한 빌딩 내에서 기밀서류를 훔쳐내야 한다. 느긋한 BGM을 배경삼아 에스컬레이터와 엘리베이터로 층을 이동하며 임무를 수행해 탈출하자.

자이졸로그

타이토
1985년 4,800엔
RAM 16K

붉은 공 '자이존'을 조작해 필드 내의 오렌지색 타일을 전부 통과하면 스테이지를 클리어하는 액션 게임. 적에 닿으면 처음부터 시작하는 빡빡한 게임이지만, 자폭 버튼을 쓰면 목숨을 희생하는 대신 계속 진행 가능하다.

스페이스 인베이더

타이토
1985년 4,800엔
RAM 16K

1970년대 후반 일본에서 대히트를 거둔 타이틀의 MSX 이식작. 가로 5열로 늘어서 횡이동을 반복하며 내려오는 적들을 포대로 전멸시키자. 「스페이스 인베이더」와 「스페이스 인베이더 Ⅱ」 양 작품의 요소를 섞었다.

 플로피 디스크 BEE CARD 레이저 디스크 VHD 디스크 메가롬 내장 게임 파나 어뮤즈먼트 카트리지 지원 게임 MSX-MUSIC 지원 게임 SCC 내장 게임

쵸로Q

타이토
1985년 1월 4,800엔
RAM 16K

귀여운 미니카 '쵸로Q'를 조작하여 스테이지 상에 놓여있는 각 부품을 모아, 동료가 될 쵸로Q를 만들어 내보내는 게 목적인 액션 게임. 라이벌 쵸로Q는 점프한 다음 밟아 물리칠 수 있다.

젝사스 리미티드

디비 소프트
1985년 5,800엔
RAM 8K

앞서 소개한 바 있는 1984년 발매작 「젝사스 광속 2000광년」의 속편. 게임성은 동일하며, MSX의 그래픽 성능을 살린 박력의 모함 발진 장면을 비롯해 음악과 보스 전투 등 여러 요소를 추가해 업그레이드했다.

플래피 리미티드 '85

ㄷ비 소프트
1985년 5,800엔
RAM 8K

역시 앞서 소개했었던 「플래피」의 재발매판. 새로운 스테이지를 추가하고 BGM을 교체해, 신규 유저용 상품으로 출시했다. 일본에서는 지금도 PROJECT EGG에서 PC용 게임으로 다운로드 구입 가능하다.

볼가드

디비 소프트
1985년 5,800엔
RAM 8K

지상·공중을 공격하며 진행하는 횡스크롤 슈팅 게임. 플레이어는 고기동 가변전투기 '볼가드'를 조작한다. 도중에 만나는 2호기·3호기와 합체하면 로봇으로 변신 가능하다. 장비를 강화해 거대 전함에 맞서자.

슉슉 롤러

도시바
1985년 4,800엔
RAM 16K

초등학교 저학년 수준의 산수 학습용 타이틀. 롤러 스케이트로 슉슉 달리는 캐릭터를 조작해, 화면상에 표시되는 계산식의 답에 해당하는 패널의 장소를 돌파하자. 틀리면 패널에 튕겨나가 버린다.

우주전사 하야부사

도시바 EMI
1985년 4,800엔
RAM 8K

'아메리칸 탑 히트 시리즈'의 1번째 작품. 전쟁지역에 남겨진 우주탐험대원을 구출하는 슈팅 게임이다. 임의의 스테이지를 선택해, 우주공간에서 싸우는 파트와 행성에 돌입해 대원을 구출하는 파트를 공략한다.

쿵푸 타이쿤

도시바 EMI
1985년 4,800엔
RAM 8K

아케이드판을 이식한 액션 게임. '첸'과 '킨포'를 조작해 숙적 '쇼카'와 '류진'을 물리치는 게 목적이다. 문을 열어 그림패를 맞추는 신경쇠약 게임에 졸개 적들과의 전투 요소를 결합시킨 개성적인 타이틀이다.

퀘스트 : 태고의 사랑 이야기

도시바 EMI
1985년 4,800엔
RAM 8K

미국의 만화 'B.C.'가 원작인 액션 게임. 공룡에 납치된 여자친구 '큐트 칙'을 구출하는 게 목적이다. 돌로 만든 외발자전거를 탄 '토르'를 조작해, 함정 등의 장애물을 점프와 숙이기로 회피하며 진행한다.

쇼기 명인

도시바 EMI
1985년 5,800엔
RAM 8K

대국 쇼기 게임. 컴퓨터가 한 수를 10초 이내에 둔다는 게 세일즈포인트로, 막힘없는 대국을 즐길 수 있다. 그렇다고 해서 컴퓨터가 약하지는 않으니, 핸디캡과 '물리기' 기능도 활용하며 진행해 보자.

인어 전설

도시바 EMI
1985년 4,800엔
RAM 8K

ATARI 2600용 게임 「FATHOM」을 이식한 작품. 타이탄에게 잡혀간 넵티나를 구출하는 게 목적이다. 바다와 하늘을 모험하며 깨어진 삼지창 부품들을 모아, 넵티나가 있는 곳에 당도해 보자.

파치컴

도시바 EMI
1985년 4,800엔
RAM 8K

1985년 패미컴판으로 도 발매된 바 있는 파친코 게임. 플레이어는 구슬 100개를 갖고 시작해 디지털 기기와 하네모노 기기 등을 즐긴다. '브라보 10'·'킹 타이거'를 시뮬레이트한, 가정용 파친코 게임 여명기의 작품.

블로케이드 러너

도시바 EMI
1985년 5,800엔
RAM 8K

중요한 물자를 수송하던 선단이 외계인의 습격을 받는다는 스토리의 3D 슈팅 게임. 함교 안에서 바깥을 보는 시점으로 진행되며, 주포와 미사일을 사용해 전투한다. 다이내믹하고 현장감이 있는 화면이 특징인 타이틀이다.

고질라 군

토호
1985년 4,800엔
RAM 8K

고질라가 어딘가로 사라진 미니라를 찾아 헤매는 액션 퍼즐 게임. 필드는 7×7 칸 맵으로 구성되며, 맵에 있는 바위 전부를 부수면 나타나는 화살표에 접촉하면 클리어된다. 이 화살표로 맵을 이동하며, 미니라를 찾아내야 한다.

하이드라이드

T&E 소프트
1985년 7월 6,800엔

MSX판과 거의 같은 시기에 발매된 타이틀로, 기본적인 게임 내용도 동일하다. 본체 성능에 맞춰 그래픽을 변경할 수 있어, VRAM 용량에 따라 16색 혹은 256색으로 전환 가능하다. 각 모드별로 다른 분위기를 즐길 수 있다.

하이드라이드

T&E 소프트
1985년 3월 4,800엔
RAM 32K

▶ 액션 게임에 약해도 쉽게 진행할 수 있다.

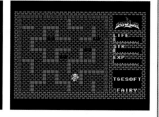

'액션 RPG'라는 장르의 형성에 결정적인 공헌을 한 타이틀. 요정이 사는 나라 '페어리랜드'를 무대로, 부활한 악마 '발라리스'를 물리치러 용맹한 젊은이 '짐'이 모험한다는 스토리다. 특징은 공격 모드와 방어 모드를 적시에 전환해야 한다는 것으로, 짐을 몬스터에 직접 충돌시켜 공격한다. 몬스터를 물리쳐 경험치를 입수하고, 줄어든 체력은 짐을 평지 등에서 휴식시키면 자동 회복되는 시스템이다.

레이독

T&E 소프트
1985년 6,800엔
RAM 64K VRAM 128K

▶ MSX2의 킬러 타이틀 격인 작품.

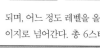

RPG 요소를 가미한 종스크롤 슈팅 게임. '화려한 그래픽'과 '1도트 단위의 부드러운 스크롤'이 특징이다. 또한 '레벨 업'과 '에너지' 개념을 넣었고, 2인 동시 플레이일 때는 합체도 가능하다. 레벨이 오르면 탑재 무기가 파워 업 되며, 어느 정도 레벨을 올려야만 다음 스테이지로 넘어간다. 총 6스테이지 구성. 기존의 슈팅 게임에서는 볼 수 없었던 전략성을 요구하는 타이틀이다.

스타아더 전설 I : 행성 메피우스

T&E 소프트
1985년 4,800엔

일본산 어드벤처 게임 여명기의 대표작. 쟈미르의 야망을 분쇄하기 위해, 주인공 '스타아더 밀바크'가 행성 메피우스에서 전설의 검을 찾는다는 이야기다. 당시엔 혁신적이었던 풀 컬러 그래픽과 커맨드 선택식을 채용했다.

007 뷰투어킬

토모 소프트 인터내셔널
1985년 4,800엔
RAM 32K

영화 '007 뷰투어킬'의 스토리를 따라가는 액션 게임. 파리·샌프란시스코·광산이 무대인 3개 스테이지로 구성했다. 플레이어는 제임스 본드가 되어, 사업가이자 KGB의 스파이인 조린의 야망을 분쇄해야 한다.

 플로피 디스크
 BEE CARD
 레이저 디스크
 VHD 디스크
 메가롬 내장 게임
 파나 어뮤즈먼트 카트리지 지원 게임
 MSX-MUSIC 지원 게임
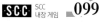 SCC 내장 게임

099

더 호빗

토모 소프트 인터내셔널
1985년　4,800엔
RAM 64K

J.R.R.톨킨의 판타지 소설 '호빗'이 원작인 텍스트 어드벤처 게임. '반지의 제왕'과 연결되는 작품으로, 주인공은 빌보 배긴스다. 원작의 아홉 반지도 등장한

다. 일본에선 영어판을 그대로 발매했기에, 클리어한 사람이 적었다.

헌치백

토모 소프트 인터내셔널
1985년　4,300엔
RAM 32K

「핏폴」과 유사한 스타일의 횡스크롤 액션 게임. 주인공인 '헌치백'(곱사등이)이 호위병을 피해 담벼락을 달려가며 진행해, 탑에 있는 에스메랄다 공주 앞까

지 당도하는 것이 목적인 게임이다.

플라이트 패스 737

토모 소프트 인터내셔널
1985년　4,500엔
RAM 32K

영국산 게임을 이식한, 리얼한 플라이트 시뮬레이터. 이식작이지만, 일본어로 번역하지 않고 영어판 그대로 출시한 작품이다. 보잉 737기의 기장이 되

어 6가지 미션을 클리어해 테스트 파일럿으로 발탁되는 것이 목적이다.

미니 골프

남코
1985년 4월 6일　4,500엔
RAM 8K

남코가 발매한 골프 게임. 홀 전체를 한 화면으로 보여주며 상황에 맞는 클럽 고르기도 캐디 기능으로 도와주므로, 라이트 골퍼라도 간편하게 즐길 수 있

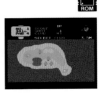

는 작품. '스트로크 플레이'·'매치 플레이' 등의 모드도 선택 가능하다.

직소 퍼즐

일본 일렉트로닉스 / 크로스미디어
1985년　4,800엔

당시로서는 드물게도 마우스 조작을 지원하는 게임 소프트. '직소 퍼즐'과 '에디터'를 별도 수록해, 직소 퍼즐을 푸는 데 그치지 않고 문제를 직접 만들 수도

있었던 의욕작이다. 마우스는 양쪽 모드에서 모두 사용 가능하다.

닌자 군 : 마성의 모험

니혼 덱스터
1985년　5,700엔
RAM 16K

인기 게임 「닌자 군」 시리즈의 제 1탄. 붉은색 캐릭터인 주인공 '닌자 군'을 조작해, 수리검 공격과 몸통박치기를 구사하여 화면의 모든 적을 물리치면 스

테이지 클리어다. 점프 조작이 까다로우니 일단 타이밍을 익히자.

포메이션 Z

니혼 덱스터
1985년　5,700엔
RAM 16K

로봇과 전투기의 두 가지 형태로 전환 가능한 기체를 조작하는 횡스크롤 슈팅 게임. 전투기로 비행할 때는 에너지가 빨리 소모되지만 보급 포인트가 한

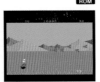

정돼 있으므로, 에너지를 낭비하지 않는 게 클리어의 지름길이다.

피피

니혼 덱스터
1985년　4,800엔
RAM 16K

앵무새 '피피'를 조작해 모든 블록을 없애는 퍼즐 액션 게임. 피피가 움직이면 발자국이 남으며, 이 발자국으로 블록을 둘러싸면 없어진다. 「팩맨」과 플레이

감각이 비슷한 게임이지만, 여러 추가요소로 차별화를 꾀했다.

아메리칸 트럭

니혼 텔레네트
1985년 12월　5,800엔
RAM 8K

좌우 이동과 액셀·브레이크 조작만으로 트럭을 운전하여 골인을 노리는 탑뷰 레이싱 게임. 최고속도는 시속 200km가 넘으며, 앞을 막는 라이벌 차량을

쳐 날려버릴 수도 있다. 통쾌함을 맛볼 수 있는 타이틀이다.

파이퍼

니혼 텔레네트
1985년　3,800엔
RAM 32K

사하라 사막의 중심에 석유 파이프라인을 잇는 것이 목적인 액션 게임. 플레이어는 제조 로봇 '파이퍼'가 되어, 쥐덫과 연사포로 쥐·전갈과 싸운다. 완성

된 파이프라인에 석유가 흐르게 되면 클리어다.

 MSX | MSX2 | MSX2+ | MSX turbo R　대응 기종 아이콘　　카세트 테이프　ROM 카트리지

선더 스톰

일본 빅터
1985년 9,800엔
RAM 32K

레이저디스크에 수록한 영상과 그래픽의 합성이 매력인 LD 게임 「선더 스톰」의 MSX판. 구동하려면 전용 VHD 플레이어가 필요하다. 정확한 타이밍에 버튼을 눌러 총격을 가하고, 커서 키로 헬리콥터를 조종한다.

더 플레이어 클럽

일본 빅터
1985년 9,800엔
RAM 32K

No IMAGE

라스베가스의 카지노에서 갬블러가 된 기분을 맛볼 수 있는 갬블 게임. 슬롯머신과 포커, 룰렛, 빙고를 비롯해, 오리지널 게임인 'UP OR DOWN'을 수록했다. 영상은 VHD에 수록돼 있어, 화면이 리얼하게 나온다.

앨리스의 화학실험실

일본 빅터
1985년 9,800엔
RAM 32K

리얼한 영상으로 화학의 이해를 도와주는 교육용 소프트. 실사영상과 애니메이션, CG로 화학실험을 알기 쉽게 시뮬레이트한다. 필요한 지식을 재미있게 배울 수 있고, 체크포인트로 학습내용의 이해도도 판정해준다.

비디오 스크램블

일본 빅터
1985년 6,800엔
RAM 32K

MSX와 VHD를 연동시켜 오리지널 게임을 만드는 툴킷. 스페이스 셔틀의 발진장면과 행성의 외관 등을 VHD에 깨끗한 영상과 음성으로 수록했으며, 동봉된 트레이닝 프로그램을 사용해 제작법을 배우는 방식이다.

VROOM

일본 빅터
1985년 9,800엔
RAM 32K

VHD 디스크를 사용해, 실사영상으로 바이크 레이싱 게임을 즐기는 타이틀. 이른바 'LD 게임'으로, 커브와 분기점 등의 포인트에서 속도를 줄이거나 레버를 입력하여 넘어가게 된다. 실패하면 바이크가 폭발해버린다.

제비우스 맵

일본 빅터
1985년 5,800엔
RAM 32K

오락실에서 대히트했던 「제비우스」의 총 16에리어 배경 영상을 수록한 게임킷. VHD BASIC으로 오리지널 게임을 제작하는, 독특한 작품이다. 동봉 설명서에 제비우스 군 병기개발역사와 사운드 악보 등을 수록했다.

행성 메피우스 (VHD판)

일본 빅터
1985년 9,800엔
RAM 32K

「행성 메피우스」(99p)의 VHD판. 원작에서는 CG로 표현했던 이벤트 신을 모두 토에이 동화가 제작한 애니메이션으로 대체한 것이 특징이다. 애니메이션 고유의 연출도 시도했고, 오리지널 미소녀도 등장한다.

람보

팩 인 비디오
1985년 5,800엔
RAM 16K

1985년 개봉한 영화 '람보 2'를 액션 RPG화했다. 초인적인 파워와 전투능력을 지닌 남자 '람보'가 되어 사로잡힌 VIP를 구출하자. 탄수 제한이 있고 정면 돌격만으로는 진행이 어려운 등, 사고력이 필요한 요소도 있다.

베이스볼

팩스 소프토니카
1985년 3,200엔
RAM 32K

매우 드물게도 사이드뷰를 채용한 야구 게임. 조작은 공격·수비 공통으로 투수의 구종과 코스를 지정하는 방식이며, 1구 단위로 타자가 노린 공과 실제 구종, 구속이 표시된다. 선수명을 취향껏 붙여 이상적인 팀으로 싸워보자.

마작비전 ※

팩스 소프토니카
1985년 4,200엔
RAM 32K

작탁의 배패를 잘 재현한 현장감 발군의 마작 게임. 특징은 리플레이 모드 탑재로, 종료된 국을 처음부터 재현해 준다. 실력 배양에도 도움이 되는 이 기능으로 마작의 비전을 배우자. 버림패를 가져갈 때는 화면이 정지된다.

 플로피 디스크 BEE CARD 레이저 디스크 VHD 디스크 메가롬 내장 게임 파나 어뮤즈먼트 카트리지 지원 게임 MSX-MUSIC 지원 게임 SCC 내장 게임

주 : 타이틀명 옆에 「※」가 붙어있는 게임의 스크린샷은 타 기종판입니다.

HARDWARE | 1983 | 1984 | 1985 | 1986 | 1987 | 1988 | 1989 | 1990 | 1991 | 1992 | 1993- | INDEX

스타 포스

허드슨
1985년 6월 25일 4,800엔
RAM 8K

BEE 카드용 게임으로 발매된 작품. 플레이어는 전투기 '파이널 스타'를 조작해, 샷으로 공중 및 지상의 적을 파괴하며 스테이지를 진행한다. 원작은 100만 점 보너스 등의 숨겨진 요소가 가득해 화제가 되기도 했다.

젯 셋 윌리

허드슨
1985년 7월 20일 4,800엔
RAM 16K

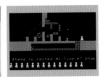

영국산 원작을 이식한 액션 게임. 매일 밤 파티를 열다 보니 저택이 술잔과 술병 천지가 돼 버렸다. 주인에게 꾸지람을 들은 하인이자 주인공인 윌리는, 저택 곳곳에 흩어진 아이템을 모두 정리해야만 잠을 잘 수 있다.

코나미의 푸얀

허드슨
1985년 4,800엔
RAM 8K

유명한 클래식 곡 '유모레스크'를 BGM 삼아, 늑대에게 잡힌 아기돼지를 구해야 하는 액션 게임. 어미 돼지를 조작해 활을 쏴, 풍선에 매달려 올라가는 늑대를 떨어뜨려야 한다. 고기를 던져 여러 늑대를 떨어뜨릴 수도 있다.

샐러드 나라의 토마토 공주

허드슨
1985년 4,800엔

'동사'와 '명사'를 사용해 스토리를 진행해가는 커맨드 입력식 어드벤처 게임. 펌프킨 장관이 일으킨 쿠데타로 '토마토 공주'가 납치돼 버린다. 플레이어는 '오이 전사'가 되어 나라에 평화를 되찾아주어야 한다.

파나소프트의 사커

파나소프트
1985년 4,800엔
RAM 8K

MSX에선 몇 안 되는 축구 게임 중 하나. 녹색의 필드를 헤쳐 나가는 선수들, 스피디한 공방과 승부를 결정하는 신속한 발놀림 등 축구의 로망이 가득한 작품이다. 수비 시에도 슬라이딩을 비롯한 거친 플레이가 펼쳐진다.

파나소프트의 럭비

파나소프트
1985년 4,800엔
RAM 8K

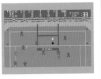

감독이 되어 러거맨들을 지휘하는 럭비 게임. 양 팀 15인 체제로 플레이하며, 공수교대가 빠른 게임이다. 공격 시엔 패스를 잘 연결해 킥과 트라이로 점수를 벌자. 수비 시엔 태클과 스크럼, 볼 투척을 자유롭게 할 수 있다.

에거랜드 미스터리

HAL 연구소
1985년 5,600엔

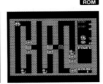

후일 다양한 기종으로 수많은 시리즈작이 만들어지는 인기 퍼즐 게임의 최초 작품. 다이아 패널을 모두 얻고 문으로 들어가면 다음 스테이지로 넘어간다. 「창고지기」에 여러 장치와 액션 요소를 가미한 게임이다.

테츠만

HAL 연구소
1985년 4,800엔
RAM 8K

4인용 마작 게임. 기존의 MSX용 마작 게임보다 진화된 리얼한 그래픽으로 마작패를 깔끔하게 그렸고, 문자 표기에 한자를 사용한 게 특징이다. '테츠만'(철야 마작을 의미)이라면서 반장 승부이지만, 오래 즐길 만한 작품.

밸런수(数)

HAL 연구소
1985년 4,800엔

'마스터 시리즈'의 사칙연산 편. 식과 답이 기록된 천칭의 좌우가 같은 수가 되도록 공란에 숫자를 넣어, 천칭이 끝까지 쭉 이어지도록 하면 클리어된다. 정답을 알고 있는데도 의외로 맞춰지지 않아 조급해지는 전개도 일어난다.

홀인원 확장 코스

HAL 연구소
1985년 2,000엔

인기 골프 게임 「홀인원」에 54종의 신규 코스를 추가해주는 소프트. 게다가 스스로 오리지널 코스를 제작할 수 있는 컨스트럭션 셋 프로그램도 제공되지만, 이쪽을 사용하려면 본체 RAM이 32KB 이상이어야 한다.

HARDWARE | 1983 | 1984 | 1985 | 1986 | 1987 | 1988 | 1989 | 1990 | 1991 | 1992 | 1993- | INDEX

홀인원 프로페셔널

HAL 연구소
1985년 5,800엔

인기 골프 게임 「홀인원」의 게임성은 유지하면서, HAL 컨트리클럽의 신 코스를 즐겨볼 수 있는 어나더 버전. 당시 잡지 'MSX 매거진'에서 개최했던 오리지널 코스 콘테스트의 우승자가 제작한 코스도 수록했다.

근육맨 : 콜로세움 데스매치

반다이
1985년 4,800엔
RAM 16K

같은 제목의 인기 만화를 소재로 삼은 격투 액션 게임. 플레이어는 근육맨을 조작해 선샤인 · 아수라맨 · 버팔로맨 등 3명의 악마초인과 싸운다. 각 초인의 필살기를 잘 재현해내 팬들에게 재미를 선사하는 게임이다.

제타 2000

픽셀
1985년 4,800엔
RAM 32K

3D로 묘사된 군사기지를 탐색하는 액션 게임. 인류를 절멸의 위기에서 구하기 위해, 초능력자 소년 NEO가 과거로 돌아가 5가지 원인을 제거하는 게 목적이다. SF적인 세계관과 세미리얼타임 게임 시스템으로 호평받았다.

쇼기광

빙 소프트
1985년 3,800엔
RAM 32K

컴퓨터와 대국하는 쇼기 게임. 컴퓨터는 천일수(千日手)를 감지하지는 못하나, 정석과 기습 전법은 어느 정도 익힌 만만찮은 라이벌이다. 플레이어 측은 말 떼기 핸디캡을 설정할 수 있으니, 적절한 난이도로 도전해보자.

몰몰

빅터음악산업
1985년 5,800엔
RAM 32K

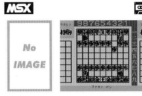

두더지 '몰'이 주인공인 총 50 스테이지의 액션 퍼즐 게임. 목적은 모든 감자와 과일을 모아 출구로 가는 것이지만, 위로 올라가는 수단이 사다리뿐이고, 아래에 빈 토굴을 만들면 먹을 것은 떨어지지 않으나 바위는 떨어지므로, 클

▶ 원래는 컴퓨터 게임 콘테스트 수상작이다.

리어하려면 이 법칙들을 염두에 두고 신중하게 움직여야 한다. '감자는 파도 무덤은 파지 마라'는 광고 선전문구대로, 잘못 파면 클리어 불가가 되는 심오한 지략 게임이다.

마작광 스페셜

빙 소프트
1985년 3,800엔
RAM 32K

4인 대국 마작 게임. 4단계 난이도를 준비해, 설정하기에 따라선 어떤 패를 버릴지의 판단까지 컴퓨터에게 맡길 수도 있다. 오픈 모드 등 일부 룰을 변경하거나, 배패를 바꾸지 않고 다시 플레이하는 기능도 내장했다.

광 팩 II

빙 소프트
1985년 5,800엔
RAM 32K

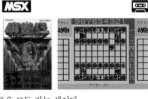

빙 소프트의 테이블 게임 2작품, 「쇼기광」과 「마작광 스페셜」을 합본한 염가 세트판. 빙 소프트가 내놓은 MSX용 게임은 이 두 작품뿐이므로, 이 게임을 입수하면 이 회사의 MSX 타이틀은 모두 갖는 셈이다.

EGGY

보스텍
1985년 4,200엔
RAM 32K

이족보행형 바디 아머 '에나'를 조작해, 적을 물리쳐 에너지를 보충하면서 낙하하는 물자를 회수하는 액션 게임. 1984년 보스텍 사가 개최했던 프로그램 콘테스트의 입상작이며, 캐릭터의 부드러운 모션이 특징이다.

초시공요새 마크로스
: 카운트다운

보스텍
1985년 5,800엔
RAM 16K

같은 제목 인기 애니메이션의 전투 신을 게임화한 슈팅 게임. 3종류의 비행 형태가 있는 '발키리'를 조작해 요새 내부에 침입하자. 클리어 후에는 원작의 유명한 테마곡 '사랑, 기억하고 있습니까'가 연주되기도 한다.

 플로피 디스크 100 / 200
 BEE CARD
 레이저 디스크
 VHD 디스크
 메가롬 내장 게임
 파나 어뮤즈먼트 카트리지 지원 게임
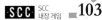 MSX-MUSIC 지원 게임 / SCC 내장 게임

103

요괴탐정 치마치마

보스텍
1985년 5,600엔
RAM 8K

 MSX

손발이 달린 눈알요괴 '치마치마'가 주인공인 액션 게임. 무기인 화염구는 플레이어의 조작과 연동해 움직이는 폭탄으로, 직접 닿으면 해가 없고 폭발 시의 화염으로 적을 물리친다. 치마치마도 폭발에 닿으면 죽으니 주의!

성룡의 스파르탄 X

포니 캐년
1985년 2월 3,500엔
RAM 32K

 MSX

성룡 주연 영화 '쾌찬차'(일본명 '스파르탄 X')와 제휴한 작품. 적의 아지트로 향하는 3D 진행 파트에선 몰려오는 오토바이 군단의 돌격을 피해야 한다. 아지트 내 전투 파트에선 쿵푸로 보스를 물리치고 실비아를 구출하자.

핏폴 II

포니 캐년
1985년 3월 4,800엔
RAM 8K

 MSX

탐험가가 주인공인 점프 액션 게임. 일본에선 세가가 개변 이식한 아케이드판이 유명하지만, MSX판은 원작인 아타리 2600판을 이식했다. 2편은 대담하게 목숨 제한을 없앴고, 광대한 지하 맵과 경쾌한 BGM을 추가했다.

유리창 청소 회사의 스윙군

포니 캐년
1985년 3월 4,800엔
RAM 8K

 MSX

스윙 군을 조작해 제한시간 내에 더러운 건물 유리창을 전부 깨끗이 닦자. 외벽엔 청소를 방해하는 몬스터도 많이 있지만, 창가의 여성과 키스하면 무적이 된다. 모든 창을 닦아내고 빌딩 정문으로 들어가면 클리어.

체커즈 인 TANTAN 너구리

포니 캐년
1985년 5월 4,800엔
RAM 8K

 MSX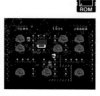

같은 제목의 일본 영화가 테마인 액션 퍼즐 게임. 밴드 '체커즈'의 보컬 '후미야'를 조작해, 팬들을 피하며 멤버 5명을 모으자. 후미야가 지나간 길은 음표가 남아 통과할 수 없어, 신중히 움직이지 않으면 막혀버린다.

챔피언 사커

포니 캐년
1985년 5월 4,800엔
RAM 8K

 MSX

세가 SG-1000용 게임의 이식작. 드리블·패스로만 진행하는 심플한 조작의 축구 게임이다. 1P가 '해츠' 팀을, 2P 혹은 CPU가 '트릭스' 팀을 조작해 시합을 개시한다. 레벨은 '아마추어'부터 '프로'까지 3단계가 있다.

고스트버스터즈

포니 캐년
1985년 6월 5일 5,500엔
RAM 8K

 MSX

고스트버스터즈 3명이 무기를 들고 도시에 나타난 유령을 퇴치하는 대히트 영화의 게임판. 트랩과 유령용 미끼를 차에 싣고서 시민들을 구하러 가자. 타이틀 화면에서 가사와 함께 연주되는 유명한 주제곡은 꼭 들어볼 것.

챔피언 복싱

포니 캐년
1985년 6월 5일 5,500엔
RAM 16K

 MSX

잽·어퍼·스트레이트 3종류의 펀치를 상하 버튼으로 선택해, 대전 상대에게 적절한 타이밍으로 맞혀야 하는 권투 게임. 등장하는 라이벌 선수는 모두 5명이다. 컴퓨터와의 대전뿐만 아니라 2인 동시 대전도 가능하다.

시소

포니 캐년
1985년 7월 1일 4,800엔
RAM 8K

 MSX

유령의 집에서 나쁜 유령들을 퇴치하자. 시소를 사용해 유령을 위로 튕겨 날리거나, 시소에 낀 유령을 밟아버리면 물리칠 수 있다. 적을 전멸시키고 맵 내의 모든 과일을 먹으면 클리어되는, 통쾌감 있는 액션 게임이다.

패스트파인더

포니 캐년
1985년 7월 4,800엔
RAM 16K

 MSX

알타이르 성계의 행성에서 유적을 탐사하는 슈팅 게임. 장비 유무를 자유롭게 설정한 무인탐사선을 조작해 전진하여 지도를 메워나가는 게임이다. 캐릭터에 높이 개념이 있어, 적과 높이가 같아야만 공격이 맞는다.

HARDWARE
1983
1984
1985
1986
1987
1988
1989
1990
1991
1992
1993-
INDEX

파이널 저스티스

포니 캐년
1985년 8월   4,800엔
RAM 8K

컴파일 사가 개발한 종스크롤 슈팅 게임. 후지시마 사토시가 MSX로 프로그래밍한 첫 타이틀로, 플레이어 기체의 디자인 및 배경의 이중 스크롤 등에 그의 솜씨가 엿보인다. 후일 「디스크 스테이션 8호」에도 수록되었다.

렌쥬

포니 캐년
1985년 8월   4,800엔
RAM 8K

대전자 양쪽에 공평하도록 룰을 정립한 오목인 '렌쥬'를 즐기는 타이틀. 컴퓨터 게임답게 게임 결과를 재현하는 기능과, 강아지가 등장해 적·아군 혹은 중립 상태로 훼방을 놓는 핸디캡 기능을 마련했다. 2인 대전도 가능하다.

로큰볼트

포니 캐년
1985년 8월   4,800엔
RAM 8K

헐거워져 떠다니는 바닥을 화면 아래의 설계도대로 볼트로 고정해 빌딩을 완성시키는 것이 목적인 액션 퍼즐 게임. 바닥을 고정할 순서를 착오하면, 설계도대로 다 맞췄어도 엘리베이터를 타지 못해 클리어할 수가 없다.

챔피언 프로레슬링

포니 캐년
1985년 8월   5,500엔
RAM 8K

세가 SG-1000 시리즈용 게임의 이식작. 발동할 기술을 선택해 적절한 타이밍에 버튼을 누르면 기술이 펼쳐지는 간단 조작의 프로레슬링 게임이다. 복면 레슬러들이 플레이어의 대전 상대로 등장한다.

잭슨

포니 캐년
1985년 9월   4,800엔
RAM 8K

쿼터뷰로 전개되는 슈팅 게임. 플레이어 기체에 고도 개념이 있어, 좌우 이동뿐만 아니라 고도도 조절하며 공중과 지상의 적을 파괴해야 한다. 장벽에 부딪히지 않도록, 기체와 그림자의 간격으로 고도를 가늠해 돌파하자.

G.P. 월드

포니 캐년
1985년 9월   5,500엔
RAM 8K

원작은 세가가 개발한 SG-1000용 레이싱 게임. 포뮬러형 머신을 조작해 세계 10개국의 레이스에서 연승하자. 최고속도는 300km/h로, 헤어핀 탈출은 물론 라이벌 차량을 오버테이크하는 데에도 상당한 기술이 필요하다.

마스터 오브 더 램프

포니 캐년
1985년 10월   4,800엔
RAM 32K

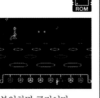

'아라비안나이트'를 모티브로 삼은 액션 게임. 마법 양탄자로 터널을 돌파하며 비행하는 파트와, 램프의 정령이 내는 음표와 같은 색깔의 징을 울려 램프 조각을 모으는 파트로 구성했다. 램프의 정령을 봉인하면 클리어다.

알카자르

포니 캐년
1985년 11월   4,800엔
RAM 8K

알카자르 성을 탐색해 왕좌에 앉는 것이 목적인 액션 게임. 게임 도중 BGM이 전혀 없으며, 맵의 효과음과 발자국 등으로 적의 위치를 판단해 진행한다. 적에게 들키지 않도록 신중하게 전진하는, 긴장감이 있는 게임이다.

줌 909

포니 캐년
1985년 11월   4,900엔
RAM 8K

▶ 고난이도로 이름난 추가 스테이지까지 갈 수 있을까?

세가의 아케이드용 게임을 이식한 작품. 3인칭 시점으로 진행되는 유사 3D 슈팅 게임으로, 원작은 당시로서는 참신하게도 배경에 그러데이션을 사용해 원근감을 표현했던 타이틀이다. 이 MSX판은 1985년 발매된 SG-1000판과 거의 동일하며, 아케이드판에는 없었던 신규 요소인 게임 내 BGM과, 무중력공간이 무대인 탑뷰 오리지널 2D 스테이지 추가도 SG-1000판과 공통이다.

 플로피 디스크
 BEE CARD
 레이저 디스크
 VHD 디스크
 메가롬 내장 게임
 파나 어뮤즈먼트 카트리지 지원 게임
 MSX-MUSIC 지원 게임
SCC 내장 게임

105

프로텍터

포니 캐년
1985년 11월   4,800엔
RAM 8K

성룡의 같은 제목 영화가 소재인 액션 게임. 고정화면 게임이며 모든 적을 물리치면 클리어다. 주인공은 펀치·킥으로 공격한다. 체력 시스템이라 몸으로 밀고나갈 수 있어, 액션이 약한 유저도 재미있을 만한 작품이다.

두근두근 펭귄 랜드

포니 캐년
1985년 11월   4,900엔
RAM 8K

펭귄을 조작해 애인에게 선물을 주러 가는 액션 게임. 도중에 구멍을 파거나 발판을 만들거나 하여, 알을 적이 깨뜨리지 않도록 잘 운반해 애인에게 넘겨주자. 알은 일정 높이 이상으로 떨어지면 깨지니 신중하게 진행하도록.

백 투 더 퓨처

포니 캐년
1985년 12월   4,900엔
RAM 8K

대히트 영화를 액션 게임화했다. 과거로 거슬러 온 마티를 조작해, 청춘시대의 부모가 함께 춤췄다는 추억의 댄스홀로 부모를 인도해야 한다. 인기 곡 'Johnny B. Goode'를 BGM 삼아, 경찰관을 피하며 디스코장으로 가자!

폴리스 스토리 : 홍콩 국제경찰

포니 캐년
1985년 12월   4,900엔
RAM 8K

특수경찰관이 되어 거대 마약조직과 대결하는 성룡 주연의 쿵푸 액션 영화 '폴리스 스토리'를 게임화했다. 빌딩 내의 아이템을 획득하면서 전진해, 최상층에 있는 보스를 물리치는 형식의 액션 게임이다.

챌린지 더비

포니 캐년
1985년 12월   4,900엔
RAM 8K

레이스 결과를 예상하며 즐기는 경마 시뮬레이션 게임. 1일 8레이스이며, 한 레이스당 5~8두의 경주마들이 출주한다. 마권은 1위·2위를 맞히는 복연승식만 구입 가능하며, 승률 등 예상을 위한 정보도 제공한다.

루나 볼

포니 캐년
1985년 12월   4,900엔
RAM 8K

우주에 설치된 다양한 형태의 당구대로 플레이하는 변칙적인 당구 게임. 루나 볼(큐볼을 말함)을 칠 방향과 세기를 잘 조절해, 번호가 붙은 볼을 화면 끝단의 블랙홀에 떨어뜨리자. 스테이지는 총 32종류를 수록했다.

크루세이더

포니 캐년
1985년   3,800엔
RAM 8K

MSX1용 게임이라고는 믿기지 않을 만큼 매끄러운 스크롤을 구현한 타이틀. 사로잡힌 공주를 구출하기 위해 마왕을 물리치는 게 목적이다. 「드루아가의 탑」처럼, 특수 아이템을 입수하고 클리어하면 진정한 엔딩이 나온다.

사파리 X

폴리시
1985년   3,800엔
RAM 16K

고속 스크롤이 세일즈포인트였던 종스크롤 슈팅 게임. 적 기지를 향해 바위와 나무, 적 등이 배치된 길을 지프로 달려 돌파하자. 샷을 쏠 때는 지프가 한쪽 바퀴로만 주행하므로, 이를 이용하면 좁은 길도 통과 가능하다.

타임 트렉

폴리시
1985년   3,800엔
RAM 32K

다양한 시대를 시간여행하며 흉악범을 쫓는 어드벤처 게임. 시공관제국 대원이 되어, 세계의 파멸을 꾀하는 흉악범 바스킨을 체포하자. 바스킨은 차원 배리어를 갖고 있어 쉽게 발견되지 않으나, 각 시대에 흔적이 남아있다.

워리

마이크로캐빈
1985년   3,800엔
RAM 32K

일본 최초의 그래픽 어드벤처 게임 「미스터리 하우스」의 계보를 계승한 타이틀. 대부호의 저택 안으로 잠입해, 숨겨져 있는 보물을 찾아내자. 당시의 최신 스토리 전개와 고속 그래픽을 구현해, 플레이어의 두뇌에 도전한다.

   대응 기종 아이콘

 카세트 테이프   ROM 카트리지

쇼기

마이크로캐빈
1985년 4월   5,000엔
RAM 16K

쇼기 대국 입문용으로 개발된 쇼기 게임. 1984년 발매했던 카세트테이프판 「왕장」과 동일한 내용이며, 컴퓨터 상대로 쇼기 대국을 즐길 수 있다. 데이터레코더가 있으면 대국 도중에 저장하고 다음에 재개할 수도 있다.

디스크 워리어

마이크로캐빈
1985년   4,200엔
RAM 32K

쿼터뷰 시점으로 전개되는 3D 리얼타임 어드벤처 게임. 플레이어는 현지공작원이 되어 제국의 심장부 'COMPLEX'에 잠입해, 최강으로 꼽히는 안드로이드 군을 물리치고 마스터 컴퓨터를 파괴해야만 한다.

해리 폭스 : 눈의 마왕 편

마이크로캐빈
1985년   4,200엔
RAM 32K

호평받았던 타 기종용 어드벤처 게임 「해리 폭스」의 속편. 주인공인 새끼 여우가, 과거에 자신을 도와준 소녀를 구하러 마왕이 사는 얼음의 성으로 간다는 이야기다. 눈으로 봉쇄된 세계를 무대로, 동화 풍 판타지가 펼쳐진다.

해피 프렛

마이크로캐빈
1985년   3,800엔
RAM 32K

모험가 '해피 프렛'을 조작해, 암호를 해독하여 숨겨진 보물을 입수하자. 무대인 틴터넬 성 내부는 미로처럼 꼬여 있는데다, 흡혈 박쥐와 독뱀 등의 방해물은 물론이고 동업자가 남겨둔 위험물도 방치되어 있다.

비차

마이크로캐빈
1985년   4,200엔
RAM 32K

1984년 발매했던 「왕장」 (85p)의 업데이트 버전. 전작과는 달리 말의 이동지점을 커서로 선택하는 시스템으로 바뀠다. 사고 루틴도 개량해 고속화시켰으나, 난이도는 의도적으로 상당히 낮추어 조정했다.

리저드

마이크로캐빈
1985년   4,800엔
RAM 32K

크리스탈소프트 사가 개발한 심플한 3D 던전 RPG. 플레이어는 용사로서, 공주에 걸린 저주를 풀 수 있는 '진실의 책'을 입수해야 한다. 전투 시스템은 근접 전투 혹은 아이템을 사용하는 랜덤 배틀이며, 퍼즐 요소도 있다.

레스 플릭스

마이크로캐빈
1985년   4,200엔
RAM 32K

 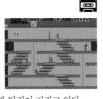

도둑 '레스 플릭스'를 조작해 최후의 대 도둑질을 성공시키자. 목표는 시가 4천만 불짜리 다이아몬드. 스테이지는 거리와 빌딩 안 2종류로 나뉘며, 거리는 사전 배치된 경찰차가, 빌딩 안은 경찰관과 탐정이 지키고 있다.

아웃로이드

매지컬 주
1985년   4,800엔
RAM 32K

SF 장르로서는 MSX 최초의 오리지널 RPG. 제 2의 지구 '퀸'을 무대로, 주인공 '라몬 오쿠다이라'가 인류 말살을 노리는 컴퓨터 'CCC'와 싸운다는 스토리다. 장갑복은 머리와 팔 등 각부로 나뉘어, 개별 강화가 가능하다.

속 황금의 무덤
: 스핑크스의 수수께끼

매지컬 주
1985년 1월   4,800엔
RAM 32K

일본어 단어로 커맨드를 입력하는 그래픽 어드벤처 게임. 「황금의 무덤」의 속편이지만 전작과의 스토리 연계성은 얕다. 이번에는 모험 여행 도중 이차원세계를 헤매게 된 체모르 박사를 생환시키는 것이 목적이다.

BANG! BANG!

미쓰비시 전기
1985년   3,000엔
RAM 16K

몬스터를 피하며 출구로 향하는 미로 게임. 플레이어 캐릭터를 조작해 탈출구까지 도달하자. 몬스터는 끈질긴 녀석부터 문을 돌로 막아버리는 얄궂은 녀석까지 다양하다. 어떻게든 몬스터를 물리치고 미로를 탈출하자.

그야말로 손오공

미쓰비시 전기
1985년 3,000엔
RAM 32K

손오공이 되어 근두운을 타고 적들을 물리치는 액션 게임. 좌에서 우로가 아니라, 우에서 좌로 스크롤 되는 게 특징이다. 비행하며 소모되는 파워는 별사탕을 먹어 회복하자. 결정적인 승부에선 여의봉이 대활약한다.

인터 스텔라

레이저디스크 사
1985년 9,800엔
RAM 32K

독특한 사이키델릭 분위기의 배경에서 펼쳐지는 슈팅 게임. 게임 자체는 비스듬히 내려다보는 시점의 「갤럭시안」이라고나 할까. BGM도 환상적이라, 스테이지의 분위기를 잡는 데 한몫한다. 전반적으로 화려한 작품.

에쉬의 오른밀라

레이저디스크 사
1985년 9,800엔
RAM 32K

「드래곤즈 레어」와 「스페이스 에이스」를 합쳐놓은 듯한 인상을 주는 작품으로, 자극적인 인터랙티브 게임. 화면에 별표 마크가 적절히 나와 옳은 입력방향을 알려주므로, 난이도는 이런 계열의 게임 중에선 낮은 편이다.

코스모스 서킷

레이저디스크 사
1985년 9,800엔
RAM 32K

MSX용 LD 게임 중에선 유일한 레이싱 게임. 아름다운 영상과 스프라이트의 절묘한 융합을 구현했다. 제한시간 내에 골인해야 함은 물론, 일정 수의 라이벌 추월도 클리어 조건이라는 조금 독특한 룰의 게임이다.

동해 대해전 : 바다에 가면

레이저디스크 사
1985년 9,800엔
RAM 32K

러일전쟁을 그린 같은 제목 일본 영화의 영상을 사용한 타이틀. 러시아의 발트 함대를 찾는 색적 파트, 16척의 함대로 발트 함대를 모두 침몰시켜야 하는 해전 파트가 있다. 적 배치는 실제 역사대로, 혹은 무작위 중 선택 가능.

롤링 블래스터

레이저디스크 사
1985년 9,800엔
RAM 32K

레이저디스크를 사용한 종 스크롤 슈팅 게임. 레이저디스크에서 재생되는 배경 동영상을 통해 거대한 우주선이나 몬스터가 애니메이션으로 등장, MSX1용 게임이라고는 믿기지 않을 만큼 박력 넘치는 작품이 되었다.

푸른 우주의 모험

레벤 프로
1985년 4,200엔
RAM 32K

소설가 코마츠 사쿄의 같은 제목 SF 주브나일 소설이 원작인 어드벤처 게임. 60년 주기로 일어나는 괴사건의 수수께끼를 조사하는 게 목적이다. 각 장별로 던전 탐색이나 슈팅 게임 등, 전혀 다른 장르의 게임이 펼쳐진다.

벌이 좀 되시능교? 그럭저럭이라예!

레벤 프로
1985년 4,800엔
RAM 32K

타이틀명(오사카 사투리의 안부인사 주고받기)과는 딴판으로, 농구가 소재인 액션 게임. 농구대회에서 상금을 벌어 '농구를 잘하게 되는 약'을 사는 게 목적이다. 다양한 지형을 오사카인 근성으로 헤쳐 나가는 코믹한 타이틀.

홋카이도 연쇄살인 : 오호츠크에 사라지다

로그인 소프트
1985년 3,800엔
RAM 32K

호리이 유지가 「드래곤 퀘스트」 이전에 제작했던 어드벤처 게임. 주인공 '경감'이 하루미 부두에서 인양된 익사체의 신원을 추적하다 홋카이도에 도착, 현지 형사와 협력해 범인을 쫓는다. 당시엔 획기적이었던 '커맨드 선택' 시스템을

▶ 무턱대고 마구 커맨드를 고르면 오히려 게임이 막혀버린다.

채용했다. 마슈 호·굿샤로 호 등의 유명 관광지와 니포포 인형 등의 실존 물품이 등장

한다. 치밀한 스토리와 세련된 시스템 등으로 일본 어드벤처 장르의 전환점이 된 타이틀.

 대응 기종 아이콘

MSX MSX2 MSX2+ MSX turbo R

 카세트 테이프   ROM 카트리지

1986

MSX GAME SOFTWARE CATALOGUE

이 해에 발매된 MSX용 게임 소프트는 총 139개 타이틀이다. 기본적으로는 전년에 이어 MSX1용이 중심이지만, 「악마성 드라큘라」 등의 고품질 소프트 등장에 힘입어 게임기로서의 MSX2의 유용성이 조명받기 시작했다. 또한 이 해부터 메가롬이 등장해, 대용량 ROM을 사용한 게임을 즐길 수 있게도 되었다.

HARDWARE
1983
1984
1985
1986
1987
1988
1989
1990
1991
1992
1993-
INDEX

스펠렁커

아이렘
1986년   4,900엔
RAM 8K

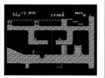

패미컴으로도 발매되어 대히트를 기록한 액션 게임 「스펠렁커」의 MSX판. 동굴탐험가인 주인공은 지하 깊숙한 곳에 잠든 보물을 찾기 위해 다양한 함정과 통로를 돌파하며 전진한다. 유령 출현 효과음이 나오면 총을 쏘자.

10야드 파이트

아이렘
1986년   4,900엔
RAM 8K

미식축구를 소재로 삼은 아케이드 게임의 이식작. 공격 측 플레이에 특화시킨 액션 게임 풍으로 게임 디자인을 개변했으므로, 미식축구 규칙을 잘 모르는 사람도 쉽게 즐길 수 있는 게임성의 작품이 되었다.

더 캐슬

아스키
1986년 5월 25일   5,800엔
RAM 8K

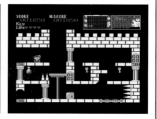

'아스키 소프트웨어 콘테스트' 그랑프리 수상작. 원작은 FM-7 등으로 발매된 타이틀이며, 이식을 「캐슬 엑설런트」의 제작자가 맡았다. 온갖 장치와 적이 가득한 100칸의 방을 공략하여 공주를 구하는 게 목적인 퍼즐 액션 게임. 최대 특징이, 주인공 '라파엘 왕자'는 점프 도중 방향을 바꿀 수 있다는 점이다. 정교한 공중 이동으로 열쇠와 아이템을 모아 행동범위를 넓혀, 공주에게로 도달해보자.

▶ 열쇠는 같은 색의 문을 열 때 쓰는 아이템이다.

캐슬 엑설런트

아스키
1986년 12월   5,800엔
RAM 8K

MSX판 「더 캐슬」이 발매된 지 반년 후에 출시된 속편. 게임의 기본 조작 등은 동일하나, 맵이 한층 더 복잡해졌다. 같은 색깔의 열쇠와 문이 어디에 배치돼 있는지를 파악해, 항상 매핑하고 빈틈없이 조작해야 한다.

더 블랙 오닉스 II

: 파이어 크리스탈을 찾아서

아스키
1986년   6,800엔

1985년 발매된 「더 블랙 오닉스」의 속편. 도시 '우츠로'의 사원에 들어가, 전설의 보물 '파이어 크리스탈'을 찾아내자. '마법'의 도입이 특징으로, 지하 1층의 '선의 마법사'와 만나면 캐릭터를 마법사로 전직시킬 수 있다.

J.P.윙클

아스키
1986년   4,800엔
RAM 8K

성의 미로를 탐색하는 액션 퍼즐 게임. 주인공 '제이'를 조작해 30개나 되는 방을 공략하자. 목적은 13권의 성서를 모두 모으는 것. 방에는 '?' 마크가 붙은 상자가 있고, 그 안에는 성서나 다음 방으로 가는 열쇠가 들어있다.

1942

아스키
1986년 12월 15일   5,800엔

캡콤의 인기 아케이드 슈팅 게임을 이식했다. 플레이어는 'P-38 라이트닝' 기를 조작해 구 일본군을 격파하는 게 목적이다. 원호 기체로 강화되는 샷과 공중제비 회피, 적의 초대형 폭격기 '아야코' 등 볼거리가 가득하다.

1942

아스키
1986년 12월 15일 5,980엔

MSX판과 동시 발매된 타이틀. 제2차 세계대전이 테마로, P-38 라이트닝을 조작해 일본군 전투기들과 싸우는 슈팅 게임이다. 게임 자체는 MSX판과 동일하지만, 상위 기종판인 만큼 그래픽을 향상해 아케이드판에 가까워졌다.

신 베스트 나인 프로야구

아스키
1986년 7,800엔
VRAM 128K

선수의 이름·능력치를 자유롭게 변경 가능한 야구 게임. 86년 당시 센트럴·퍼시픽 리그 12구단 소속 전 선수가 실명으로 등장한다. 감독으로서 페넌트레이스를 치러 일본시리즈 우승을 노리자. 오리지널 팀 제작도 가능하다.

던전 마스터

아스키
1986년 5,800엔

전사·도둑·마법사·승려 중 직업을 선택해 던전 깊숙한 곳을 탐색하는 액션 RPG. 최대 특징은 3명까지 동시 플레이가 가능하다는 점이다. 캐릭터별로 패스워드가 생성되므로, 자신의 캐릭터를 가져와 함께 플레이해도 재미있다.

TZR 그랑프리 라이더

아스키
1986년 7월 18일 5,800엔
RAM 16K

일본에 바이크 붐이 한창이던 때 출시된 바이크 레이싱 게임. 단순한 그래픽 탓에 저평가되는 편이지만, 커브를 꺾을 때 화면이 기울어지고 바이크의 디테일한 거동도 제법 잘 재현하는 등, 허술히 만든 게임은 아니다.

드래곤 퀘스트

에닉스
1986년 12월 18일 5,800엔
RAM 16K

패미컴판이 발매된 후 약 반년이 지나 출시된 MSX판. 부활의 주문도 패미컴판과 호환성이 있고, 필드 이동 시 화면 스크롤이 캐릭터 단위인 것을 제외하면 거의 내용이 동일해, 이 작품의 이식을 열망했던 유저들을 만족시켰다.

지구전사 라이자

에닉스
1986년 4,800엔
RAM 32K

샤프하고 세련된 그래픽과 중후장대한 스토리를 즐길 수 있는 SF RPG. 가룸 군의 침략으로 괴멸 직전 상태인 지구를 구하기 위해 라이자에 탑승한 주인공이 활약한다는 스토리. 당시, 충격적인 엔딩으로 화제가 되었다.

월드 골프

에닉스
1986년 5,800엔
RAM 64K   VRAM 128K

톱 프로 골퍼 30명과 토너먼트로 겨루는 골프 게임. 베스트 10에 입성하면 코스 회원이 될 수 있다. 리얼함을 중시한 게임으로, 볼의 궤도는 물론 코스 상의 미묘한 기복까지 재현했다. 세계의 유명 골프 코스도 등장한다.

TOKYO 헌팅 스트리트

에닉스
1986년 4,800엔
RAM 32K

에닉스의 제 3회 '게임·취미 프로그램 콘테스트' 수상 작품. 신주쿠·하라주쿠·지방도시 등에서 선호 장소를 골라, 필이 꽂히는 여자에 말을 걸자. 제각기 성격·직업 등이 다른 55명의 여자가 등장한다. 리얼한 헌팅을 체험해보자.

MORE

오메가 시스템
1986년 4,800엔
RAM 16K

여자가 좋아 어쩔 줄 모르는 사람을 위해 제법 공들여 만든 성인용 게임. 말하자면 '야구권' 게임으로, 가위바위보를 이기면 여자가 옷을 벗어준다. 그래픽의 내용이 당시엔 꽤 파격적인 편이어서 정신건강에 유의할 필요가 있었다.

유키

오메가 시스템
1986년 4,800엔
RAM 16K

요염한 분위기가 풍기는 학습용 소프트. 출제되는 문제를 보고 정답을 고르면 야한 CG가 표시된다. 문제 수준은 중학생 정도이므로 쉽게 정답을 맞힐 수 있다. 당시의 성인용 게임에 대부분 있었던 위장화면 기능도 탑재했다.

    대응 기종 아이콘

 카세트 테이프   ROM 카트리지

이가 인법첩 : 만월성의 싸움

카시오 계산기
1986년 4,800엔
RAM 8K

「이가 인법첩」의 속편인 액션 게임. 적의 본거지인 만월성에서 비밀의 손거울을 찾아내, 코가 닌자를 조종하는 의문의 성주의 정체를 알아내는 게 목적이다.

전작 카트리지를 2번 슬롯에 꽂고 구동하면 울트라 인법을 사용 가능.

엑조이드-Z

카시오 계산기
1986년 4,800엔
RAM 8K

은하의 정복을 꾀하는 외계인을 물리쳐라! 종스크롤이 매끄러운 슈팅 게임. 우주공간에 뜬금없이 설치된 슬롯머신으로 777을 맞추면 파워 업된다. 보스전에서 펼쳐지는 충격의 전개는 한 번 봐둘 가치가 있다.

엑조이드-Z 에리어 5

카시오 계산기
1986년 4,800엔
RAM 8K

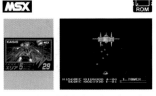

「엑조이드-Z」의 속편. 부드러운 스크롤과 도중의 슬롯머신은 여전하다. 모아둔 게이지를 소비하여 레이저를 장비하거나, 마치 전멸폭탄 느낌의 적탄 일소+전체공격 발동도 가능하다. 게이지의 적절한 활용이 공략 포인트.

현자의 돌

카시오 계산기
1986년 4,800엔
RAM 8K

캐릭터를 성장시키며 미궁을 탐색해 4장의 석판을 모으는 액션 어드벤처 게임. 수정을 모아 교환하여 다양한 효과가 있는 마법진을 입수할 수도 있으며, 숨겨진 방과 통로를 찾는 것도 재미있다. BGM도 인상적이다.

아기고양이의 대모험
: 치비짱이 간다

카시오 계산기
1986년 4,800엔
RAM 8K

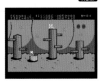

아기고양이 '치비짱'이, 멀리 이사가버린 절친을 만나러 여행하는 액션 게임. 오른쪽으로 화면을 전환하며 진행하는 시스템으로, 아이템을 얻으면 거대화되어 '원더 치비짱'이 되기도 하고, 발사형 도구를 쓸 수도 있다.

신드바드의 7가지 모험

카시오 계산기
1986년 4,800엔
RAM 8K

컬러풀한 캐릭터와 경쾌한 모션이 아기자기한 액션 게임. 거대한 새에 잡혀 각 스테이지에 떨어진 후, 특정 캐릭터를 물리치고 나오는 열쇠를 얻는다. 다시 새에게 잡혀 다음으로 넘어가는 식으로, 7가지 스테이지를 공략한다.

모아이의 보물

카시오 계산기
1986년 4,800엔
RAM 8K

모아이 안에 들어간 '백곰군'이 주인공인 액션 퍼즐 게임. 망치로 블록을 깨, 발판을 만들고 보석을 찾아내며 출구로 나가야 한다. 받침이 사라지면 블록이 떨어져 깔릴 수도 있으니, 지지대 아이템도 적절히 사용하며 공략하자.

어둠의 용왕 :
하데스의 문장

카시오 계산기
1986년 4,800엔
RAM 8K

「현자의 돌」의 속편. 석판을 다 모은 '레온'이 사악한 신 '하데스'가 지배하는 세계를 방황한다는 스토리다. 디테일하게 그려낸 그래픽과 박력 있는 거대 보스, 멋진 음악이 어우러진 종스크롤 슈팅 게임이다.

요괴의 집

카시오 계산기
1986년 4,800엔
RAM 8K

주인공 '코지 군'이 요괴의 집에서 행방불명된 '리카'를 구하러 가는 액션 게임. 손전등 불빛으로 요괴를 퇴치하며, 스테이지 내의 '부적'을 5장 모아 보스를 물리쳐야 한다. 거대한 보스 캐릭터들이 박력 만점이다.

더 블랙 배스

GA무 / HOT·B
1986년 4,800엔
RAM 32K

배스 낚시 토너먼트에 참가하여 우승을 노리자. 토너먼트는 3일간이며, 낚은 배스의 중량으로 승부가 결정된다. 봄·여름·가을의 계절 변화와 루어의 거동, 배스의 크기 등 상당히 많은 패러미터를 세분화해 설정한 것이 특징.

텍스더

게임 아츠
1986년 7월 5,800엔
RAM 16K

전투기와 로봇으로 변신 가능한 '텍스더'를 조작해, 각 에리어에 설치된 자력선 발생장치를 파괴하는 것이 목적인 슈팅 게임. 전투기는 무기가 앞으로 쏘는 샷뿐이지만, 로봇 형태라면 적에게 록온 레이저를 발사 가능하다.

푸른 늑대와 하얀 암사슴

코에이
1986년 4,800엔
RAM 32K

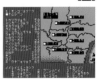

코에이의 히트작 「푸른 늑대와 하얀 암사슴」 시리즈 제 1탄에 해당하는 전략 시뮬레이션 게임의 MSX판. 몽골 제국 칭기즈칸의 파란만장한 생애를 체험하며, 유라시아 대륙의 통일을 목표로 활약해야 한다.

삼국지

코에이
1986년 12,800엔
RAM 16K

지금도 이어지는 역사 시뮬레이션 게임 시리즈 「삼국지」의 제 1탄. 플레이어는 중국 전토의 통일을 목표로, 여러 무장을 이기거나 육성하며 영토를 경영해야 한다. 메가 롬을 사용해 가격이 비쌌지만, 상당한 판매량을 기록했다.

노부나가의 야망

코에이
1986년 4,800엔
RAM 64K VRAM 64K

전술 시뮬레이션 게임에 영토 경영을 결합시킨 획기적인 타이틀. 후일 이 회사의 간판 타이틀이 된 시리즈의 첫 작품이다. 오다 노부나가와 다케다 신겐 중 하나를 골라 다른 세력을 타도하자. 지역 수가 17개로 적은 게 특징이다.

초전사 자이더

: 배틀 오브 페가스

코스모스 컴퓨터
1986년 5,800엔

전투기로 싸우는 슈팅 장르와, 던전을 탐색하는 액션 장르를 융합시킨 타이틀. 초능력 전사 '자이더'를 조작해 우주범죄조직의 야망을 분쇄하자. 전투기를 조종해 적 기지를 파괴하고, 지상에서는 사로잡힌 동료를 구출해야 한다.

트윈비

코나미
1986년 5월 25일 4,800엔
RAM 8K

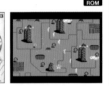

패미컴에 이어, 아케이드 판 원작을 이식한 2인 동시 플레이 가능 슈팅 게임. 구름에서 출현하는 '벨'은 쏘아 맞히면 색과 효과가 변화하며, 이를 획득하면 다양한 파워 업이 가능하다. MSX판은 얻으면 죽는 까만 벨도 출현한다.

마성전설

코나미
1986년 3월 4,800엔
RAM 8K

▶ 유저를 몰아붙이는 고난이도가 오히려 매력.

주인공에 성장 요소를 도입한 종스크롤 슈팅 게임. 이후 이어지는 「마성전설」 3부작의 첫 작품에 해당한다. 판타지 노선의 세계관이 특징으로, 용사 '포포론'을 조작해 대마왕 '휴드노스'를 물리치고 아프로디테 공주를 구출한다는 스토리다. 총 8스테이지 구성이며, 스테이지에 배치된 '?' 마크 물체를 공격하면 체스 말 형태의 아이템을 입수한다. 아이템 중엔 장애물도 있으니 주의해야 한다.

꿈대륙 어드벤처

코나미
1986년 10월 28일 4,980엔
RAM 8K

▶ 수많은 MSX 게임들 중에서도 굴지의 명작.

「남극탐험」의 속편. 전작과 같이 3D 액션 게임이지만, 내용을 대폭 업그레이드했다. 병으로 쓰러진 펭코 공주를 위해 '골든 애플'을 찾아 꿈대륙을 모험하는 스토리를 따라, 빙상을 비롯해 동굴과 계곡, 바다 속을 지나 우주까지 다양한 스테이지를 공략한다. 도구점에서 아이템을 구입해 파워 업하는 요소와 보스 캐릭터와의 대전도 있어, 전작을 압도적으로 뛰어넘는 스케일의 게임이 되었다.

그라디우스

코나미
1986년 7월 25일　4,980엔
RAM 8K

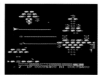

아케이드판의 이식작. 엑스트라 스테이지·오리지널 스테이지 등 MSX판 고유 요소를 추가했고, 빅 코어의 크기와 레이저 길이도 원작대로 재현했으며, 타이틀 후의 멋진 풀스크린 데모 등으로 당시의 MSX 유저들을 환호시켰다.

가딕

컴파일
1986년　4,900엔
RAM 16K

컴파일 사가 개발한 고정 화면 클리어식 슈팅 게임. 매 스테이지 전에 플레이어 기체의 파워 업 수치를 배분하는 것이 특징으로, 다음 스테이지를 예상해 샷(웨이브)이나 스피드를 강화하는 등의 전략이 매우 중요한 작품이다.

악마성 드라큘라

코나미
1986년 10월 30일　5,800엔
VRAM 64K

MSX 2

▶ 보물상자와 화이트 키도 MSX2판의 추가 요소다.

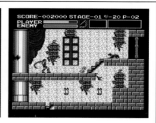

SCORE-002000 STAGE-01

영웅의 자손이 가문에 전해 내려오는 채찍을 들고 마왕 드라큘라가 있는 고성으로 발을 딛는 탐색형 액션 게임. 같은 시기에 발매되었던 패미컴 디스크 시스템판과는 게임 시스템이 일부 달라, 채찍 외에도 '용사의 단검'·'배틀 액스' 등으로의 무기 교체 가능, 하트를 소비해 아이템을 구입 가능한 상점 시스템 등의 특징적인 요소가 있다. 패미컴판에 비해 맵도 넓어져, 탐색 요소가 강화되었다.

킹콩 2 : 되살아나는 전설

코나미
1986년 12월 27일　5,800엔
VRAM 64K

MSX 2

▶ 공략할 때는 특정한 아이템이 중요하다.

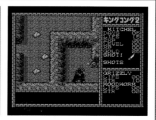

1986년 개봉했던 영화 '킹콩 2'를 게임화했다. 앞서 발매된 패미컴판 「분노의 메가톤 펀치」가 순수한 액션 게임이었던 데 반해, 이 작품은 액션 RPG가 되었다. 무대는 영화에도 등장하는 보르네오 섬. 거기서 주인공 미첼이 빈사 상태인 콩을 구하기 위해 '제 2의 콩'인 레이디 콩을 찾는다는 스토리다. 컨티뉴 횟수 및 게임 내에서의 경과시간에 따라, 엔딩이 3종류로 변화되는 게 특징이다.

그록스 리벤지

컴프티크
1986년 1월　4,900엔

「퀘스트 : 태고의 사랑 이야기」의 속편. 고속 스무드 스크롤이 특징인 액션 게임으로, 돌 외발자전거에 탄 큼직한 원시인 캐릭터가 원활하게 움직인다. '그록'에 잡히지 않도록, 다음 산으로 가는 통행료인 조개껍질을 모으자.

아라모

자인 소프트
1986년　5,800엔
RAM 16K

당시엔 드물었던 쿼터뷰 스타일의 액션 RPG. 불시착한 행성을 탐험해 무사히 생활하자. 미로는 지상과 지하로 나뉘며, '점프 부츠' 등의 편리한 아이템을 입수할 수 있다. 아이템 중엔 장착하면 떼지 못하는 것도 있다.

슈퍼 트리톤

자인 소프트
1986년　5,900엔
VRAM 128K

자인 소프트의 인기작 「트리톤」이 MSX2 전용 게임으로 파워 업했다! MSX판 원작과는 맵 구성 등에 일부 차이점도 있으나, 게임성은 기본적으로 그대로다. 숙적 '페이 발루사'를 물리치기 위해 모험하는 액션 RPG.

트리톤

자인 소프트
1986년　5,900엔
RAM 8K

퍼즐을 풀며 진행하는 사이드뷰 액션 RPG. 테이프판과 ROM판이 있으며, ROM판은 타이틀 화면, 숨겨진 캐릭터, 보스 '빅 드래곤' 등을 추가했고, 테이프판은 타 기종판과는 모습이 달랐던 '페이 발루사'가 원래대로 나온다.

HARDWARE | 1983 | 1984 | 1985 | 1986 | 1987 | 1988 | 1989 | 1990 | 1991 | 1992 | 1993- | INDEX

퍼즐 패닉

시스템소프트
1986년 4,900엔
RAM 16K

미국산 퍼즐 게임. 8스테이지에 걸쳐 여러 종류의 게임을 플레이하는 옴니버스 풍 타이틀이다. 맵 상의 도형을 모으는 게임 등 내용이 다양해, 사고력을 자극한다. 광고에선 '재미가 정수리에 꽂히는 패닉 게임'이라 표현했다.

프로페셔널 마작

샤누아르
1986년 6,800엔
RAM 64K VRAM 128K

100% 기계어로 프로그래밍해 고속사고를 구현한 마작 게임. 95p에 게재했던 같은 제목 타이틀의 MSX2판으로, 말끔한 그래픽은 유지하면서 버림패를 확인하기 쉽도록 스크롤 기능을 추가했다. 난이도도 3단계로 조절 가능.

에일리언 에이트

잘레코
1986년 5,700엔
RAM 16K

쿼터뷰 스타일의 3D 시점 액션 게임. 우주해적들이 파괴한 24기의 인공동면 시스템을 고치기 위해, 우주비행사들을 지키는 초고성능 로봇 '에일리언 8'를 조작하여 부품 4개를 4개소에 설치하는 것이 목적이다.

건 프라이트

잘레코
1986년 5,700엔
RAM 16K

현상금 벌이꾼이 되어 상금이 걸린 악한들을 물리치는 서부극 풍 게임. 총을 재장전하면 탄수에 비례한 돈이, 일반인을 죽이면 벌금이 소지금에서 빠져나간다. 악한과는 속사 승부를 펼치게 되니, 상대보다 먼저 총을 뽑아 쏘자.

시티 커넥션

잘레코
1986년 5,700엔
RAM 16K

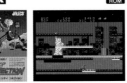

주인공 클라리스의 애차 '시티'를 조작해, 스테이지 상의 모든 발판을 칠해나가는 액션 게임. 코스에 떨어져 있는 오일 드럼을 던지면 경찰차를 물리칠 수 있다. 차이코프스키의 유명한 곡이 BGM으로 나온다.

닌자 쟈쟈마루 군

잘레코
1986년 5,700엔
RAM 16K

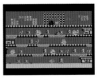

「닌자 군 : 마성의 모험」의 속편격인 타이틀. 닌자 군의 동생 '쟈쟈마루 군'을 조작해, 전자과 마찬가지로 수리검 공격과 몸통박치기 공격으로 싸우는 횡스크롤 액션 게임이다. 던진 수리검을 피하는 적은 각별히 주의하자.

킹스 나이트

스퀘어
1986년 9월 18일 5,900엔
RAM 16K

'포메이션 RPG'를 자처한 슈팅 게임. 4종의 스테이지를 각 주인공으로 클리어하면 최종 스테이지에서 집결해 드래곤과 싸운다는 독특한 구성의 타이틀이다. MSX판은 화면 오른쪽에 능력치를 표시해 RPG 요소를 강조했다.

SF ZONE 1999

소니
1986년 6,000엔
RAM 32K

SF 장르의 단골인 인공지능을 소재로 삼은 어드벤처 게임. 최강의 방위병기를 제어하는 인공지능 '프린스'가 인류를 위협하는 사태가 발생했다. 때마침 타임 슬립해온 주인공은, 지구 소멸을 막기 위해 프린스를 파괴해야 한다.

드래곤 퀘스트

소니
1986년 11월 6,400엔
RAM 64K VRAM 64K

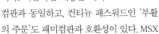

▶ 패미컴에서 대히트했던 RPG의 명작.

전설의 용자 '로토'의 피를 계승한 용사가 되어, 납치당한 공주님을 구출하고 용왕을 물리치는 명작 RPG의 이식작. 기본적인 내용은 패미컴판과 동일하고, 컨티뉴 패스워드인 '부활의 주문'도 패미컴판과 호환성이 있다. MSX판에서는 엔딩에서 왕과 함께 용사를 맞아주는 장면의 병사들이 오리지널 디자인으로 바뀌었다. 추가로 MSX2판은 MSX판보다 스크롤이 고속화되었고, 그래픽도 개량됐다.

GALL FORCE : 카오스의 공방
소니
1986년 5,800엔
RAM 16K

소녀 7명이 파일럿인 종스크롤 슈팅 게임. 플레이어는 그중 1명을 조작하며, 나머지는 구출 대상이 된다. 각자 탑승하는 기체 디자인도 다르다. 패미컴판과는 보스의 배치, 라이프제에서 목숨제로의 변경 등의 차이가 있다.

키네틱 커넥션
소니
1986년 6,800엔
RAM 64K VRAM 128K

분할된 조각들을 교체해 애니메이션 그림 한 장을 완성하는 독특한 퍼즐 게임. 조각은 계속 움직이며, 상하좌우로 반전되어 있기도 하다. 애니메이션을 힌트삼아 정확한 위치에 조각을 꽂아, 각 스테이지의 테마를 완성시키자.

코스터 레이스
소니
1986년 4,900엔
RAM 16K

코스의 업다운이 격렬한 레이싱 게임. 공중에 떠있는 길 위나 터널 안, 심지어는 360도 루프까지 변화가 격한 코스 구성이 특징이다. 게다가 배경에 푸른 바다표범(?)이나 고양이를 배치하는 등, 장난기도 가득한 게임이다.

작성(雀聖)
소니
1986년 6,800엔
RAM 64K VRAM 128K

강력한 사고루틴과 리얼한 작탁 디자인이 특징인 마작 게임. CPU의 난이도를 3단계 중 선택 가능하고, 룰도 세세하게 설정할 수 있다. 대전 상대인 '작성' 12명 중 하나를 스승으로 삼을 수 있으며, 게임 도중 지도도 해준다.

정체 패닉 : 트래픽
소니
1986년 4,900엔
RAM 16K

런던 거리가 무대인 교통 시뮬레이션 게임. 플레이어는 신참 관제사가 되어, 고장난 교통관제 시스템 대신 수동으로 신호를 전환해야 한다. 스크린으로 상황을 살피며, 도로정체에 긴급차량이 휘말리지 않도록 주의하자.

챔피언십 로드 러너
소니
1986년 5,800엔
RAM 8K

「로드 러너」의 난이도 상향판. 룰은 동일하지만, 적 로봇의 머리를 밟고 이동하는 기술과, 파낸 구멍이 일정 시간 후 메워지는 타이밍을 이용한 시간차 구멍 파기 등의 응용 테크닉을 모르면 깰 수 없는 스테이지를 다수 수록했다.

뉴 아담 & 이브
소니
1986년 6,000엔

개발중이던 세균병기의 폭발로 인해, '아담'과 '이브' 외의 인류가 절멸돼버렸다. 세 곳의 미래도시에 숨겨져 있는 백신을 입수하는 것이 목적이다. 텍스트가 모두 영어인데다, 시간제한까지 있어서 난이도가 높은 작품.

플레이볼
소니
1986년 6,900엔
RAM 16K

타자 후방 시점의 야구 게임. 카트리지에 전용 칩을 탑재해, 심판의 음성과 타구음에 맥주 장사꾼의 목소리까지 각종 효과음이 깨끗하게 재생되어 시합을 한층 달궈준다. 주자는 스페이스 키를 연타하면 더 빨리 달린다.

마법사 위즈
소니
1986년 4,800엔
RAM 16K

보물상자에서 입수한 '커터'나 '봄버' 등의 다양한 마법을 활용하며, 드래곤에 납치당한 공주를 구하러 가자. 아케이드판의 이식작이지만, MSX판은 복잡하게 연결된 미궁의 탐색 요소가 있는 등 원작을 대폭 개변했다.

미드나이트 브라더스 : 얼치기 탐정
소니
1986년 4,800엔
RAM 16K

밤거리를 무대로 삼은 3D 미로 탐색 어드벤처 게임. 탐정 '제이크'와 '엘우드'가 주인공으로, 탈취당한 헬기를 찾아야 한다. 특징은 두 시점을 동시에 보여주는 화면 구성. 둘이서 빌딩 3개를 탐색하며 헬기의 단서를 찾아내자.

HARDWARE | 1983 | 1984 | 1985 | 1986 | 1987 | 1988 | 1989 | 1990 | 1991 | 1992 | 1993- | INDEX

백과 흑의 전설 [윤회전생 편]

소프트스튜디오 WING
1986년　5,000엔
RAM 32K

시리즈 제 2탄. 컴퓨터 게임 여명기 작품답게, 시스템은 라인&페인트 그래픽과 커맨드 입력식의 조합이다. 아틀란티스 대륙과 포세이도니아 궁전, 프랑스의 백년전쟁 시대와 일본의 전국시대 말기까지 총 네 시대를 전생한다.

일요일에 우주인이…?

소프트스튜디오 WING
1986년　6,800엔
VRAM 128K

히우라 코우의 소설 '일요일에는 우주인이 다과회'가 원작인 어드벤처 게임. 내용은 원작과는 좀 다르나, 원작자 특유의 가벼운 분위기는 잘 재현했다. 지역 정보지 '네코마타 저널' 기자가 되어 '20년 전의 네코가오카'를 취재하자.

알카노이드

타이토
1986년 12월　5,800엔
RAM 16K

아케이드용 대인기 블록깨기 게임의 이식작. 전용 패들 컨트롤러로 볼을 쳐내 블록들을 부수자. 파워 아이템을 얻어 샷이 가능해지면 직접 블록을 파괴할 수도 있다. 사운드도 재현도가 높아, 아직도 팬이 많은 작품이다.

카게의 전설

타이토
1986년　4,900엔
RAM 16K

타이토의 명작 액션 게임의 이식작. 닌자 '카게'를 조작해, 칼과 수리검을 무기삼아 삼림과 성벽, 성 안을 통과하며 납치당한 키리히메를 구출하는 게 목적인 전방향 스크롤 액션 게임. 구출하면 또 납치당해 처음부터 시작한다.

자이로다인

타이토
1986년　4,800엔
RAM 16K

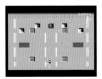

크럭스 사가 개발한 아케이드용 종스크롤 슈팅 게임의 이식작. 플레이어 기체인 헬리콥터 '자이로다인'을 조작해, 적국의 비밀기지를 파괴하는 게 목적이다. 숨겨진 캐릭터인 '인어'는 이 작품에도 등장한다.

크로스 블레임

디비 소프트
1986년　5,800엔
RAM 8K

소년 '진타'가 악마에게 지배당한 행성 해방을 위해 일어선다! 이 게임은 좌우 스크롤식 액션 게임으로, 다양한 퍼즐 풀이 요소와 개성적인 보스, 패스워드 컨티뉴에다 멀티 엔딩까지 채용한 장대한 작품이다.

랩틱 2

디비 소프트
1986년　4,900엔
RAM 8K

▶ '?' 위를 통과하면 과일로 변화한다.

「플래피」와 「볼가드」 등의 히트작을 발매해온 디비 소프트 사의 작품으로, 귀여운 캐릭터가 돌아다니는 고정화면 액션 게임. 주인공 '비키'를 조작해, 점멸중인 '?' 패널 위를 전부 통과하면 나타나는 출구 블록을 밟으면 한 판이 클리어된다. 두둥실 뜨며 포물선을 그리는 독특한 점프감각도 재미를 더해주는 요소이며, 초보자도 배려한 무한 컨티뉴 덕에 열심히 즐기면 반드시 엔딩을 볼 수 있다.

하이드라이드 II

T&E 소프트
1986년 11월　6,400엔
RAM 8K

인기 RPG 「하이드라이드」의 속편. 고난이도의 지하 제국과 여러 적, 얻으면 악영향을 받는 '블랙 크리스탈', 플레이어의 행동으로 변화하는 '포스'(정신) 개념 등도 추가했다. 승려와 복싱 대전해 능력치를 올리는 비기도 유명했다.

불량 너구리의 대모험

테크노 소프트
1986년　5,800엔
RAM 8K

쿵푸 수행 여행중인 너구리가, 납치당한 동물들을 구출하러 단신으로 늑대 백작의 성에 처들어가는 횡스크롤 액션 게임. 도중에 화살표가 그려진 바닥을 통해 다른 맵으로 이동할 수 있다. 맵을 그리며 진행해야 하는 게임이다.

프로페셔널 베이스볼

테크노폴리스 소프트
1986년 4,800엔

흥겨운 응원가와 함께 즐기는 심플한 야구 게임. 센트럴·퍼시픽 양대 리그의 모든 구단이 나오므로, 선호하는 팀으로 플레이할 수 있다. 주심의 목소리도 나오므로 분위기도 제법 리얼하다. 혼자서도 둘이서도 플레이 가능.

로트 로트

테크노폴리스 소프트
1986년 4,800엔

플레이어가 움직이는 붉은색 커서와 이를 따라오는 푸른색 커서를 잘 조작해, 두 커서가 가리키는 방 안의 내용물을 버튼으로 교체하여 위층에서 떨어져 내려오는 볼들을 하단의 접시로 받는 액션 게임. OUT에 가지 않도록 주의!

닌자 타이거

토모 소프트 인터내셔널
1986년 4,800엔
RAM 64K

'던전즈 & 드래곤즈'와 세계관을 공유하는 게임 북이 원작인 격투 액션 게임. 64KB 전용 게임답게 캐릭터의 움직임이 부드럽다. 배경의 다중 스크롤과 움직이는 물체 표현 등, 디테일에 공을 들여 제작한 작품.

악녀전설

드림 소프트
1986년 4,800엔

검은 옷을 입은 아가씨가 과격한 포즈를 보여주는 성인용 게임. 대화하여 꼬시는 데 성공하면 서서히 야한 그래픽이 표시된다. 스테이지는 총 10종류. 표시되는 문장 중 정답을 고르면 다음 스테이지로 넘어간다.

데몬 크리스탈

전파신문사
1986년 4,800엔
RAM 16K

YMCAT 팀이 개발한 액션 RPG. 몬스터가 있는 여러 '하우스'를 무대로, 주인공 '아레스'를 조작해 출구 열쇠를 찾아내 클리어해 간다. 조건을 만족시키면 여러 아이템의 입수가 가능하며, 첫 하우스에선 성서를 얻을 수 있다.

버거 타임

전파신문사
1986년 4,500엔
RAM 16K

플레이어는 요리사 '피터'를 조작해, 필드에 놓인 식재료들을 밟아 떨어뜨려 지정 수만큼의 '햄버거'를 만들어야 한다. 피클과 소시지 등의 적들도, 빵과 재료를 떨어뜨릴 때 잘 유도해 같이 끼워 넣으면 득점으로 바뀐다.

스칼렛 7

도시바 EMI
1986년 1월 4,800엔
RAM 8K

경쾌한 BGM과 함께 왼쪽 방향으로 진행하는 횡스크롤 슈팅 게임. 매 스테이지 시작 전에 플레이어 기체의 커스터마이징이 가능해, 취향대로의 기체를 만들 수 있다. 적의 출현 패턴을 외워, 치고 빠지며 착착 진행해 보자.

군인장기 : 군신 마스

도시바 EMI
1986년 4,800엔
RAM 8K

고전 보드 게임 '군인장기'를 즐기는 타이틀. 전쟁 시 신병의 계급과 전략 교육용으로 만들어냈다는 장기의 일종으로, 동등한 전력을 교대로 움직여 승부를 겨룬다. 전략과 전술을 요구하는 일종의 시뮬레이션 게임이라 하겠다.

천재 래비안 대분전

도시바 EMI
1986년 4,900엔
RAM 8K

1985년 테이프로 출시했던 「래비안」을 리뉴얼해 ROM 카트리지화했다. 화물을 최하층까지 떨어뜨려, 대기중인 화물선에 싣는 게 목적이다. 기본 12스테이지에, 구성이 다른 어나더 스테이지 2세트로 24스테이지를 추가했다.

트럼프 에이드

도시바 EMI
1986년 4,800엔
RAM 16K

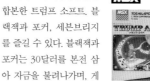

한 타이틀에 게임 3종류를 합본한 트럼프 소프트. 블랙잭과 포커, 세븐브리지를 즐길 수 있다. 블랙잭과 포커는 30달러를 본전 삼아 자금을 불려나가며, 게임 내에서 지구상의 재난지역과 난민지역에 자선 기부할 수도 있다.

모리타 카즈로의 오델로
도시바 EMI
1986년 4,900엔
RAM 16K

쇼기 게임 개발자로 유명한 모리타 카즈로가 제작한, 궁극의 알고리즘을 내장한 오델로 게임. 초보자도 즐길 수 있는 5단계의 레벨 설정과 사고루틴이 특징으로, 타이틀 화면 등의 장식적인 요소를 과감히 생략한 화제작.

인펀트 섬의 비밀 : 몬스터즈 페어
토호
1986년 4,800엔
RAM 16K

괴수 '모스라'가 주인공인 종스크롤 슈팅 게임. X성인에 납치당한 요정 '소미인'을 구하러 간다는 스토리. 유충 모스라는 어느 정도 진행하면 성충으로 변태한다. 라스트 보스인 '킹기도라'를 물리쳐 소미인을 구해내자.

점프 제트
투모 소프트 인터내셔널
1986년 4,800엔
RAM 32K

활주로가 필요 없는 전투기 '점프 제트'를 조작하는 액션 게임. 일단 독특한 조작계를 익혀야 하니, 이륙과 호버링 등의 기초훈련에 매진하자. 조작이 익숙해지면 임무에 도전한다. 적기 추적부터 격추, 착륙까지 해내야 한다.

드루아가의 탑
남코
1986년 10월 27일 4,500엔
RAM 8K

애인 '카이'의 구출을 위해, '길'을 조작해 드루아가의 탑 60층으로 향하는 액션 RPG. 각 층에 숨겨진 필수 아이템을 모아, 59층의 드루아가를 물리치고 카이와 다시 만날 수 있을까? 일단 2층에서 나오는 제트 부츠부터 얻자!

나이트 셰이드 : 지옥의 사자
니혼 덱스터
1986년 5,700엔
RAM 16K

영국산 액션 어드벤처 게임. 도시에 숨어든 지옥의 사자를 물리쳐, 악마로부터 도시를 해방시키는 게 목적이다. 도시 곳곳에서 무기를 획득해 싸워야 하지만, 지옥의 사자 4명은 각자 효과가 있는 무기가 다르니 주의하자.

나이트 로어 : 전설의 늑대인간
니혼 덱스터
1986년 5,700엔
RAM 16K

밤이 되면 늑대인간으로 바뀌는 저주가 걸린 주인공이, 저주를 풀기 위해 마법사의 지시를 달성해 가는 액션 퍼즐 게임. 시간 개념이 존재해, 게임 시간으로 40일 이내에 완수해야만 저주가 풀린다.

알바트로스
니혼 텔레네트
1986년 6월 6,800엔
RAM 16K

커서로 클럽을 선택하고 스페이스 키로 샷을 날린다는 간단한 조작법이 특징인 골프 게임. 화면 오른쪽 아래의 볼 부분에 표시된 미터를 잘 보며 적절한 타이밍에 클럽을 휘둘러, 멋진 컵인을 노려보자!

파이널 존
니혼 텔레네트
1986년 12월 6,800엔
RAM 16K

5명의 용맹한 전사들을 조작해 극비임무를 수행하여 적진을 돌파하는 액션 슈팅 게임. 게임 도중 나오는 비주얼 신과, 각 스테이지마다 미션에 참가할 멤버를 신중하게 골라야 하는 높은 전략성으로 화제가 되었다.

몽환전사 바리스
니혼 텔레네트
1986년 12월 6,800엔
RAM 16K

몽환계의 여왕에 선택받은 여고생이 악과 싸우는 횡스크롤 액션 게임. 주인공 '아소 유코'를 조작해 마왕 로그레스의 야망을 분쇄하자. MSX판은 총 5스테이지 구성이며, 비주얼 신은 삭제됐지만 캐릭터의 모션이 부드럽다.

타임 걸
일본 빅터
1986년 7월 9,800엔
RAM 16K

역사 보안경찰관인 주인공 '레이카'가 타임머신으로 도망친 악당을 추적하는 LD 게임. 애니메이션이 계속 나오며, 화면에 표시되는 지시에 따라 조작한다. 실패했을 때의 애니메이션 연출이 코믹해, 많은 팬들을 사로잡았다.

로드 블래스터

일본 빅터
1986년 8월 9,800엔
RAM 16K

LD 게임 「로드 블래스터」의 MSX판. 화면의 지시에 따라 적절한 타이밍에 버튼을 눌러 좌우로 이동하며, 폭주하는 적 차량을 공격한다. 버튼을 잘못 누르면 파괴되는 애니메이션이 나오며 실패로 처리된다.

버디 트라이

일본 빅터
1986년 9,800엔
RAM 32K

멋진 영상을 함께 즐기는 골프 시뮬레이션 게임. MSX와 VHD를 연동시키는 '인터 액션 시리즈' 중 하나로, 삿포로 고라쿠엔 컨트리클럽이 무대다. 샷의 타이밍에 따라 수백 패턴이나 되는 실사 동영상이 조합되어 나온다.

로맨시아

니혼팔콤
1986년 5,800엔
RAM 8K

「드래곤 슬레이어」 시리즈 3번째 작품. 힌트가 전혀 없는 퍼즐과 부조리할 정도의 함정 등, 시리즈 최고 난이도를 자랑한다고까지 일컬어지는 액션 어드벤처 게임이다. MSX판엔 주인공이 세리나 공주가 되는 비기도 있다.

로맨시아

니혼팔콤
1986년 5,800엔
VRAM 64K

MSX판의 그래픽을 향상시킨 마이너 체인지판. 주인공이 세리나 공주인 어나더 시나리오는 MSX2판에서는 전용 오리지널 스테이지 구성으로 교체하여, 적 캐릭터부터 아이템, 대화 내용까지도 완전히 바뀌어 나온다.

슈퍼 람보 스페셜

팩 인 비디오
1986년 10월 5,800엔
VRAM 128K

101p에 게재된 「람보」를 MSX2 사양에 맞춰 업그레이드했다. 주로 그래픽을 강화시켜 현장감을 배가한 작품이다. 미국 최강의 남자 '람보'가 되어, 사로잡힌 포로를 구출하자. 9종류의 아이템을 잘 사용해 공략하도록.

스페이스 캠프

팩 인 비디오
1986년 4,800엔
RAM 16K

같은 제목의 영화를 소재로 삼은 종스크롤 액션 게임. 착오로 발진돼 버린 스페이스 셔틀을 조작해 지구로 귀환하는 게 목적이다. 날아오는 운석을 피하며, 우주정거장을 경유해 산소와 연료를 보급하며 전진하는 작품이다.

어택 포 : 여자배구

팩스 소프토니카
1986년 5,500엔
RAM 8K

서울올림픽을 앞두고 발매된, 만화영화 풍의 여자배구 게임. 리시브할 때 힘 조절을 잘못하면 넘어지는 등, 모션이 디테일한 것이 특징이다. 조작에 익숙해지면 공격 시 시간차와 속공, 오픈은 물론 더블 점프도 구사할 수 있다.

스타 솔저

허드슨
1986년 6월 13일 4,800엔

인기 슈팅 게임 「스타 솔저」의 MSX판. 같은 시기에 발매된 패미컴판과는 지상 맵 등이 약간 다르지만, 게임성은 거의 동일하게 맞춰 상쾌감이 넘치는 작품. 카트리지가 아닌 BEE 카드로 발매된 귀중한 작품 중 하나다.

타카하시 명인의 모험도

허드슨
1986년 9월 12일 4,800엔
RAM 8K

납치당한 애인 '티나'를 구하기 위해 모험하는 타카하시 명인이 주인공인 액션 게임. 세가가 아케이드로 출시했던 「원더 보이」의 이식작으로서, 플레이어 캐릭터를 교체해 패미컴과 MSX로 같은 날 발매했다.

봄버맨 스페셜

허드슨
1986년 4,800엔
RAM 16K

패미컴용 액션 게임 「봄버맨」의 이식판. 「로드 러너」의 적 캐릭터를 주인공으로 기용한 비공식 스핀오프 작품이기도 한 타이틀이다. 모든 적을 폭탄으로 물리치고, 벽 안에 숨겨진 문까지 도달하면 스테이지 클리어.

HARDWARE | 1983 | 1984 | 1985 | 1986 | 1987 | 1988 | 1989 | 1990 | 1991 | 1992 | 1993- | INDEX

파나소프트의 베이스볼 II

파나소프트
1986년 4,800엔
RAM 8K

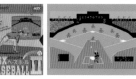

전작 「MSX 베이스볼」을 진화시킨 업그레이드판. 기본적으로는 전작의 시스템 그대로이며, 플레이하는 팀의 명칭과 조작하는 선수 이름을 변경할 수 있도록 했다. 게다가 타율도 임의의 수치로 입력 가능해졌다.

가냥

허밍버드 소프트
1986년 4,800엔
RAM 32K

미래의 투기장이 무대인 미로탈출 게임. 깜깜한 동굴에 만들어진 경기장에서 적을 물리치고 탈출하자. 경기장에는 로봇과 바이오 생물, 다른 행성에서 데려온 괴물 등이 있다. 탈출하려면 10개의 포인트를 획득해야만 한다.

덩크 샷

HAL 연구소
1986년 5,600엔

HAL 연구소가 개발한 농구 게임. 3 : 3으로 농구를 펼치는 심플한 게임이지만, 선수 육성과 강화시킨 선수의 트레이드 시스템이 있어, 선수가 게임을 플레이할수록 강해진다. 덩크슛 성공을 노려보자!

불과 마이티의 위기일발

HAL 연구소
1986년 4,800엔

 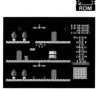

귀여운 캐릭터가 활약하는 액션 게임. 전직 그린베레인 '불'과 파트너 '마이티'가, 비밀병기의 설계도가 악인에게 넘어가기 전에 빌딩 째로 파괴한다는 스토리다. 빌딩에서는 마피아들이 돌아다니며 불 일행을 방해해온다.

미궁신화

HAL 연구소
1986년 5,600엔

「에거랜드 미스터리」의 속편으로 등장한 액션 퍼즐 게임. 맵에 배치된 하트를 모두 얻으면 보물상자가 열리고 열쇠가 출현한다. 열쇠를 얻으면 문이 열리지만, 문을 잘못 들어가면 클리어 불가능이 되기도 하니 주의하자.

선더볼트

픽셀
1986년 5,800엔

「제타 2000」의 후속작으로, 역시 초능력 소년 NEO가 주인공인 타이틀. 이번에는 액션 롤플레잉 게임이 되었다. NEO 전설 3부작의 2번째 작품으로서 발매됐지만, 아쉽게도 3번째 작품은 끝내 출시되지 못했다.

나일의 눈물

빅터음악산업
1986년 10월 5,800엔
RAM 8K

'나일의 눈물' 획득을 위해 피라미드를 탐색하는 액션 퍼즐 게임. 적은 바로 앞을 지나가면 쫓아오므로, 잘 유도하여 촛대까지 가는 길을 뚫자. 주인공은 이동할수록 가진 음식이 줄어드니, 무의미하게 움직이면 안 된다.

페가수스

빅터음악산업
1986년 5,800엔
RAM 16K

귀여운 새끼 말을 성장시키는 액션 게임. 새끼 말 '페기'를 조작해, 잡혀간 형제를 구해내자. 적은 지옥의 사자 켄타우로스. 전투를 거쳐나가면 페기는 늠름한 페가수스로 성장해, 비행능력은 물론 불도 쏠 수 있게 된다.

포인트 X 점령작전

빅터음악산업
1986년 9월 5,800엔
RAM 16K

보이지 않는 적을 전멸시키는 게 목적인 시뮬레이션 게임. 적 배치는 정찰기를 날려 잠깐 동안 확인할 수 있어, 이를 외우고 공격해야 한다. 유닛은 보병과 탱크 등 6종류가 있으며, 주어진 LF 수만큼만 사용 가능하다.

미쿠와 시오리의 냥냥 프로레슬링

빅터음악산업
1986년 8월 5,800엔
RAM 16K

여자 프로레슬링이 소재인 액션 게임. 최초에 선수 4명 중 2명을 골라, 태그 팀을 짜고 시합에 들어간다. 시합은 링 외에도 농구 코트, 교정 등에서 다양하게 펼쳐지므로, 독특한 형태의 프로레슬링을 즐길 수 있다.

   대응 기종 아이콘

카세트 테이프   ROM 카트리지

HARDWARE
1983
1984
1985
1986
1987
1988
1989
1990
1991
1992
1993-
INDEX

몰몰

빅터음악산업
1986년 5,800엔
VRAM 64K

MSX 2 ROM

두더지 '몰' 군이 주인공인 게임 「몰몰」(103p)의 ROM 카트리지판. 사다리를 통해서만 위로 올라갈 수 있고, 바위는 아래가 비면 떨어진다는 시스템을 잘 이용해, 먹을 것을 모두 획득해야 하는 액션 퍼즐 게임이다. 테이프판에서

▶ 바위가 떨어져도 몰 군은 멀쩡하다.

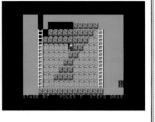

항상 화면 상단에 표시되었던 타이틀명 표기를 삭제하고, 게임 화면을 좀 더 넓혀 디자인했다. 화면도 보기 쉬워졌으니, 본편 스테이지 공략과 에디트에 도전해 보자.

랠리

브라더 공업
1986년 4,200엔
RAM 16K

MSX ROM

미로 클리어식 액션 게임. 애차 '토마토 호'를 타고 잽 섬에서 개최되는 '잽 랠리'에 참가해보자. 각 코스에 설치된 깃발 5개를 획득하여 골인해야 한다. 앞길을 가로막는 '방해차량 군단'을 조심하도록.

No IMAGE

토플 집

보스텍
1986년 11월 5,800엔
RAM 16K

MSX ROM

레이스형 액션 게임에 어드벤처 요소를 결합한 작품. '지팡 호'를 타고 레이스에 참가해보자. 라이벌을 날려버리면 아이템을 얻어 플레이어 기체를 파워 업시킬 수 있다. 마지막 스테이지로 가려면 어떤 아이템이 필요하다.

렐릭스

보스텍
1986년 6,800엔
RAM 32K

MSX MEGA ROM ROM

의문의 유적 '렐릭스'를 무대로, 영혼뿐인 주인공이 다른 육체로 계속 빙의하며 진행하는 사이드뷰 액션 어드벤처 게임. 화면 끝까지 가면 다음 화면으로 넘어간다. 육체를 옮기면 공격력·내구력도 달라지니, 주의해서 빙의하자.

렐릭스

보스텍
1986년 7,200엔
VRAM 128K

MSX 2 MEGA ROM ROM

MSX판과 같은 시기에 발매된 타이틀. 본체 성능 향상에 맞춰 처리속도와 그래픽도 향상시켰다. 플레이어의 행동에 따라 공략 루트와 입수 가능한 아이템도 달라진다. 오프닝·엔딩 음악은 락 밴드 '크리스탈 킹'이 담당했다.

오델로

포니 캐년
1986년 1월 4,900엔
RAM 8K

MSX ROM

일본오델로연맹 공인 최강 오델로 게임. CPU 레벨은 8단계까지 설정되지만, 강한 CPU가 특징인 게임답게 레벨 1조차 매우 강하다. 물리기 등의 편의 기능도 넣었다. 이 작품으로 연습하면 전일본 오델로 대회에도 도전 가능.

쇼기

포니 캐년
1986년 3월 4,900엔
RAM 8K

MSX ROM

플레이어의 기력에 맞춰 즐길 수 있는 심플한 쇼기 게임. CPU의 난이도를 10단계로 조정할 수 있으며, 맞장기와 각 빼기, 6개 빼기 등의 핸디캡 설정도 가능하다. 재현 모드도 탑재하여, 끝낸 대국을 첫 수부터 복기해볼 수도 있다.

No IMAGE
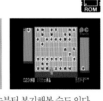

행온

포니 캐년
1986년 3월 4,900엔
RAM 8K

MSX ROM

적의 바이크를 피하며 가장 빨리 골인해야 하는 바이크 레이싱 게임. MSX판은 SG-1000판 「행온 2」를 이식했다. 3단 시프트 체인지식인데다 그래픽도 간략화되었지만, PSG로 연주되는 BGM은 나름의 맛이 있다.

뱅크 패닉

포니 캐년
1986년 5월 4,900엔
RAM 8K

MSX ROM

흉악한 은행 강도들에 맞서는 건맨이 되어, 도어를 열고 들어오는 강도를 속사로 물리치는 건 슈팅 게임. 적뿐만 아니라 일반인도 들어오기 때문에, 문이 열리자마자 잽싸게 판단해 강도만 골라서 쏘아야 한다.

HARDWARE

1983
1984
1985
1986
1987
1988
1989
1990
1991
1992
1993-
INDEX

닌자 프린세스
포니 캐년
1986년 6월   4,900엔
RAM 8K

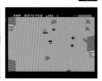

빼앗긴 성을 되찾기 위해 주인공 '쿠루미 공주'가 닌자가 되어 악의 우두머리 '교쿠로자에몬'에 도전하는 액션 게임. 적들에 포위되면 인술 '은신술'을 발동하고 적의 틈을 노려 빠져나와 수리검을 명중시키도록 하자.

시티 파이트
포니 캐년
1986년 6월   6,800엔
VRAM 128K

미국의 전통 있는 보드 게임 회사인 SPI의 작품을 이식한 타이틀. 가상의 부대를 통솔하는 사령관이 되어, 분대 단위로 시가전을 펼치자. 제 2차 세계대전이 테마인 시나리오 8개를 준비했다. 맵 메이킹 모드도 있다.

자낙
포니 캐년
1986년 7월 25일   4,900엔
RAM 8K

고속 스크롤이 인상적인 종 스크롤 슈팅 게임이자, 많은 MSX 유저들을 매료시킨 컴파일 사의 대표작. 난이도가 비교적 높아 처음엔 당황할지도 모르나, '0'~'7' 숫자가 붙은 지상 창고를 파괴하면 서브웨폰을 얻게 되므로, 저마

▶ 숨겨진 스테이지 '라운드 0'도 있다는데?

다 공격이 개성적인 이들 무기를 국면이나 보스에 맞춰 적절히 선택하며 진행하면 플레이가 유리해진다. 후일의 컴파일 종스크롤 슈팅 게임들의 초석이 된 타이틀.

챔피언 검도
포니 캐년
1986년 10월   4,900엔
RAM 8K

세가 SG-1000용으로 발매된 같은 제목 타이틀의 이식작. 머리·찌름·허리·손목 공격을 적절히 구사해 한판을 따내자. 개인전과 단체전 모두 도전 가능하며, 플레이어가 지면 분한 모습으로 퇴장하는 게 매우 인상적이다.

갈케이브
포니 캐년
1986년 10월   4,800엔
RAM 8K

매끄럽게 움직이는 다수의 캐릭터들, 다중 스크롤 채용, 상쾌한 연사 등으로 많은 유저들을 매료시킨 횡스크롤 슈팅 게임. 파워 업 시스템도 독특하며, 스테이지 마지막의 보스를 공략해 물리쳤을 때의 느낌이 매우 좋다.

타니가와 코지의 쇼기 학습
포니 캐년
1986년 12월   4,900엔
RAM 8K

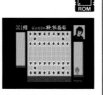

영세명인이자 일본쇼기연맹 회장도 지낸 타니가와 코지가 감수한 작품으로, 본인과의 대국도 가능한 쇼기 게임. 플레이어는 화면에 나오듯 여고생이다. 한 수 단위로 나오는 상대의 표정을 보며 대국을 유리하게 이끌어보자.

알파로이드
포니 캐년
1986년 12월   4,900엔
RAM 8K

횡스크롤 슈팅과 대전격투를 즐길 수 있는 타이틀. '알파로이드'라는 로봇을 조작해 슈팅 스테이지를 통과한 후, 배경의 지면에 나 있는 구멍으로 들어가면 대전격투 게임이 된다. 로봇에 대한 로망이 가득한 수작이다.

아이돌론
포니 캐년
1986년   5,800엔
VRAM 128K

루카스필름 사가 제작한 던전 탐색형 슈팅 게임. '아이돌론'이란 이름의 기체를 조작해 3D 던전을 탐색하여 모든 다이아몬드를 얻은 다음, 출구를 지키는 드래곤을 찾아 격퇴하는 것이 게임의 목적이다.

컴온! 피코
포니 캐년
1986년   4,900엔
RAM 8K

바이오 몬스터들이 배회하는 연구소가 무대인 액션 게임. 주인공 '장'이 되어 파트너 '피코'를 잘 이용해, 바이오 몬스터와 경비 로봇을 물리치며 진행하자. 애인을 구출하려면 최상층의 염색체 중앙관리실까지 가야만 한다.

   대응 기종 아이콘   카세트 테이프   ROM 카트리지

챔피언 아이스하키

포니 캐년
1986년　4,900엔
RAM 8K

아이스하키를 게임화한 작품. 빙판 위에서 움직이는 각 선수의 분위기를 잘 살렸으며, 관성의 영향 하에 움직이는 선수를 어떻게 잘 조작할지가 공략 포인트다. 상대 선수를 잘 유도한 다음, 타이밍을 노려 슛을 날려라!

백 투 더 퓨처 어드벤처

포니 캐년
1986년　6,800엔
VRAM 128K

1985년 개봉한 같은 제목의 영화를 다시 게임화했다. 106p에 게재된 액션 게임과는 다른, 커맨드 입력식 어드벤처 게임이다. 특징은 영화의 장면을 디지털 스캔한 리얼한 영상이며, 시나리오도 영화 스토리를 따르고 있다.

히란야의 수수께끼

포니 캐년
1986년　6,800엔
VRAM 128K

당시 일본의 라디오 프로 '미야케 유지의 영 파라다이스'의 인기 기획을 게임화했다. '로그인' 지에 게재된 독자 투고 프로그램의 상품화로서, 삼각형 2개를 겹친 마크 '히란야'(육망성)의 수수께끼를 푸는 액션 어드벤처 게임이다.

해리 폭스 MSX 스페셜

마이크로캐빈
1986년 1월　6,800엔
RAM 16K

「해리 폭스 : 눈의 마왕 편」의 프리퀄. 동물들의 세계를 무대로, 병에 걸린 새끼 여우의 회복을 위해 어미 여우가 모험한다는 스토리다. 따뜻하게 그려진 그래픽이 독특한 훈훈함을 자아내지만, 난이도는 매우 높다.

기태평(棋太平)

마이크로캐빈
1986년　5,800엔
RAM 64K　VRAM 128K

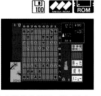

SPS 사가 개발한 쇼기 게임의 이식판. 데이터베이스 기능을 탑재해, 대국을 거듭할수록 CPU의 사고시간이 단축된다. 플레이 템포도 경쾌하며, 기보 물리기를 비롯한 편리 기능도 갖췄다. 정석은 최대 5개까지 등록 가능하다.

블래거

마이크로캐빈
1986년　5,400엔
RAM 32K

중년 도둑 귀족 '블래거 아저씨'가 최신 경비망으로 무장한 은행 · 상점 · 유령 저택 등 20곳의 빌딩에 잠입한다. 고정화면 액션 게임이며, 점프로 장애물을 피해 열쇠를 모아 금고에 도달하면 클리어되는 방식이다.

플리키

마이크로네트
1986년　4,400엔
RAM 8K

'플리키'를 조작해, 미아 병아리들을 출구로 데려다주자. 방해하는 고양이는 망치를 던져 맞혀 기절시키면 된다. 보너스 스테이지는 시소로 점프해 내려오는 병아리들을 잘 받아내야 한다. 음악까지도 매우 귀여운 작품.

스카이갤도

매지컬 주
1986년 6월　4,800엔
RAM 32K

「아웃로이드」(107p)의 속편. 종스크롤 슈팅 게임으로, 탐사원 '라몬'을 무사히 행성 '쿠온'까지 생환시키는 게 목적이다. 플레이어 기체가 비행 형태와 로봇 형태로 변신하는 게 특징으로, 양쪽을 잘 전환하는 게 공략 포인트.

우주에서 본 지구

레이저디스크 사
1986년　9,800엔
RAM 32K

MSX와 레이저디스크를 연동시켜 즐기는 '스페이스 디스크' 제 5탄. 한쪽 면은 지구관측위성이 촬영한 약 3,000장의 멋진 정지영상과 NASA의 동영상 클립을 수록했고, 다른 쪽 면은 일본과 미국의 항공사진을 검색해 감상한다.

지저 탐험

미쓰비시 전기
1986년　3,000엔
RAM 16K

지하로 계속 내려가는 탐험대가 되어, 세로로 난 굴을 계속 내려가는 액션 게임. 플레이어는 탐험대 대장으로서 기구를 조작해, 이리저리 꼬인 굴을 끝없이 내려간다. 굴 안에선 지하인의 습격이나 함정도 기다리고 있다.

1987
MSX GAME SOFTWARE CATALOGUE

이 해에 발매된 게임은 총 150개 타이틀이다. 파나소닉의 FS-A1F, 소니의 HB-F1XD 등 FDD 내장형 MSX2가 발매됨으로써, 소프트 시장도 일거에 MSX2로 전환되기 시작한 해다. 독자 음원인 SCC를 탑재한 코나미의 「그라디우스 2」도 나오는 등, MSX 유저들에겐 화제가 많았던 한 해였다 하겠다.

슈퍼 로드 러너

아이렘
1987년   5,800엔
VRAM 128K

게이머들에게 친숙한 「로드 러너」를 아이렘이 MSX2용으로 신규 개발한 타이틀. MSX2의 그래픽 기능을 살린 게임 화면과 경쾌한 BGM이 재미를 한 층 끌어올렸다. 점멸하는 몬스터는, 금괴를 갖고 있다는 의미다.

위저드리 : #1 광왕의 시련장

아스키
1987년 12월   9,800엔

일본에 RPG를 보급·발전시키는 데 크게 기여한 타이틀. 전사와 마법사, 승려, 도둑 등 저마다 능력이 다른 캐릭터로 최대 6명 파티를 편성해, 3D 던전을 탐색한다. 지하 10층에 있는 악의 마법사 '워드나'를 타도하자.

마계도 : 일곱 섬 대모험

아스키
1987년   6,800엔

패미컴판 원작을 이식한 액션 어드벤처 게임. 일곱 섬을 돌며 퍼즐을 풀어, 전설의 대도 '캡틴 비어드'의 보물을 찾아내자. MSX판은 패미컴판과는 석판에 적힌 수수께끼가 다른 등, 일부 내용이 변경되어 있다.

리바이버

아르시스 소프트웨어
1987년   6,800엔

이세계로 워프된 주인공이 마왕을 물리치러 가는 리얼타임 어드벤처 게임. 커맨드 선택식이며, 이전 윈도우나 그래픽 위에 새로운 윈도우가 겹쳐지는 것도 특징이다. 멋대로 진행하면 바로 막혀버리는, 난이도가 높은 작품.

전장의 이리

아스키
1987년   5,800엔

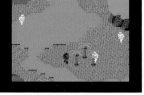

▶ MSX-AUDIO를 지원하는 드문 타이틀.

특수훈련을 받은 병사 '슈퍼 죠'가 되어 싸우는 액션 슈팅 게임의 이식작. 총과 수류탄을 지니고 단신으로 전장을 돌파하는 게 목적이며, 4스테이지 단위로 적 기지가 폭발하는 연출이 나온다. 정글이 중심인 총 8개 스테이지를 준비했다. 도중에 포로를 구출하면 보너스 점수가 가산된다. 실은 같은 작품의 MSX2판도 개발 중이었고 광고까지 게재되었지만, 결국은 미발매로 끝났다.

왕자 빈빈 이야기 : 자초지종 백서

이스트 큐브
1987년   7,800엔
RAM 64K   VRAM 128K

바람둥이 왕자에 질려 뛰쳐나가버린 백설공주를 다시 데려온다는 스토리로 전개되는 코믹 RPG. 시스템 자체는 전형적인 커맨드 선택식 RPG지만, 개그가 풍부해 다양한 동화의 패러디부터 성인 유머까지 들어가 있다.

YAKSA

울프 팀
1987년   6,800엔

전국시대를 무대로, 악귀와 야차의 싸움을 그린 액션 RPG. 타카노 산의 승려 '사이쿠'나 밀교 수도사 '쿠죠인 이오리'를 조작해, 전국 18개소에 있는 마공천을 봉인하자. 스테이지를 고르면 전략 혹은 액션 게임이 진행된다.

대응 기종 아이콘

카세트 테이프   ROM 카트리지

IKARI

SNK
1987년   6,800엔

'살아남기 위해서라면 동료라도 쓰러뜨린다!'라는 선전문구로 유명한 전투 액션 게임. 전투기 추락을 가장해 적지로 잠입, 기관총과 수류탄으로 적병들을 쓸어버려야 한다. 플레이어가 죽을 때의 음성합성이 인상적인 게임.

윙맨 2 : 키타쿠라의 부활

에닉스
1987년 4월 28일   5,800엔
RAM 16K

인기 시리즈 제 2탄. '윙맨' 히로노 켄타가 이차원 세계 포드림스에서 파송된 새로운 자객과 싸운다는 스토리다. 전작에서 호평 받았던 그래픽이 더욱 업그레이드됐다. 전투 신도 풀스크린이며, 새로운 필살기도 추가됐다.

애니멀 랜드 살인사건

에닉스
1987년 7월 31일   5,800엔
RAM 16K

에닉스 사가 내놓은 MSX 전용 미스터리 어드벤처 게임. 충직한 경찰견 '오이동'과 함께 살인사건을 조사하자. 피해자는 보석점 주인, 북방여우 '콘키치'다. 첫인상을 배반하는 복잡한 인간관계가 스토리를 비극으로 이끈다.

지저스

에닉스
1987년   7,800엔
RAM 64K   VRAM 128K

영화적인 연출과 애니메이션을 도입해, 시나리오를 즐기게 하는 데 중점을 둔 커맨드 선택식 SF 어드벤처 게임. 우주선 내에서 미지의 외계 생명체와 조우하는 스토리를 그렸다. 음악은 스기야마 코이치가 맡았다.

플레이메이트

오메가 시스템
1987년   6,000엔
VRAM 64K

패키지에 표기된 'NO AIDS'와, 어떤 나라의 청년·성인용 잡지 로고와 꽤 닮은 토끼 마크가 특징인 소프트. 그 청년잡지에 등장할 것 같은 글래머 여성 18명이 애니메이션으로 게임에 나온다. 직소 퍼즐도 수록했다.

엄지동자의 '맛이 어떠냐!'

카시오 계산기
1987년   4,800엔
RAM 8K

일본 전래동화인 엄지동자(잇슨보시) 소재의 액션 게임이자, 카시오 최후의 MSX 작품. 도깨비들의 악행을 알게 된 엄지동자가 밥공기 배를 타고 오니가시마로 간다. 요술방망이로 도깨비들을 퇴치해, 공주님의 상을 받자.

칼레이도스코프 스페셜 : 어·나·더

GA무 / HOT·B
1987년   5,500엔
RAM 16K

SF 대작 「칼레이도스코프」 시리즈의 MSX판. 전작·전전작과 달리 종스크롤 슈팅 게임이 되었다. 각 스테이지를 돌며 석판 6개를 모아, 행성 '어나더'에서 기다리는 보스를 타도하자. 쏘고 피하기 중심의 상쾌한 게임이다.

페어리랜드 스토리

GA무 / HOT·B
1987년   5,900엔
RAM 8K

마법사 '도레미'를 조작해 화면 내의 모든 적을 물리치는 액션 게임으로, 아케이드판의 이식작. 총 100스테이지+α라는 방대한 볼륨이 특징이며, MSX판은 컨티뉴와 스테이지 셀렉트도 숨겨진 커맨드로 추가했다.

매드 라이더

캐리 라보
1987년   6,200엔
RAM 64K   VRAM 128K

공공도로 레이스가 테마인 드라이브 게임. 순간의 실수도 허용치 않는 긴박감을 즐기는 본격 카 레이싱 게임이다. 총 5스테이지이며, 해변과 도심, 사막 등으로 배경이 버라이어티하다. 경쾌한 BGM과 함께 시속 200km를 만끽하자.

리턴 오브 젤다

캐리 라보
1987년 12월   5,800엔
RAM 64K   VRAM 128K

와이어프레임으로 지형을 표현한 고속 3D 슈팅 게임. 지구에서 1만 광년 너머에 있는 소행성 '젤다'를 지키러, 전설의 전투기 '벨가스'로 우주해적과 싸운다. 다채로운 무기를 구사해, 습격해오는 적과 지상건조물을 파괴하자.

HARDWARE
1983
1984
1985
1986
1987
1988
1989
1990
1991
1992
1993-
INDEX

볼페스와 5인의 악마

크리스탈소프트
1987년 5,800엔
RAM 8K

플레이어의 편인 악마를 잘 활용해 적을 물리치는 액션 RPG. 견습 마법사 '볼페스'가 되어, 스승 대신 대마신 '나이킨 나이키스'를 물리치자. 4마리의 악마는 각자 능력이 달라, 이들을 적절히 사용하는 게 공략의 키포인트다.

노부나가의 야망 : 전국판

코에이
1987년 9,800엔
RAM 16K

전국시대 일본을 무대로, 전국 통일을 노리는 역사 시뮬레이션 게임. 전작보다 지역이 대폭 늘어난 50개국 모드를 새로 추가했다. MSX판은 오리지널 타이틀 화면으로 변경하고, 텍스트가 사투리로 바뀌는 모드를 삭제했다.

노부나가의 야망 : 전국판

코에이
1987년 8,800엔
RAM 64K VRAM 128K

MSX판에서 그래픽 등을 향상시킨 MSX2판. MSX2판은 타이틀 화면도 도로타 기종 컴퓨터판과 동일하게 되돌렸고, MSX판에서는 삭제했던 사투리 모드도 다시 넣었다. BGM의 작곡은 칸노 요코가 담당했다.

패사의 봉인

코가도 스튜디오
1987년 7,800엔

손수건 맵과 메탈 피규어를 동봉한 판타지 RPG. 주인공을 조작해 이차원 통로를 막을 수단을 입수하자. 등장하는 몬스터는 이차원에서 온 것과 토종의 2종류로, 주민들이 숭상하는 토종 몬스터를 물리치면 인기가 하락한다.

패사의 봉인

코가도 스튜디오
1987년 8,800엔

독자적인 맵 표시와 전투 시스템을 채용한 이세계 RPG. 내용 자체는 MSX판 카트리지와 동일하지만 2DD 디스크로 출시되었다. 매핑이 매우 중요하고, 동봉된 손수건 맵과 메탈 피규어는 특히 초반의 위치 확인에 유용하다.

성녀전설

코스모스 컴퓨터
1987년 4,800엔
RAM 32K

아이콘을 선택하여 야한 내용을 즐기는 미소녀 어드벤처 게임. 형사가 되어, 도둑 맞은 보물 'GOLD LADY'를 되찾기 위해 의문의 미소녀 '레미아'를 찾아내자. 시스템은 커맨드 선택식과 아이콘을 사용한 화면 터치를 조합했다.

Q버트

코나미
1987년 1월 4,800엔
RAM 8K

원작은 미국의 아케이드용 액션 게임. MSX판은 캐릭터를 바꾸고, 큐브를 잘 회전시켜 견본과 동일한 모양으로 맞추는 룰로 변경하여, 퍼즐 요소가 한층 강해지게끔 개변했다. 2P 대전도 지원한다.

힘내라 고에몽! 꼭두각시 여행길

코나미
1987년 2월 25일 5,800엔
VRAM 64K

패미컴판의 이식작. 에도 시대를 무대로, 천하의 의적 '고에몽'과 숙적 '네즈미코조'가 쇼군에 진언하기 위해 에도까지 여행한다는 스토리. 지상 49+지하 230스테이지라는 막대한 볼륨에, 3D 던전까지 준비돼 있다.

불새 : 봉황 편

코나미
1987년 4월 5일 5,800엔
VRAM 64K

같은 제목의 만화가 소재인 슈팅 게임. 기본적으로는 종스크롤이지만 좌우로 전환 가능한 맵을 채용해, '영목'을 찾거나 스테이지 내의 워프를 이용하는 등의 탐색 요소도 있다. 모든 '마음의 옥'을 입수해 최종 보스에게 가자.

마성전설 II : 갈리우스의 미궁

코나미
1987년 4월 18일 4,980엔
RAM 8K

종스크롤 슈팅 게임이었던 전작에서, 사이드뷰 액션 RPG로 장르를 전환한 타이틀. 빼앗긴 그리크 성과 어린 아들 팜파스를 구출하기 위해, '포포론'과 '아프로디테' 두 주인공을 잘 활용하여 성내를 공략하자.

   대응 기종 아이콘   카세트 테이프   ROM 카트리지

메탈기어

코나미
1987년 7월 13일 5,800엔
VRAM 64K

「메탈기어」 시리즈의 첫 번째 작품이자, 코지마 히데오의 감독 데뷔작. 무장 요새 국가 '아우터 헤븐'에 단신 잠입하여 최종병기 '메탈기어'를 파괴하는 것이 목적인 스텔스 액션 게임이다. 동료와 무선 연락을 취해 받은 정보를 활용

▶ 이후에도 이어지는 대인기 시리즈의 첫 작품.

하며, 무기 등을 현지 조달해 은신하면서 요새 안쪽으로 침입해야 한다. '잠입 요소를

본격 도입한 최초의 비디오 게임'으로서 기네스 세계기록 인정도 받은 타이틀이다.

그라디우스 2

코나미
1987년 8월 22일 5,800엔
RAM 8K

아케이드판 「그라디우스 II」와는 완전히 별개 내용인 MSX 오리지널 작품. 기본 시스템은 전작을 답습하면서, 보스 격파 후 함내로 잠입해 새로운 파워 업 게이지를 획득하는 신규 요소를 추가했다. 엽 네이사나 네이쌈 미사일

▶ 시리즈 최초의 가정용 오리지널 작품.

등의 강력한 파워 업 덕에, 이 게임의 기체인 '메탈리온'을 시리스 최상으로 꼽는 의견

도 많다. 확장음원 'SCC'를 탑재한 첫 작품이기도 해, 음악으로도 호평받은 타이틀.

F-1 스피리트
: THE WAY TO FORMULA-1

코나미
1987년 10월 1일 5,800엔
RAM 8K

탑뷰 종스크롤 레이싱 게임. 좌우 대각선 방향으로도 스크롤되는 등으로 코스에 변화를 주어, 상당한 속도감을 연출한다. 하위 카테고리부터 시작해 포인트를 쌓아, 최종적으로 F1에 참가하여 16라운드를 치러 우승을 노린다

▶ 확장음원 SCC로 연주되는 BGM도 훌륭하다.

는 내용으로, 레이스별로 머신 세팅도 가능하다. 크래시로 파손된 파츠의 수리와 연료

보급 등을 언제 할지 정하는 피트인 전략도, 우승에 직결되는 중요한 요소 중 하나다.

우샤스

코나미
1987년 11월 1일 5,800엔
VRAM 64K

능력이 다른 2명의 주인공 '위트'와 '클레스'가 유적을 탐험하는 액션 게임. 스테이지 내의 아이템을 얻으면 희로애락 중 하나로 감정이 변화하여 공격방법이 달라지며, 각 희로애락에 대응되는 스테이지 보스로 가는 문은 동

▶ 인도와 동남아시아의 유적이 무대.

일한 감정 상태여야 들어갈 수 있다. 코인을 모아 능력치를 올리거나 체력을 회복할 수

도 있는 등, 전략성도 높다. 감정이 변화하면 BGM의 분위기가 바뀌는 것도 재미있다.

사라만다

코나미
1987년 12월 23일 6,800엔
RAM 16K

아케이드판의 이식이지만, MSX판 「그라디우스 2」의 속편으로 개발되었고 스토리성도 강화하는 등, 사실상 오리지널 작품이다. 2인 동시 플레이일 때는 1인 플레이 시 없었던 아이템이 나오고, 일정 시간동안 합체도 가능하다.

샬롬 : 마성전설 III 완결편

코나미
1987년 12월 5,980엔
RAM 8K

게임의 세계로 들어와 버린 주인공이 돼지 '부타코'와 함께 그리크 왕국을 여행하는 어드벤처 게임. 이동은 탑뷰 RPG식이다. 보스 전은 캐릭터에 따라선 대화만으로 끝나기도 하고, 블록격파 게임 등 장르가 다양해 신선하다.

마왕 골베리어스

컴파일
1987년 3월   5,900엔
RAM 16K

 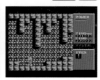

마물의 계곡으로 간 리나 공주를 구출하는 액션 RPG. 게임을 가로·세로 스크롤, 탑뷰 등의 여러 장면으로 구성했다. 행방불명인 주인공의 여동생은 2편의 라스트 보스가 될 예정이었다. 소프트에 부록 '리나 공주의 비명'을 동봉했다.

배스터드

자인 소프트
1987년 12월   5,800엔
VRAM 128K

광대한 맵을 모험하는 탑뷰 액션 RPG. 전설의 검 '배스터드'를 찾아내, 일리어스 탑에 살고 있는 몬스터들을 퇴치하자. 탑 내에는 모험에 도움이 되는 무기와 마법, 방어구가 감춰져있다. 마을에선 상처의 치료 등이 가능하다.

아룡왕

자인 소프트
1987년   6,400엔
VRAM 64K

헤이안 시대가 무대인 종스크롤 액션 게임. 플레이어는 주인공 '후지와라 마사미츠'가 되어 아룡왕 타도를 노린다. 8방향으로 쏘는 무기를 잘 사용해 여러 난관을 돌파하자. 스테이지를 클리어하면 귀여운 캐릭터가 등장한다.

딥 포레스트

자인 소프트
198?년   5,800엔
VRAM 128K

검과 마법의 세계를 무대로 삼은 액션 게임. 마법사에게 소환된 용사가 되어, 나라에 만연한 악마를 물리쳐 사로잡힌 제나 공주를 구해내자. 공격력이 강화되는 약과 점프력이 오르는 부츠를 잘 사용해, 월리를 타도해야 한다.

미래

자인 소프트
1987년   5,800엔

우주세기가 무대인 액션 RPG. 7곳의 행성이 각각 독립된 스테이지로서, 각 행성에서 슈팅 게임식의 공중전과 액션 게임식의 지하 탐색을 교대로 진행한다. 각 행성의 최후에는 보스 전도 준비되어 있다.

미래

자인 소프트
1987년   5,800엔

내용은 MSX판과 동일하지만, 그래픽이 더욱 디테일하고 미려해진 타이틀. 장비 가능한 무기는 8종류, 파워드 슈츠는 5종류를 준비했다. 구입할 수 있는 무기는 스테이지를 진행할수록 점차 늘어난다.

메르헨 베일 I

시스템 사콤
1987년   5,800엔
RAM 16K

퍼즐 요소를 가미한 슈팅 액션 게임. 귀여운 캐릭터와 뛰어난 스토리성이 특징으로, 총 8장 구성이며 각 장 초두에 비주얼 신이 나온다. 타 기종판보다 액션성이 높으나, 성서 등의 회복 아이템은 무한 획득이 가능하다.

메르헨 베일 I

시스템 사콤
1987년   7,900엔
VRAM 128K

그림책 풍으로 진행되는 슈팅 액션 게임. 총 8장 구성 등의 기본 내용은 MSX판과 같지만, 성능 차이로 그래픽이 대폭 향상되었다. 이동속도가 타 기종판보다 빠른데다 회복 아이템이 유한해, MSX판보다 난이도가 높다.

오우거

시스템소프트
1987년   5,800엔
VRAM 128K

거대 전투 머신과 싸우는 SF 전략 시뮬레이션 게임. 플레이어는 방위군 사령관으로, 탱크 부대와 미사일 부대, 기계화 보병 등을 지휘해 인접국의 최종병기 '오우거'를 물리쳐야 한다. 간단 조작으로 신속한 전개가 펼쳐진다.

모험 낭만

시스템소프트
1987년   4,800엔
RAM 16K

퍼즐 및 탐색 요소를 도입한 액션 게임. 주인공 '도타'를 조작해 바이오 몬스터에게 잡혀간 부모와 애인을 구출하자. 진지한 설정과는 정반대로, 내용은 코믹하다. 아이템 사용법 등의 공략법은 직접 발견해야 한다.

  대응 기종 아이콘 카세트 테이프 ROM 카트리지

SF 어덜트 어드벤처 : 에리카

자스트
1987년 5,800엔

기억을 잃은 주인공이 본래의 임무인 적 컴퓨터의 파괴를 달성하기까지를 그려낸, 섹시한 어드벤처 게임. 타이틀명인 '에리카'는 주인공의 파트너 이름인데, 재회한 이후부터는 임무를 내팽개치고 꽁냥꽁냥댈 수도 있다.

스타 트랩 : 크림레몬

자스트
1987년 5,800엔

성인용 애니메이션 '크림레몬' 시리즈 중 하나와 같은 제목의 작품이 원작인 커맨드 선택식 어드벤처 게임. 스토리는 애니메이션 내용을 따라가며, 레즈신 등 주인공 2명의 야한 장면이 다수 등장한다.

천사들의 오후

자스트
1987년 5,800엔

일본 미소녀 게임의 선구자격인 작품. 재색겸비의 미소녀이자 학교의 아이돌인 시라이시 유미코를 잘 꼬셔 침대로 데려가 보자. PC-8801판의 이식작으로, CG가 배경+단색 표현인 대신 캐릭터 디자인이 애니메이션 풍이다.

브레이크 인

잘레코
1987년 4,900엔
RAM 64K

플레이어가 화면 내를 자유 이동하는 블록격파 게임. 은행강도가 모티브로, 벽을 부수며 금고까지 침입해 금고 안의 돈을 모두 갖는 게 목적이다. 방은 모두 연결돼있고, 화면 아래로 볼이 빠지면 이전 방으로 돌아가 버린다.

미시시피 살인사건

잘레코
1987년 12월 6,800엔
VRAM 128K

액티비전 사가 코모도어 64 등으로 발매했던 어드벤처 게임을 잘레코 사가 이식한 타이틀. '델타 프린세스 호'에서 일어난 살인사건을 해결하는 미스터리 게임이며, 선행 발매된 패미컴판과는 그래픽 등이 일부 다르다.

에일리언 2

스퀘어
1987년 5,900엔
RAM 16K

1986년 개봉한 SF영화 '에일리언 2'를 소재로 삼은 액션 게임. 주인공 '리플리'를 조작해, 습격해오는 에일리언과 싸우자. 총 8스테이지 구성이며, 샷과 폭탄은 탄수가 남아있을 때 아이템을 얻으면 파워 업된다.

킥 잇

세이카 로목스 / HAL 연구소
1987년 5,500엔
RAM 16K

부츠를 신은 발을 조작해 모든 불꽃을 모은다는, 개성적인 액션 게임. 플레이어가 지나간 장소는 타일이 사라지므로 다시 지나갈 수 없다. 블록을 행 단위로 이동시킬 수 있는 등, 시스템이 독특한 게임이다.

스네이크 잇

세이카 로목스 / HAL 연구소
1987년 5,500엔
RAM 16K

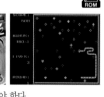

뱀을 조작해, 필드 내에 자라나 있는 클로버를 모두 먹어치우는 액션 게임. 뱀은 클로버를 먹을 때마다 몸이 길어진다. 플레이어는 필드에 함께 존재하는 독버섯이나 자기 몸에 닿지 않도록 주의해야 한다.

파이로맨

세이카 로목스 / HAL 연구소
1987년 5,500엔
RAM 16K

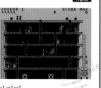

소방사가 되어 방화범(파이로맨)과 싸우는 액션 게임. 불꽃놀이 생산 공장이 무대로, 방화범이 붙인 불을 전부 끄고 방화범까지 체포하면 클리어된다. 불을 제때 끄지 않으면 바닥이 뚫려 이동이 제한돼버린다.

신데렐라 페르듀

젠류츠
1987년 6,800엔
RAM 64K   VRAM 128K

No IMAGE

노벨 게임의 선구자격인 타이틀. 컴퓨터 통신으로 받은 암호문을 해독해보자. 텍스트와 그래픽을 조합한 장르 초창기의 게임으로, 텍스트를 막힘없이 읽으며 진행할 수 있다. 동일한 선택지는 패스하며 진행하는 게 포인트.

HARDWARE
1983
1984
1985
1986
1987
1988
1989
1990
1991
1992
1993-
INDEX

백과 흑의 전설 [아스카 편]

소프트스튜디오 WING
1987년 5,000엔
RAM 32K

시리즈 완결편. 그래픽을 고속 표시하도록 개선해 진행이 빨라졌다. 기상이변이 덮친 199X년의 일본을 무대로, 새로운 싸움이 시작된다. 스토리 키워드인 '백과 흑의 전설'이란, 신들의 끝없는 싸움을 기록한 책의 번역본이다.

마계 부활

소프트스튜디오 WING
1987년 5월 7,800엔
VRAM 128K

불교의 세계관이 배경인 오컬트 어드벤처 게임. 르포 작가 '카미시로 아키라'가 되어, 쿠니사키 반도의 영원사 주지 실종사건과 슈젠바 산 정상 '신의 바위' 소실사건의 의문을 쫓는다. 섬뜩한 그래픽과 BGM을 즐길 수 있다.

재너두

소니
1987년 4월 7,800엔
RAM 64K VRAM 128K

대히트작 「재너두」의 PC-8801 시리즈판을 기반으로 그래픽과 사운드를 구성한 이식작. 지하에 있는 총 10레벨을 왕래하여, 킹 드래곤을 찾아내 물리치는 것이 게임의 목적이다. MSX2 이후 기종 전용판이다.

GALL FORCE : 창세의 서곡

소니
1987년 7월 6,800엔
RAM 64K VRAM 128K

애니메이션이 원작인 어드벤처 게임. 여성뿐인 종족 '솔노이드'와 슬라임형 생물 '파라노이드'의 종족간 분쟁을 그린 작품이다. 내용이 원작에 충실하고 그래픽도 퀄리티가 높아, 팬들에게도 호평받은 게임이다.

기기괴계

소니
1987년 9월 21일 5,800엔
RAM 64K VRAM 128K

요괴에 납치돼 버린 칠복신을 구하기 위해, 무녀 '사요'를 조작해 진행하는 전방향 스크롤 슈팅 게임. 몸을 지켜주는 '부적'을 날리거나, 접근전에서 유효한 '액막이 채'를 휘둘러 요괴들을 일소해 보자.

하드볼

소니
1987년 9월 5,800엔
RAM 64K VRAM 128K

TV 중계 풍의 화면으로 플레이할 수 있는 야구 게임. 투수의 구종이 총 8종류이며, 1인당 4종류를 던질 수 있다. 직접 조작해 시합할 수도 있고 감독으로 지휘도 가능해, 선수교대와 수비위치 변경 등 디테일한 작전도 세워야 한다.

기성

소니
1987년 6,800엔
RAM 64K VRAM 128K

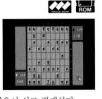

영국 쇼기 마스터 사의 강력한 사고루틴을 탑재한 쇼기 게임. 난이도 레벨은 총 7단계로, 실력에 맞춰 선택할 수 있다. CPU가 생각중일 땐 왼쪽 아래에 찻잔 연출도 나온다. 말을 옮길 때의 '딸각' 합성음이 실로 경쾌하다.

세이키마츠 스페셜 : 악마의 역습!

소니
1987년 5,800엔
RAM 64K VRAM 128K

인기 헤비메탈 밴드 세이키마츠(聖飢魔Ⅱ)가 게임 세계에 등장! 납치된 멤버 4명을 구출하고 제우스를 물리치는 것이 목적인 액션 게임이다. MSX2판은 PSG 음원으로 편곡된 세이키마츠의 곡을 들을 수 있어 재미있다.

레플리카트 : 지하미궁의 수수께끼

소니
1987년 5,800엔
RAM 64K VRAM 128K

지하가 무대인 액션 RPG. 지구 내부를 침략해온 이 생물 '사란드라'에, 몸이 길쭉한 기체 '레플리카트'로 맞선다. 일단 각 스테이지에 흩어진 사란드라의 먹이를 회수하자. 다만 회수할 때마다 레플리카트의 몸이 조금씩 길어진다.

알카노이드 Ⅱ

타이토
1987년 10월 6,800엔
VRAM 128K

SF 블록격파 게임 「알카노이드」의 속편. 게임을 시작하자마자 전작의 최종 보스를 물리치는 신이 나온다. 기본적인 룰은 전작과 거의 같지만, 전용 패드 2개를 연결해 즐기는 2인 대전 모드 등이 새로 추가되었다.

MSX MSX2 MSX2+ MSXturboR 대응 기종 아이콘 | 카세트 테이프 | ROM 카트리지

빅토리어스 나인 II
: 고교야구 편

타이토
1987년 10월 5,800엔
VRAM 64K

일본 전국의 고교야구 팀 중 선호하는 팀을 골라, 봄·여름 코시엔 연패를 노리는 야구 게임. CPU전과 2인 대전 외에, 플레이어 2명이 협력해 CPU와 대전하는 모드도 수록했다. 공격과 수비를 교대하며 2명이 즐길 수 있다.

천국 좋은 곳

타이토
1987년 11월 5,800엔
RAM 64K   VRAM 128K

'나는 죽어버렸다네~'로 유명한 유행가 '돌아온 술주정뱅이'를 BGM 삼아, 이미 죽은 주인공을 조작하는 횡스크롤 액션 게임. 천국을 돌아다니며 함께 죽은 동료 4명을 찾아내, 라스트 보스인 염라대왕과 대결해야 한다.

스크램블 포메이션

타이토
1987년 5,800엔
VRAM 64K

대도시 도쿄를 습격한 의문의 비행물체를 일소하기 위해, 최신예 전투기를 타고 극비임무를 수행하는 슈팅 게임. 국회의사당에서 이륙하여, 호위 기체들로 포메이션을 짜 적을 섬멸하고 평화를 되찾아보자.

버블 보블

타이토
1987년 5,800엔
VRAM 64K

드래곤이 돼 버린 소년 '버블룬'과 '보블룬'을 조작해, 거품을 쏘아 적을 가두고 몸으로 부딪쳐 물리치는 고정화면 액션 게임. 거품 위로 올라타는 것도 가능하며, 거품을 타고 이동하는 게 전제인 스테이지도 있다.

바둑 묘수풀이 120

챔피언 소프트
1987년 8,000엔
RAM 16K

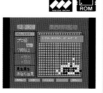

칸사이 기원의 협력을 받아 개발된 바둑 묘수풀이 게임. 문제는 칸사이 기원의 기사 116명이 한 문제씩 제작했으며, 3부 구성으로 풀지, 플레이어의 숙련도에 맞춰 풀지, 혹은 특정 기사의 문제에 도전할지를 선택 가능하다.

러브 체이서

챔피언 소프트
1987년 10월 6,800엔
RAM 64K   VRAM 128K

미소녀 유괴사건을 쫓는 어드벤처 게임. 납치 자작극을 꾸미던 딸이 정말 납치당하고 몸값 격인 다이아몬드도 빼앗긴 사건이 발생했다. 플레이어는 사건을 맡은 탐정 제자를 도와, 자작극에 협력한 다섯 미소녀를 조사해야 한다.

리틀 프린세스

챔피언 소프트
1987년 11월 4,800엔
RAM 64K   VRAM 128K

앨리스 소프트 설립 전의 챔피언 소프트가 개발한 PC-88용 타이틀 「레모네이드 창간호」에 포함된 게임 '납치당한 미키'를 간이 이식한 작품. 드라큘라에 납치된 미키를 도우러 간다는 내용은 동일하나, 일부 이벤트를 삭제했다.

우디 포코

디비 소프트
1987년 6,800엔
VRAM 128K

요정이 인간으로 만들어주었던 나무인형 '포코'가 도로 원래 모습이 되어버렸다. 포코는 이유를 알기 위해 요정을 찾아 나서지만, 적들이 출현해 여행길이 험난해진다. 귀여운 캐릭터들이 대거 등장하는 액션 RPG.

디바 : 아수라의 혈류

T&E 소프트
1987년 4월 6,800엔
RAM 16K

▶ 타 기종판에 비해 액션성이 높다.

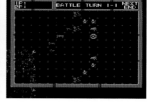

당시 일본의 주요 컴퓨터들과 패미컴까지 무려 7개 기종으로 발매된 타이틀. 성계 개발과 함께전 2종류의 시뮬레이션 게임과, 행성을 공략하는 액션 게임을 결합시켰다. 각 기종판마다 주인공이 다르며, 독립된 시나리오가 전개된다. MSX판의 주인공은 에이스 파일럿 '라트나 삼바'. 타 기종판의 주인공들이 수평 연결되어, 이벤트 신에 등장한다. 패스워드를 사용하면 타 기종으로 원군을 파송할 수 있다.

 플로피 디스크
 BEE CARD
 레이저 디스크
 VHD 디스크
 메가롬 내장게임
 파나 어뮤즈먼트 카트리지 지원 게임
 MSX-MUSIC 지원 게임
SCC 내장 게임

131

HARDWARE | 1983 | 1984 | 1985 | 1986 | 1987 | 1988 | 1989 | 1990 | 1991 | 1992 | 1993- | INDEX

슈퍼 레이독 : 미션 스트라이커

T&E 소프트
1987년 7월 18일 6,800엔
RAM 16K

「하이드라이드」 시리즈 등의 수많은 히트작을 배출한 T&E 소프트 사가 내놓은 종 스크롤 슈팅 게임. MSX2용 「레이독」의 속편으로 개발되었으며, 대용량 ROM 카트리지 채용과 모든 MSX로 즐길 수 있는 높은 호환성으로 유저

▶ 도킹 시의 공중 샷은 위력이 발군.

들을 환호시켰다. 2인 플레이 모드는 독립 조작뿐만 아니라 양쪽이 도킹하면 특수공

격도 가능하며, 도킹 시에는 이동과 옵션·웨폰 조작으로 양쪽의 역할이 분담된다.

하이드라이드 3

T&E 소프트
1987년 12월 7,800엔
RAM 16K

액션 RPG 「하이드라이드」 시리즈의 완결작. 시리즈 최초로 '작품'보다는 '상품'을 목표로 개발계획을 세우고 제작하여, 새로운 무기인 투척 도구, 소지품·돈의 무게 개념, 환전기 등 수많은 신규 요소를 도입했다.

하이드라이드 3

T&E 소프트
1987년 12월 7,800엔
RAM 64K   VRAM 128K

PC-8801판, MSX판과 병행으로 개발된 MSX2판. 하드웨어의 성능을 잘 살린 아름다운 그래픽이 볼거리이며, 애니메이션도 강화시켰다. MSX판은 화면 전환 시 스크롤이 되지만, 이 작품은 화면이 단순 전환된다.

하이드라이드 브론즈 팩

T&E 소프트
1987년 12월 9,980엔
RAM 16K

T&E 소프트 사 창립 5주년을 기념해 발매된 「하이드라이드 2」·「하이드라이드 3」의 합본판 세트. 특전으로 「스타아더 전설」과 「디바」의 BGM을 수록한 카세트테이프 '창립 5주년 게임뮤직 라이브러리'를 동봉했다.

구옥전

테크노 소프트
1987년 7,800엔
RAM 64K   VRAM 128K

2인 플레이도 가능한 고대 일본 풍 액션 RPG. 동자승 '친넨'을 조작해 9옥의 봉인을 원상태로 되돌리자. 1,000화면 이상의 장대한 요괴 월드에는 큰 지네와 구미호, 설녀와 텐구 등 무서운 몬스터가 약 50종류나 출현한다.

디바 : 소마의 술잔

T&E 소프트
1987년 7,800엔
VRAM 128K

성간국가가 무대인 스페이스 오페라. 시뮬레이션과 액션을 조합한 게임으로, 당시 일본의 주요 7개 기종으로 발매하여 각 기종판의 주인공들이 서로 얽히는 복잡한 스토리를 전개했다. MSX2판의 주인공은 천재 과학자 '아크

▶ 행성 지상에는 포대가 설치돼 있다.

쇼 비아'. 각 기종판 모두 최종 목적은 본거지인 나사티아 쌍성의 공략으로서, 초기엔

성계 맵에서 고립된 상태이나, 일정 조건이 만족되면 항로가 열려 공략 가능해진다.

작우

테크노 소프트
1987년 5,400엔
RAM 8K

키보드를 사용해 플레이하는 마작 게임. 심플한 4인 대국식 마작이지만, MSX용과 MSX2용으로 각각 개별 그래픽을 탑재했다. 최대 특징은 음성합성으로 보이스가 나온다는 것. "리치"·"론"·"츠모" 등의 목소리가 출력된다.

나이더 스페셜

전파신문사
1987년 5월 5,300엔
RAM 16K

YMCAT 팀이 개발한 액션 RPG 「데몬 크리스탈」의 속편. 기본적인 룰은 전작과 같아, 열쇠를 찾고 보물을 발견해 출구로 나가는 심플한 게임이다. 각 월드에 숨겨진 패스워드를 발견해, 모든 스테이지를 클리어해 보자.

대응 기종 아이콘

카세트 테이프   ROM 카트리지

미궁으로 가는 문

전파신문사
1987년 5,300엔
RAM 16K

던전 깊숙한 곳에 서식하는 드래곤에 사로잡혀 있는 공주를 구하러 가는 커맨드 선택식 RPG. 3D로 표시되는 맵을 4인까지 구성 가능한 파티로 공략하는 게임이다. 캐릭터 직업은 '전사'와 '마법사'로 골라야 균형적이다.

태양의 신전 : 아스테카 II

도쿄 서적
1987년 12월 10일 7,800엔
RAM 64K VRAM 128K

당시의 최신 시스템인 아이콘 선택식과, 시간 개념을 도입한 어드벤처 게임. 멕시코의 고대유적 '치첸이트사'를 무대로, 숨겨져 있는 태양의 신전과 태양의 열쇠를 찾아내자. 타 기종판과는 유적의 장소와 엔딩이 다르다.

조이드 : 중앙대륙의 싸움

도시바 EMI
1987년 9월 5일 5,800엔
RAM 64K VRAM 128K

토미 사의 동물형 태엽구동 프라모델이 원작인 패미컴용 게임의 이식작. 탑뷰 RPG에 FPS 풍 전투 시스템을 도입한 타이틀이다. MSX2판은 공화국 측의 조이드가 일부 변경되었고, '알로자우라'와 '디바이슨'이 등장한다.

다이너마이트 보울

도시바 EMI
1987년 12월 5,800엔
RAM 16K

간편한 조작으로 즐기는 본격 볼링 시뮬레이션 게임. 무게가 다른 볼 5개 중 하나를 고르고, 위치와 코스를 선택하자. 잘 세팅했다면 스트라이크다. 컨디션이 각기 다른 30종의 레인과 개성적인 캐릭터 5명이 등장한다.

다이너마이트 보울

도시바 EMI
1987년 12월 5,800엔
VRAM 64K

본체 성능에 맞춰 그래픽을 더욱 미려하게 다듬은 타이틀. 레인 상태를 예측하고, 서는 위치와 각도, 볼을 던질 강도를 조정해 스트레이트·훅·슬라이스 중에서 고르자. 300점 만점을 달성하면 '환상의 레인'이 등장한다.

루팡 3세 : 칼리오스트로의 성

토호
1987년 6,800엔
VRAM 64K

같은 제목의 애니메이션 영화를 액션 게임화했다. 원작의 스토리대로 스테이지를 구성했으며, 히든 캐릭터인 고에몬과 방해 캐릭터인 후지코, 컨티뉴 및 엔딩 화면의 큼직한 일러스트 등, 팬들이 좋아할 요소가 많다.

드래곤 버스터

남코
1987년 12월 19일 5,800엔
VRAM 128K

필드 맵과 사이드뷰 던전을 조합한 액션 게임. 위아래 이동 시엔 스크롤되지만 좌우 이동 시엔 화면이 전환된다. 타 기종판과는 일부 아이템의 차이, 철퇴로 공격하는 기사 등의 적 캐릭터 추가와 같은 변경점이 있다.

더 콕피트

니데코
1987년 11월 6,800엔
VRAM 128K

컴퓨터 매니아들의 벗이었던 플라이트 시뮬레이션 게임의 초기작. 실기 데이터와 항공역학 기반의 본격적인 착륙을 즐길 수 있다. 유도등을 기준삼아 야간의 활주로에 착륙하자. 잇따르는 관제탑 지시가 긴박감을 더해준다.

쇼군

니혼 덱스터
1987년 7,800엔
RAM 16K

영국산 PC 게임의 이식판. 16세기 일본이 무대로, 무사부터 귀부인에 외국인까지 뛰어들어 쇼군 지위를 노리는 시뮬레이션 게임이다. 캐릭터 신분에 상관없이, 가신 20명과 두루마리 3개만 모으면 쇼군이 된다는 독특한 룰이다.

스트레인지 루프

니혼 덱스터
1987년 5,700엔
RAM 16K

넓은 셔틀 내부를 무대로 진행되는 액션 어드벤처 게임. 외계인에게서 셔틀을 탈환하려면 제어실을 찾아내야 한다. 액션 실력도 필요하지만, 순서에 따라 효율적으로 오브젝트를 회수해야 클리어가 제법 어렵다.

HARDWARE

1983
1984
1985
1986
1987
1988
1989
1990
1991
1992
1993-

INDEX

디지털 데빌 스토리 : 여신전생

니혼 텔레네트
1987년 7월   6,800엔
RAM 16K

니시타니 아야의 전기물 SF소설을 게임화했다. 제 1권 '여신전생'이 원작인 액션 RPG로, 원작의 강적 캐릭터였던 교사 오하라와 요미츠시코메가 등장한다. 주인공 '나카지마 아케미'가 되어, 마계로 잡혀간 히로인 '시라사기 유미코'

를 구해내자. '선의 차원'·'악의 차원'·'심연의 차원' 세 차원을 왕래하며 공략한다. 무

대인 마계는 '생명나무'가 모티브로, 총 20스테이지 160층의 방대한 넓이를 자랑한다.

반생명전기 안드로귀누스

니혼 텔레네트
1987년   7,800엔
RAM 64K   VRAM 128K

반물질 생명체 '안드로귀누스'를 조작해, 반물질로 구성된 행성 울드와 싸우는 액션 슈팅 게임. 특징은 계속 아래로 스크롤된다는 점과, 배리어로도 적을 물리칠 수 있다는 점. 안드로귀누스는 도중에 남성에서 여성으로 전환된다.

프로야구 FAN : 텔레네트 스타디움

니혼 텔레네트
198/년   6,800엔
RAM 64K   VRAM 128K

당시 실제 일본 프로야구를 모델로 삼은 12개 구단으로 대전하는 야구 게임. 투구 폼과 타자의 스윙 등, 그래픽을 공들여 만들었다. BGM 선택 모드에선 응원가를 고를 수도 있고, 패스워드 방식의 토너먼트 모드도 탑재했다.

다이레스 : 네트워크 버전

니혼 텔레네트
1987년   6,800엔
RAM 64K   VRAM 128K

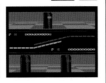

139p에서 소개한 3D 기둥 넘어뜨리기 게임 「다이레스」의 네트워크 플레이 버전. 전용 모뎀 카트리지로 통신망 서비스 'THE LINKS'에 접속해, 일본 전국의 플레이어와 하이스코어를 겨루거나 랭킹을 다툴 수 있었다.

슈퍼 레이독 : 네트워크 버전

니혼 텔레네트
1987년 9월   14,800엔
RAM 16K

같은 해 발매된 「슈퍼 레이독 : 미션 스트라이커」의 게임 카트리지와, 이 게임에 통신 기능을 추가한 '네트워크 버전'을 합본 세트화한 타이틀. 모뎀을 경유해 일본 전국의 플레이어와 하이스코어를 겨룰 수 있었다.

드래곤 슬레이어 IV : 드래슬레 패밀리

니혼팔콤
1987년 7월 9일   6,800엔
RAM 64K   VRAM 128K

▶ 이전작들과는 결이 다른 이단아적인 작품.

패미컴판의 이식작. 「드래곤 슬레이어」 시리즈의 4번째 작품으로, 「재너두」·「로맨시아」와 계보를 함께 하는 액션 RPG. 주인공 '워젠' 일가족 중 하나를 골라, 던전 내부를 탐색하자. 목적은 던전 깊숙한 곳에 잠든 킹 드래

곤 '디르기오스'의 퇴치다. 일가족은 저마다 능력이 다르다. 하지만 키 아이템인 '드래곤

슬레이어'와 '크라운'은 장남만이 다룰 수 있으니, 이 점은 주의해야 한다.

재너두

니혼팔콤
1987년 11월 6일   7,800엔
RAM 8K

▶ 패키지 일러스트는 츠즈키 카즈히코가 그렸다.

「드래곤 슬레이어」 시리즈의 2번째 작품으로서 대히트한 액션 RPG의 이식판. 사이드 뷰 액션과 전투 시의 탑뷰 고정화면을 병용했다. 세계 내의 몬스터 수는 유한하므로 얻는 경험치와 돈도 상한이 있어, 이를 어떻게 활용할지가

중요하다. 최후발 이식작이라 완성도가 높고, 장비·아이템 소지수와 경험치도 보기

쉽게 했으며, 전투 신을 비롯한 조작성도 향상됐다. 그래픽과 음악도 호평을 받았다.

대응 기종 아이콘

카세트 테이프   ROM 카트리지

이스

니혼팔콤
1987년 12월 10일 7,800엔
RAM 64K VRAM 128K

RPG가 고난이도이던 게 당연하던 시대에 등장한, 누구나 즐길 수 있도록 제작한 액션 RPG. 전투는 몸통박치기로 간략화하고, 적 캐릭터와 반쯤 옆으로 걸쳐 밀어붙이면 받는 대미지를 줄이며 효율적으로 공격하는 '걸치기'라

▶ 이스의 책 6권을 찾는 모험을 그렸다.

는 테크닉을 제시했다. 스토리와 BGM이 매우 호평받았다. MSX2판은 상점의 그래픽

등을 리뉴얼했으며, 내장 PSG 음원에 맞춰 게임 내 BGM 중 몇몇 곡을 교체했다.

박솔

하트 전자산업
1987년 2월 6,800엔
RAM 16K

'3D 슈팅 신시대'를 표방한 타이틀. 고기동 아머 'VAXOL-STORMER'를 조작해 행성 'ZOLGA'의 최심부로 잠입, 그곳에서 기다리는 신을 물리쳐야 한다. 특징은 고속 풀 애니메이션으로 처리한 스크롤 구현. 신나게 쏘

▶ MSX로 고속 스크롤을 구현해냈다.

며 전진하는 쾌감과, 시야를 압박하는 거대 캐릭터의 박력을 체감해보자. 에너지 잔량이

바닥나지 않도록 주의하며, 정확한 사격으로 적 편대가 공격해오기 전에 섬멸하도록.

미소녀 사진관 스페셜!: 더블 비전

HARD
1987년 5,800엔
VRAM 128K

미소녀 전문 카메라맨이 되어, 등장하는 여자들의 사진을 신나게 찍는 시뮬레이션 게임. 셔터 속도와 조리개, 필름 감도를 제대로 맞추지 않으면 사진이 잘 나오지 않는다. 촬영에 성공하면 여자의 야한 그래픽이 표시된다.

영 셜록 : 도일의 유산

팩 인 비디오
1987년 3월 5,800엔
RAM 16K

명탐정 셜록 홈즈의 활약을 그린 미스터리 어드벤처 게임. 젊은 시절의 홈즈를 조작해, 왓슨과 함께 친구의 애인에 씌워진 살인 혐의를 벗겨내자. 등장인물이 20명 이상, 조사 가능 장소가 40곳에 달하는 대작이다.

라비린스 : 마왕의 미궁

팩 인 비디오
1987년 8월 6,800엔
VRAM 128K

데이빗 보위 주연 영화 '라비린스'(한국에선 '사라의 미로여행'으로도 방영)를 게임화했다. 주인공 '사라'를 미궁에서 13시간 내에 탈출시키자. 사라를 가둔 마왕 자레스는 부하를 보내 방해한다. 캐릭터 디자인은 영화 쪽을 따랐다.

배트맨 : 로빈 구출작전

팩 인 비디오
1987년 9월 5,800엔
RAM 64K

DC 코믹스의 대표작을 액션 게임화했다. 배트맨이 되어, 사로잡힌 로빈을 구출하자. 빌런으로 등장하는 조커와 리들러는 계속 부하를 보내 방해한다. 구출을 개시하려면 일단 지하실에서 파츠 7개를 찾아내야 한다.

패밀리 빌리어드

팩 인 비디오
1987년 11월 5,800엔
VRAM 128K

4종류의 게임을 플레이할 수 있는 본격 당구 게임. 나인볼과 로테이션, 4구와 스누커를 간편하게 즐길 수 있다. CPU의 난이도는 5단계로 설정 가능. 이 당시는 영화 '컬러 오브 머니'의 영향도 받아, 당구가 대인기였다.

군인장기

팩 인 비디오
1987년 12월 5,800엔
VRAM 128K

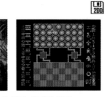

군대의 계급과 병종을 말로 삼은 보드 게임. 사용되는 말은 지뢰, 공병, 탱크를 비롯해 소위부터 대장까지의 각 계급 등, 총 16종류가 등장한다. 스파이는 대장을 이기지만 다른 말에겐 지는 등, 말마다 각자 상성이 있다.

라 페르 : 잃어버린 시간을 찾아서

팩 인 비디오
1987년 12월 5,800엔
VRAM 128K

프랑스에서 대인기였던 본격 추리 어드벤처 게임. 무고한 죄로 투옥된 주인공이 결국 오명을 벗는다는 스토리. 파리와 바르셀로나 등의 유럽 도시를 돌며 정보를 입수하자. 유익한 정보를 캐내려면 변장할 필요가 있다.

다윈 4078

허드슨
1987년 5,800엔
VRAM 64K

진화 개념을 도입한 SF 슈팅 게임. 플레이어 기체는 특정한 적을 물리치면 나오는 'EVOL'을 섭취하면 진화해, 형태와 대공 샷이 변화한다. 적 캐릭터도 미생물을 기반으로 디자인해, 플레이어를 독특한 움직임으로 혼란시킨다.

마의 삼각지대 작전 : 재규어 5

허드슨
1987년 5,800엔
RAM 16K

동료를 늘려가며 전개하는 시네마 풍 액티브 시뮬레이션 게임. 마약조직의 박멸을 노리는 A국의 전문가 집단 'JAGUR 5'의 리더가 되어, 마약 대농장을 좌우하는 보스를 암살하자. 무대는 동남아에 실존하는 '골든 트라이앵

▶ 합류한 동료와 대열을 짜서 진격하자.

글'. 4명의 동료와 함께 5개 에리어를 돌파해야 한다. 에리어 최후에는 보스전이 기다

린다. 특징은 상점 등에서 크게 표시되는 여성의 그래픽. 설정에도 패나 공을 들였다.

전설의 성전사 아쉬기네

파나소프트
1987년 5,800엔
RAM 64K   VRAM 128K

파나소닉 MSX2 컴퓨터의 이미지 캐릭터를 사용한 액션 RPG. 이 작품부터 시작되는 3부작의 제 1탄으로, 주인공 '라일'이 행성 네페테스를 무대로 부모의 원수를 갚는다는 스토리. 적은 행성의 최고 지도자 파누틸라카스. MSX2

▶ 초반에 능력치를 어떻게 올리느냐가 공략 포인트다.

의 그래픽 능력을 풀로 활용해, 영화와 같은 세계를 체험한다. 신전 · 사막 등 25개 스테

이지를 준비했다. 방대한 맵을 제패한 후, 라일은 성스러운 전사 '아쉬기네'로 성장한다.

아쉬기네 : 허공의 아성

파나소프트
1987년 6,800엔
RAM 64K   VRAM 128K

파나소닉의 MSX2 'FS-A1'의 이미지 캐릭터인 '아쉬기네'가 주인공인 게임으로, 3부작을 각각 다른 3개 회사가 개발했다. 이 작품은 시리즈 2번째로서, 자유 이동식 종스크롤 액션 게임이다. 미로와 같은 스테이지를 탐색

▶ 부모의 원수, 파누틸라카스를 물리치자.

해 아이템을 입수하고, 경험치를 모아 레벨을 올려 보스전에 도전한다. 그래픽이 뛰어

나며, 적을 공격하면 검 끝에 핏자국이 묻는 등의 디테일한 연출도 인상적이다.

아쉬기네 : 복수의 불꽃

파나소프트
1987년 6,800엔
RAM 64K   VRAM 128K

아쉬기네 3부작의 완결편. 전작과 동일한 액션 RPG지만, 시점을 탑뷰형 필드식으로 변경했다. 전투도 심볼 인카운트식으로 바뀌, 적과 접촉하면 곧바로 전투 신으로 전환된다. 컨택트 모드일 때는 양심적인 캐릭터로부터 정

▶ 처절한 전투 신이 연속되는 흥분의 작품.

보를 얻자. 숙적 파누틸라카스와의 최후의 싸움을 그린 스토리. 파나소닉의 '파나 어

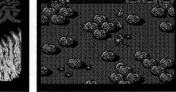

뮤즈먼트 카트리지'를 경유해, 전작 「허공의 아성」과 세이브 데이터를 교환할 수 있다.

     대응 기종 아이콘

 카세트 테이프   ROM 카트리지

A1 스피리트

파나소프트
1987년   조이핸들 동봉 소프트
RAM 8K

파나소닉의 조종간형 컨트롤러 '조이핸들'에 번들된 소프트로, 기본적으로 코나미의 「F-1 스피리트」와 동일하다. 이 작품에선 시속 500km를 내는 비행기형 차량을 조작 가능하지만, 너무 빨라 게임의 밸런스가 깨지니 주의.

릭과 믹의 대모험

허밍버드 소프트
1987년   5,800엔
VRAM 128K

불가사의한 저택이 무대인 모험 어드벤처 게임. '릭'과 '믹'을 조작해, 불을 무기삼아 이상한 동물들과 싸우며 모형 비행기를 입수하자. 목적은 저택 탈출. 각 스테이지에선 문을 찾아야 하지만, 문이 꼭 하나라는 법은 없다.

기동행성 스틸스

HAL 연구소
1987년   5,600엔

위협해오는 이성인을 격퇴하며 수수께끼의 행성을 탐사하는 액션 게임. 주인공 '코시'가 되어 돌연 나타난 거대한 기계화 행성을 조사해, 대폭발이 일어나기 전에 정지시키자. 적을 물리쳐 아이템을 모아 파워 업하며 공략한다.

짐 싸들고 한가롭게 은밀 여행길

HAL 연구소
1987년   5,600엔

에도 시대의 유명 가도인 '도카이도 53차'를 무대로, 나쁜 다이묘의 악행 증거가 담긴 밀서 5통을 모아 쇼군에게로 가는 액션 RPG. '야지'와 '키타' 중 하나를 골라 마을을 돌며 정보를 모으자. 보너스 게임인 말판놀이도 있다.

닌자 군 : 아수라의 장

HAL 연구소
1987년   5,600엔

「닌자 군 : 마성의 모험」의 속편. 수리검 종류도 늘었고, 거대한 보스 캐릭터도 등장하며, 가로 · 세로 스크롤에 수중 · 동굴 등의 다양한 스테이지 30종까지 대폭 파워 업했다. 원색이 선명한 그래픽도 멋지다.

홀인원 스페셜

HAL 연구소
1987년   5,600엔

자사가 발매한 「홀인원」 시리즈의 속편인 골프 게임으로, MSX2용이 되어 그래픽이 대폭 강화되었다. 게임 내용은 전작의 구조를 그대로 계승하면서, 간편하게 즐길 수 있도록 코스가 한 화면 안에 들어가게끔 제작했다.

생명행성 M36
: 살아있었던 마더 브레인

픽셀
1987년   5,800엔

 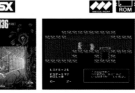

스토리성을 중시한 액션 RPG. 인류가 증가한 미래를 무대로, 인류의 이주 가능성을 알아보러 어느 행성을 조사한다는 스토리다. 행성 M36의 지하로 뻗어있는 지하 셸터를 조사하자. 개조된 외계생물이 대량 발생해 있다.

샤우트 매치

빅터음악산업
1987년   5,800엔
RAM 16K

패키지에 동봉된 마이크로 직접 외치면서 플레이하는, 유례없는 스타일의 액션 RPG. 주인공 '와오'가 되어, 큰소리 마왕 타도를 위해 목청 큰 자들이 사는 나라 '샤우트 랜드'를 여행하자. 목표는 요정 나라 여왕의 구출.

사령전선

빅터음악산업
1987년   8,800엔
RAM 64K   VRAM 128K

총과 초능력으로 사령(死靈)과 싸우는 액션 RPG. 주인공 '라일라 알폰'을 조작해 차이니즈 힐의 수수께끼를 해결하자. 이동 시엔 탑뷰로, 전투 시엔 사이드 뷰로 전환된다. 총이 통하지 않는 적에겐 초능력을 담은 탄환을 쏘자.

드레이너

빅터음악산업
1987년   4,800엔
RAM 16K

미로 안을 전진하며 탄이 든 탄창을 꽁무니에 연결시켜 마치 뱀처럼 늘어뜨리며 진행해, 선단의 동력 중핵까지 도달해 파괴시키는 것이 목적인 슈팅 액션 게임. 위풍당당한 멜로디의 BGM도 멋지다.

비너스 파이어

빅터음악산업
1987년   4,800엔
RAM 16K

'S.F.3.D'와 '마시넨 크리거'로 유명한 요코야마 코우 원작의 전술 시뮬레이션 게임. 24세기를 무대로, 금성에서 발견된 에너지를 두고 기업체와 무역연합의 내전이 시작된다. 양 세력의 전쟁을 그린 시나리오 4종을 수록했다.

몰몰 2

빅터음악산업
1987년   5,800엔
RAM 16K

먹을 것을 모두 획득하여 출구로 가는 두더지가 주인공인 액션 퍼즐 게임. 난이도가 각기 다른 '셀렉션'·'칠드런'·'익스퍼트'의 3개 모드 총 80스테이지를 즐길 수 있다. 이중엔 전작의 유저가 투고한 오리지널 스테이지도 있다.

형사 다이다 게키
: 사장 딸 유괴사건

인포머셜
1987년 12월   6,800엔
RAM 64K   VRAM 128K

▶ 만화 감각으로 즐기는 어드벤처 게임.

파격으로 뭉친 형사 '다이다 게키'가, 기상천외한 대사로 용의자부터 피해자의 부모까지 상대를 가리지 않고 치열하게 심문한다. 차례차례 나타나는 적도 격퇴하며, 유괴당한 사장 딸 '쿠라모토 유카리'의 몸값 전달시각 전까지 증거를 모아 구출해야 한다. '슈퍼 리액션' 화면방식을 채용한 코믹 어드벤처 게임으로, 70장 분량의 그래픽을 차례차례 즐기는 역작이다. 엔딩도 9종류나 준비했다.

페어리테일

페어리테일
1987년   7,800엔
VRAM 128K

"귀여워, 귀여워 유미코"로 게임이 시작되는 페어리테일 사의 데뷔작. 주인공은 이전부터 유미코를 짝사랑해온 남자로, 집을 지키고 있던 그녀에 최면술을 걸어 야한 장난을 친다는 스토리다. 준비된 엔딩은 3종류.

옐로 서브머린

브라더 공업
1987년   2,500엔
RAM 16K

 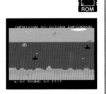

No IMAGE

잠수함 '옐로 서브머린'을 조작하는 해전 게임. 적국은 최신 기술을 도입해, 일반병기 외에 게나 거북이형 로봇으로도 공격해온다. 끊임없이 밀어닥치는 공격 앞에서, 플레이어도 기뢰와 미사일로 맞서야 한다.

캐논 터보

브라더 공업
1987년   2,500엔
RAM 16K

No IMAGE

탑뷰 화면으로 플레이하는 레이싱 액션 게임. 가을·겨울·봄 3개 시즌에 걸친 빅 레이스를 주파하자. 뒤처지거나 방해하는 차는 미사일을 쏴 날려버리도록. TAKERU 독점 타이틀로서, 가볍게 즐기는 심플한 게임이다.

타케루 전설

브라더 공업
1987년   2,500엔

No IMAGE

'풍운 타케루 성'을 점거하고 있는 타케시와 타케시 군단을 상대로, 타케루 일족의 마지막 후예인 '타케루'가 싸움을 펼치는 닌자 액션 게임. 계속 습격해오는 타케시 군단의 닌자들을, 타케루가 쿵푸 살법으로 격퇴한다.

폴 펠

브라더 공업
1987년   2,500엔

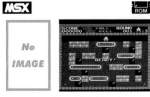

No IMAGE

몬스터를 피하며 지면을 파 들어가는 액션 게임. 주인공 'EGU'를 조작해, 각 스테이지의 흙을 모두 파내 없애자. 도중에 몬스터가 방해해오지만, 블록을 이용해 압사시킬 수 있다. 체리를 먹으면 보너스 점수를 얻는다.

토플 집

보스텍
1987년   5,900엔
VRAM 128K

어드벤처 요소가 있는 레이싱 게임. '지핑 호'를 조작해 총 8스테이지를 통과하며 가장 먼저 골인하자. 플레이어 기체는 아이템으로 파워 업시킬 수 있다. 1986년에 MSX판 카트리지가 발매된 바 있다(121p에 게재).

다이레스 : 가이거 루프
보스텍
1987년 10월 6,800엔
RAM 64K VRAM 128K

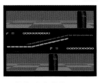

튜브형 필드를 이동하며 상대편의 기둥을 쓰러뜨리는 지능형 대전 게임. 부유 활주형 머신 F.V.S.를 조작해, 제한시간 내에 자기 기둥을 지키며 상대 진영의 기둥을 노리자. 적 CPU로, A~F 랭크로 나뉜 22명이 등장한다.

T.N.T.
보스텍
1987년 11월 6,800엔
RAM 64K VRAM 128K

탑뷰 화면의 컴뱃 액션 게임. 정글과 폐허를 무대로 삼아 적병과 싸우고, 적 기지에 사로잡힌 동료를 구출하자. 무기는 서브머신건과 라이플, 나이프, 수류탄 중 하나를 선택한다. 탄약은 적병을 물리쳐 보충해야 한다.

자낙 EX
포니 캐넌
1987년 1월 5,800엔
VRAM 128K

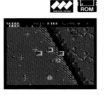

패미컴판을 기반으로 하여 MSX2로 이식한 SF 슈팅 게임. MSX판 「자낙」과 기본 시스템은 동일하지만, 획득하는 서브웨폰 아이템에 번호가 표시되도록 변경했다. 하드웨어 기능을 살려 부드러운 종스크롤을 구현했다.

플라이트 덱
포니 캐넌
1987년 2월 4,900엔
RAM 16K

최신예 항공모함을 지휘하는 리얼타임 시뮬레이션 게임. 정찰기가 테러리스트 기지를 발견하면 전투기 · 폭격기에 공격을 지시하자. 항공기 이착륙을 관제하는 스크린과 함의 위치가 나오는 맵으로 구성한 독특한 화면이 특징.

오퍼레이션 그레네이드
포니 캐넌
1987년 2월 6,800엔
VRAM 128K

미국의 노장 워 게임 제작사의 작품을 컴퓨터 게임화했다. 2차대전이 테마인 전술 시뮬레이션 게임으로서, 당시 다양한 기종으로 이식되었다. 룰이 잘 다듬어진 게임이며, 사고루틴과 표시속도는 당시의 정상급 퀄리티를 자랑했다.

판타지 존
포니 캐넌
1987년 3월 5,500엔
RAM 16K

좌우로 스크롤되는 보기 드문 스타일의 슈팅 게임으로, 각 스테이지의 전선 기지를 파괴하면 출현하는 골드를 모으면 상점에서 기체 '오파오파'의 파워 업을 구입 가능하다. 각 스테이지 최후에는 개성적인 보스가 등장한다.

마성의 저택 가바린
포니 캐넌
1987년 5월 4,900엔
RAM 16K

1986년 개봉한 호러 영화(원제 'House', 한국엔 '가브린'으로 개봉)가 원작인 액션 RPG. 주인공인 호러 작가 '로저'를 조작해 사랑하는 아들 '지미'를 구출하자. 탐색은 액션 게임식이지만, 무기의 파워 업 등에 RPG 요소를 넣었다.

프로젝트 A2 : 사상 최대의 표적
포니 캐넌
1987년 8월 5,800엔
VRAM 128K

성룡 주연의 영화(한국엔 'A계획 속집'으로 개봉)를 액션 게임화했다. 20세기 초 홍콩을 무대로, 해양경찰관 '드래곤'이 악당의 소굴에 쳐들어간다는 내용이다. 거리에서 정보를 모아, 은신처를 발견하면 쿵푸로 악당을 퇴치하자.

하이스쿨! 기면조(奇面組)
포니 캐넌
1987년 9월 5일 5,800엔
VRAM 128K

만화가 신자와 모토에이의 대표작 만화를 게임화했다. 히로인 '카와 유이'를 조작해, 장난을 치고 도망간 기면조 5명을 찾아내자. 선택 가능한 커맨드는 전부 5가지. 상황에 따라 사용해, 기면조를 찾아내어 밧줄로 묶어야 한다.

슈퍼 러너
포니 캐넌
1987년 12월 5일 5,800엔
VRAM 128K

미래 세계에서 개최되는 트라이애슬론 레이스 게임. 우주력 3000년이 무대로, 플레이어는 지구 대표 선수가 되어 난코스를 주파해야만 한다. 특징은 상하로 분할된 화면구성이며, 컴퓨터 쪽 선수에는 인공지능을 적용했다.

 플로피 디스크
 BEE CARD
 레이저 디스크
 VHD 디스크
 메가롬 내장 게임
 파나 어뮤즈먼트 카트리지 지원 게임
 MSX-MUSIC 지원 게임
 SCC 내장 게임

139

울티마 IV

포니 캐넌
1987년 12월　11,800엔
VRAM 128K

시리즈의 전환기를 상징하는 타이틀. 게임 내에 뚜렷한 최종 보스가 없으며, 플레이어는 세 원칙과 여덟 미덕을 가진 성자 '아바타'가 되어 미궁 '그레이트 스티전 오브 어비스'에 있는 궁극 지혜의 사본을 얻기 위해 모험한다.

코로니스 리프트

포니 캐넌
1987년　5,800엔
VRAM 128K

루카스필름 사가 제작한 3D 게임 제 2탄. 의문의 고대유적을 무대로, 멸망한 문명 'Ancient'의 테크놀로지를 찾는 액션 어드벤처 게임이다. 주인공을 조작해, 습격해오는 원반을 물리치며 유적이 있는 행성 코로니스를 탐색하자.

롤리타 공주의 그림일기

본드 소프트
1987년　5,800엔
RAM 64K　VRAM 128K

전설의 '변'태 게임 「롤리타 공주의 전설」의 번외편. 텍스트를 곁들인 그래픽 모음집에 가까워, 스페이스 키만 누르면 계속 진행된다. 여러 의미로 비범한 상황의 그래픽이 많아, '그쪽' 매니아용 게임이라 해도 과언이 아니다.

대전략

마이크로캐빈
1987년　7,800엔
VRAM 128K

전투기·탱크 등의 병기가 등장하는 전략 시뮬레이션 게임. 플레이어는 자국에서 받은 예산으로 병기를 생산해 이동·전투시킨다. 맵 에디터를 탑재해 오리지널 맵도 제작 가능하다. 현대전을 상정한 작전과 전술을 즐겨보자.

시끌별 녀석들
: 사랑의 서바이벌 버스데이

마이크로캐빈
1987년 12월　6,800엔
VRAM 128K

▶ 메가네가 등장하지 않는 게 좀 아쉽다.

타카하시 루미코의 대표작을 게임화했다. 원작의 설정을 살린 오리지널 스토리로, 주인공 아타루를 비롯해 라무와 시노부 등의 인기 캐릭터가 멘도 가를 무대로 대소동을 일으킨다. 도입부는 멘도 료코의 생일파티에서, 여흥 삼아 '우승하면 료코의 키스를 받는 게임'을 시작한다는 것. 등장 캐릭터도 주역들부터 조역들까지 원작 그대로 등장해, 한껏 '시끌별 녀석들'의 세계에 빠져들 수 있다.

메종일각 : 추억의 포토 클럽

마이크로캐빈
1987년　6,800엔
VRAM 128K

▶ 개성 넘치는 입주자들의 기분을 맞춰주자.

같은 제목 만화의 게임판. 원작 초반 기준의 오리지널 스토리이며, 다양한 기종으로 이식되었다. 오지랖 넓은 이치노세 아주머니와 의문의 남자 요츠야 씨를 비롯해, 코즈에와 미타카 등 원작의 인기 캐릭터들이 다수 등장한다. 주인공 고다이 군이 되어, 쿄코가 몰래 품고 있는 어떤 비밀을 찾아 나서자. 슈퍼 점원 역으로 같은 작가의 대인기 만화 캐릭터가 나오는 등의 깨알 같은 연출이 재미있다.

로보레스 2001

마이크로네트
1987년　5,800엔
RAM 8K

인체로는 재현 불가능한 기술도 구사하는 로봇끼리의 프로레슬링 게임. 세가의 아케이드 게임을 이식했으며, 그래픽은 원작 대비로 간략화했지만 작품의 특징인 다이내믹한 기술 모션은 MSX판에서도 잘 재현돼 있다.

이연성 PART 2

마이티 마이컴 시스템
1987년 10월　9,800엔
VRAM 128K

'한 달이면 실력향상'을 장담하는, 칸사이 기원 추천 바둑 게임. 프로의 실전 기보를 바탕으로 제작한 본격파다. 프로 대국 18국과 포석 18국, 정석 27문제와 기력 인정용 종합기력·판정문제를 수록했다. 단위인정 문제도 있다.

1988

MSX GAME SOFTWARE CATALOGUE

이 해에는 MSX의 신 규격인 MSX2+가 발표되었지만, 거의 대부분의 개발사들이 MSX2용으로 소프트를 공급했기에 유저들은 딱히 불만이 없었다. 또한 플로피디스크 드라이브(FDD)가 본격적으로 염가화된 덕에, 컴파일 사의 「디스크 스테이션」이 창간되었다. 디스크판으로 제작된 성인용 타이틀이 범람하기 시작한 것도 1988년의 특정이다.

하우 메니 로봇

아트딩크
1988년 7,800엔
VRAM 128K

로봇을 사용해 제한시간 내에 시한폭탄을 처리하자. '자기학습형 로봇 시뮬레이션'을 표방한 게임으로, 다양한 상황에 잘 대처할 수 있도록 로봇을 교육시켜야 한다. 로봇은 교육받은 패턴에 따라 폭탄을 처리한다.

센노 나이프의 마소녀관 ※

아이셀
1988년 4,800엔
VRAM 128K

만화가 센노 나이프의 CG 모음집. "인간계에서 멀리 떨어진 이 마소녀관에 잘 왔다. 오늘밤은 느긋하게 여기서 쉬며 우리 관의 자랑인 소녀들을 충분히 음미하게나"라는 메시지 후, 약 16장의 CG 작품이 표시된다.

센노 나이프의 미궁의 마소녀

아이셀
1988년 7,800엔
VRAM 128K

탐미적인 화풍의 성인만화가 센노 나이프가 캐릭터 디자인과 원화를 맡은 타이틀. 검과 마법의 세계를 무대로 삼은 필드형 RPG다. 게임에 등장하는 몬스터가 전부 여자인 게 특징으로, 대미지를 입으면 피부 노출도가 올라간다.

파이브 걸즈 커넥션 ※

아이셀
1988년 5,800엔
VRAM 128K

심플한 시스템으로 가볍게 플레이하는 액션 퍼즐 게임. 필드 상의 파이프를 모두 한 줄로 연결하는 간단한 룰로, 화면상에 몇 종류의 장애물이 존재한다. 화면의 왼쪽 반절에는 여자의 약간 야한 그래픽이 표시된다.

R-TYPE

아이렘
1988년 12월 7,300엔
RAM 16K

아이렘 사를 대표하는 아케이드 슈팅 게임의 이식판. 그로테스크한 세계관과, 무적의 방패도 필살의 무기도 되는 유닛 '포스'가 특징이다. PCG를 사용해 대형 캐릭터를 표시하는 등, 프로그래밍에도 공을 들였다.

밸런스 오브 파워

아스키
1988년 12월 12,800엔

미국산 컴퓨터 게임의 이식작. 미합중국의 대통령이나 소련의 공산당 서기장이 되어, 냉전시대를 무대로 8년 동안 지정학을 구사하여 핵전쟁이 일어나지 않도록 하며 자국의 '위신'을 올리는 국제정치 시뮬레이션 게임이다.

V/STOL 파이터

아스키
1988년 7,800엔

수직/단거리 이착륙기를 조종하는 플라이트 시뮬레이션 게임. 독특한 기동성을 보유한 해리어 전투기를 조종하여 다양한 작전에 참가해 보자. 게임을 구동할 때 MSX나 MSX2냐를 선택 가능, 기종에 맞춘 그래픽을 보여준다.

펭귄 군 WARS 2

아스키
1988년 6,800엔

명작 「펭귄 군 WARS」의 속편. 이번 작품에선 새로운 룰을 추가해, 버튼을 오래 누르면 파괴력 발군의 투구가 발동된다. 상대를 맞추면 기절하니, 이 틈에 상대 쪽으로 마구 볼을 넘기자. 다양한 라이벌이 다수 등장한다.

두근두근 스포츠 걸 ※

어덜트 인
1988년　5,800엔
RAM 64K　VRAM 128K

스포츠 관련 문제가 출제되는 퀴즈 게임. 스포츠에 매진하는 건강미 넘치는 미소녀의 그림을 배경삼아 각종 문제에 답해간다. 좋은 성적을 올리면, 플레이어를 므훗하게 하는 보너스 영상이 화면에 표시된다.

두근두근 스포츠 걸 II

어덜트 인
1988년　5,800엔
RAM 64K　VRAM 128K

스포츠에 관한 문제가 다종다양하게 출제되는 퀴즈 게임 제 2탄. 출제되는 문제는 전작처럼 3지선다식 뿐이며, 정답을 맞히면 야한 그래픽이 표시된다. 퀴즈 자체는 총 8문제이며, 보너스 CG는 일상적인 내용이 늘었다.

두근두근 스포츠 걸 III ※

어덜트 인
1988년　5,800엔
RAM 64K　VRAM 128K

스포츠를 테마로 삼은 퀴즈 게임 제 3탄. 대답시간 제한이 없고 난이도도 낮아서 가볍게 즐길 수 있다. 전작들과 달리 눈깜박·입 빠끔 애니메이션을 추가했고, CG도 약간 대형화했다. 총 7문제를 준비했다.

백야 이야기
: 원체스터 가의 마지막 후예

이스트 큐브
1988년 12월　7,800엔
RAM 64K　VRAM 128K

개그와 외설이 엇갈리며 전개되는 코믹한 어드벤처 게임. 탐험부 소속인 주인공이 되어, 니스코로 만난 여성 2명과 함께 저주받은 저택을 탐색하자. 저택엔 수많은 괴물이 숨어있어, 퍼즐을 풀며 이 녀석들도 퇴치해야 한다.

고바야시 히토미 퍼즐 인 런던

인포머셜
1988년　6,800엔
VRAM 128K

1980년대에 에로배우로 활약했던 탤런트 고바야시 히토미의 실사 퍼즐 게임. 16조각 혹은 25조각으로 분할된 사진을 패널 교환 혹은 슬라이드 맞추기로 완성해간다. 런던의 풍경과 그녀의 아름다운 영상을 즐길 수 있다.

에베베~ 드래곤

윙키 소프트
1988년　6,800엔
RAM 64K　VRAM 128K

'에베베~ 드래곤'과 5마리의 동료들을 보드 상에서 움직이며 전투하는 액션 시뮬레이션 게임. 전투가 액션 게임식이라, 전략만으로 승부가 갈리지는 않는 것도 재미있다. 음성합성 보이스와 맵 에디트 기능도 탑재했다.

아쿠스

울프 팀
1988년　8,800엔
VRAM 128K

인간들의 무분별함을 보다 못한 전설의 금룡이 선언한 멸망을 막기 위해 떠나는 여행을 그린 드라마틱 RPG. 레벨과 경험치 등의 수치를 직접 보여주지 않으며, 각 캐릭터 단위로 몬스터나 함정 등에 개별 경험치를 설정했다.

드래곤 퀘스트 II : 악령의 신들

에닉스
1988년 2월　6,800엔
RAM 16K

패미컴판의 이식작. MSX판은 문부르크 공주의 장비에 '위험한 수영복'이 추가되어, 이를 입수하면 장비한 공주의 모습이 한 화면 크기의 일러스트로 나오도록 했다. BGM도 멜로디 등을 PSG 음원에 맞춰 편곡했다.

 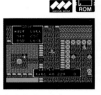

드래곤 퀘스트 II : 악령의 신들

에닉스
1988년 5월　6,800엔
RAM 64K　VRAM 128K

MSX판의 '위험한 수영복' 이벤트 일러스트는 삭제했지만 그 외 내용은 거의 동일하며, 그래픽 면에서 패미컴판을 충실하게 이식한 타이틀. '악마 신관'이 4명이나 동시 출현하는 등, 전투 난이도는 패미컴판보다도 높다.

윙맨 스페셜 : 안녕히, 꿈의 전사

에닉스
1988년 9월　7,800엔
RAM 64K　VRAM 128K

인기 시리즈의 완결편. 원작의 후반인 제왕 라이엘과의 싸움을 그린 스토리다. 그래픽이 더욱 디테일해졌고 전투 신의 연출도 호화로워졌다. 복잡한 퍼즐 없이, 동행한 아오이·미쿠와의 대화와 반응을 즐기는 타이틀이다.

간다라 : 붓다의 성전

에닉스
1988년 3월   7,800엔
RAM 64K   VRAM 128K

불교 세계가 모티브인 액션 RPG. 허공장보살이 찾아낸 전사 '싯다르'가 되어, 여섯 세계를 돌며 빼앗긴 불사리 단지를 되돌려놓아야 한다. 동양 풍 디자인은 모두 마키무라 타다시의 작품이며, 음악은 스기야마 코이치가 맡았다.

월드 골프 II

에닉스
1988년   7,800엔
RAM 64K   VRAM 128K

1985년 발매된 「월드 골프」의 속편. 총 72홀을 수록했으며, 트레이닝 모드와 토너먼트 모드를 탑재했다. 성장 시스템이 있어, 플레이어의 실력이 오를수록 아마부터 국내 프로, 세계 톱 프로까지 랭크 업된다.

엘스리드

NCS
1988년   6,800엔
VRAM 128K

판타지 세계를 무대로 하는 전략 시뮬레이션 게임. 빛의 마법을 부여받은 엘스리드의 국왕 '지크하르트'와 어둠의 군세를 이끄는 베르제리아의 국왕 '보젤'의 싸움을 그린 스토리. 마법 요소가 가미된 택티컬 배틀을 즐긴다.

가이아의 문장

NCS
1988년 3월   4,800엔
VRAM 128K

No IMAGE

「엘스리드」의 속편. 가이아 대륙을 무대로, 엘스리드 국과 베르제리아 국의 기나긴 전쟁을 총 25개 시나리오로 그려낸 전략 시뮬레이션 게임이다. 컨스트럭션 모드도 탑재해, 임의로 상황을 설정하여 플레이할 수도 있다.

암흑의 미궁

MSX 매거진
1988년   2,000엔
RAM 32K

No IMAGE

잡지 'MSX 매거진'이 개최한 소프트웨어 콘테스트의 입선작. 미로를 탈출하는 퍼즐 게임이다. 설정된 바이탈리티가 다 떨어지기 전에 클리어해야 한다. 총 40스테이지 구성. 미로에는 구멍과 워프 등의 함정이 설치돼 있다.

건 피시

MSX 매거진
1988년   2,000엔
RAM 32K

No IMAGE

MSX 매거진 소프트웨어 콘테스트 2위 입선작품. 물고기 '건쨩'이 날아오는 곤충들을 격추시켜 떨어뜨린다. 수중에서 머리를 내밀고 좌우 대각선으로 워터 샷을 쏴 적을 맞혀야 한다. 위험해지면 물속으로 대피하자.

더 턱스

MSX 매거진
1988년   2,000엔
VRAM 128K

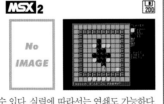

No IMAGE

MSX 매거진이 개최한 소프트웨어 콘테스트의 입상작. 플레이어 4명이 해당하는 색의 돌을 보드에 놓아 최종 수효를 겨루는 게임이다. 상대의 돌을 자기 돌로 둘러싸면 색깔을 바꿀 수 있다. 실력에 따라서는 연쇄도 가능하다.

와글와글 월드

MSX 매거진
1988년   3,500엔
VRAM 128K

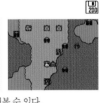

No IMAGE

실시간으로 유닛을 이동시켜 액션 게임 풍의 전투 신을 치르는 액티브 시뮬레이션 게임. 최대 특징은 컨스트럭션 모드의 존재로, 로봇의 그래픽부터 장비, 심지어는 맵까지도 플레이어가 직접 만들어볼 수 있다.

볼 아웃

MSX 매거진
1988년   3,000엔
VRAM 128K

No IMAGE

지면에 둥실 떠 있는 볼을 조작해 화면 내의 노란 점들을 모두 먹고 제한시간 내에 출구로 나가야 하는 액션 게임. 볼을 움직일 때 관성이 붙어, 독특한 부유감이 느껴진다. 컨스트럭션 모드로 캐릭터와 맵을 만들 수 있다.

라도라의 전설

MSX 매거진
1988년   2,000엔
RAM 32K

No IMAGE

MSX 매거진의 소프트웨어 컨테스트 2위 입선작품으로, TAKERU를 통해 발매된 왕도 RPG. 부활한 악의 마법사 '가디스'에게서 갈바란드를 구하러, 라도라 문명의 마지막 후예가 가디스 토벌을 위해 여행한다는 스토리다.

주 : 타이틀명 옆에 '※'가 붙어있는 게임의 스크린샷은 타 기종판입니다.

HARDWARE

1983
1984
1985
1986
1987
1988
1989
1990
1991
1992
1993-

INDEX

위험한 홀짝 승부

오메가 시스템
1988년 8월 6,800엔
VRAM 128K

심플한 홀짝 내기 승부를 즐기는 소프트. 주인공은 천만 엔의 빚이 있어, 빚 변제와 자신의 미래를 걸고 홀짝 승부에 도전한다. 전자동 응원 기능과 사기 기술 시뮬레이션을 탑재했다. MSX-AUDIO로 음성지원도 된다.

중화대선

GA무 / HOT·B
1988년 12월 6,800엔
VRAM 128K

수묵화풍 배경그림과 함께 고대 중국의 무인이나 하늘을 나는 만두 등의 적을 물리치는 횡스크롤 슈팅 게임. 분신과 염룡 등 12종류의 '법술'을 구사해 5가지 시련을 돌파하여, 최고의 신선 '중화대선'이 되는 게 목표다.

블록 브레이커

GA무 / HOT·B
1988년 7월 6,800엔
VRAM 128K

네덜란드에서 탄생한 새로운 블록격파 게임. 위아래에 바가 있고, 위쪽 바는 상하로도 움직일 수 있다. 2P 플레이 시에는 위쪽 바만 독립적으로 움직이는 것도 가능. 블록을 모두 깨면 세로로 스크롤되어 레벨 업한다.

학교 이야기

그레이트
1988년 1월 6,800엔
VRAM 128K

학교 무대의 커맨드 선택식 어드벤처 게임. 고교 1학년 주인공이 동경하던 노리코 선생으로 동정 졸업을 노린다. 노리코를 꼬시려 협박범을 막거나 친구를 함정에 빠뜨리는 등, 내용이 제법 아슬아슬하다. ROM판과 2DD판이 있다.

아름다운 사냥감들 PART IV

그레이트
1988년 7월 4,000엔
VRAM 128K

당시 일본에서 히트했던 가요들과 함께, 여자들의 섹시한 영상을 즐기는 CG 모음집. 배경과 구도 등이 사진집과 유사하며, 과격한 그림은 없다. BGM으로 아사카 유이의 'C-GIRL'과 하운드 독의 'AMBITIOUS'가 나온다.

트와일라이트 존 II

: 나기사의 저택

그레이트
1988년 11월 7,800엔
VRAM 128K

누군가에 납치당한 애인을 구하러 '나기사의 저택'을 탐색하는 3D 던전 RPG. 적은 모두 여자이며, 전투가 성적 행위로 진행되어 적을 느끼게 하면 이기고 반대로 당하면 진다는 간단한 룰이다. 드물게 성병에 감염되기도 한다.

WXY

클레버 비츠
1988년 6,800엔

비디오 영상을 캡처해 연속으로 표시하여 리얼한 영상과 영상효과를 구현한 '무빙 비디오 시스템'을 탑재한 엿보기 게임. 주인공인 '솔티 캣' 시오마네 네코오가 되어, 최신 프루츠 펌프 공격을 피하며 므흣한 모험을 즐겨보자.

갬블러 자기중심파

게임 아츠
1988년 11월 11일 6,800엔
RAM 16K

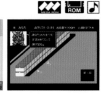

카타야마 마사유키 원작의 같은 제목 만화의 게임판. 모치스기 도라오를 비롯한 12명의 개성 풍부한 캐릭터들이 등장한다. '운빨'이 테마인 4인 대국 마작으로, 대회 형태의 토너먼트와 자유롭게 얼굴을 고르는 프리 대전을 탑재했다.

솔리테어 로열

게임 아츠
1988년 6월 6,800엔
VRAM 128K

혼자서 즐기는 카드 게임 (솔리테어) 11종류를 수록한 서양 게임의 일본판. 일본에서 솔리테어로 흔히 불리는 '클론다이크'를 비롯한 '피라미드' 등 8종류의 게임과, 아이도 즐길 수 있는 심플한 칠드런즈 게임 3개를 수록했다.

삼국지

코에이
1988년 2월 14,800엔
RAM 64K VRAM 128K

코에이를 대표하는 역사 시뮬레이션 시리즈의 첫 작품. 고전 '삼국지연의'가 테마로, 삼국지의 영웅들이 다수 등장한다. 「노부나가의 야망」의 시스템 기반이며, 부하무장 개념을 도입했다. 커맨드 '딸까지 죽인다'가 실로 충격적.

 대응 기종 아이콘 카세트 테이프 / ROM 카트리지

푸른 늑대와 하얀 암사슴
: 징기스칸

코에이
1988년 7월   9,800엔
RAM 16K

시리즈 제 2탄. 12~13세기의 유라시아 대륙이 무대인 역사 시뮬레이션 게임이다. 몽골족의 족장 테무진이 되어, 중국 전토를 통일하고 거대 제국 건설을 노리자. '오르도'로 절대 배반하지 않는 혈족 장군을 만드는 게 포인트.

푸른 늑대와 하얀 암사슴
: 징기스칸

코에이
1988년 7월   9,800엔
RAM 64K   VRAM 128K

징기스칸이 주인공인 역사 시뮬레이션 게임. MSX판과 동일하나, 그래픽을 MSX2에 맞춰 강화했다. 중국 통일까지를 그린 '몽골편'과, 미나모토노 요리토모 등을 선택 가능한 '세계편'으로 나뉜다. ROM판과 디스크판이 있다.

아르기스의 날개

코가도 스튜디오
1988년 12월   7,800엔
VRAM 128K

장대한 스토리와 퍼즐을 즐길 수 있는 RPG. 요정들에 의해 멸망한 아르기스 왕국을 왕자가 부흥시킨다는 스토리. 마을에서는 사이드 뷰로, 맵 이동은 탑뷰로 진행한다. 전투는 반자동 진행이며, 상황에 따라 커맨드 입력이 가능하다.

사이킥 워

코가도 스튜디오
1988년 6월 26일   7,800엔

1985년 발매했던 SF RPG 「코즈믹 솔저」(91p)의 속편. 동료를 모아 제국군의 야망을 분쇄하자. 3D 던전 탐색형 RPG로서, 전투는 실시간으로 진행된다. 특징은 화면에 항상 표시되는 안드로이드 미녀 그래픽이다.

사이킥 워

코가도 스튜디오
1988년 5월   8,800엔
VRAM 128K

동료 3명과 함께 모험하는 SF RPG. 적 중에서 동료를 스카웃해 제국군에 도전하자. 시종일관 코믹 풍이며, 장비부터 적의 명칭까지 온갖 곳에 말장난을 넣었다. MSX/MSX2 겸용이며, ROM판처럼 뮤직 테이프를 동봉했다.

워닝

코스모스 컴퓨터
1988년 12월   4,800엔

No IMAGE

무역상인이 되어 우주를 모험하는 SF 시뮬레이션 게임. 제국군과 연합군이 대립하고 있는 와중에, 주인공은 행방불명된 형을 찾아내야만 한다. 별들을 여행해 교섭과 전투를 치르며, 무역으로 전력을 증강시키자.

코나미의신 10배 카트리지

코나미
1988년 1월   5,800엔
RAM 8K

코나미 게임의 편의성을 향상시키는 「코나미의 10배 카트리지」를 업그레이드했고, MSX2도 지원한다. '코나미의 SRAM' 지원 소프트라면 배터리 백업으로 저장도 가능하며, 비밀 커맨드를 보여주는 시크릿 기능 등도 수록.

THE 프로야구 :
격돌 페넌트레이스

코나미
1988년 5월 19일   5,800엔
VRAM 64K

스트라이크 존의 상하좌우로 투구 · 타격이 가능하고, 팀 에디트 기능도 있는 본격 야구 게임. 페넌트레이스와 컴퓨터간 시합 관전도 즐길 수 있다. 좌 · 우익으로 볼이 가면 화면이 전환되므로, 익숙해지기 전까진 볼 잡기가 까다롭다.

파로디우스

코나미
1988년 4월 28일   5,800엔
RAM 8K

▶ 초보자라면 미사일이 강력한 타코를 추천!

명작 슈팅 게임 「그라디우스」를 모티브 삼아, 다양한 패러디를 가미한 횡스크롤 슈팅 게임. 타코 · 펭귄 · 고에몽 · 포포론 · 빅 바이퍼라는, 코나미 팬에게 친숙한 5종류의 캐릭터 중 하나를 골라 출격, 각자의 특징을 살린 공격을 구사해 개성적인 스테이지를 공략한다. 카트리지에 탑재된 SCC 음원이 연주하는 유명 클래식 곡들의 편곡 BGM이 게임을 멋지게 수놓은 인기작이다.

 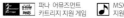

엘 기자의 봉인

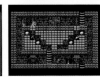

코나미
1988년 8월 27일   5,800엔
RAM 8K

「왕가의 계곡」의 속편인 액션 퍼즐 게임. 총 60스테이지에 달하는 볼륨으로, 소울스톤을 획득해 문으로 탈출해야 한다. MSX판은 적이 단색이고 아이템 주변이 까맣게 비어있으며, 소울스톤이 반짝이는 연출을 부가했다.

엘 기자의 봉인

코나미
1988년 8월 27일   5,800엔
VRAM 64K

행성 레무르의 유적을 탐험하는 액션 퍼즐 게임. 4가지 도구와 2가지 무기를 잘 사용해 소울스톤을 획득하자. 스테이지 에디트도 가능해, 이를 이용한 스테이지 제작 콘테스트도 개최했다. SCC 음원의 사운드도 훌륭하다.

F-1 스피리트 3D 스페셜

코나미
1988년 11월   6,800엔
RAM 64K   VRAM 128K

「F-1 스피리트」의 속편에 해당하는 3D 레이싱 게임. 코나미 게임 중에선 유일한 MSX2+ 전용이자 FM 음원 지원 타이틀이다. 본체·소프트·모니터를 각 2대씩 준비하고 '멀티 플레이어 케이블'을 사용하면 대전도 가능하다.

코나미의 점술 센세이션

코나미
1988년   4,800엔
VRAM 128K

「남극탐험」의 주인공 '펭타'가 안내자 역할로 나오며 '서양 점성술'·'손금'·'혈액형' 등의 점을 쳐주는 타이틀. 슈팅 게임과 액션 게임을 정력적으로 개발해왔던 코나미의 소프트 중에서는 이색적인 작품이다.

스내처

코나미
1988년 12월 23일   9,800엔
VRAM 128K

▶ SCC 카트리지를 동봉해, 음악도 호화롭다.

코지마 히데오가 기획·각본을 담당한 사이버펑크 어드벤처 게임. 근미래의 네오 코베 시티를 무대로, 사람을 죽이고 그 모습으로 바뀌는 안드로이드 '스내처'와, 이를 처리하는 특수경찰 'JUNKER'에 배속된 기억상실 상태의 남자 '길리언 시드'의 대결을 그렸다. 코지마 히데오 특유의 영화적인 연출과 퍼즐 풀이용의 키워드 입력, 스내처와의 건 슈팅 모드 등, 구성이 실로 다채로운 작품이다.

알레스터

컴파일
1988년 7월 23일   6,800엔
VRAM 128K

▶ 취급설명서의 내용이 독특하기로도 유명하다.

포니 캐년 사를 통해 발매했던 「자낙」의 시스템을 계승한 작품. 해당 타이틀명을 쓸 수 없었기에, 제목을 바꿔 「알레스터」가 되었다. 대용량 ROM을 활용한 멋진 그래픽과 매끄러운 하드웨어 스크롤을 구현한 인기작. 이식의 바탕이 된 세가 마크 III판에는 없었던 각종 데모 장면과 '도시 상공' 스테이지 등도 추가하여, 발매를 기다리던 팬들을 환호시켰다. 종이공작 모형을 동봉한 매뉴얼도 볼거리다.

진 마왕 골베리어스

컴파일
1988년   7,800엔
VRAM 128K

MSX2용 게임이 된, 「마왕 골베리어스」의 리메이크작. 탑뷰식의 에리어 이동과 횡스크롤식의 액션을 혼합한 RPG다. 주인공 청년 '케레시스'를 조작해, 마물의 계곡으로 갔다 돌아오지 않은 은인 '리나 공주'를 구출하자.

디스크 스테이션 창간준비호

컴파일
1988년   980엔
VRAM 128K

디스크 매체 잡지 '디스크 매거진'을 표방한 「디스크 스테이션」의 창간 전 '0호'로서 980엔으로 발매된 타이틀. 컴파일 및 타사 게임의 데모와 체험판, 미니 게임을 수록했고, 「알레스터」의 첫 스테이지도 즐길 수 있다.

     대응 기종 아이콘   카세트 테이프   ROM 카트리지

디스크 스테이션 창간호

컴파일
1988년 1,980엔
VRAM 128K

컴파일 사가 정기적으로 발매한다고 선언한 디스크 매거진 「디스크 스테이션」의 창간호. 발매되기 전이었던 「알레스터」・「제비우스」・「갬블러 자기중심파」・「라스트 하르마게돈」 등의 체험판을 수록해, 큰 화제가 되었다.

디스크 스테이션 2호

컴파일
1988년 1,980엔
VRAM 128K

창간호처럼, 후일 발매되는 작품의 데모・체험판을 다수 수록했다. 이전호에 이어 수록된 「제비우스」는 세계관을 포함한 스토리 설명 데모를, 「진 마왕 골베리어스」는 데모 외에 횡스크롤 스테이지의 체험판도 수록했다.

걸리버

컴퓨터 브레인
1988년 6,800엔
RAM 64K VRAM 128K

소설 '걸리버 여행기'에 기반한 스토리의 어드벤처 게임. 집의 벽에 금이 가며 발견된 지도로 위치를 알게 된 수수께끼의 보물섬 신전을 향해 모험을 떠난다. RPG 풍의 전투 신과 3D 미로 등으로 내용이 다채롭다.

마신궁

자인 소프트
1988년 4월 7,800엔
VRAM 128K

광대한 맵과 수많은 능력치를 자랑하는 상급자용 RPG. 검과 마법의 세계를 무대로, 요마를 물리치러 여행에 나선다. 주인공과 몬스터의 개성을 능력치 수치로 표현해, 키와 체중, 혈액형은 물론 음식 섭취량 항목까지 있다.

요툰

자인 소프트
1988년 7월 7,800엔
VRAM 128K

심플한 시스템의 RPG. 5명의 흑마도사를 물리쳐, 사마라 공주에 걸린 저주를 풀어내자. 특징은 디테일한 데이터로, 공격방법에 따라 무기가 세분화돼 있다. 또한, 몬스터는 언어가 일치한다면 설득도 가능하다.

플라이트 시뮬레이터

서브로직
1988년 5,800엔

기총과 폭탄, 어뢰를 적절히 구사해 적기・군함・공군기지를 파괴하는 본격적인 항공 시뮬레이션 게임. 플레이어 기체인 '나카지마 텐잔' 어뢰폭격기를 타고, 10종류의 임무를 성공시켜 금치훈장을 받자.

DOME

시스템 사콤
1988년 9,800엔
VRAM 128K

나츠키 시즈코의 소설 '돔 : 종말로의 서곡'이 원작인 어드벤처 게임. 광고대행사 사원이 되어 DOME의 건설비용을 조달하자. 시스템 사콤의 '노벨웨어' 시리즈 제 1탄으로, 후일 사운드 노벨・비주얼 노벨의 선구자가 되었다.

유령군

시스템 사콤
1988년 6,800엔
VRAM 128K

고정화면 전환식 액션 게임. 수많은 수작을 배출한 시스템 사콤 사의 MSX 대표작이다. 스테이지 1은 튜토리얼 격으로 '유령군'의 조작과 공격방법 등을 친절히 설명하며, 백어택의 유용성도 이해시켜 준다.

아크로 제트

시스템소프트
1988년 8월 5,800엔
VRAM 128K

미국산 플라이트 시뮬레이션 게임. 10종류의 경기 중 하나를 골라 비행기술을 경쟁해보자. 종목은 기둥 4개 바깥을 순회하는 것부터, 기둥 사이의 리본을 끊는 것까지 다양하다. 메뉴에서 기체의 조작성과 기상도 선택 가능하다.

F-15 스트라이크 이글

시스템소프트
1988년 5,800엔
RAM 64K VRAM 128K

F-15의 리얼한 조종을 체험하는 플라이트 시뮬레이터. 아군 기지에서 비행해 공격목표를 격파하자. 도중 공대공미사일과 적 전투기의 요격도 펼쳐진다. 미션 7개, 난이도 4종 중 선택 가능. ROM판과 2DD판을 별매했다.

상하이

시스템소프트
1988년　5,800엔
VRAM 128K

일본에선 지금도 게임센터에서 끈질긴 인기를 자랑하는 퍼즐 게임 「상하이」. MSX2의 그래픽 기능을 살려 마작패를 미려하게 그려냈다. 가정용이라 시간제한 없이 충분히 생각하며 플레이할 수 있다. 마우스 조작도 지원.

천사들의 오후 II : 미나코

자스트
1988년　7,800엔

인기 미소녀 게임 제 2탄. 이 작품부터 CG가 컬러화되어, 전작 이상으로 생생하고 에로틱해졌다. 레즈비언인 주인공 '카시와기 미나코'의 일상을 다뤄, 그녀를 중심으로 한 동급생 · 선배 · 여교사와의 성적 관계를 그렸다.

밤의 천사들 : 사철연선 살인사건

자스트
1988년　8,800엔

「데린저」(169p)의 프리퀄. PC-8801판의 이식작으로, 나카후지 미키 시리즈의 2번째 작품에 해당한다. 아이돌 가수인 미키를 파트너로 삼아, OL 살인사건의 진상을 파헤치자. 미키의 캐릭터성을 확립시킨 타이틀이다.

프로페셔널 마작 오공

샤누아르
1988년　6,800엔
RAM 64K　VRAM 128K

서유기가 모티브인 마작 게임. 손오공이 되어 천축으로 향해, 앞길을 막는 요괴들과 마작으로 대결한다. 패 표시가 말끔한 것이 특징으로, 사고 루틴은 당시 최강을 자랑했다. 요괴들의 AI에 개성을 부여해 차별화했다.

불타라!! 열투야구 '88

잘레코
1988년 5월　8,500엔
VRAM 128K

프로야구 중계처럼 시점을 잡은 야구 게임. 패미컴용 「불타라!! 프로야구 '88 결정판」의 MSX2판으로, 카트리지에 전용 칩을 탑재해 16종류의 음성이 재생된다. 선수의 특징적인 폼을 재현하는 등 리얼함에도 신경을 썼다.

카사블랑카에 사랑을 : 살인자는 시공을 넘어

싱킹 래빗
1988년　7,200엔
VRAM 128K

싱킹 래빗 사가 개발한 추리 어드벤처 게임의 이식판. 세피아톤 그래픽과 무성영화 풍 연출 등이, 잭 피니의 소설 '게일즈버그의 봄을 사랑하며'를 방불케 한다. 그리움과 쓸쓸함이 어우러진 시나리오가 전개된다.

더 맨 아이 러브

싱킹 래빗
1988년　7,800엔
VRAM 128K

흑백 화면으로 전개되는 어드벤처 게임. 뉴욕이 거점인 사립탐정이 부호 미망인의 의뢰로, 죽은 그녀의 남편의 추억이 어린 보석을 찾는다는 스토리다. 미국 만화 풍 그래픽과 인간미 넘치는 하드보일드를 즐겨보자.

딥 던전 : 마동전기

스캡트러스트
1988년　6,800엔
RAM 16K

 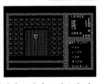

3D 던전을 탐험하는 본격파 RPG. 돌 가의 깊은 지하에서 부활한 마왕을 물리치고 에트누 공주를 구해내자. 문을 발로 차 열거나 쓰레기를 뒤져 보물을 찾는 주인공의 거친 행동이 특징으로, 매핑과 경험치 노가다도 심플한 편.

크림즌

스캡트러스트
1988년 8월　6,800엔
RAM 64K　VRAM 128K

전년에 등장했던 인기 SF RPG의 MSX2판으로, 「크림즌」 3부작 중 첫 작품. 문명이 붕괴한 미래가 무대이며, 세계를 공포로 지배하는 크림즌을 타도한다는 스토리다. 파티제와 전투 등, 전형적인 시스템을 채용했다.

스타십 랑데부

스캡트러스트
1988년 10월　7,800엔
RAM 64K　VRAM 128K

액션 요소가 있는 성인용 게임. 의문의 공간 '스페이스 홀' 근처에 출현한 의문의 우주선을 조사하자. 여전사를 샷건으로 기절시키는 액션 스테이지와, 여전사의 반응을 고조시켜 속옷을 벗기는 스페셜 스테이지의 2부 구성이다.

 MSX　MSX2　MSX2+　MSX R　대응 기종 아이콘　카세트 테이프　ROM 카트리지

딥 던전 II : 용사의 문장

스캡트러스트
1988년 4월 6,800엔
RAM 16K

MSX · ROM

3D 던전 RPG 시리즈 제 2탄. 부활한 마왕 루우를 물리치러 다시 주인공이 던전에 도전한다. 기본 시스템은 전작과 같으나, 마을이 2D로 표시된다. 멀티 엔딩이며,「마동전기」클리어 데이터와의 연동 기능이 있다.

마이트 & 매직

스타크래프트
1988년 9,800엔

MSX2

미국산 컴퓨터 게임의 이식작. 이세계 VARN을 무대로, 크고 작은 15종의 퀘스트를 클리어하자. 마을도 던전도 모두 3D로 표시되는 게 특징으로, 적을 전멸시키면 경험치를 얻지만 아이템 · 돈은 그 자리를 다시 뒤져야 얻는다.

에크린 : 비밀의 보석상자 ※

젠류츠
1988년 4,800엔
RAM 64K VRAM 128K

MSX2

가로로 긴 화면으로 즐기는 블록격파 게임. 블록이 깨질 때마다 조금씩 미소녀의 그래픽이 출현하는 시스템이다. BGM 등이 전혀 없는 담백한 작품으로, 볼의 타격과 반사 거동이 묘하게 독특한 편이라 난이도가 꽤 높다.

여고생 아이돌 새댁 분투기 ※

젠류츠
1988년 4,000엔
RAM 64K VRAM 128K

MSX2

디지털 코믹 풍으로 진행되는 라이트한 어드벤처 게임. 히로인은 여고생이자 연예인이기도 한 새댁. 그녀가 학교생활과 병행해 라이브와 그라비아 촬영을 즐기며, 밤에는 주인공과 아이도 만드는 활기찬 모습을 즐긴다.

세일러복 비밀의 체험 고백집
Vol.1 로스트 버진 ※

젠류츠
1988년 4,800엔
RAM 64K VRAM 128K

MSX2

3명의 미소녀가 각자의 첫 경험을 고백하는 옴니버스 스토리. 살짝 야한 그래픽에 텍스트를 붙인 노벨식 게임으로, 선택지도 전혀 없다. 에피소드 하나가 끝나면 다음 에피소드로 넘어가는 시스템이다.

세일러복 비밀의 체험 고백집
Vol.2 템프테이션 ※

젠류츠
1988년 4,800엔
RAM 64K VRAM 128K

MSX2

미소녀 3명이 몸으로 체험한 야한 경험담을 이야기하는 노벨 풍의 어드벤처 게임. 전차 안에서 만난 치한 이야기나, 성에 흥미를 가진 남동생이 덮치는 이야기, 카메라맨에 속아 누드사진을 찍는 에피소드까지 3종을 수록했다.

세일러복 비밀의 체험 고백집
Vol.3 엑스터시 ※

젠류츠
1988년 4,800엔
RAM 64K VRAM 128K

MSX2

세 히로인이 처음 엑스터시를 느낀 에피소드를 말하는 옴니버스 비주얼 노벨. 동경하던 선생님을 상상하며 한 자위행위나, 치한에게 당한 쾌감을 잊지 못해 선생님의 유혹에 응하는 이야기 등의 야한 에피소드를 수록했다.

멀티 타깃 AVG : 무제한 꼬시기 ※

젠류츠
1988년 7,800엔
RAM 64K VRAM 128K

MSX2

여자 꼬시기가 테마인 어드벤처 게임. 거리에서 여자에게 말을 걸어, 침대까지 가게 되면 성공이다. 기본은 노벨 형식이며, 도중에 발생하는 4지선다에 응답하면 전개가 분기된다. 목적에 실패하면 처음부터 다시 해야 한다.

멀티 타깃 AVG : 무제한 꼬시기 2 ※

젠류츠
1988년 6,800엔
RAM 64K VRAM 128K

MSX2

고른 선택지에 따라 전개가 바뀌는 노벨 스타일의 어드벤처 게임. 철도와 버스, 비행기 등의 교통수단을 사용해 일본 각지를 이동하며, 현지에서 만난 여성을 꼬시는 내용이다. 히로인은 전작보다 늘어난 9명이 등장한다.

러블리 호러 : 장난꾸러기 유령

젠류츠
1988년 6,800엔
RAM 64K VRAM 128K

MSX2

미소녀들뿐인 공동주택이 무대인 커맨드 선택식 어드벤처 게임. '미인장'에 입주한 주인공이 입주자에 들러붙은 유령을 성적 행위로 퇴치하며 행방불명된 히로인의 부친을 찾아내는 스토리. 난이도가 높기로도 유명한 게임.

HARDWARE
1983
1984
1985
1986
1987
1988
1989
1990
1991
1992
1993-
INDEX

주 : 타이틀명 옆에 '※'가 붙어있는 게임의 스크린샷은 타 기종판입니다.

바둑 클럽

소니
1988년   30,000엔

일본기원의 추천과 기술 협력 하에 출시된 바둑 게임. 당시에는 컴퓨터 대전이 어려웠던 탓에, 통신대국 기능을 탑재한 의욕작이다. 혼자서 즐기는 모드로는 정석과 묘수풀이, 명국 관전 모드 등을 수록했다.

패밀리 복싱 : MSX 타이틀매치

소니
1988년   5,800엔
RAM 64K   VRAM 128K

남코의 패미컴용 소프트를 이식한 타이틀. 타이틀 화면은 MSX2의 그래픽 성능을 멋지게 살렸지만, 정작 본 게임은 링 위에서의 화면 스크롤이 삭제되어 고정화면 방식이 되었다. 시합의 속도감은 손색없이 이식했다.

야마무라 미사 서스펜스 : 교토 용의 절 살인사건

타이토
1988년   5,800엔
RAM 64K   VRAM 128K

추리소설가 야마무라 미사 원작의 패미컴용 추리 어드벤처 게임 이식판. 주인공은 신작 게임 이벤트 차 찾아온 절 '료안지'에서 시체를 발견한다. 이후에도 2차·3차 사건이 일어나는데, 그 내용이 자신이 구상하던 시나리오와

▶ 어떤 말이든 끝까지 들어보는 게 중요하다.

똑같아 용의자가 되고 만다. 추리 매니아인 캐서린의 협력을 받아 혐의를 벗기 위해 독자적으로 조사를 개시하여, 복잡한 인간관계에 휘둘리면서도 진상을 쫓는 이야기다.

파동의 표적

소프트스튜디오 WING
1988년   9,800엔
VRAM 128K

영과 초능력이 테마인 어드벤처 게임. 주인공인 신문기자 '쿠사나기 시로'가 되어 괴사건을 취재하자. 무대는 신주쿠를 기점으로 세계로까지 넓어진다. 멀티 윈도우 그래픽과 40곡 이상의 BGM이 스토리에 깊이를 더한다.

라스턴 사가

타이토
1988년 4월   5,800엔
RAM 64K   VRAM 128K

판타지 세계가 무대인 횡스크롤 액션 게임. 주인공 '라스턴'을 조작해 점프와 검 공격을 잘 사용하여 스켈톤과 메두사, 플레이어를 기다리는 각종 스테이지 보스를 물리치자. 삼림과 신전 등, 총 5스테이지 구성이다.

리틀 뱀파이어

챔피언 소프트
1988년 7월   6,800엔
RAM 64K   VRAM 128K

후일 「란스」 시리즈에도 등장하는 켄타로 & 미키 시리즈의 제 3탄. 데이트 도중 드라큘라에게 잡혀간 미키를 찾는 미소녀 어드벤처 게임이다. 전작 「리틀 프린세스」(131p)보다 그래픽 퀄리티가 향상되었다.

섀도우 헌터

챔피언 소프트
1988년 7월   6,800엔
RAM 64K   VRAM 128K

그림자처럼 여성을 미행하는 범인을 찾는 추리 어드벤처 게임. 주인공 형사가 되어, 여류작가에 협박장을 보낸 범인과 그 동기를 밝혀내자. 게임은 탐문과 증거품 찾기 중심이지만, 도중에 새로운 살인사건이 일어나고 만다.

살짝 명탐정 : 미사 이야기 시리즈

챔피언 소프트
1988년 10월   6,800엔
RAM 64K   VRAM 128K

탐정사무소 딸이자, 스스로도 실력이 뛰어난 여고생 탐정인 '미사'가 되어 사건을 해결하는 커맨드 선택식 어드벤처 게임. 이번에는 '타카코'라는 소녀의 의뢰로, 그녀의 아버지가 뒤집어쓴 뺑소니 혐의를 벗겨야 한다.

HOPPER : 파티 게임

챔피언 소프트
1988년 12월   4,800엔
RAM 64K   VRAM 128K

친구들과 와글와글 깔깔대며 함께 즐길 수 있는 파티 게임. 자사의 어드벤처 게임 「리틀 뱀파이어」·「학원전기」·「살짝 명탐정」의 캐릭터가 등장하는 등, 팬디스크 요소도 겸비한 버라이어티한 작품이다.

 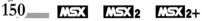

미스티 ※

챔피언 소프트
1988년 6,800엔
RAM 64K   VRAM 128K

같은 반 친구의 과거를 추적하는 미스터리 어드벤처 게임. 히로인 '준'과 협력해, 반 친구인 미유키의 기억을 찾아내자. 조사는 탐문 중심이며, 아이템을 사용해 진행한다. 대화 중에도 곳곳에 힌트가 숨겨져 있다.

학원전기

챔피언 소프트
1988년 12월 6,800엔
RAM 64K   VRAM 128K

얼핏 평화로워 보이는 학교가 무대인 커맨드 선택식 어드벤처 게임. 학생 기분을 내며, 학교 이면의 의문을 파헤치자. 어려운 퍼즐 없이 순수하게 스토리를 즐기는 게임이다. 적과의 전투와 드라마틱한 전개도 있는 오락적 작품.

연애점 JIPSHI

챔피언 소프트
1988년 5월 8,800엔
RAM 64K   VRAM 128K

연애에 고뇌하는 청소년을 위한 상성 점술 소프트. 익숙한 별점을 비롯해 트럼프, 혈액형, 이름, 생년월일까지 5종류의 점술을 즐길 수 있다. 점을 본 결과는 디스켓에 저장하거나, 화면을 캡처하거나, 프린터로 인쇄할 수 있다.

제 4의 유닛

데이터 웨스트
1988년 6,800엔
VRAM 128K

근미래가 무대인, 비주얼 중시형 어드벤처 게임. 기억상실 상태의 미소녀 '브론윈'이 자신의 비밀을 파헤쳐가는 스토리다. 동봉된 매뉴얼에 도입부를 설명한 만화를 게재해, 작품의 세계관을 무리 없이 파악할 수 있다.

제 4의 유닛 2

데이터 웨스트
1988년 8월 7,600엔
VRAM 128K

인기 시리즈의 제 2탄. 세계의 중요 인물들이 차례차례 납치되는 사건이 일어나, 브론윈이 사건 조사 의뢰를 받는다. 기본 시스템은 전작을 계승했고, 동사 커맨드와 비주얼 윈도우를 조합한 독자적인 입력방식을 채용했다.

T.D.F. 괴수대전쟁

데이터 웨스트
1988년 6,800엔
VRAM 128K

근미래를 무대로 괴수와 싸우는 전략 시뮬레이션 게임. T.D.F.(통합지령본부)의 사령관이 되어, 원자로를 노리는 괴수와 싸우며 도시를 오염시키는 방사능을 제거하자. 근대전을 의식한 리얼한 맵과 근대병기가 특징이다.

스트러티직 마스

디비 소프트
1988년 3월 6,800엔
VRAM 128K

슈팅 게임의 라이트함과 상쾌함을 유지하며, 거기에 전략성을 가미한 타이틀. 시작 시부터 옵션 2개가 기본 장비되는 게 특징이다. 플레이어 기체와 옵션에 별도로 무기를 장비하거나, 다양한 포메이션을 짤 수 있다.

오늘밤도 아침까지 POWERFUL 마작 2

디비 소프트
1988년 12월 7,800엔
RAM 64K   VRAM 128K

탈의 요소와 스토리성을 도입한 마작 게임. 4인 대국 '일반 대전'과 2인 대국 '탈의마작', 말판놀이 형태의 모드, 「우디 포코」의 포코가 주인공인 모드를 수록했다. 계절 · 생일이 반영되는 타이틀 화면도 특징 중 하나다.

레이독 2 : 라스트 어택

T&E 소프트
1988년 11월 19일 6,800엔
RAM 64K   VRAM 128K

MSX2+ 전용 소프트로 등장한 슈팅 게임. SCREEN 12의 자연화 모드를 사용한 타이틀 그래픽과 FM 음원 BGM, 가로 · 세로는 물론 대각선으로도 스크롤되는 스테이지, 거대 보스 등, 하드웨어의 성능을 다양하게 활용하여 게

▶ 「레이독」 시리즈 3부작의 완결편.

임 하나에 집약시켰다. RPG 스타일의 성장 시스템도 있어, 레벨에 따라 옵션 웨폰을 장

비할 수 있다. 2인 동시 플레이 시엔 도킹하면 웨폰이 강화된다.

HARDWARE
1983
1984
1985
1986
1987
1988
1989
1990
1991
1992
1993-
INDEX

  플로피 디스크 BEE CARD 레이저 디스크 VHD 디스크 메가롬 내장 게임 파나 어뮤즈먼트 카트리지 지원 게임   MSX-MUSIC 지원 게임   SCC SCC 내장 게임

151

주: 타이틀명 옆에 '※'가 붙어있는 게임의 스크린샷은 타 기종판입니다.

사이 오 블레이드

T&E 소프트
1988년 8,800엔
RAM 64K   VRAM 128K

게임 전반에 걸친 애니메이션 처리가 특징인 근미래 SF 어드벤처 게임. 인류 첫 항성간 항행에 성공한 유인탐사선의 조난과 설계자의 실종으로 시작되는 스토리를, '우주편'과 '지상편'으로 나눠 두 주인공의 시점에서 쫓는다.

그레이티스트 드라이버

T&E 소프트
1988년 7,800엔
RAM 64K   VRAM 128K

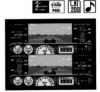

유사 3D 스타일의 F1 레이싱 게임. 날씨와 노면상황에 맞춰 머신을 세팅해, 총 16경기를 거쳐야 한다. 세로 2분할된 화면으로 2인 동시 플레이도 지원한다. FM 음원을 지원하는 BGM으로 장식한 오프닝 데모도 멋지다.

신 구옥전

테크노 소프트
1988년 12월 7,800엔
VRAM 128K

132p에 게재된 「구옥전」의 제 2탄. 전작의 수백 년 후, 다시 깨진 구옥의 봉인을 용기 있는 젊은이가 돌려놓는다는 스토리다. 사람들과 대화해 정보를 모아 숨은 비밀을 풀어내자. 8방향 스크롤로 게임 스피드도 향상시켰다.

D-대시

테크노 소프트
1988년 7,800엔
VRAM 128K

시나리오와 액션을 중시한 SF RPG. 항성간 대형 수송선이라는 폐쇄공간을 무대로, 냉동수면에서 깨어난 '딕'과 '루이스'가 외계인 대군을 격퇴한다. 전투하는 가운데 동료 승무원을 찾는 등, 긴박한 전개가 이어진다.

피드백

테크노 소프트
1988년 9월 6,800엔
VRAM 128K

먼 미래가 무대인 3D 슈팅 게임. 최신 기동보병 '알루자'를 조종해, 다른 차원에서 공격해오는 컴퓨터 '라키시스'를 파괴하자. 매끄러운 스크롤과 풍부한 적 캐릭터가 특징으로, 보스 캐릭터도 신경 써 디자인한 것이 많다.

헤르초크

테크노 소프트
1988년 6,800엔
VRAM 128K

인간형 기동병기로 싸우는 액션 게임. 랜드 아머에 탑승해 적의 본거지를 격멸하라. 특징은 랜드 아머의 조작감으로, 공중일 때는 사격의 반동을 리얼하게 표현한다. 총 9스테이지 구성이며, 2P 대전 시에는 화면이 2분할된다.

아가씨 클럽

테크노폴리스 소프트
1988년 6,800엔

트럼프 게임 '대빈민'('대부호'라고도 함) 기반이라 룰이 심플한 카드 게임으로, 11종류의 미소녀가 4장씩 그려진 카드를 사용한다. 4명을 상대로 대전해, 순위가 오르거나 1위를 따내면 스테이지 퀸인 소녀가 옷을 벗는다.

소피아

전파신문사
1988년 5,300엔
RAM 16K

화면 전환식 탐색형 액션 게임. 플레이어는 주인공 소피아를 조작해, 문과 같은 색의 열쇠를 찾으며 지하에 있는 수정구슬의 봉인을 풀어야 한다. 시간 경과나 적 접촉으로 라이프가 줄어들면, 나무열매를 찾아 체력을 회복하자.

암흑신화 : 야마토타케루 전설

도쿄 서적
1988년 10월 6,800엔
VRAM 128K

모로호시 다이지로 원작의 전기 만화를 OVA에 앞서 게임화했다. 야마토타케루가 전생한 모습이 된 소년과 쿠마소 일족 간의 싸움을 그린 액션 어드벤처 게임이다. 일본 신화에 힌두교 등의 요소를 가미한, 호러 색이 짙은 작품.

매그넘 위기일발 : 엠파이어 시티 1931

도시바 EMI
1988년 7월 24일 5,800엔
RAM 8K

아케이드 게임의 이식작. 상대가 플레이어를 노리면 카운트다운이 시작되며, 사격당하기 전에 발견해 물리쳐야 한다. 사격당하더라도 회피하면 목숨이 줄지 않는다. 총 8스테이지이며, 모두 클리어하면 최종보스가 나타난다.

MSX   MSX2   MSX2+   MSXturboR   대응 기종 아이콘

카세트 테이프   ROM 카트리지

HARDWARE
1983
1984
1985
1986
1987
1988
1989
1990
1991
1992
1993-
INDEX

햇살이 좋아!
: 히다마리 장의 친구들

토호
1988년 3월 5,800엔
VRAM 128K

아다치 미츠루 원작 소녀 만화를 어드벤처 게임화했다. 하숙집 '히다마리'의 입주자로서, 인기 캐릭터들과 일상을 보내자. 이웃들과 잘 지내면 상대의 태도가 변화한다. 이웃과 친교를 쌓고, 뒤이어 일어나는 사건을 해결하자.

루팡 3세 :
바빌론의 황금 전설

토호
1988년 7월 6,400엔
VRAM 128K

「칼리오스트로의 성」(133p)의 속편. 루팡 3세를 조작해, 세계 곳곳에 흩어진 로제타 스톤을 훔쳐내자. 무기인 풍선껌 4종류의 특징을 잘 활용해야 한다. 전작에선 미등장했던 지겐과 숨겨진 캐릭터였던 고에몬도 등장한다.

블록 터미네이터

도트 기획
1988년 6,800엔
VRAM 128K

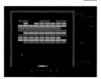

기본적으론 전형적인 블록 격파 게임. 스테이지를 클리어하면 야한 그래픽이 표시된다. 그림은 극화 풍이며, 배경에 애니메이션을 넣었다. 총 10스테이지 구성으로, 모두 클리어하면 미녀와 밤의 해변에서 데이트할 수 있다.

마돈나의 유혹

도트 기획
1988년 6,800엔
VRAM 128K

화면 내에서 소녀가 움직이는 어덜트 리얼타임 애니메이션 게임. 일단 플레이어의 정보와 소녀의 이름을 설정한 후, 대화로 분위기를 잘 잡아야 한다. 대화가 잘 통하면 소녀가 다양한 포즈를 취해준다.

이시타의 부활

남코
1988년 9월 22일 6,800엔
VRAM 128K

「드루아가의 탑」의 속편. 주문을 사용 가능한 '카이'와 방패 역할인 '길'을 조작해, 적을 물리쳐 경험치를 모으며 탑에서 탈출하는 액션 RPG. 경험치는 게임 오버 시 가산되며, 패스워드로 재개하면 카이와 길이 강화된다.

슈퍼 피에로

니데코
1988년 5,800엔
VRAM 128K

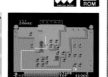

「Mr.Do!」시리즈 최종작에 해당하는 도트 먹기 게임의 이식판. 화면 내의 과일을 전부 먹거나 적을 전멸시키면 스테이지 클리어다. Mr.Do가 움직이는 대로 그려지는 하얀 선으로 과일들을 가두면 더 고득점인 물건으로 변한다.

제비우스 : 파드라우트 전설

남코
1988년 12월 23일 6,800엔
VRAM 128K

▶ 같은 제목의 PC엔진판과는 별개 게임이다.

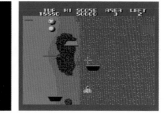

아케이드에서 인기였던 슈팅 게임에 추가요소를 가미한 작품. 초대 「제비우스」를 충실하게 이식한 'RECON' 모드와, 오리지널인 'SCRAMBLE' 모드가 있다. 'SCRAMBLE'에서는 기체를 4종류 중에서 선택 가능하며, 새로운 적과 파워 업도 추가된다. 게다가 최종 보스로, 안도어 제네시스 2대가 합체한 듯한 '엑저노트 제네시스'가 등장한다. 멋진 그래픽의 오프닝 데모, 석판같은 느낌의 엔딩도 볼만하다.

아메리칸 사커

니데코
1988년 5,800엔
VRAM 128K

패키지 뒷면에 박아 넣은, '방해하는 녀석은 날려버려!'라는 선전문구로 화제가 된 3:3 축구 게임. '반칙'이란 단어는 이 작품에 없다. 거친 플레이가 우선으로, 상대 골에 슛을 날리는 데만 집중하면 되는 통쾌한 게임이다.

드루이드

니혼 덱스터
1988년 6,800엔
VRAM 128K

마법사 '드루이드'가 되어 싸우는 판타지 액션 슈팅 게임. 악마가 되살린 4명의 왕자를 물리쳐 세계에 평화를 되찾아주자. 가는 길에는 무수한 함정이 설치돼 있다. 강력한 골렘이 플레이어의 모험을 도와준다.

엑자일 : 파계의 우상

니혼 텔레네트
1988년 8,800엔
RAM 64K   VRAM 128K

중세 이슬람이 무대인 탑 뷰 시점의 액션 RPG. 셀주크 왕조 타도를 위해 주인공 '새들러'가 4명의 동료를 찾아낸다는 스토리. RPG 신과 액션 신을 전환하며 게임을 진행한다. 충격적인 라스트 신으로도 화제가 되었다.

엑자일 II 완결편

니혼 텔레네트
1988년 8,800엔
RAM 64K   VRAM 128K

「엑자일 : 파계의 우상」의 속편. 이슬람의 암살자 집단 '아사신'이 주인공인 액션 RPG. 주인공 새들러와 4명의 동료들이 시공을 초월해 세계 곳곳을 누비며 싸운다. 예측불허의 스토리와, 종교 중심의 풍부한 지식이 특징이다.

걸리 블록

니혼 텔레네트
1988년 6,800엔
RAM 64K   VRAM 128K

통신 기능을 탑재한 SF 로봇 컨스트럭션 & 액션 게임. 최종요새 오메가까지 돌파할 수 있는 최강의 걸리 블록을 조합해 보자. 걸리는 조합에 따라 성능이 달라진다. 'THE LINKS' 서비스를 통한 통신대전도 지원했다.

사지리 [紫醜罹]

니혼 텔레네트
1988년 6,800엔
RAM 64K   VRAM 128K

설정은 하드코어하지만 분위기 자체는 코믹한 횡스크롤 액션 게임. 목소리가 무기인 주인공 '아크'를 조작해, 특수생명체 'SA·ZI·RI'에 사로잡힌 공주를 구해내자. RPG 모드 전환 시의 아크는 사이코키네시스로 공격한다.

이스 II

니혼팔콤
1988년 7월 7,800엔
RAM 64K   VRAM 128K

전작에서 바로 이어지는 게임. 하늘로 떠오른 이스로 무대가 바뀌어, 스토리의 핵심에 다가선다. 몸통 박치기뿐이었던 전투에 마법이 추가되었고, 스테이지도 빙벽·용암 등 다양하다. 그래픽도 리뉴얼했고, 조작성도 향상됐다.

드래곤 슬레이어 IV
: 드래슬레 패밀리

니혼팔콤
1988년 6,800엔
RAM 8K

액션 RPG 「드래곤 슬레이어」 시리즈 작품 중 하나. 플레이어는 '워젠 일가족' 중에서 장면별로 적절한 캐릭터를 골라, 미궁 안에 숨겨져 있는 크라운을 수집한다. 최종적으로는 킹 드래곤을 물리치는 게 목적이다.

제패

일본물산
1988년 6,800엔
RAM 64K   VRAM 128K

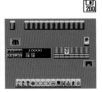

일본물산이 발매한 첫 MSX2용 타이틀. 아케이드로 인기였던 탈의마작 게임의 이식판으로, 일본 각지의 미녀 작사 8명을 이기고 섹시한 모습을 감상하는 게임이다. 규정 회수로 나면 승리, 가진 점수를 잃으면 게임 오버.

꼬시는 법을 알려드립니다

HARD
1988년 6,800엔
VRAM 128K

헌팅을 소재로 삼은 커맨드 입력식 성인용 어드벤처 게임. 무작위로 등장하는 히로인과 대화하여, 대사의 공란에 적절한 단어를 입력하면 데이트가 진행된다. 패키지 내에 부록으로 여성용 팬티를 동봉했다.

꼬시는 법을 알려드립니다 part II :
카인드 걸즈

HARD
1988년 6,800엔
VRAM 128K

대화 내의 빈칸에 적절한 단어를 입력하는 헌팅 어드벤처 게임의 속편. 전작과 같은 시스템으로 새로운 히로인과의 교류를 즐긴다. 당시에는 생소했던 속성이라 함정 캐릭터 취급이긴 하나, 여장남자도 공략대상으로 나온다.

잡학 올림픽 :
와타나베 와타루 편

HARD
1988년 6,800엔
VRAM 128K

잡학 퀴즈를 잘 맞추면 성인만화가 와타나베 와타루가 그린 그래픽을 보여주는 게임. 1문제마다 룰렛을 돌려, 퀴즈를 맞추면 룰렛 수만큼의 그래픽 조각이 개방되고, 틀리면 그만큼 칸을 건너뛰게 된다.

소프랜드 스토리

HARD
1988년 7,800엔
VRAM 128K

남성에게 꿈만 같은 시간을 보내게 해주는 '소프랜드'를 경영하려는 주인공. 점포의 간판으로 일해 줄 여성을 찾기 위해 거리에서 헌팅을 하여, 매출이 잘 나오도록 안정되게 경영하는 것이 목표인 시뮬레이션 게임이다.

HARD 그래픽스 총집편

HARD
1988년 5,800엔
VRAM 128K

HARD 사가 이 작품 이전까지 발매했던 게임들에 수록한 그래픽과 신규 그래픽을 한데 담은 그래픽 모음집. '와타나베 와타루 신작 CG집' · '타카베 유 CG 북' · 'Sp.셀렉트! 명장면집 & New CG'로 구성되어 있다.

당신도 나리타에 가서 무작정 가위바위보를 해보자

HARD 사사장이 사원에게 재미있다고 인정받은 퀴즈제 1탄:
HARD
1988년 6,800엔
VRAM 128K

당시엔 최장 타이틀명을 자랑했던 퀴즈 게임. 퀴즈 정답을 맞히면 분할된 패널이 열리면서 탈의한 여성 모습이 개방되어 간다. 패널이 모두 열릴 때까지 도전할 수는 없으며, 오답이 계속되면 그냥 다음 여성으로 넘어간다.

포토 클럽 – 공포의 맨션 편

미소녀 사진관 파트 III :
HARD
1988년 6,800엔
VRAM 128K

미소녀의 사진을 촬영하는 「미소녀 사진관」 시리즈에, 여자기숙사에 침입한다는 신규 요소를 넣은 어드벤처 게임. 기숙사 내에서는 서로를 탐하는 소녀들 등의 촬영 찬스를 잡을 수 있으나, 도처에 함정과 지뢰가 설치돼 있다.

크레이즈

하트 전자산업
1988년 5,800엔
RAM 16K

공중을 부유하는 에어 바이크를 조작하는 유사 3D식 고속 스크롤 액션 게임. 적을 물리치며 떨어져 있는 아이템을 모아, 스테이지별로 숨겨진 목적을 발견하며 진행한다. 관성까지 붙은 독특한 조작감이 재미있는 게임이다.

좀비 헌터

하이스코어
1988년 6월 5,800엔
VRAM 128K

패미컴용 게임을 이식한 액션 RPG. 주인공은 팔로마 국의 평화를 지키는 성스러운 천칭 '라이프 시커'를 되찾기 위해 여행한다. 패미컴판과는 로고와 메시지가 다르고, 음성합성이 삭제된 등의 차이점이 있다.

테스터먼트

바쇼 하우스
1988년 7,800엔
VRAM 128K

8방향으로 스크롤 가능한 미로 탐색형 슈팅 게임. 용맹한 모험가 '라일'이 되어, 제 3의 성서 '테스터먼트'를 찾아내자. 총 7스테이지 구성. 샷건과 바주카 등의 무기를 모아, 플레이어를 기다리는 펜드래곤을 물리치도록.

프레데터

팩 인 비디오
1988년 3월 5,800엔
VRAM 128K

1987년 개봉한 영화 '프레데터'가 원작인 횡스크롤 액션 게임. 아놀드 슈워제네거가 연기했던 셰퍼 소령을 조작해 프레데터와 싸운다. 소령이 쏠 수 있는 무기는 4종류이며, 프레데터는 7가지 특수능력이 있다.

이데 요스케 명인의 실전마작

팩 인 비디오
1988년 4월 6,800엔
VRAM 128K

이데 요스케가 감수한 대면 마작 게임. 토너먼트를 치르는 '명인결정전', 컴퓨터와 대국하는 '실전마작', 마작의 기본을 확인하는 '실전문제' 모드를 수록했다. 원작인 패미컴판과는, 걸프렌드 기능이 없는 등 일부 차이가 있다.

봄버 킹

허드슨
1988년 3월 6,200엔
RAM 16K

1987년 패미컴으로 발매했던 같은 제목 타이틀의 이식판. 「봄버맨」(79p)의 속편이긴 하나, 스토리상으로는 무관하다. 시스템이 목숨제에서 라이프제로 변경되었고, 그래픽 면에서도 SF적인 느낌이 강해졌다.

HARDWARE · 1983 · 1984 · 1985 · 1986 · 1987 · 1988 · 1989 · 1990 · 1991 · 1992 · 1993- · INDEX

격주 냥클

파나소프트
1988년 9월 6,800엔
RAM 64K VRAM 128K

「패미클 패러딕」의 스핀오프 작품인 레이싱 게임. 패미클 가족이 사는 대륙을 종단하여, 총 4월드 12스테이지를 호버크래프트로 질주한다. 스테이지에 맞춰 가족의 다른 머신과 교대하면서 공략하도록 하자.

파이어 볼

허밍버드 소프트
1988년 6,800엔
VRAM 128K

FM77AV용 게임의 이식작으로, MSX2에서는 보기 드문 핀볼 게임. 기기 자체의 특수연출 등은 딱히 없으나, 볼의 거동을 매우 디테일하게 표현해내 고전적인 핀볼 기기를 정교하게 재현했다. 기기를 흔드는 기능도 탑재했다.

작호 1

빅터음악산업
1988년 12월 7,800엔
VRAM 128K

추론형 인공지능을 탑재한 마작 시뮬레이션 게임. 인간의 마작 스타일을 배우는 자기성장형 샘플링 기능 덕에, 등록된 데이터 기반으로 재현한 AI를 대국 상대로 설정 가능한 게 특징이다. 데이터는 30명분까지 저장 가능.

사령전선 2

빅터음악산업
1988년 12월 7,800엔
RAM 64K VRAM 128K

대인기 액션 RPG 제 2탄. 무대가 시골 마을에서 원자력발전소로 변경되었다. 주인공 '라일라'를 조작해 정보를 모으며 미지의 크리처와 싸우자. 목적은 '요미시'의 봉인이다. 전작 이상으로 스토리성을 강화한 작품.

소년 낚시왕 : 블루 마린 편

빅터음악산업
1988년 4월 6,800엔
VRAM 64K

야구치 타카오의 만화를 게임화했다. 크루저선에서 대어 낚시에 도전하는 본격 낚시 게임. 세계의 실력파들이 모이는 대회에서 대어(마린)를 낚자. 시합 기간은 5일간. 포인트와 라인, 낚싯밥 고르기부터 시작하는 본격파다.

패미클 패러딕

BIT2
1988년 3월 6,800엔
RAM 64K VRAM 128K

다양한 게임들의 패러디를 꽉꽉 담은 종스크롤 슈팅 게임. 패미클 가족 5명의 머신을 조작해, 각자의 특징을 활용하여 스테이지를 공략하자. 적이 떨어뜨리는 '에그'로 아이템을 구입하거나 파워 업할 수 있다.

퀸플

BIT2
1988년 10월 5,800엔
RAM 64K VRAM 128K

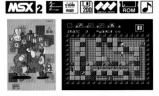

말뚝을 활용하는 액션 퍼즐 게임. 블록에 말뚝을 박고 뛰어올라 블록을 부수거나, 말뚝을 발판삼아 위로 올라가는 등 다양한 액션을 구사해 시간 내에 탈출하자. 말뚝은 색깔별로 특징이 다르다. 2인 동시 플레이가 재미있는 작품.

테트리스

BPS
1988년 11월 6,800엔
RAM 64K VRAM 128K

떨어지는 블록을 빈틈없이 맞춰 가로 한 줄을 채우면 없어지는 낙하계 퍼즐 게임. 블록 회전방향은 고정이며, 다음 블록 표시는 없을 수도 있다. 사진 풍의 배경그림이 멋지고, FM 음원도 지원한다. BGM은 3곡 중 선택 가능.

M.U.L.E.

BPS
1988년 7,800엔
VRAM 128K

우주인 4명이 각자 행성을 개척해 12개월간 획득한 자산을 겨루는 보드 게임. 8종의 종족 중에서 캐릭터를 골라 게임을 시작해, 산업용 로봇 'M.U.L.E.'를 이용하여 보석·철광석·에너지·식료품을 생산하고 경매한다.

MS 필드 : 기동전사 건담

패밀리 소프트
1988년 12월 6,800엔
RAM 64K VRAM 128K

애니메이션 '기동전사 건담'이 테마인 시뮬레이션 게임. 애너하임 일렉트로닉스 사의 개발자가 되어, 작중에 등장하는 총 64종류의 모빌슈츠 중 1기를 골라 적과 시험장에서 대전시키자. 30종류의 시험장이 준비돼 있다.

대응 기종 아이콘

카세트 테이프

ROM 카트리지

GAL 헌팅 대작전

패밀리 소프트
1988년 6,800엔
RAM 64K VRAM 128K

복권 당첨금 15만 엔을 밑천으로 헌팅에 매진하는 어드벤처 게임. 하라주쿠에 나타난 미녀에게 말을 걸어 마음을 사로잡아, 차와 식사를 거쳐 진짜 목적인 호텔까지 데려가자. 시간 개념이 있으니, 어영부영하면 안 된다.

핫 MILK

페어리테일
1988년 4,800엔

커맨드 선택식 미소녀 어드벤처 게임. 마스크에 고글까지 쓴 남자 '변인 28호'가 되어, 소녀 6명을 공략해 1000명 제패를 달성하자. 특징은 아이템 수집 요소가 있다는 점으로, 필요한 장면에서 사용하면 게임이 진행된다.

도쿄 여고생 세일러복 입문 전 3권 ※

페어리테일 / 자스트
1988년 4,800엔
VRAM 128K

당시 도쿄도 내 소재의 여고 제복들을 그래픽으로 재현한 소프트. 전 3권 내에 40개교의 교복 그래픽 240장을 수록했다. 타이틀명엔 '세일러복'이라고 되어 있으나, 실제로는 세일러복뿐만 아니라 블레이저 교복도 있다.

도주닌자 전설

브레인 그레이
1988년 3월 7,800엔
VRAM 128K

저마다의 사정으로 이가 마을에서 도망쳐 도주닌자가 된 3명, '쟈키마루'·'겐요사이'·'코겐다'가 주인공인 RPG. 디스크 세 장에 각자가 주인공인 시나리오를 수록하여, 세 가지 스토리 속에서 3인의 운명이 교차한다.

도주닌자 전설 번외편

브레인 그레이
1988년 10월 3,000엔
VRAM 128K

「도주닌자 전설」의 패러디 게임으로, 본편에서 쟈키마루가 물리친 요괴 '규멘'의 자식 '규타로'가 주인공인 작품이다. 본편의 동일 맵에서, 부모의 원수 쟈키마루를 쫓는다. 브레인 그레이 본사에 직접 엽서를 보내 구입 가능했다.

라스트 하르마게돈

브레인 그레이
1988년 7,800엔
VRAM 128K

인류 멸망 후의 지구가 무대로, 지구에 강림한 외계인을 토벌하는 몬스터들이 주인공인 이색 RPG. 야간·주간·살반 파쇄일로 활동일이 나뉘는 세 갈래의 파티로, 108개의 석판에 새겨진 '묵시록'의 수수께끼를 쫓는다.

사이코 월드

헤르츠
1988년 12월 6,800엔
RAM 64K VRAM 128K

초능력을 활용하는 액션으로 다채로운 스테이지를 공략하는 총 8월드 구성의 액션 게임. MSX2의 약점이었던 횡스크롤 구현에 성공한 작품으로, 위치보정 기능과 주사선 인터럽트 테크닉을 사용한 부드러운 스크롤이 특징이다.

닌자

보스텍
1988년 7,800엔
RAM 64K VRAM 128K

 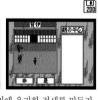

닌자 액션을 가미한 역사 시뮬레이션 게임. 전국시대 말기의 닌자로 암약하며 도요토미 측의 동맹국을 늘린다. 전국 27개국을 돌며 정보를 모아, 9년 후 발발하는 '세키가하라 전투' 때까지 도요토미에 유리한 정세를 만들자.

판타지 : 젤노어의 장

보스텍
1988년 8월 9,800엔
RAM 64K VRAM 128K

미국산 컴퓨터 게임의 이식작. 검과 마법의 섬 '젤노어'를 무대로, 섬을 지배하는 사악한 블랙 나이트와 마법사 니카데무스를 타도하자. 수영부터 함정 해체까지 캐릭터의 능력 설정이 디테일하고, 이동 시 오토 매핑되는 게 특징.

판타지 II : 페론라의 장

보스텍
1988년 11월 9,800엔
RAM 64K VRAM 128K

인기 RPG 시리즈 제 2탄. 새로운 섬 '페론라'를 무대로 모험의 막이 오른다. 목적은 전작에서 놓쳐버린 마법사 니카데무스와 결착을 짓는 것이다. 시스템은 전작을 답습했고, 캐릭터는 전작의 세이브데이터를 계승할 수도 있다.

  플로피 디스크 BEE CARD   레이저 디스크 VHD VHD 디스크   메가롬 내장 게임 파나 어뮤즈먼트 카트리지 지원 게임 MSX-MUSIC 지원 게임 SCC SCC 내장 게임

주: 타이틀명 옆에 '※'가 붙어있는 게임의 스크린샷은 타 기종판입니다.

해커

포니 캐넌
1988년 2월   5,800엔
VRAM 128K

해킹이 테마인 SF 어드벤처 게임. 주인공인 해커가 되어, 거대기업이 꾸미는 세계정복의 야망을 저지하자. 주인공은 이 사실을 FBI에 알리기 위해, 세계의 도시를 돌며 각지의 스파이와 협력해 음모를 폭로해야 한다.

돈 패트롤

포니 캐넌
1988년 3월   4,900엔
RAM 64K

제 2차 세계대전 와중의 지중해가 무대인 잠수함 시뮬레이션 게임. 연합국의 잠수함을 조작해 임무를 완수하자. 잠수함이 테마인 만큼, 맵 상의 위치를 상시 확인해야 한다. 적과는 어뢰로 싸우거나 잠항해 통과한다.

스쿠터

포니 캐넌
1988년 3월   4,900엔
RAM 64K

네덜란드에서 개발된 퍼즐 게임. 스쿠터를 타고 스테이지 상의 아이템들을 획득하자. 4개 모으면 스테이지 클리어. 아이템은 다양한 장애물 안에 갇혀 있고, 방해 로봇도 지키고 있다. 만만치 않은 난이도의 퍼즐 게임이다.

울티마 : 공포의 엑소더스

포니 캐넌
1988년 5월   6,800엔
VRAM 128K

「울티마 III」의 패미컴판인 같은 제목 타이틀의 이식판. 11가지 직업과 4가지 종족 중에서 골라 캐릭터를 만들어, 4인 파티로 소사리아 대륙을 모험한다. 4가지 증표와 4장의 카드를 모아 큰 뱀 '엑소더스'를 봉인하는 게 목적이다.

타니가와 코지의 쇼기 학습 II : 명인으로 가는 길

포니 캐넌
1988년 5월   5,500엔
VRAM 128K

「타니가와 코지의 쇼기 학습」(122p)의 속편. 업그레이드된 '대국'과 '박보장기', '다음 한 수'를 즐길 수 있다. 각자 특기 전법이 있는 기사 4명을 격파하면, 끝으로 타니가와 9단과 '명인전 5번승부'로 겨룰 수 있다.

스페이스 셔틀 : 우주로의 여행

포니 캐넌
1988년 6월   4,900엔
RAM 16K

우주왕복선을 조종하는 리얼한 플라이트 시뮬레이션 게임. 우주왕복선 디스커버리 호를 타고, 과학위성을 발사해 다른 위성과 도킹시키자. 미 항공우주국의 협력을 받아, 셔틀의 거동을 충실하게 재현한 소프트다.

스타 버진

포니 캐넌
1988년 7월 21일   5,800엔
VRAM 128K

비키니 차림의 미소녀 '에이코'가 활약하는 액션 RPG. 친한 소년을 구하기 위해 아라시야마 대령과 싸우자. 거리에서 호색남과 대화하면 LIFE 아래에 하트 마크가 나타나며, 이를 5개 모으면 '스타 버진'으로 변신하게 된다.

볼블레이저

포니 캐넌
1988년 7월   6,800엔
VRAM 128K

조지 루카스 감독의 루카스필름 게임즈가 제작한 미래의 축구 게임. 플레이어 기체를 조작해 공을 빼앗아, 상대의 골로 쳐서 넣자. 최대 특징은 속도감으로서, 부유하는 기체가 상하로 분할된 화면 내를 고속으로 누빈다.

아웃런

포니 캐넌
1988년 10월 21일   6,800엔
VRAM 128K

세가의 명작 레이싱 게임 「아웃런」의 MSX2 이식작. 경쾌한 3종류의 BGM 중에서 마음대로 한 곡을 골라, 붉은 스포츠카로 여자와의 드라이브를 즐겨보자. 지역 전환 시마다 바뀌는 원경과 건물 등의 그래픽이 멋진 게임.

공작왕

포니 캐넌
1988년 11월   5,800엔
VRAM 128K

오기노 마코토 원작의 같은 제목 인기 만화가 소재인 어드벤처 게임. OVA '귀환제' 기반으로, 주인공 '공작'이 어둠의 대군을 물리치는 8장 구성의 스토리가 전개된다. 적과 인카운트하면 싸우는 RPG 요소를 가미한 게 특징.

켐펠렌 체스

포니 캐년
1988년 12월 5,500엔
VRAM 128K

18세기 헝가리의 발명가로, 체스를 두는 인형 '더 투르크'를 발표해 유명해진 볼프강 폰 켐펠렌의 이름을 딴 체스 게임. 체스말 디자인은 노멀·배틀·판타지 3종류가 있어, 각각 공을 들인 애니메이션이 나온다.

Be! 걸

본드 소프트
1988년 5,800엔
RAM 64K VRAM 128K

헌팅을 테마로 삼은 커맨드 선택식 어드벤처 게임. 주인공 류노스케가, 자신이 아는 여자에게 닥치는 대로 헌팅한다. 최종목표는 최후에 등장하는 '유키'이지만, 다른 여성의 공략에 실패하면 유키까지 가지도 못한다.

J.B.해럴드의 사건수첩 #1 : 살인 클럽

마이크로캐빈
1988년 5월 7,800엔
VRAM 128K

리버힐 소프트 사의 대표작 어드벤처 게임. 리버티 타운의 형사 J.B.해럴드가 실낱같은 증거에 의존해, 살해당한 로빈스 사장의 주변을 조사해 진범을 밝혀낸다는 스토리. 실사 풍의 리얼한 그래픽과 디테일한 시나리오가 특징이다.

슈퍼 대전략

마이크로캐빈
1988년 11월 8,800엔
VRAM 128K

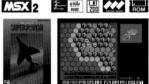

초대 「대전략」을 8비트 컴퓨터에 맞춰 업그레이드했다. 유닛 121종, 맵 필드 64×64칸, 사고 루틴 강화 등, 여러 면에서 커다란 진화를 이룩했다. 이 시리즈의 기념비적인 타이틀이 된 워 시뮬레이션 게임이다.

변덕쟁이 오렌지☆로드

마이크로캐빈
1988년 12월 7,800엔
VRAM 128K

마츠모토 이즈미의 인기 만화의 어드벤처 게임판. 주인공인 초능력 소년 '카스가 쿄스케'가 애인을 결정할 순간을 맞는다는 오리지널 스토리. 원작의 인기 캐릭터와 명장면이 다수 나온다. 달콤쌉쌀한 청춘을 다시 맛보자.

세일렌

마이크로캐빈
1988년 7,800엔
VRAM 128K

동물의 세계가 무대인 어드벤처 게임. 주인공 '프릴'이 마왕 '퍼즐'에 의해 돌이 되어버린 마을 사람들을 도우며 여동생을 찾는다는 스토리. 난이도를 낮게 잡은 게 특징. 세이브 시 파나 어뮤즈먼트 카트리지도 지원한다.

메종일각 완결편
: 안녕히, 그리고…

마이크로캐빈
1988년 10월 7,800엔
VRAM 128K

타카하시 루미코의 인기 만화를 게임화했다. 1987년 발매했던 「추억의 포토 클럽」(140p)에 이은 제 2탄으로, 고다이가 쿄코에게 프로포즈하기까지의 8일간을 그린 스토리. 제자인 야가미가 결혼을 저지하려 일각관을 찾아온

▶ 전작과 달리, 원작대로의 전개를 즐긴다.

다. 전작과 동일하게 입주자별로 기분 플래그가 존재하며, 전작에선 등장하지 않았던

니카이도에도 플래그가 서기까지 한다. 쿄코의 기분이 나빠지면 꽃다발로 풀 수 있다.

대전략 맵 모음집

마이크로캐빈
1988년 3,000엔
VRAM 128K

1987년 발매되었던 「대전략」(140p)을 확장시켜주는 추가 맵 컬렉션. 일본 등의 실제 지역을 모델로 디자인한 신규 맵 32종류를 비롯해, 오리지널 맵을 제작할 때 편리한 전체 맵 표시 프로그램을 수록했다.

마작광 시대 스페셜

마이크로네트
1988년 6,800엔
VRAM 128K

1986년에 가동했던 아케이드 게임의 이식판. 2인 대국인 '토너먼트 전'과 4인 대국인 '반장 승부', 두 모드를 플레이할 수 있다. 사고 루틴은 오리지널이며 사기 기술도 전부 없었으므로, 초보자든 상급자든 가볍게 즐길 수 있다.

대국 미니바둑

마이티 마이컴 시스템
1988년 2월   7,800엔
VRAM 128K

9줄 바둑판으로 가볍게 즐기는 바둑 게임. CPU 대전과 2P 대전, 2가지로 플레이 가능하다. 기본적인 사활과 프로의 바둑법은 물론, 초보자용 돌 잡기 연습도 포함해 70가지 예제를 수록했다. 대국에서는 4점까지 핸디캡도 가능.

이연성 PART 3 : 프로의 바둑

마이티 마이컴 시스템
1988년   6,800엔
VRAM 128K

칸사이 기원 추천 바둑 소프트로서, 프로의 실전 기보를 바탕으로 개발한 타이틀. 전법을 보고 배워, 실력을 검정하고, 단위 인정을 받는다는 3단계 학습법을 제시한다. 프로의 포석과 대국 문제는 실력에 맞춰 변화한다.

이연성 PART 4 : 필승 접바둑 비전서

마이티 마이컴 시스템
1988년   8,800엔
VRAM 128K

기력 상승 최단코스를 자임하는 바둑 소프트. 기존 시리즈처럼 칸사이 기원이 플레이어의 기력을 공식 인정해준다. 프로가 실전에서 쓰는 정석 등, 5항목의 학습 포인트를 해설한다. 프로 대국과 정석, 전법도 76종 이상 수록.

돌 하나에 청춘을 걸다

로그
1988년   7,800엔

소녀와 함께 즐기는 보드 게임 모음집. 오델로와 헥스, 입체 4목, 체커, 렌쥬를 수록했다. 히든 모드로 구동하면 숨겨진 캐릭터와도 대전 가능하다. 주변기기인 '보이스 박스'를 지원해, 이것을 연결하면 깨끗한 음성이 나온다.

호박색 유언

리버힐 소프트
1988년 12월   9,800엔
VRAM 128K

▶ 고풍스러운 분위기와 차분한 그래픽이 인상적.

20세기 초 일본이 무대인 추리 어드벤처 게임. 죽은 무역상인의 유산을 둘러싼 의혹과 음모의 이야기. 집사를 통해 의뢰를 받은 탐정 '토도 류노스케'가 되어, 상인이 남긴 서양골패(타로 카드)의 비밀을 밝히자. 복잡한 인간관계를 풀며 범인의 단서를 찾아야 한다. 집요한 등장인물들과 고난도의 추리, FM 음원의 맛을 살린 불안과 애상의 분위기가 발군. 패키지에, 조사에 유용한 탐정수첩을 동봉했다.

J.B.해럴드의 사건수첩 #2 : 맨해튼 레퀴엠

리버힐 소프트
1988년   7,800엔
VRAM 128K

▶ '수사는 발로 하는 것'이란 격언을 체험하는 작품.

▶ Manhattan Requiem

하드보일드한 작풍으로 유명한 인기 시리즈의 제 2탄. 주인공 J.B.해럴드가, 전작에서 알게 된 사라 실즈의 자살에 얽힌 수수께끼를 밝혀내는 스토리다. 시스템은 커맨드 선택식 어드벤처. 뉴욕 맨해튼을 무대로, 29곳의 수사 장소와 40명에 달하는 인물이 등장한다. 특징은 실사 풍의 그래픽과 재즈 BGM이며, 패키지 내에 서비스로 수사수첩과 지도 등의 수사 자료를 동봉했다.

J.B.해럴드의 사건수첩 #3 : 살의의 키스

리버힐 소프트
1988년   6,800엔
VRAM 128K

▶ 타 기종판과 달리, 단독으로 플레이 가능하다.

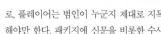

인기 시리즈의 제 3탄. 위에 소개한 「맨해튼 레퀴엠」의 평행세계 스토리로, J.B.해럴드가 보석점의 거대 사파이어 '푸른 탄식' 도난사건을 중심으로 복잡한 인간관계를 추리한다. 전작 이상으로 '추리' 자체에 중점을 두었으므로, 플레이어는 범인이 누군지 제대로 지목해야만 한다. 패키지에 신문을 비롯한 수사 자료들을 동봉했다. 한층 수준 높은 성인의 어드벤처를 만끽할 수 있는 작품이다.

1989

MSX GAME SOFTWARE CATALOGUE

이 해에 발매된 게임 소프트는 165개 타이틀로, 라인업 대부분이 MSX2용으로 넘어갔고 매체도 디스크 쪽의 점유율이 높아졌다. 이러한 동향에 맞춰 고품질 그래픽을 저렴하게 제작할 수 있는 환경도 완비됨으로써, 성인용 미소녀 게임의 이식이 늘어난 것이 이 해의 큰 화제라 할 수 있다.

디건의 마석

아텍
1989년 5월 19일   8,800엔

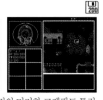

이세계 가듀런이 무대인 판타지 RPG. 주인공 '디노'가 되어, 아내의 병을 치료하기 위해 여행을 떠나자. 매일의 생활을 중시한 시스템으로, 시간 개념은 물론 병과 부상 등의 요소도 있다. 카토 나오유키의 미려한 그래픽도 특징.

위저드리 II : 다이아몬드의 기사

아스키
1989년 11월 22일   9,800엔
RAM 64K   VRAM 128K

시리즈 제 2탄. 1987년 발매된 「광왕의 시련장」에서 작성한 캐릭터를 사용할 수 있다. '다이아몬드의 기사'의 장비를 모아 닐다의 지팡이를 가져오는 게 목적. 상급 시나리오라 필요 레벨이 13 이상인 등, 허들이 높다.

카오스 엔젤즈

아스키
1989년 5월 19일   7,800엔
VRAM 128K

▶ PC-88판의 이식작이며, 적이 추가되었다.

'색'과 '욕' 모두를 가질 수 있다는 전설의 탑에 도전하는 3D 던전 RPG. 탑 안에는 소녀 모습의 몬스터가 다수 있고, 전부 승리 시 적의 체력을 남기면 야한 모습이 된다. 탑에는 퍼즐 요소가 있고, 이를 풀려면 몬스터 소녀를 덮쳐 얻는 특수능력도 필요하다. 클리어를 서둘러야 하는 시스템도 있어, 단순한 성인용 게

임 이상의 깊이가 있는 작품이다. 적마다 고유 BGM도 있는 등, 꽤나 공들여 만든 게임.

꽃의 키요사토 : 펜션 스토리

어덜트 인
1989년   7,800엔
RAM 64K   VRAM 128K

숙부를 죽인 범인을 쫓는 커맨드 선택식 어드벤처 게임. 캐릭터 디자인이 귀엽고, 등장인물 전원에게 동기가 있다. 가장 귀여운 캐릭터는 12세인 '마미'지만, 그녀에게 손을 대려고 시도하면 즉시 게임 오버가 된다.

인트루더 : 벚꽃 저택의 탐색

앨리스 소프트
1989년 8월 10일   6,800엔
RAM 64K   VRAM 128K

앨리스 소프트 사의 데뷔작. 첫눈에 반한 미소녀를 쫓아 대재벌의 저택에 침입한 남자가 되어, 저택 내부를 탐색하는 어드벤처 게임. 방이 엄청나게 많다. 꼬집을 부분이 한가득인 시나리오와, 고난이도로도 유명한 타이틀이다.

란스 : 빛을 찾아서

앨리스 소프트
1989년 8월 15일   6,800엔
RAM 64K   VRAM 128K

이후 근 30년이나 이어지는 인기 시리즈의 제 1탄. 모험가 '란스'와 그의 노예인 마법사 '실'이, 납치당한 귀족 영애 '히카리'를 찾아 나서는 스토리다. 어드벤처에 RPG를 결합한 시스템으로, 시종일관 초차원 개그가 넘쳐흐른다.

아메리칸 석세스

윙키 소프트
1989년   6,800엔
RAM 64K   VRAM 128K

투자 시뮬레이션 요소를 가미한 테이블 게임. 주사위를 굴려 칸을 전진해, 자산을 매점하여 가자. 제공되는 자산은 공업부지와 광산 등 4종류. 사들인 토지는 통행세를 징수하거나, 투자하여 자산 가치를 늘릴 수 있다.

핑크 삭스 창간호

웬디 매거진
1989년 12월 1일 2,800엔
VRAM 128K

MSX2

▶ 모자이크를 없애
는 비기로도 유명한
시리즈.

도트 기획이 제작한 디스크 매거진, 그 기념할만한 제 1호. 수록 컨텐츠는 핑크 삭스 걸즈 '마나미'의 소개, 퀴즈와 신경쇠약 게임을 결합한 '어덜트 카드 맞추기', 화투 게임으로 돈을 벌어 엿보기 구멍을 만드는 '여자기숙사 프라이빗 룸', 연재소설 '하프타임 러버', 우주선이 무대인 'SFH 어드벤처', 36분할 퍼즐 '스캐너로 찍어봤습니다'. 실제 개발사는 그래픽 실력으로 정평이 났던 BIT2 사다.

미드가르츠 : DUAL SIDE

울프 팀
1989년 5월 26일 12,800엔

MSX2 MSX2+

다음에 나올 「SIDE-A」와 「SIDE-B」를 합본한 세트 타이틀. '세이크리드 판타지 시리즈' 제 1탄을 표방한 작품으로, 주인공 '카인 사쥬'와 드래곤 '사쿤 화이트'가 레드 드래곤을 타도하러 일어선다는 스토리다.

미드가르츠 : SIDE-A

울프 팀
1989년 6월 30일 8,800엔
VRAM 128K

MSX2

멋진 비주얼이 전개되는 액션 어드벤처 게임. 스토리의 전편에 해당하는 제 1화부터 제 6화까지를 수록했다. 횡스크롤 슈팅 게임 형태인 액션 파트와, 스토리가 진행되는 어드벤처 파트가 교대로 이어진다.

미드가르츠 : SIDE-B

울프 팀
1989년 6월 30일 8,800엔
VRAM 128K

MSX2

장대한 스케일과 압도적인 볼륨으로 그려낸 대서사시 작품. 후편에 해당하는 제 7화부터 제 12화까지를 수록했다. 서두에 「SIDE-A」의 명장면 다이제스트가 나오는 게 특징. 매뉴얼에는 대량의 설정자료를 게재했다.

가우디 : 바르셀로나의 바람

울프 팀
1989년 7월 28일 9,800엔
VRAM 128K

MSX2

1992년의 바르셀로나를 무대로 삼은 어드벤처 게임. 정보 컨설턴트 '헨리 하워드'가 스페인의 뒷세계일에 휘말린다는 하드보일드한 스토리다. 작중에 저명한 건축가 안토니 가우디의 유명 건축물들이 빈번하게 등장한다.

아쿠스 II : 사일런트 심포니

울프 팀
1989년 12월 21일 8,800엔
RAM 64K VRAM 128K

MSX2

시리즈 제 2탄. 전작의 10년 후가 무대로, 성장한 하프엘프 '픽토'가 커다란 전쟁에 휘말린다. 시스템이 전작의 3D 시점에서 2D 필드형으로 변경되었다. 전투 시스템 상 부위공격이 가능해, 적의 약점을 간파하는 게 중요하다.

엔젤러스 : 악마의 복음

에닉스
1989년 6월 30일 8,200엔
RAM 64K VRAM 128K

MSX2

캐릭터 디자인에 애니메이터 도키테 츠카사를 기용한 어드벤처 게임. 런던 포스트의 기자 '브라이언'이 되어, 일본과 페루에서 발생한 원인불명의 괴병을 조사하자. 부분 애니메이션 도입과, 오컬트 풍이 강한 시나리오가 특징.

알고 워즈

MSX 매거진
1989년 4,800엔

MSX2

스스로 설계하고 프로그래밍한 오리지널 로봇을 상대 로봇과 배틀시키는 시뮬레이션 게임. 플레이어가 직접 로봇의 그래픽을 그리고, BASIC과 매우 유사한 언어로 행동 알고리즘을 짜야 하는 본격적인 게임이다.

골드 피시

MSX 매거진
1989년 2,000엔

MSX

MSX 매거진 소프트웨어 콘테스트 2위 입선작품인 독특한 슈팅 게임. 바닷물을 극복한 슈퍼 금붕어 '데메 군'을 조작해, 바다의 지배자 '샤크'와 여덟 장군을 물리치기 위하여 치열하게 싸워나간다.

   대응 기종 아이콘 카세트 테이프 ROM 카트리지

스고하치

MSX 매거진
1989년 3,500엔
VRAM 128K

 MSX2

주사위 말판놀이의 이벤트·칸 등을 직접 제작하는 컨스트럭션 툴. 칸별로 파츠를 배치해 오리지널 보드를 만들어 즐긴다. 돈을 모아 경쟁하는 인생게임 풍 보드, 몬스터와 싸워 HP를 늘려가는 RPG 풍 보드도 제작 가능.

시뮬레이션이다, 전원집합!

MSX 매거진
1989년 3,600엔

MSX2

'MSX 매거진' 잡지의 특집으로 소개된 '불꽃놀이 기사 아챠코'·'라이프 게임 킷'·'건어물가게 대번성기'·'프린키피아' 4작품을 수록했다. '건어물가게 대번성기' 외의 게임은 컨스트럭션 모드로 데이터 제작이 가능하다.

나니와 인클로저

MSX 매거진
1989년 2,000엔

MSX

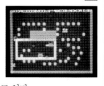

MSX 매거진 소프트웨어 콘테스트 3위 입선작품. 적의 공격을 피하며 체리 등의 아이템을 획득해야 하는 단순명쾌한 액션 게임. 스테이지 수는 총 100가지이며, 최후의 스테이지에는 라스트 보스도 있다.

퍼펙트 트라이앵글

MSX 매거진
1989년 2,000엔

MSX2

No IMAGE

No IMAGE

어드벤처 게임 에디터 「어드벤처 만들기」로 제작해 응모하는 MSX 매거진의 콘테스트에서 최우수작품상을 수상한 타이틀. 눈을 떠보니 여자가 되어버린 주인공의 코믹한 삼각관계를 그린, 총 4장 구성의 이야기다.

라이트닝 바커스

NCS
1989년 4월 27일 6,000엔
VRAM 128K

MSX2

근미래의 SF 세계 '바커스 반도'를 무대로, 남북으로 나뉘어 내전을 펼치는 시뮬레이션 게임. 스토리성이 강하며, 플레이어는 남바커스 군의 일개 중대장이 되어 승리조건이 각각 다른 총 8장의 시나리오를 공략한다.

프라이빗 스쿨

엘프
1989년 4월 19일 6,800엔
VRAM 128K

MSX2

당시 기준 다량의 CG를 수록한 커맨드 선택식 미소녀 어드벤처 게임. 주인공 '류지'가 되어 백장미 여자 단기대학에 잠입, 히로인 '고토 키쿠나'의 비밀을 파헤치자. 에로보다는 시나리오 중시형으로, 최후반 전개가 호평받았다.

핑키 퐁키 제 1집

엘프
1989년 8월 11일 5,800엔
VRAM 128K

MSX2

커맨드 선택식 연애 어드벤처 게임. 주인공이 시나리오마다 다른 소녀를 꼬시는 내용이다. 수록된 시나리오 5종은 모두 하나로 연결돼 있으며, 히로인도 활발한 소녀부터 클럽 호스티스까지 다양한 타입으로 설정했다.

핑키 퐁키 제 2집

엘프
1989년 8월 11일 5,800엔
VRAM 128K

MSX2

인기 연애 어드벤처 게임 제 2탄. 전작처럼, 주인공이 매 화마다 다른 히로인을 꼬시는 게임이다. 소녀의 취향에 맞춰 선택지를 고르며, 규정된 득점에 미달하면 다음 시나리오로 넘어간다. 이번에도 시나리오 5종을 수록했다.

핑키 퐁키 제 3집

엘프
1989년 8월 11일 5,800엔
VRAM 128K

MSX2

시리즈 최종작. 5종의 시나리오에서 소녀를 헌팅하자. 이번엔 '싸움'이 테마로, 바람을 피워 수라장이 되거나, 사나운 히로인이 등장한다. 아직 자율심의 기구가 발족되기 전의 작품이라, 시리즈 전반에 모자이크 처리가 없다.

몬몬 몬스터

GA무 / HOT·B
1989년 5월 6,800엔
VRAM 128K

MSX2

19세기의 독일이 무대인 횡스크롤 액션 게임. 인조인간 '프랑켄'을 조작해 괴물 '메가르도'의 야망을 분쇄하자. 프랑켄의 무기인 펀치와 번개 광선은, 도중에 아이템을 얻으면 바위 던지기로 바뀌거나 파워 업되기도 한다.

 플로피 디스크 BEE CARD 레이저 디스크 VHD 디스크   메가롬 내장 게임 파나 어뮤즈먼트 카트리지 지원 게임 MSX-MUSIC 지원 게임 SCC 내장 게임

크림즌 II

크리스탈소프트
1989년 7월 19일　7,800엔
VRAM 128K

시리즈 제 2탄. 전작의 50년 후를 무대로, 용사와 4명의 동료들이 활약하는 RPG다. 전형적인 탑뷰형 RPG가 되어, 전작보다 즐기기 편해졌다. 주인공인 용사가 아니라, 먼저 동료가 되는 4명의 시나리오부터 시작한다.

세기말 씨뿌리기 전설 : 소녀유희

그레이트
1989년 2월　7,800엔
VRAM 128K

패러디 투성이 RPG. 자신의 그것에 진주 7개를 박은 주인공 '켄타로'가 여동생 '유리코'를 찾아 롤리 타운을 탐색한다는 스토리다. '북○의 권'은 기본이고, '숲의 민메이'나 '계곡의 나우카' 등 왠지 익숙한 캐릭터가 등장한다.

퍼핏 쇼

그레이트
1989년 5월 20일　4,000엔
VRAM 128K

당시 일본의 유행가를 BGM 삼아, 살짝 야한 그래픽을 즐기는 디지털 영상 모음집. 다양한 시추에이션의 영상을 약 30장쯤 수록했다. 음악은 코메코메 CLUB과 니시다 히카루, Wink의 곡 중에서 선택 가능하다.

트와일라이트 존 III : 길고도 달콤한 밤 ※

그레이트
1989년 8월 11일　7,800엔
VRAM 128K

「트와일라이트 존 II」의 속편. 전작의 몇 달 후, 외도를 들켜버린 주인공이 애인 요코를 찾아 현재·과거·미래의 3D 던전을 탐색한다는 스토리다. 적 캐릭터는 모두 소녀 형태이며, 레벨이 오르면 마법 대신 체위를 익힌다.

걸즈 파라다이스 : 낙원의 천사들

그레이트
1989년 9월 15일　7,800엔
VRAM 128K

검과 마법의 세계에서 살았던 남자가 표류해온 곳은, 지도에도 없는 여성들만의 섬이었다. 욕구불만인 주인공이 가는 곳마다 미소녀들과 야한 행위를 벌이는 커맨드 선택식 어드벤처 게임. 전개가 경쾌하고 막힘없는 게 특징.

기분은 파스텔 터치

그레이트
1989년 12월 14일　7,800엔
VRAM 128K

일본의 고교가 무대인 커맨드 선택식 미소녀 어드벤처 게임. 세상을 비관하던 드라큘라가 수많은 난관을 넘어, 3개월 전 프로포즈한 히로인 '유미'를 맞으러 간다는 이야기다. 코미디 풍으로 일관하는 훈훈한 스토리의 작품.

아름다운 사냥감들 V

그레이트
1989년　4,000엔
VRAM 128K

당시 일본의 히트곡을 배경음악 삼아, 소녀들의 야한 영상을 즐기는 감상 소프트. CG는 여자가 단독으로 그려진 경우가 많다. 미나미노 요코, 쿠도 시즈카, 아사카 유이의 히트곡 각 3곡 중에서 선곡해 들을 수 있다.

아름다운 사냥감들 VI ※

그레이트
1989년　4,000엔
VRAM 128K

당시 일본의 인기 아이돌이 부른 히트송을 배경음악 삼아 소녀들의 야한 CG를 즐기는 소프트. CG 제작기술의 진화를 맛볼 수 있다. BGM은 쿠도 시즈카, 아사카 유이, 후지타니 미키의 히트곡 3곡 중에서 선곡 가능하다.

갬블러 자기중심파 2 : 자칭! 강호 작사 편

게임 아츠
1989년 4월 19일　6,800엔
RAM 64K　VRAM 128K

같은 제목 만화의 게임화 제 2탄. 시스템은 1988년 발매했던 전작 기반이며, 캐릭터 16명이 등장한다. 또한 전작과 이 작품을 모두 슬롯에 꽂으면 '하수 토벌전' 모드가 새로 추가되며, 대전 상대도 28명으로 늘어난다.

파이어 호크 : 텍스더 2

게임 아츠
1989년 11월 1일　7,800엔
RAM 64K　VRAM 128K

자동 록온 레이저와 비행 형태 변신 기능 등으로 인기를 얻은 액션 슈팅 게임 「텍스더」의 속편. 퍼즐 풀이 요소를 추가했고, 호밍 미사일과 6종류의 서브웨폰으로 전략성도 강화했다. 스테이지 마지막에는 보스전도 있다.

노부나가의 야망 : 전국군웅전
코에이
1989년 8월 18일   9,800엔
RAM 64K   VRAM 128K

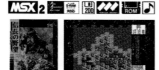

「노부나가의 야망」 시리즈 3번째 작품인 역사 시뮬레이션 게임. 이 작품부터 다이묘의 부하로 '무장'이 등장한다. 전투 시 야전은 아침·낮·저녁이 있고, 야습과 농성전도 가능해졌다. 숨겨진 이벤트로 '혼노지의 변'도 발생한다.

수호전 : 천명의 맹세
코에이
1989년 11월 1일   11,800엔
RAM 64K   VRAM 128K

중국의 4대기서 중 하나, '수호지'를 소재로 삼은 역사 시뮬레이션 게임. 목적은 전 영토 통일이 아니라 악역 '고구'의 타도이므로, 동료와 영토를 모아 '인기'를 올려 '고구'의 토벌 허가를 얻어내 본거지로 쳐들어가야 한다.

유신의 폭풍우
코에이
1989년 11월 30일   11,800엔
RAM 64K   VRAM 128K

시뮬레이션과 RPG를 융합시킨 독자적인 장르, '리코에이션 게임'의 제 1탄. 설득과 무력을 병행해, 일본 내 17개 번(藩)의 국체사상을 통일시키는 게 목적이다. 사상의 차이와 막부 토벌 여부에 따라, 7가지 엔딩이 있다.

시공의 신부
코가도 스튜디오
1989년 3월   7,800엔
VRAM 128K

한정된 기간을 반복 조사하며 시나리오를 진행하는 RPG. 시공관리국 대원 '켄'이 되어, 시공의 저편으로 납치된 애인 '쿠미코'를 구출하자. 조사기간은 1주일. 넘겨도 게임 오버되지 않고, 다시 1일차로 되돌아가 조사한다.

광풍의 은하 : 슈바르츠실트
코가도 스튜디오
1989년 11월 16일   9,800엔
VRAM 128K

공상 세계의 우주전쟁이 테마인 전략 시뮬레이션 게임. 약소국가 '산클리'의 왕이 되어, 국력을 키워 클라린 요새를 공략하자. '시나리오 시뮬레이션'을 자칭할 만한 시스템 덕에, 적절한 자유도와 중후한 스토리를 겸비했다.

하라주쿠 애프터 다크
코가도 스튜디오
1989년   8,800엔

청년문화의 거리 '하라주쿠'가 무대인 어드벤처 게임. 시부야 경찰서 하라주쿠 분실 소속 형사가 되어, 요요기 공원의 살인사건을 해결하자. 화려한 패션업계 뒤에서 벌어지는 스카우트와 도작 등, 여러 음모가 교차한다.

고퍼의 야망 EPISODE II
코나미
1989년 1월 27일   5,800엔
RAM 8K

아케이드판 「그라디우스 II : 고퍼의 야망」의 세계관을 도입하여 오리지널 스토리를 전개한 횡스크롤 슈팅 게임. MSX와 MSX2 양 기종을 모두 지원한다. 시작 시 '레이저'·'리플 레이저' 등의 강력한 무기와 여러 미사일을 플

▶ SCC로 구현한 박력의 사운드는 곡 들어보자.

레이어 취향대로 선택하여, 개성적인 각 스테이지를 공략하자. 과거 작품에 출현했던

보스의 등장이나 추억의 과거 곡 편곡 등도 있어, 시리즈 팬을 만족시킨 작품이다.

코나미 게임 컬렉션 Vol.1
코나미
1989년 1월   4,800엔
RAM 64K

과거 ROM 카트리지로 발매했던 「마성전설」·「이얼쿵푸」·「남극탐험」·「이가황제의 역습」·「왕가의 계곡」을 플로피디스크 2장에 수록했다. SCC 카트리지도 지원하므로, 호화로운 BGM으로 각 작품을 즐길 수 있다.

코나미 게임 컬렉션 Vol.2
코나미
1989년 1월   4,800엔
RAM 64K

코나미의 옴니버스 타이틀 시리즈 제 2탄. ROM 카트리지판 「하이퍼 스포츠 2」·「코나미의 테니스」·「코나미의 복싱」·「비디오 허슬러」 등, 코나미의 MSX용 스포츠 게임들을 다수 합본 수록했다.

주 : 타이틀명 옆에 '※'가 붙어있는 게임의 스크린샷은 타 기종판입니다.

패의 마술사

코나미
1989년 2월   5,800엔
VRAM 64K

MSX2
MEGA ROM

코나미의 인기 캐릭터 8명이 등장하는 4인 대국 마작 게임. '기사 대표' 포포론과 '섬나라 대표' 모아이를 비롯해, '작귀(雀鬼) 대표' 스내쳐 등 등 이색적인 대표 직함을 내건 캐릭터들이 나온다. 캐릭터마다 치는 버릇과 성격이 다

▶ 패키지 일러스트는 귀엽지만, 제대로 만든 마작 게임이다.

르게 설정돼 있고, 변경도 가능하다. 음성출력용으로 8비트 D/A 컨버터를 카트리지에

내장해, 게임 도중에 "퐁"·"치" 등의 보이스가 각 캐릭터별로 출력되어 나온다.

코나미 게임 컬렉션 Vol.3

코나미
1989년 4월   4,800엔
RAM 64K

MSX   SCC   UJ 200

코나미 게임의 옴니버스 제 3탄. 「트윈비」·「슈퍼 코브라」·「스카이 재규어」·「타임 파일럿」에, 「그라디우스」의 서양판 「네메시스」까지 5작품이다. SCC 음원도 지원하는데, 특히 「네메시스」의 SCC 편곡판은 꼭 들어보자.

코나미 게임 컬렉션 Vol.4

코나미
1989년 4월   4,800엔
RAM 64K

MSX   SCC   UJ 200

코나미 게임의 옴니버스 제 4탄. 2번째 스포츠 시리즈로서, 「코나미의 사커」·「코나미의 핑퐁」·「코나미의 골프」·「하이퍼 올림픽 2」·「하이퍼 스포츠 3」까지 5작품을 수록했다. 모두가 지금 즐겨도 재미있는 명작의 향연이다.

혼두라

코나미
1989년 5월 26일   5,800엔
VRAM 64K

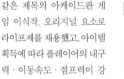

MSX2   SCC
MEGA ROM

같은 제목의 아케이드판 게임 이식작. 오리지널 요소로 라이프제를 채용했고, 아이템 획득에 따라 플레이어의 내구력·이동속도·점프력이 강화되는 시스템과, 버튼을 누른 시간으로 점프 높이가 조절되는 기능을 추가했으며, 오

▶ SCC로 연주되는 BGM은 MSX로만 들을 수 있다.

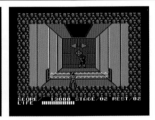

리지널 스테이지 10종도 신규 수록했다. 난이도는 다소 낮춰 초보자를 배려했다. 스크

롤지지 않는 화면 전환식이고 2인 동시 플레이가 불가능한 등, 조금 아쉬운 점도 있었다.

격돌 페넌트레이스 2

코나미
1989년 8월 30일   6,300엔
RAM 64K   VRAM 128K

MSX2   SCC
MEGA ROM

SD화된 캐릭터들이 등장하는 야구 게임. 전작에 비해 그래픽이 다소 간략화되었지만, 전작의 단점이었던 좌·우익 타구시의 화면전환 문제를 부드러운 스크롤로 진화시켜 스피디한 시합 전개를 구현했다. 스트라이크 존 전체를 사

▶ 인기였던 전작을 초월한, 야구 게임의 결정판.

용했던 투구 쪽은 상하 포크볼, 좌우 중 하나를 선택한다는 평면적인 시스템으로 바꿨

다. 전작에서 인기였던 팀 에디트는 건재하며, 전작에서 만들었던 팀도 불러올 수 있다.

스페이스 맨보우

코나미
1989년 12월 21일   6,800엔
RAM 64K   VRAM 128K

MSX2   SCC
MEGA ROM

MSX2로 부드러운 횡스크롤을 구현해낸 명작 슈팅 게임. 참고로, MSX2+로 구동하면 하드웨어 스크롤 덕에 더욱 스크롤이 부드러워진다. 전방·상하·후방으로 샷을 발사할 수 있는 옵션을 잘 이용해, 파워 업 아이템으로 플레

▶ MSX판 코나미 슈팅 게임의 집대성.

이어 기체를 강화시키며 공략한다. 도중에 대각선 스크롤이나 고속 스크롤 장면도 있

고 복잡한 지형이나 함정도 나오지만, 난이도는 비교적 낮게 설정되어 있다.

코나미 게임 컬렉션 번외편

코나미
1989년 4월   4,800엔
RAM 64K

코나미 타이틀의 합본판.「피폴스」·「로드 파이터」·「코나미 하이퍼 랠리」를 비롯해, 파티 게임인 '아고보드'와 '타이틀 맞추기', 일발 게임인 '하이퍼소면' · '반들머리 군'까지 7작품을 수록한 푸짐한 합본이다.

디스크 스테이션 3호

컴파일
1989년 2월 8일   1,980엔
VRAM 128K

친숙한 디스크 매거진 시리즈의 제 3호.「패밀리 스타디움 : 홈런 콘테스트」와「진 마왕 골베리어스」의 횡스크롤 스테이지 체험판도 즐길 수 있고, 스탭 편집후기 등의 읽을거리도 충실하다.

디스크 스테이션 스페셜 봄호

컴파일
1989년   3,980엔
VRAM 128K

정례호와 달리 디스크 3장 구성인 봄철 스페셜 호. 어드벤처 게임 '헤이안 요괴전'과 RPG '랜더의 모험'이 있으며, 복주머니 기획으로「진 마왕 골베리어스」와「알레스터」2작품의 캐릭터 도감과 뮤직 갤러리도 수록했다.

디스크 스테이션 4호

컴파일
1989년   1,980엔
VRAM 128K

게임과 체험판, 데모를 수록한 인기 디스크 매거진. 이번 호에 소개 데모가 수록된「왈큐레의 모험 2 : 머나먼 시간의 문」은 아쉽게도 후일 미발매로 끝났기 때문에, 이 시리즈 내에서도 귀중한 호로 꼽히고 있다.

디스크 스테이션 스페셜 초여름호

컴파일
1989년 5월 2일   4,800엔
VRAM 128K

MSX 유저를 위한 신 정보와 시판 소프트의 데모 등을 즐기는 디스크 매거진의 특별호.「라플라스의 악마」의 짐두 데모 등을 수록했고, '아트 갤러리' 모드에서는 유저가 투고한 작품들을 다수 게재했다.

디스크 스테이션 5호

컴파일
1989년 6월 8일   1,940엔
VRAM 128K

이번 호 역시 신작 소프트 소개를 듬뿍 수록했다. 횡스크롤 슈팅 게임「하이디포스」의 선행 체험 플레이판, 미소녀 게임과 RPG를 융합시킨「카오스 엔젤즈」의 체험판을 비롯해 풍성한 컨텐츠들이 가득 담겨있다.

디스크 스테이션 스페셜 여름방학호

컴파일
1989년 7월 8일   3,880엔
VRAM 128K

시리즈 특별호. 이 호에서는 컴파일의 마스코트 캐릭터 '랜더'가 주인공인 '랜더의 모험 2'와 어드벤처 게임 '사무라이 킹 메가스온 Z' 등, 이 소프트에서만 즐길 수 있는 작품을 다수 수록했다.

디스크 스테이션 6호

컴파일
1989년 8월 8일   1,940엔
VRAM 128K

매 호마다 다양한 기획과 신작 체험판 수록으로 화제가 끊이지 않았던「디스크 스테이션」. 이번 호에는 구작인 타이토의「자이졸로그」도 수록해, 과거의 명작도 다루고 싶다는 제작자들의 의도가 엿보인다.

디스크 스테이션 스페셜 가을호

컴파일
1989년 9월 8일   3,880엔
VRAM 128K

일반호와 병행으로 정기 발매된 스페셜 호. 이번 호도 수록작품이 호화로워,「알레스터 외전」과 이번 호의 3년 전에 출시됐던 명작「텍스더」도 수록해, 이 게임을 처음 플레이하게 된 유저들도 크게 환호했다.

디스크 스테이션 7호

컴파일
1989년 10월 8일   1,940엔
VRAM 128K

이번 호에서는 컴파일 사 기대의 신작「알레스터 2」와, 게임 아츠의「파이어 호크 : 텍스더 2」의 데모판을 수록했다. 또한 디스크 B에는 잡지 '마이컴 BASIC 매거진' 지면에 실렸던 유저 투고 작품 'RGB'도 실었다.

  플로피 디스크   BEE CARD   레이저 디스크   VHD 디스크   메가롬 내장 게임   파나 어뮤즈먼트 카트리지 지원 게임   MSX-MUSIC 지원 게임   SCC 내장 게임

HARDWARE

1983
1984
1985
1986
1987
1988
1989
1990
1991
1992
1993-
INDEX

디스크 스테이션 스페셜 크리스마스호

컴파일
1989년 11월 7일　3,880엔
VRAM 128K

인기 디스크 매거진의 크리스마스 특별호. 발매 직전의 「알레스터 2」·「원더러즈 프롬 이스」·「로도스도 전기」 등의 데모판을 다수 수록해, 해당 게임의 발매를 손꼽아 기다리던 유저들 사이에서 큰 반향을 일으킨 호였다.

디스크 스테이션 8호 / 디스크 스테이션 1월호

컴파일
1989년 12월 11일　2,900엔
VRAM 128K

이 8호부터는 일반 잡지처럼 발매일의 다음달에 해당하는 월수가 타이틀명에 붙어, '1월호'라고도 불리게 되었다. 신작 데모 수록 외에, 컴파일 자사의 타이틀 「알레스터 2」의 개조 스테이지도 수록해 큰 화제를 낳았다.

알레스터 2

컴파일
1989년 11월 22일　6,800엔
VRAM 128K

▶ 스테이지 보스의 다채로운 공격이 볼거리다!

컴파일 사가 개발한 「자낙」·「알레스터」의 계보를 잇는 정통 종스크롤 슈팅 게임. 전작을 한층 더 업그레이드하여, 부드러운 화면처리를 구현했다. 에리어 2의 공중전과 대형 전투기와의 일대일 대결 등, 연출 면에서도 팬들을 놀라게 했다. 연사 가능한 노멀 샷으로 근거리의 적들을 쓸어버리면서, 적의 출현 위치에 횟수제한이 있는 서브웨폰을 효과적으로 사용해 스테이지를 헤쳐 나가자.

텔레폰 클럽 스토리 스페셜

컴퓨터 브레인
1989년 11월 1일　7,800엔

당시 일본의 음지 문화 중 하나였던 '텔레폰 클럽'이 테마인 타이틀. 개인실에 들어가 전화를 걸어, 대화로 플래그가 서면 야한 장면으로 넘어간다. 대화 도중 대사에 공백이 나오니, 여기에 정답 단어를 넣자. 등장 여성은 3명.

갈프 스트림

자인 소프트
1989년 7월 13일　8,800엔
VRAM 128K

근미래 무대의 RPG. 병기화가 가능한 쓰레기 처리용 박테리아를 개발한 여과학자를 구출하러, 전 애인이 활약하는 이야기다. 전투는 파티 중 하나를 골라 싸우는 골목싸움 형식이며, 총을 얻으면 원거리 공격도 가능하다.

트리톤 2

자인 소프트
1989년 1월　9,800엔
VRAM 128K

1985년 발매했던 액션 RPG 「트리톤」의 속편. 광기의 황제 시바를 물리치러 전사 아던이 활약한다는 스토리다. 사이드뷰 화면이며, 액션 요소를 전작보다 강화했다. 매점과 숙소에서는 여성이 큰 그래픽으로 표시된다.

하이데거

자인 소프트
1989년　7,800엔
VRAM 128K

99%의 생물이 사멸하는 최종전쟁을 막으러 과거로 간 남자가 역사를 바꾸는 전쟁 시뮬레이션 게임. 1945년 패전 후의 일본을 무대로, 미래에서 온 자위대원이 되어 최신 장비를 가진 부대로 핵병기의 사용을 저지하자.

은하

시스템소프트
1989년 6월 23일　6,800엔
VRAM 128K

24종류의 게임을 수록한 옴니버스 소프트. 마작패를 사용하는 게임 6종류, 트럼프를 쓰는 게임 12종류, 체스나 쇼기 말로 즐기는 게임 6종류를 준비했다. 다른 퍼즐 게임처럼, 침착하게 임해야만 클리어의 길이 보인다.

상하이 II

시스템소프트
1989년 10월 30일　6,800엔
VRAM 128K

앞서 발매된 「상하이」와 룰은 동일하며 BGM을 추가했고, 남은 마작패 수도 화면 왼쪽 위에 알기 쉽게 카운트해 보여주도록 개량한 타이틀. 플레이어가 움직이는 커서는 잘 보이도록 붉은색으로 변경했다.

MSX　MSX 2　MSX 2+　MSX turbo R　대응 기종 아이콘

 카세트 테이프　 ROM 카트리지

마스터 오브 몬스터즈
시스템소프트
1989년 3월 6,800엔
RAM 64K VRAM 128K

워 시뮬레이션 게임의 대표작 「대전략」을 판타지 세계관으로 바꾼 파생작. 원작 대비로 그래픽 발색 수가 늘었고 화면 레이아웃도 개선했다. 시간 개념이 있고 이것이 몬스터의 속성과도 연관되어, 전략성이 높은 게임이다.

마스터 오브 몬스터즈 : 맵 컬렉션
시스템소프트
1989년 4,500엔
RAM 64K VRAM 128K

캠페인 모드 하나와 단독 맵 30개를 추가시켜 주는 확장 디스크. 캠페인 모드는 맵, 적 마스터, 아군 마스터도 리뉴얼했다. 단독 맵은 전국의 유저들로부터 응모 받은 것들을 엄선하여 수록했다.

천사들의 오후 II : 번외 II ※
자스트
1989년 7,800엔

「천사들의 오후 II : 미나코」(148p)의 번외편으로서, 히로인은 미나코가 동경하는 선배 '코즈에'다. 주인공은 코즈에의 의붓오빠 '히로시'이며, 금단의 사랑으로 고뇌하는 애절한 연애 스토리가 전개되는 어드벤처 게임이다.

코스모스 클럽
자스트
1989년 8,800엔

「천사들의 오후」와 시스템이 동일한 게임. 미소녀들뿐인 학생기숙사 '코스모스 클럽'에 들어온 주인공이 동급생 '쿠도 마나'와의 하룻밤을 꾀하는 스토리다. 하렘 풍으로 등장하는 소녀들을 손대며 본래 목적을 노리자.

데린저
자스트
1989년 8,800엔

미소녀 모델이 감금되어 있다는 익명의 조사 의뢰를 받은 사립탐정의 분투를 그린, 하드보일드와 스페셜 스토리 모드에 멀티 엔딩까지 있는 어드벤처 게임. 자동차와 골방 등의 밀실 장면이 많고 에로 신도 풍부하다.

천사들의 오후 III : 리본
자스트
1989년 8,800엔

인기 성인용 미소녀 게임의 본편 시리즈 제 3탄. 어느 학교 교사가 되어, 히로인 '오카모토 하루카'를 함락시키는 게임이다. 교사와 학생이란 배덕의 연애 관계를 그렸고, 전반적인 그래픽도 나른하고 요염한 분위기를 풍긴다.

브레이커
자스트
1989년 7,800엔
RAM 64K VRAM 128K

죽은 자에게 거짓 생명을 부여하는 악마의 약에 의해 좀비의 소굴이 된 연구소를 무대로 삼은 어드벤처 RPG. 연구소에 잠입, 약을 찾아내 사건을 해결해야 한다. 좀비들을 물리쳐 레벨 업하며 수수께끼를 풀어내자.

마이트 & 매직 : BOOK 2
스타크래프트
1989년 5월 3일 9,800엔

인기 RPG 제 2탄. 검과 마법이 좌우하는 대륙 '크론'에서 새로운 모험을 시작하자. 특징은 마우스 사용을 통한 조작성 향상과 세컨드 스킬의 채용. 세컨드 스킬 중에는 오토 매핑이나 샛길 탐색 등, 모험에 유용한 것이 많다.

로그 얼라이언스
스타크래프트
1989년 10월 20일 9,800엔

100% 마우스 조작으로 플레이하는 RPG. 던전은 3D로, 지상은 어드벤처 게임 형식으로 진행한다. 게임의 목적을 찾는 것 자체가 첫 퀘스트인 등 난이도가 높고, 던전에서는 파티를 나누는 등의 두뇌 플레이를 요구한다.

신의 성도 (聖都)
스튜디오 판사
1989년 12월 6일 9,800엔

비주얼과 연출을 중시한 하이퍼 비주얼 어드벤처 게임. 원인불명의 대이변이 일어난 2년 후, 행방불명된 애인을 찾으러 무법지대 아가르타에 온 주인공의 이야기다. 패키지 내에 작품의 주제가를 수록한 8cm CD를 동봉했다.

주 : 타이틀명 옆에 '※'가 붙어있는 게임의 스크린샷은 타 기종판입니다.

천구패 스페셜 : 도원의 연회

스튜디오 판사
1989년 12월 27일   3,600엔

「천구패」 내의 컨텐츠 '도원향 편'만을 추출해 독립시킨 소프트. 마작의 원류라고도 하는 테이블 게임으로 대전한다. 소지금이 제로가 된 여자는 벗는다는 룰이다. TAKERU 독점 오리지널 소프트로, 여자 9명이 등장한다.

천구패

스튜디오 판사
1989년   6,800엔

32개의 패로 즐기는, 고대 중국에서 전래한 테이블 게임. 플레이어 4명이 각 4개씩 패를 받아, 이를 조합하여 역의 우열에 따라 돈을 걸고 겨루는 게임이다. 돈을 거는 룰이 여럿 있어, 어떻게 거는지로 실력이 판가름 난다.

금단의 파라다이스 ※

젠류츠
1989년 9월 20일   6,800엔
RAM 64K   VRAM 128K

여성끼리의 성행위에 특화시킨 타이틀. 여성 부족이 사는 섬이 무대이며, 표류해온 주인공 '사오리'가 섬의 여왕이 되는 조건인 '여신의 사랑의 이슬'을 찾는 이야기다. 특징은, 주인공을 포함해 등장인물이 전원 여성이라는 점.

염담 역사 그림책 : 누카타노오오키미

젠류츠
1989년 12월 21일   6,800엔
RAM 64K   VRAM 128K

시리즈 최종작. 전작까지의 주인공의 친구가, 타임머신의 비밀을 알고 아스카 시대로 타임 슬립한다. 중신가의 가신이 되어, 자기 가문이 명가로 남도록 역사를 개변하는 이야기. 일본사의 대사건인 다이카 개신을 성공시키자.

염담 겐페이 쟁란기 : 이로하니호헤토

젠류츠
1989년   6,800엔
RAM 64K   VRAM 128K

역사 개변물이 아직 드물던 시대에 등장한 성인용 어드벤처 게임 '역사 그림책' 시리즈 첫 작품. 현대인인 주인공이 1169년 교토로 타임 슬립돼 겐페이 전쟁에 휘말린다는 스토리다. 요시츠네가 천하를 얻도록 하는 게 목적.

염담 도쿠가와 융성기 : 고라쿠인 ※

젠류츠
1989년   6,800엔
RAM 64K   VRAM 128K

염담(艶談) 3부작의 2번째 작품. 「이로하니호헤토」의 속편으로, 요시츠네가 세이이타이쇼군이 된 결과로 에도 시대가 단 10년 만에 끝나버렸다. 주인공은 1582년으로 타임 슬립해, 에도 막부가 300년을 가도록 역사를 수정해야 한다.

이블 스톤

젠류츠
1989년   5,800엔
RAM 64K   VRAM 128K

퍼즐 요소가 있는 어드벤처 게임. 등장하는 소녀 8명 중 왕이 원하는 소녀를 찾자. 주인공은 보석에 갇혀있어 자력으로는 이동 불가능한 게 특징이다. 8명 중 한 사람의 소유가 되어, 소녀들을 매료시켜 교우관계를 엿듣자.

사오토메 학원 입학안내

젠류츠
1989년   4,800엔
RAM 64K   VRAM 128K

186p에 게재된 「Blue Wind」의 프리퀄. UN 우주군 사관학교 '사오토메 학원'의 시설을 소개받고 간단한 모의훈련을 체험하는 게임으로, 대욕탕과 훈련실 등 소녀들의 생활을 관찰할 수 있다. 입학안내 서류도 동봉했다.

엔트퓌러 : 요정 유괴사건 ※

젠류츠
1989년   6,800엔
RAM 64K   VRAM 128K

심플한 커맨드 선택식 어드벤처 게임. 주인공이 되어, 유괴된 여고생 '히로미'를 찾자. 시나리오는 추리극 풍 애증물로서, 탐색장소 중엔 성인용 비디오 스튜디오도 있다. 힌트를 들으려면 여러 여성과 야한 일을 해야 한다.

플레이볼 III

소니
1989년 12월 21일   6,800엔
RAM 64K   VRAM 128K

MSX2의 그래픽 성능을 활용해, 백네트 쪽 시점의 플레이뿐만 아니라 센터 쪽 시점으로의 플레이도 가능한 야구 게임. 돔 구장을 비롯해 3종류의 스타디움이 준비되어 있어, 제법 본격적인 작품이다.

멤버십 골프

소니
1989년 12월 21일 7,800엔
RAM 64K VRAM 128K

스탠스, 포지션, 그립과 코스의 기복, 기후까지 설정되는 디테일한 골프 게임. 실존하는 4개 코스를 포함해 6개 코스에서 스트로크·매치·토너먼트 각 모드를 플레이할 수 있다. 캐디의 어드바이스도 참고해보자.

원령전기

소프트스튜디오 WING
1989년 6월 1일 9,800엔
VRAM 128K

심령이 테마인 호러 어드벤처 게임. 플레이어는 영능력을 얻고 만 주인공 '키타하라 히로유키'가 되어, 정보를 모으며 현세에 한을 품은 원령과 싸운다. 궁지에 몰린 인간의 어두운 면을 강조해, 잔혹하고도 무섭게 그려냈다.

마궁전

소프트스튜디오 WING
1989년 12월 22일 6,800엔
VRAM 128K

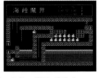

소프트스튜디오 WING의 유일한 퍼즐 게임. 사이드 뷰 화면 내의 물체를 밀고 당겨 길을 만들고 아이템을 획득한다. 세계 제일의 법력자 '홍법태자'가 되어, 마계의 제왕에게서 사람들의 바람을 이뤄주는 보옥 8개를 빼앗자.

T&E 매거진 디스크 스페셜

T&E 소프트
1989년 2,600엔

T&E 소프트 사의 홍보지가 디스크판으로 TAKERU에 등장했다. 개발비화·신작정보 등을 먼저 알려준다. 「사이 오 블레이드」·「그레이티스트 드라이버」의 오프닝, 「레이독 2」의 애니메이션 등 보너스 요소도 충실하다.

T&E 매거진 디스크 스페셜 Vol.2

T&E 소프트
1989년 6월 20일 2,600엔

신작 소프트의 특별판 등, 내용이 충실한 제 2탄. 「사이 오 블레이드」의 나고야 사투리 버전과 3D 게임 「그레이티스트 드라이버」의 2D판, 「하이드라이드 3」에 등장했던 캐릭터끼리 대전하는 게임 등을 수록했다.

언데드라인

T&E 소프트
1989년 7월 22일 6,800엔
RAM 64K VRAM 128K

세 주인공 중 하나를 골라, 총 6스테이지를 임의의 순서로 공략하는 종스크롤 슈팅 게임. 주인공은 무기나 요정을 획득하며 성장한다. 목숨제와 라이프제를 병용한 시스템, 멋진 그래픽과 사운드 등의 개성이 넘치는 명작이다.

팝 레몬

챔피언 소프트
1989년 4월 22일 6,200엔
RAM 64K VRAM 128K

미소녀 게임의 선구자가 된 명작 「페어리즈 레지던스」의 속편격 작품. 탐색형 어드벤처 게임으로, 전작에서 지낸 나날을 잊지 못한 주인공이 궁극의 에로스를 찾아 '백장미 학원'에 잠입, 보스 캐릭터를 물리친다는 내용이다.

타우히드

챔피언 소프트
1989년 4월 27일 7,200엔
RAM 64K VRAM 128K

서기 2031년 배경의 어드벤처 게임. 파괴된 유적을 촬영하던 카메라맨 오오누마 타이치가, 중동에서 만난 수수께끼의 소녀 '리즈'의 인도로 고대 세계의 열쇠를 찾는다는 스토리. 이 시대를 대표하는 뛰어난 스토리가 일품.

Misty Vol.1 ※

데이터 웨스트
1989년 10월 24일 5,000엔
VRAM 128K

옴니버스 형식의 추리 어드벤처 게임. 명탐정 '카미시로 류'가 되어, 도시에서 일어난 미스테리어스한 사건을 해결해보자. 5가지 시나리오를 수록했고, 각각 스토리가 독립돼 있다. 화면은 주로 텍스트로만 구성했다.

Misty Vol.2

데이터 웨스트
1989년 11월 24일 5,000엔
VRAM 128K

본격 추리 시리즈 제 2탄. 음악·삽화를 최소화한 텍스트 중심의 구성이 특징이다. '듣다'·'말하다' 등의 선택지를 없앤 대신, 필요한 정보는 전부 제공한다. 질문의 정답을 다 맞히면 사건이 해결되며, 다음 시나리오로 넘어간다.

HARDWARE
1983
1984
1985
1986
1987
1988
1989
1990
1991
1992
1993-
INDEX

제 4의 유닛 3 : 듀얼 타깃
데이터 웨스트
1989년 3월   7,800엔
VRAM 128K

인기 미소녀 어드벤처 게임 3번째 작품. 미소녀 생체병기 '브론윈'이 자신의 클론과 라이벌 '달지'와의 싸움에 나선다. 시리즈 전반적으로 등장인물 대부분이 미소녀라, 미소녀 게임 융성기를 불러온 계기 중 하나로도 꼽힌다.

오늘밤도 아침까지 POWERFUL 마작2 데이터집 전2권
디비 소프트
1989년 6월 28일   2,600엔
RAM 64K   VRAM 128K

151p에서 소개한 「오늘밤도 아침까지 POWERFUL 마작 2」의 추가 데이터집. '익사이트 마작' 모드 전용 데이터집이며, TAKERU로만 발매되었다. 더욱 파워업된 이가라시 나즈미를 비롯한 9명의 캐릭터가 추가된다.

시체안치장에서 저녁식사를
테크노폴리스 소프트
1989년 9월 13일   9,800엔

아카가와 지로의 같은 제목 소설을 게임화했다. 시간제한이 있는 커맨드 선택식 어드벤처 게임으로, 스토리는 풀코스 식사에 빗댄 각 장으로 구분된다. 주인공인 콘노 부부가 접하는 불가사의한 사건을, 원작 그대로 즐긴다.

슈퍼 퀴즈
도트 기획
1989년 12월 20일   6,800엔
VRAM 128K

「미국 횡단 울트라 퀴즈」와 말판놀이를 조합시킨 퀴즈 게임. 도중에 체크포인트가 있어, 여기서 이기면 에로한 그래픽이 표시된다. 플레이어에는 체력이 설정돼 있어, 도중에 아이템으로 회복도 시켜줘야 한다.

그램 캐츠
도트 기획
1989년   7,800엔
VRAM 128K

고양이 변신능력이 있는 소녀가 변사사건의 의문을 쫓는 SF 어드벤처 게임. 같은 개발사의 「펑크 삭스」에도 등장하는 '사야카'가 작품의 주인공이다. 여성간 성묘사와 고양이 시점의 야한 그래픽을 농밀한 도트로 묘사했다.

세눈박이 나가신다
나츠메
1989년 4월 20일   7,800엔
RAM 16K

테즈카 오사무의 만화를 액션 게임화했다. 주인공 '샤라쿠 호스케'를 조작해, 납치당한 와토를 구해내자. 샤라쿠는 아우라가 무기이지만, 도중 얻는 침을 조합하여 자신의 클론이나 상대의 움직임을 묶는 장치를 만들 수 있다.

팩매니아
남코
1989년 3월 28일   6,800엔
VRAM 128K

기본 룰이 「팩맨」과 동일한 액션 게임. 비스듬히 내려다보는 입체적인 시점으로 그려진 필드와, 점프가 가능한 것이 특징이다. 게임의 색채와 디자인, 스테이지 막간 데모도 알록달록하며, 가로·대각선 스크롤도 매끄럽다.

프로야구 패밀리 스타디움 : 홈런 콘테스트
남코
1989년 4월 29일   3,200엔
VRAM 128K

「프로야구 패밀리 스타디움 : 페넌트레이스」의 발매 전에 데몬스트레이션 용도로 출시한 타이틀. 모든 구단 선수들이 던지는 공을 쳐내 홈런을 노리거나, 반대로 모든 구단의 타자를 아웃시켜 막아내야 하는 작품이다.

프로야구 패밀리 스타디움 : 페넌트레이스
남코
1989년 11월 21일   7,800엔
VRAM 128K

총 21개 구단이 등장하는 야구 게임. 선바이저·블루머 차림의 여자팀 '히메잔스'는 이 작품에만 있는 레어 팀이다. 「홈런 콘테스트」와 동시 구동하면 선수 데이터가 강화되며, MSX2로 구동하면 좌우 스크롤 없이 화면전환식이 된다.

야구도
니혼 크리에이트
1989년   7,700엔

프로야구 팀 감독이 되어 우승을 노리는 야구 시뮬레이션 게임. 실존 팀이 모델인 12구단 중 하나를 골라, 다른 5개 구단과 페넌트레이스를 치른다. 게임 전개는 오프시즌 포함이며, 드래프트로 스타 후보도 지명 가능하다.

메이즈 군

니혼 텔레네트
1989년 7월　5,800엔
RAM 64K　VRAM 128K

퍼즐 게임 제작용 컨스트럭션 툴. 블록과 장애물을 설치해, 자신만의 퍼즐 게임을 제작해보자. 샘플 맵은 초급·중급·상급·프로 레벨의 각 단계별로 다수 수록했다. 되돌리기와 힌트 등의 기능도 준비돼 있다.

몽환전사 바리스 II

니혼 텔레네트
1989년 8월 5일　8,800엔
RAM 64K　VRAM 128K

「몽환전사 바리스」의 속편. 전작에서 평화를 찾은 후 잔인왕 '메가스'의 봉인이 풀려, 주인공 '유코'에 다시 악의 손길이 뻗친다는 스토리. 전우이자 죽은 친구 '레이코'의 염원으로, 그녀는 다시 몽환계로 가기로 결심한다.

원더러즈 프롬 이스

니혼팔콤
1989년 10월 20일　8,700엔
RAM 64K　VRAM 128K

「이스 I & II」의 모험에서 2년 후의 이야기를 그린 속편. 탑뷰 액션 RPG에서, 액션성이 강한 횡스크롤 RPG로 크게 변화했다. 전작에선 몸통박치기였던 전투 시스템도 이번엔 검을 휘둘러 공격하며, 점프 베기와 상단·하

▶ 원작의 세일즈포인트였던 다중 스크롤도 구현했다.

단 찌르기 등의 액션도 가능해졌다. 원작인 PC-88판보다 해상도는 낮아졌지만, 대신 색수가 늘어나 그래픽이 더욱 화사해졌다. 엔딩에는 숨겨진 스탭 롤도 따로 준비했다.

마검사 KUMIKO ※

시스템하우스 OH!
1989년 5월 25일　7,800엔

저 테즈카 오사무도 질투했다는 만화가인 우치야마 아키가 원화를 맡은 시리즈 제 2탄. 자위 도중 어떤 섬의 유적으로 워프된 '쿠미코'가, 자위에 사용했던 미꾸라지의 화신과 만난다는 스토리. 3부작 중 가장 게임다운 편.

타천사 KYOUKO ※

시스템하우스 OH!
1989년 5월 25일　7,800엔

만화가 우치야마 아키를 기용한 미소녀 게임 제 1탄. 에스퍼 타천사 '쿄코'에게 찾아온 3명의 미소녀가, 쿄코에게 야한 짓을 당한다는 내용이다. 에로 신에서는 소녀가 애니메이션과 함께 탄성을 들려준다.

미소녀 NORIKO ※

시스템하우스 OH!
1989년 5월 25일　7,800엔

우치야마 아키가 원화를 담당한 시리즈 제 3탄. 주인공 '노리코'가 악몽을 꾸고 정신과에 상담을 갔다가 의사에 희롱 당한다는 스토리. 이 시리즈는 CG를 보여주는 게 목적이라, 사실상 애니메이션+음성의 CG 모음집이다.

저질러버린 아야요 양

HARD
1989년 4월 11일　3,800엔
VRAM 128K

게임이 점차 복잡해져가던 와중, 염가에 단시간으로 엔딩까지 즐길 수 있는 타이틀로 인기였던 작품. 주인공 '아야요'가 일하는 가게에서 아이템을 구입, 이를 사용해 야한 짓을 시키는 스토리다. 물총 편, 수갑 편을 수록했다.

미소녀 컨트롤

HARD
1989년 7월 21일　6,800엔
VRAM 128K

HARD 사 최초의 슈팅 게임. '스트라이크 이글'을 조작해 친구 미소녀들을 구출하러 간다는 내용이다. 구출 성공 후 특정한 캐릭터를 쏘면, 구출한 미소녀의 야한 CG를 보여주는 보너스 요소도 있다.

다가가고파

HARD
1989년 12월 5일　6,800엔
VRAM 128K

소지금이 바닥날 때까지 데이트 상대와의 동침 완수를 노리는 어드벤처 게임. 기분이 나빠지면 바로 집에 가고, 퍼즐에 실패하면 게임 오버되는 등 전개가 스피디하다. MSX2+로 구동하면 자연화 모드로 일러스트가 나온다.

HARDWARE
1983
1984
1985
1986
1987
1988
1989
1990
1991
1992
1994
INDEX

DOLL : 패러곤 섹서돌

하트 전자산업
1989년 12월 8일　7,800엔
VRAM 128K

애니메이션 연출이 들어간 SF 어드벤처 게임. 매춘용으로 만들어진 안드로이드 '섹서돌'이 인간처럼 생활하는 시대의 이야기로, 주인공 '티나'도 그 중 하나다. 친구의 원수를 갚는, 진지한 전개의 스토리다.

더 골프

팩 인 비디오
1989년 5월　6,800엔
VRAM 128K

바람, 샷의 타점, 공의 회전, 발밑의 기울기, 코스의 고저차를 보여주는 단면도 등 디테일한 요소를 반영한 본격 골프 게임. 메인인 '토너먼트 모드'에서는 상금을 벌기 위해 도구를 갖춰 투어에 참가, 세계 제일을 노린다.

실비아나 : 사랑이 가득한 모험가

팩 인 비디오
1989년 9월 15일　7,800엔
VRAM 128K

▶ 도펠이 제시하는 난제를 클리어해야 한다.

패미컴용 게임의 이식작. 주인공 '실비아나'를 조작해, 병에 걸린 어머니를 치료할 약을 의사 '도펠'에게서 받아내자. 가볍게 즐길 수 있는 심플한 액션 RPG로, 공격도 몸통박치기식이라 간단하다. 특징은 경험치 시스템이 없고, 공격력은 검, 방어력은 방패, HP는 하트 아이템으로 올린다는 것. MSX2판은 그래픽과 사운드를 강화했으며, 캐릭터 디자인 · 원화를 애니메이터 이마자키 이츠키가 맡았다.

더 골프 : 코스 집

팩 인 비디오
1989년 12월　3,800엔
VRAM 128K

3D 시점의 멋진 그래픽으로 화제가 되었던 「더 골프」의 추가 코스를 수록하고, 유저들의 요망이 많았던 컨스트럭션 기능을 탑재해 자유롭게 코스를 레이아웃할 수 있도록 한 확장팩 형식의 타이틀이다.

라플라스의 악마

허밍버드 소프트
1989년 4월 15일　7,800엔
VRAM 128K

오컬트 테마의 RPG. 20세기 초두의 미국을 무대로, 웨더탑 저택의 수수께끼를 풀어내자. 겉보기에는 전형적인 3D 던전 탐색물이지만, 전투 시스템이 특징적이다. 괴물의 사진을 찍어두면 마을에서 돈으로 바꿀 수도 있다.

아그니의 돌

허밍버드 소프트
1989년 6월 17일　7,800엔
VRAM 128K

시간 개념을 도입한 어드벤처 게임. 미국의 대부호 케인즈의 저택에 숨겨진 심홍색 에메랄드를 찾아내자. 제한시간은 7일간. 게임 내의 모든 캐릭터는 시간에 따라 식사 · 목욕 등 자신의 생활대로 설정된 행동을 한다.

파치프로 전설

HAL 연구소
1989년 4월 22일　5,800엔

파친코 승리의 필수요건은 무엇일까? 역시 못 상태를 보는 안목부터 갖춰야 할 것이다. 하네모노 기기와 디지털 기기 등 여러 대를 게임 내의 파친코점 '데루데루' 내에서 신중하게 즐겨보자. 상급자 취향의 파친코 게임이다.

타시로 마사시의 프린세스가 한가득

HAL 연구소
1989년 5월 26일　6,800엔

탤런트 타시로 마사시가 주인공인 화면 전환식 액션 게임. 요요를 무기삼아 다양한 스테이지를 통과해, 사로잡힌 공주님 4명을 구출하는 게 목적이다. 개발 당시 공주님 역을 공모해, 오디션까지 개최했다고.

비록 참수관 : 도망업자 토베에

BIT2
1989년 5월 12일　8,800엔
RAM 64K　VRAM 128K

5대 쇼군 '도쿠가와 츠나요시'의 '살생 금지령' 탓에 고생하는 사람들을 에도에서 탈출시켜주는 '도망업자' 토베에가, 의뢰와 연관된 기괴한 사건에 휘말리는 이야기를 그린 어드벤처 게임. 역사 소재의 판타지 작품이다.

 MSX　 MSX 2　 MSX 2+　 MSX turbo R　대응 기종 아이콘

 카세트 테이프　 ROM 카트리지

HARDWARE
1983
1984
1985
1986
1987
1988
1989
1990
1991
1992
1994
INDEX

왁자지껄 페넌트레이스

빅터음악산업
1989년 8월 21일   7,800엔
VRAM 128K

야구감독 타부치 코이치가 감수한 야구 시뮬레이션 게임. 플레이어 캐릭터를 육성해 130시합의 페넌트 레이스를 제패, 일본시리즈 MVP를 노리자. 1988년 일본 프로야구 데이터 기반의 실존 선수들을 빗댄 캐릭터들이 등장한다.

소년 낚시왕 : 낚시 신선 편

빅터음악산업
1989년 4월   8,200엔
VRAM 128K

「블루 마린 편」(156p)의 속편. 낚시소년 '산페이'가 되어 '낚시 신선'에 도전하자. 총 6종류의 코스는 게임이 진행되면서 점점 복잡해진다. 공략하려면 루어 선택은 물론, 제대로 전략을 세우고 시작해야 한다.

위타천 절정남 1 : 무기코와 만나고파

패밀리 소프트
1989년 6월 15일   6,800엔
RAM 64K   VRAM 128K

대화만으로도 여자가 느끼게 된다는 '위타천 절정남'이 주인공인 어드벤처 게임. 2자리 숫자 3개를 제시해 '누구를'·'어디서'·'어떻게'로 문장을 완성해, 여자 5명을 함락시켜 패스워드를 획득, 아이돌 '무기코'와 만나는 게 목적이다.

위타천 절정남 2 : 인생의 의미

패밀리 소프트
1989년 6월 15일   6,800엔
RAM 64K   VRAM 128K

'누구를'·'어디서'·'어떻게'로 문장을 만들어 여자의 감정을 사로잡아 절정으로 이끄는 '절정남' 어드벤처 시리즈 제 2탄. 절정남이 처녀를 임신시켜 태어난 '마리아 2세'의 파란만장한 생애에 초점을 맞춘 황당무계한 스토리다.

위타천 절정남 3 : 전후 편

패밀리 소프트
1989년 7월 8일   6,800엔
RAM 64K   VRAM 128K

'절정남' 시리즈 본편의 최종작. 치안도 피해자도 절정시켜 쓰러뜨리는 기상천외한 장면으로 시작해, 패전 후의 일본을 무대로 스토리가 전개된다. 단어를 조합해 표적의 감정치를 올리는 시스템은 이전작들과 동일하다.

립스틱 어드벤처

페어리테일
1989년 5월 30일   6,800엔
VRAM 128K

엘프 사의 설립자, 히루타 마사토가 제작한 타이틀. 주인공 '아사미 고로'와 히로인 '키요사토 오토미'가 아라시야마 가의 가보 도난사건을 수사한다. 같은 제목의 에로 CG집이 원작으로, 성인용 게임의 '게임성'을 확립한 작품.

디아블로

브로더번드 재팬
1989년   6,800엔
VRAM 128K

보드에 설치된 파이프에 볼을 통과시키는 퍼즐 게임. 플레이어는 마우스로 재빨리 파이프 부품을 이동해 볼을 통과시켜, 볼이 모든 파이프를 지나가도록 해야 한다. 총 50스테이지이며, 클리어할수록 난이도가 올라간다.

판타지 III : 니카데무스의 분노

보스텍
1989년 6월 10일   9,800엔
RAM 64K   VRAM 128K

인기 시리즈 제 3탄. 새로운 모험을 찾아 방문한 스칸도르 섬에서, 니카데무스와의 최종 전투가 시작된다. 시스템은 전작을 답습했고, 전작의 캐릭터를 이어서 쓸 수 있다. 전투는 팔·다리 부위가 파괴되는 등 약간 잔혹해졌다.

하이디포스

헤르츠
1989년 7월 1일   7,800엔
VRAM 128K

▶ 게임 밸런스가 절묘해, 경쾌하게 진행된다.

수많은 무기와 기체 중에서 선택해 진행하는 횡스크롤 슈팅 게임. 플레이어의 행동으로 변화하는 스테이지, 애니메이션이 들어간 스토리 전개, 다양한 테크닉이 들어간 매끄러운 스크롤 구현은 물론, 화면 하단의 인디케이터를 표시한 상태로 상하 스크롤까지 구현하는 등, 당시 MSX2 유저들을 놀라게 한 작품. BGM을 작곡했던 요나오 케이시는 2019년으로 작곡 활동 30주년을 맞았다.

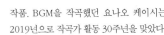
 플로피 디스크
 BEE CARD
 레이저 디스크
 VHD VHD 디스크
 메가롬 내장 게임
 파나 어뮤즈먼트 카트리지 지원 게임
 MSX-MUSIC 지원 게임
 SCC 내장 게임
175

은하영웅전설

보스텍
1989년 11월 9일　8,800엔
RAM 64K　VRAM 128K

다나카 요시키의 장편 스페이스 오페라를 게임화했다. 주인공 '라인하르트'로 은하제국군을 통솔해, 5종의 시나리오로 동맹군의 양 웬리를 격파하자. 전투신은 전부 애니메이션으로 표현했고, 함대는 도트 단위로 이동 가능하다.

은하영웅전설 : 파워 업 & 시나리오집

보스텍
1989년 12월 14일　4,800엔
RAM 64K　VRAM 128K

「은하영웅전설」의 사고 루틴을 강화하고, 최대 함대 수 증가와 시나리오 추가 등으로 플레이 편의성도 증강시켜주는 추가 세트. 시나리오도 5종 추가되고, 연표 순으로 공략하는 캠페인 모드도 탑재된다. 양 웬리도 사용 가능.

말뚝잠 류 아사다 테츠야의 A급 마작

포니 캐년
1989년 1월　5,800엔
VRAM 128K

마작사로도 마작소설가로도 활약했던 아사다 테츠야가 감수한 마작 게임. 메인 모드인 연습·대국·왕위전 외에, 「스페이스 인베이더」에서 적을 마작패로 바꾼 미니게임 '버드 슈팅 게임' 등을 수록했다.

열혈 유도

포니 캐년
1989년 3월　6,800엔
VRAM 128K

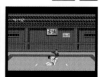

캐릭터에 성장 시스템을 도입한 유도 게임. 개성적인 캐릭터 4명 중 하나를 골라, 수행과 승단시험으로 레벨을 올려 올림픽 우승을 노리자. 시합 도중 "시작", "한판" 등의 대사가 음성합성으로 출력된다.

말라야의 비보

포니 캐년
1989년 3월　5,800엔
VRAM 128K

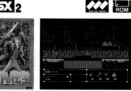

조작이 심플한 액션 어드벤처 게임. 동남아 깊숙한 곳에 있는 비경 '말라야'에서 전설의 보물을 찾아내자. 길을 가로막는 몬스터는 검 혹은 불의 마법으로 물리칠 수 있다. 몬스터를 물리치면 돈과 아이템을 얻는다.

판타지 존 II : 오파오파의 눈물

포니 캐년
1989년 5월 21일　5,800엔
VRAM 128K

세가 마크 III용 게임 「판타지 존 II」의 이식판. 전진 기지를 파괴해 돈을 획득하여 쇼핑하면서 각 스테이지를 클리어하는 횡스크롤 슈팅 게임이다. MSX2의 특수 명령어를 사용해 원활한 좌우 스크롤을 구현해냈다.

아크틱

포니 캐년
1989년 7월 21일　5,800엔
VRAM 128K

알록달록한 볼들이 레일을 타고 이동하는 퍼즐 게임. 오렌지·블루 볼을 조작해 지정된 위치까지 이동시키자. 포인트를 전환해 볼을 어디로 보낼지 컨트롤할 수 있다. 고저차, 혹은 볼끼리의 충돌로 방향이 바뀌기도 한다.

A열차로 가자

포니 캐년
1989년 8월 21일　7,800엔
VRAM 128K

아트딩크 사가 개발한 도시개발 시뮬레이션 게임. 19세기가 무대로, 대통령 관저에서 별장까지를 대륙횡단철도로 연결해야 한다. 주어지는 기간은 1년간. 무작정 건설하면 자금난에 빠지니, 수익이 날 만한 노선부터 짜자.

울티마 I

포니 캐년
1989년 9월 21일　6,800엔
VRAM 128K

'로드 브리티시'로 유명한 리처드 개리엇이 제작한, 리얼타임 RPG의 효시. 용사가 되어, 소사리아에 재앙을 불러온 마술사 '몬데인'을 토벌하자. 작품세계는 지상부터 우주까지 방대하며, 타임머신으로 시간까지도 이동한다.

울티마 II

포니 캐년
1989년 9월　7,800엔
VRAM 128K

1987년 발매했던 「울티마 IV」이전의 작품 중 하나. 전면 핵전쟁으로 멸망한 지구를 구하러, 여러 시대와 태양계를 순회하며 마녀 '미넥스'를 타도해야 한다. 시스템은 전작을 계승했고, 다이내믹한 전개를 맛볼 수 있다.

  대응 기종 아이콘　　 카세트 테이프　 ROM 카트리지

포키

포니테일 소프트
1989년 8월 11일 6,800엔
VRAM 128K

MSX 2
LJ 200

▶ 미소녀 게임 초기의 명작으로도 유명하다.

귀여운 미소녀가 다수 등장하는 코미디 풍 커맨드 선택식 어드벤처 게임. 당시엔 여자 캐릭터를 제일 매력적으로 그린 작품이었다. 사립 포키 학원을 무대로, 교장이 개최한 '남자 선발 여자팬티 쟁탈대회'를 우승하자, 교장이

지정한 팬티를 입은 여학생 3명을 찾아내면, 이후 숙제가 완전 면제되고 양호실의 사

유리 선생이 밤 상대를 해준다. 라이트한 첫 인상과 달리 초고난이도이기로도 유명하다.

멜론 소다

본드 소프트
1989년 6,800엔
RAM 64K VRAM 128K

MSX 2
LJ 200

"위험한 성(性)량음료"를 표방한 에로 미소녀 어드벤처 게임. 금단의 주스의 힘으로 여자의 몸을 마음껏 탐해보자. 이벤트 CG는 44장을 수록했다. 하지만,

게임 진행 도중 함정에 빠지면 아무 것도 보지 못하고 끝나버린다.

What's Michael?

마이크로캐빈
1989년 5월 18일 7,800엔
VRAM 128K

MSX 2
LJ 200 ♪

고바야시 마코토 원작의 인기 만화를 어드벤처 게임화했다. 오오바야시 가의 고양이 '마이클'이 되어 아내 '포포'를 찾아보자. 무대는 맨션에서 거리로 넓어

지며, 원작처럼 다른 집의 묘주들도 나온다. 마이클의 행동을 즐겨보자.

슈퍼 대전략 맵 컬렉션

마이크로캐빈
1989년 9월 22일 3,800엔
VRAM 128K

MSX 2
LJ 200

1988년 발매된 「슈퍼 대전략」에 신규 요소를 추가시켜 주는 확장팩. 북극해가 중심인 맵, 이란·이라크 간 국경을 클로스업한 맵 등 30종류를 수록했다. 추가로 16종류의 신규 생산 타입도 편집할 수 있다.

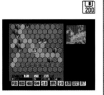

창고지기 퍼펙트

마이크로캐빈
1989년 11월 20일 6,800엔
VRAM 128K

MSX 2
LJ 200 ♪

대히트 퍼즐 게임 「창고지기」가 리뉴얼되어, 새로운 업그레이드로 재등장했다. 룰은 동일하지만 수록 스테이지가 300개 이상이며, 유저가 자유롭게 스테이지를 제작할 수 있는 '컨스트럭션' 기능도 탑재했다.

사크

마이크로캐빈
1989년 12월 7일 8,800엔
VRAM 128K

MSX 2
S-RAM LJ 200 ♪

마이크로캐빈 사의 인기 작품 「사크(Xak)」의 MSX2판. 주인공 '라토크'가 국왕의 명으로 악의 화신 '바두'를 정벌하기 위해 여행한다는 스토리다. 탐방형 4방향 스크롤 롤플레잉 게임이며, 뛰어난 그래픽으로 필드의 입체감

▶ 오프닝 곡은 MSX2판 오리지널이다!

과 고저차를 표현했고 FM 음원으로 중후한 사운드를 연주해내 매우 호평을 받았다. 여

러 기종판중에서도 최고봉의 완성도를 자랑해, 많은 팬들에게 사랑받았던 작품이다.

파이널 판타지

마이크로캐빈
1989년 12월 22일 7,800엔
VRAM 128K

MSX 2
LJ 200 ♪

▶ 「드래곤 퀘스트」와 비견되는 명작 RPG.

패밀리 컴퓨터용으로 스퀘어 사가 내놓은 대히트 RPG를 마이크로캐빈 사가 이식한 작품. 원작보다 2년 늦게 발매되었지만, FM·PSG 음원을 동시 사용한 BGM이 매우 훌륭해 호평받았다. 화면의 표시영역을 좁혔기 때문에 가장

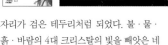

자리가 검은 테두리처럼 되었다. 불·물·흙·바람의 4대 크리스탈의 빛을 빼앗은 네

마리의 카오스를 물리치고 세계에 평화를 되돌리기 위해, 빛의 전사 4명이 모험한다.

HARDWARE 1983 1984 1985 1986 1987 1988 1989 1990 1991 1992 1993- INDEX

아웃로 수호지

마이크로네트
1989년 12월 23일   8,800엔
VRAM 128K

마을 간의 분쟁을 그린 시뮬레이션 게임. 「조폭 땅따먹기」의 속편이며, 스토리는 총 4부 구성이다. 코믹한 분위기이나, 마을 사람들이 해머나 프라이팬을 들고 난동을 피운다. 실시간 진행이지만 일시중단도 가능하다.

조폭 땅따먹기

마이크로네트
1989년   6,800엔
VRAM 128K

조직폭력단의 조직원이 되어 자기 파의 세력권을 지키고 키워가는 시뮬레이션 게임. '인원' 커맨드로 조직원을 불리고 '출진'으로 분쟁을 일으키며, '업소'로 수입원이 될 가게를 건설한다. 돈과 머릿수가 만사의 우선인 게임.

탄바

마이크로네트
1989년   6,800엔
VRAM 128K

영계(靈界)와 윤회전생이 테마인 테이블 게임. 주사위를 굴려 칸을 전진해, 다양한 생물로 전생하며 골로 향하자. 독자적인 룰을 채용해, 전생에 법칙성이 있거나 심리전도 필요한 등, 제법 만만치 않은 게임이다.

건십

마이크로프로즈 재팬
1989년 11월 22일   9,800엔
VRAM 128K

실존하는 군용헬기 'AH-64A 아파치'의 조작을 재현한 플라이트 시뮬레이터. 훈련 모드로 조작을 마스터한 후 자신이 소속될 부대를 선택하자. 미국·중동·동남아·서유럽의 각 지역에 난이도별로 여러 임무를 준비했다.

프로의 바둑 파트 2

마이티 마이컴 시스템
1989년 2월   9,800엔
VRAM 128K

프로 기사에게서 배우는 바둑 소프트. 「이연성 PART 3 : 프로의 바둑」(160p)의 속편으로, 2급부터 3단까지가 목표인 상급자 대상으로 제작했다. 프로의 대국과 공격법 외에, 칸사이 기원의 실력 인정용 문제도 수록했다.

J.B.해럴드의 사건수첩 #4 : D.C. 커넥션

리버힐 소프트
1989년 7월 28일   8,800엔
VRAM 128K

인기 시리즈 제 4탄. 경찰서장 피살사건을 맡아, J.B.해럴드가 수사에 착수한다. 무대인 워싱턴 D.C는 해럴드에게는 죽은 아내와의 추억이 어린 도시다. 미행과 인물 조사 등의 신규 요소도 도입해, 시리즈 최대급 볼륨이다.

피치 업 창간호

모모노키 하우스
1989년 11월 25일   3,800엔
VRAM 128K

▶ MSX를 대표하는 디스크 매거진의 제 1탄.

간편하게 탈의 그래픽을 볼 수 있는 게임과 신작 정보를 수록한 염가형 디스크 매거진. 제작사는 컴파일 사의 별도 브랜드였던 모모노키 하우스다. 제 1호의 수록작은 어드벤처 게임 '트러블 파트너 제도대작전'과 스피드 퀴즈 게임 '모모노키 하우스 피치 클럽 : 세계일주 퀴즈 편'. 신작 정보에서는 엘프 사의 「펑키 퐁키」와 컴퓨터 브레인 사의 「텔레폰 클럽 스토리」를 다루었다.

류큐

로그인 소프트
1989년 8월 8일   4,800엔

트럼프 카드를 이용하는 퍼즐 게임. 가로 5칸×세로 5칸의 총 25칸 내에 가로·세로·대각선으로 포커 패를 맞추어, 일정 점수를 달성하면 스테이지 클리어다. 조커 역할인 '류큐 카드'를 어떻게 쓰느냐로 전개가 바뀐다.

레이저파이트!

로그인 소프트
1989년   2,000엔
RAM 32K

잡지 '로그인'에서 개최한 소프트 콘테스트 수상작인 슈팅 게임. 캡슐을 모아 여러 파워 업 아이템을 획득해 스테이지를 공략하자. 플레이어를 따라다니는 옵션이나 반사 레이저 등, 슈팅 팬이 좋아할 장비가 가득하다.

     대응 기종 아이콘   카세트 테이프   ROM 카트리지

1990

MSX GAME SOFTWARE CATALOGUE

1990년에 발매된 게임은 총 129개 타이틀로서, 수치상으로는 전년 대비로 약간 감소했을 뿐이나 실은 그중 20% 정도가 디스크 매거진이었기에, 일본 MSX 시장의 쇠퇴가 피부로 느껴질 정도였다. 또한 아스키가 이 해에 MSX 최후의 규격 'MSX turboR'을 발표하였고, 파나소닉은 FS-A1ST를 발매했다.

이시도 [石道]
아스키
1990년 6월 1일   7,800엔

「상하이」의 원작자, 브로디 로커드가 제작에 참가한 퍼즐 게임. 96칸짜리 보드 위에 6색·6종류의 무늬가 새겨진 돌 72개를 모두 놓는 데 성공하면 클리어. 색 혹은 무늬가 같은 돌에 인접한 위치에만 놓을 수 있다.

위저드리 III : 릴가민의 유산
아스키
1990년 12월 14일   9,800엔
RAM 64K   VRAM 128K

인기 RPG 시리즈 제 3탄. 두 전작과 달리, 던전이 아래로 내려가는 식이 아니라 위를 향해 올라가는 식이다. 전설의 용 '엘케브레스'가 지키는 신비의 구슬을 찾자. 초반의 전투 경험치가 적어, 레벨 올리기가 어렵기로도 유명.

플리트 커맨더 II : 황혼의 해역
아스키
1990년 12월 14일   9,800엔
VRAM 128K

해전이 테마인 시뮬레이션 게임. 프로톤 제국의 사령관이 되어 적인 아르곤 연합국 함대를 처부수자. 시나리오·캠페인 모드가 있으며, 캠페인에서는 야마토·이세 등 실존했던 일본 군함이 모티브인 유닛이 등장한다.

위험한 텐구 전설
앨리스 소프트
1990년 2월   5,800엔
RAM 64K   VRAM 128K

수학여행 와중의 즐거운 분위기를 체험하는 어드벤처 게임. 수학여행 중 차례로 소녀들이 습격받는 사건을 해결하러, 주인공과 반 친구가 활약한다는 스토리다. 소녀들의 대사와 반응이 익살스러워, 가볍고 재미있는 작품.

D.P.S.
앨리스 소프트
1990년 4월 15일   5,800엔
RAM 64K   VRAM 128K

장편 어드벤처가 주류였던 시대에, 염가로 여러 스토리를 즐기는 작품이란 컨셉으로 등장하여 옴니버스식 어드벤처의 선구자가 된 시리즈의 첫 작품. '프린세스 판타지'·'누가 뭐래도 연예인'·'위험해!! 내과검진'을 수록.

크레센트 문 걸
앨리스 소프트
1990년   5,800엔
RAM 64K   VRAM 128K

에로 신이 많은 게 특징인 커맨드 선택식 어드벤처 게임. 마녀를 분노시켜 인간이 돼버린 고양이 '미이'가 원래대로 되기까지의 이야기다. 소녀들의 옷을 벗겨 초승달 모양의 반점을 찾자. 소녀 10명 이상의 에로 신을 수록했다.

D.P.S. SG
앨리스 소프트
1990년 12월 15일   6,800엔
RAM 64K   VRAM 128K

▶ '노부나가의 음봉' 외 2작품을 수록했다.

단편 옴니버스 시리즈의 2번째 작품. 이 시리즈는 '꿈속에서 하고 싶은 일을 마음껏'이란 컨셉을 내걸고, 꿈을 조작하는 장치 '드림 프로그램 시스템'을 통해 독립된 스토리를 꿈으로 체험한다는 설정이다. 한 스토리 당 2가지 패턴을 준비해, 이야기에 깊이를 더했다. 시스템 디스크는 시리즈 공통이므로, 시스템 디스크만 있으면 같은 시리즈의 타 작품을 싸게 살 수 있다는 것도 큰 특징이었다.

핑크 삭스 2

웬디 매거진
1990년 3월 3일   2,800엔
VRAM 128K

이번 호의 핑크 삭스 걸즈 소개는 사야카 편. 이전 호에서는 게임 클리어 시 나왔던 4컷만화 '도시도시 훈도시'가 단독 코너화되었고, 에로한 그림을 보기 위해 트럼프 게임 '스피드'를 즐기는 '깨뜨려봐 퐁' 등을 추가했다.

핑크 삭스 3

웬디 매거진
1990년 7월 17일   2,800엔
VRAM 128K

이번 호의 핑크 삭스 걸즈 소개는 유카 편. 창간호의 '여자기숙사 프라이빗 룸'이 게임 컨텐츠와 관리인을 리뷰얼해 '여자기숙사 만쟈라 : 열쇠구멍 엿보기'로 재등장했고, RPG 'GALNA DADA'의 오프닝 등을 수록했다.

핑크 삭스 1·2·3

웬디 매거진
1990년 7월 17일   7,800엔
VRAM 128K

웬디 매거진(도트 기획)이 내놓았던 디스크 매거진 「핑크 삭스」의 창간호부터 3호까지, 총 3개호를 합본 패키지화한 타이틀. 각권을 별도 구매할 때보다 수백 엔쯤 저렴한 가격으로 정가를 매겼다.

슈퍼 핑크 삭스

웬디 매거진
1990년 12월 15일   4,800엔
VRAM 128K

시리즈의 번외편. 3호에서는 오프닝만 수록했던 RPG 'GALNA DADA'와, 핑크 삭스 걸즈의 마나미가 악의 비밀결사와 싸우는 어드벤처 게임 '마나미의 어디까지 가는 거야?'를 수록했다. 게임 수는 적지만 볼륨은 푸짐하다.

아쿠슈 : 아지랑이의 시대를 넘어

울프 팀
1990년 2월 24일   6,800엔
RAM 64K   VRAM 128K

▶ 주인공 2명의 티격태격이 재미있는 작품이다.

울프 팀 사가 자사 작품을 직접 패러디한 어드벤처 게임. 「아쿠스」에 등장하는 '제다'와 '픽토' 두 사람이 주인공이며, 각 작품의 세계를 돌며 동료를 모은다는 스토리다. 잡지 '마이컴 BASIC 매거진'의 홍보지면에 연재했던 4컷 만화가 원작으로, 「아쿠스」 시리즈뿐만 아니라 「미드가르츠」·「파이널 존」의 캐릭터들이 SD화되어 등장한다. 전체적으로 한가롭고 코믹한 분위기의 작품이다.

BLOCKIN

MSX 매거진
1990년   2,000엔
VRAM 128K

'MSX 매거진' 소프트웨어 콘테스트 3위 입선작품. 화면 중앙의 블록을 회전시켜, 바깥쪽부터 같은 색깔의 블록을 맞춰 없애나가는 퍼즐 게임. 총 10라운드이며, 풋내기 모드와 달인 모드의 2종류가 있다.

IGUSTA

MSX 매거진
1990년   2,000엔
VRAM 128K

MSX 매거진의 자매지인 '로그인'에 게재된 후 상품화된 퍼즐 게임을 MSX2로 이식했다. 같은 색 블록을 2개 이상 연속하여 가로로 붙이면 없앨 수 있다. 한 번에 없애는 블록 수가 많을수록 고득점이 나온다.

슈퍼 지올로그

MSX 매거진
1990년   2,000엔

슈팅 게임 개발용 툴인 「요시다 건설」로 제작한 게임으로, MSX 매거진 콘테스트 우수상을 수상한 바 있는 작품. 디테일하게 잘 다듬어낸 그래픽이 훌륭하며, 보기 편하도록 컬러를 잘 사용해 호평받았다.

전국 말몰이 상경

MSX 매거진
1990년   2,000엔
VRAM 128K

보드 게임 제작용 툴 「스고하치」를 사용해 제작한 작품. MSX 매거진의 콘테스트에서 우수상을 수상했다. 도호쿠 지방의 한 다이묘가 되어, 병사 5,000명을 인솔하여 수도 교토를 향해 상경한다는 스토리의 게임이다.

 대응 기종 아이콘   카세트 테이프   ROM 카트리지

Devil Hunter : 제물의 마경
MSX 매거진 1990년 2,000엔
RAM 32K

MSX 매거진 소프트웨어 콘테스트 2위 입선작이자, 준 호리이 상도 수상한 RPG. 디테일하게 그린 적 캐릭터로 호평받았다. 누군가에게 납치당해버린 주인공의 여자친구와, 유괴당한 왕의 딸을 찾으러 모험에 나선다.

TWINKLE STAR : 별의 마법사
MSX 매거진 1990년 2,000엔

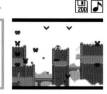

「요시다 건설」로 제작하여, MSX 매거진의 콘테스트에서 우수작을 수상한 슈팅 게임. 코스모 왕국의 왕자 '마티'가 주인공으로 활약하는 판타지 세계관은 물론, 캐릭터 디자인과 그래픽이 실로 독창적이다.

드래곤 나이트
엘프
1990년 1월 19일 6,800엔
VRAM 128K

3D 던전을 모험하는 RPG. 여성뿐인 나라 '스트로베리 필즈'를 구하기 위해, 유랑 검사 '야마토타케루'가 드래곤 나이트와의 싸움에 도전한다는 스토리다. 특징은 전투에서 몬스터를 이기면 잡힌 미소녀들이 해방되고, 그 보상으로

▶ 일본 미소녀 게임 업계를 대전환시킨 작품.

야한 그래픽이 표시된다는 것. 정교하게 그린 애니메이션 풍 그래픽이 당시로서는

발군의 퀄리티라, 팬들의 마음을 사로잡고 미소녀 게임의 인지도도 크게 끌어올렸다.

FOXY
엘프
1990년 5월 17일 6,800엔
VRAM 128K

진행의 보상으로 야한 그래픽을 보여주는 전술 시뮬레이션 게임. 서기 2001년의 NEO-TOKYO를 무대로, 폭주한 컴퓨터 'FOXY'와 싸운다는 스토리. 맵을 공략 성공할 때마다 사용 가능한 유닛이 늘어난다.

DE·JA
엘프
1990년 8월 10일 6,800엔
VRAM 128K

정교하게 그린 미소녀와 야한 그래픽이 특징인 커맨드 선택식 어드벤처 게임. 젊은 고고학자 하츠시바 류스케가 되어, 기묘한 꿈을 꾸게 한다는 신비의 지팡이의 비밀을 풀자. 소녀의 풍부한 리액션과 치밀한 시나리오가 특징.

전뇌학원 시나리오 1
가이낙스
1990년 5월 25일 8,800엔
RAM 64K VRAM 128K

퀴즈 정답을 맞히면 소녀가 옷을 벗는 탈의 게임. 전뇌학원 학생이 되어 강사 3명과 대결하자. 전원을 벗기면 '전뇌박사' 칭호를 받는다. 당시엔 파격적이었던 헤어누드 묘사 때문인지, 후일 한 지자체가 유해도서로 지정하기도.

전뇌학원 시나리오 2 : 하이웨이 버스터!!
가이낙스
1990년 9월 21일 8,800엔
RAM 64K VRAM 128K

「시나리오 1」의 속편. 거리에서 퀴즈로 대결해 패배자를 사고로 몰아넣는 '하이웨이 버스터'를 찾자. 캐릭터 디자인에 인기 작가 키쿠치 미치타카·아키타카 미카·신다 마네를 기용. 소녀 3명이 나오며, 교통 관련 문제가 많다.

전뇌학원 시나리오 3 : 톱을 노려라!
가이낙스
1990년 11월 20일 8,800엔
RAM 64K VRAM 128K

같은 제목의 OVA가 원작인 탈의 퍼즐 게임. 원작의 등장 캐릭터인 노리코·카즈미·융 3명이, 애니메이션판 스탭이 직접 제작한 미려한 그래픽으로 옷을 벗는다. 스토리는 신형 결전병기 '그레이트 건버스터'의 파일럿을 정하기

▶ OVA 스탭들이 제작한 탈의 퀴즈 게임.

위해 3명이 퀴즈로 대결한다는 것. 안노 히데아키와 쿠보오카 토시유키 등의 원작 핵

심 스탭들이 참여를 꺼려기는커녕 오히려 한층 더 에로한 게임이 되도록 도와줬다고.

캔캔 버니 수페리오르

칵테일 소프트
1990년 7월 11일 6,800엔
RAM 64K VRAM 128K

3종의 소프트를 수록한 미소녀 어드벤처 게임. 등장하는 미소녀 12명을 잘 꼬셔 함께 자는 것이 목적이다. 수록작은 '제복 걸즈 문문'·'여대생 곱빼기'·'세일러복 저녁노을'로, 초반 설정에 따라 공략법이 미묘하게 바뀐다.

맑음 후 대소동!

칵테일 소프트
1990년 8월 25일 5,800엔
RAM 64K VRAM 128K

커맨드 선택식 미소녀 어드벤처 게임. 학생회장이 되어 교장의 의뢰를 받아, 학교를 소란스럽게 하는 유령 소동을 해결하자. 완성도 있는 스토리와 귀여운 소녀가 매력인 타이틀이다. 에로 신은 후반에 집중적으로 나온다.

세계에서 네가 제일 좋아!

칵테일 소프트
1990년 10월 5일 5,800엔
VRAM 128K

연예계의 내막을 그린 코믹 터치의 미소녀 어드벤처 게임. 주인공인 연예기자가 되어 아이돌을 구해낸다는 스토리다. 경쾌한 대사와 적절한 템포가 특징인 타이틀로, 초반의 플래그 세팅이 까다롭지만 후반은 막힘없이 진행된다.

세일러복 전사 페리스

칵테일 소프트
1990년 6,800엔
RAM 64K VRAM 128K

세일러복 미소녀가 활약하는 슈팅 게임. 여고생 '페리스'가 컴뱃 슈츠 차림으로 싸운다는 스토리다. 적을 물리쳐 돈을 벌어, 페리스를 파워 업시키자. 스테이지가 진행되면 피격 시 페리스의 노출도가 올라간다.

팰러메데스

GA무 / HOT·B
1990년 12월 8일 4,900엔
VRAM 128K

No IMAGE

패미컴 등으로도 발매된 퍼즐 게임. 떨어지는 주사위 눈과 같은 눈끼리 붙이면 사라지는 룰이다. 사라진 주사위 눈을 정렬해 특정 배열을 만들면 최대 5라인까지 한번에 지워진다. 2P 대전 시엔 라인 보내기도 가능하다.

크림즌 III

크리스탈소프트
1990년 7월 28일 8,700엔
VRAM 128K

인기 시리즈 제 3탄. 전형적인 시스템이라 즐기기 쉬운 RPG다. 초기계생명체 '크림즌'으로부터 두 대륙과 지하세계·해저세계를 지켜내자. 전작과 동일하게 멀티 시나리오 링크 방식을 채용해, 동료들의 배경을 깊이 파고든다.

이미테이션은 사랑을 하지 못한다

그레이트
1990년 2월 6,800엔
VRAM 128K

진지한 스토리의 성인용 사이버펑크 어드벤처 게임. 절멸 위기의 인류 구제를 위해 만들어진 이미테이션 우먼을 사냥하기 위해, 주인공 '헌터 D'가 처리에 나선다. 전체적으로 다크한 분위기가 풍기는 시나리오로 호평받았다.

트와일라이트 존 IV 특별편

그레이트
1990년 6월 28일 7,800엔
VRAM 128K

미소녀 RPG 시리즈의 4번째 작품. 전작과는 연관성이 없고, 시스템도 2D 필드식으로 변화했다. 지구가 외계인들의 침략을 받았는데 외계인은 모두 미소녀 모습이고, 남성의 정액이 약점이다. 전반적으로 개그 풍이 강하다.

DOKIDOKI 카드 리그

그레이트
1990년 7월 21일 5,800엔
VRAM 128K

야구를 테마로 삼은 탈의성 카드 게임. 구종과 타구력, 수비력, 주력 등의 능력치가 설정된 카드를 구사해 상대 팀과 싸우자. 시스템이 심플하지만, 이것이 후일 이 회사의 대표작이 되는「레슬 엔젤스」로 이어진다.

메르헨 파라다이스

그레이트
1990년 10월 11일 6,800엔
VRAM 128K

백설공주·빨간 두건·신데렐라 등의 유명 동화가 모티브인 미소녀 어드벤처 게임. 어느 날 토관을 엿보다 이세계로 워프된 주인공에게 백설공주가 대마왕 퇴치를 의뢰한다. 등장 캐릭터가 전부 성에 적극적이며, 분위기가 밝다.

     대응 기종 아이콘

카세트 테이프 ROM 카트리지

내비튠 : 드래곤 항해기

코가도 스튜디오
1990년 3월 23일   8,800엔
VRAM 128K

드래곤과 바다가 테마인 해양 RPG. 주인공인 소년 '액티'를 조작해, 4곳의 해역을 여행하며 매 '페르세스'와 함께 드래곤을 알에서 부화시켜 키우자. 갓 태어난 드래곤은 무력하지만, 이후 비행과 화염방사를 배우면 강해진다.

마정전기 라 발뢰르

코가도 스튜디오
1990년 5월 18일   8,800엔
VRAM 128K

마법을 획득하는 방법이 독특한 판타지 RPG. 사악한 마법사의 세계정복을 저지하기 위해, 두 개의 라자늠 대결정을 모으자. 마법은 5명의 마법사들로부터 하나씩 배울 수 있다. 얻는 마법은 수행 내용에 따라 달라진다.

슈바르츠실트 II : 제국의 배신

코가도 스튜디오
1990년 6월 28일   9,800엔
VRAM 128K

1989년 발매되었던 전작 (165p)을 정통 진화시킨 타이틀. 전작의 4년 후를 무대로, 신 왕국 오라클룸의 황태자가 되어 새로운 성간전쟁을 헤쳐 나가자. 전작의 시스템이 기반이지만, 전함 종류가 대 함대전용과 행성 공략용

▶ 전작을 드라마틱하게 진화시킨 작품이다.

2종류로 나뉘었다. 후일 여러 가정용 게임기로 발매된 「슈퍼 슈바르츠실트」는 이 작품이 원작이다. 전작 클리어 시 표시되는 패스워드가 있으면 초반 공략이 쉬워진다.

에메랄드 드래곤

글로디아
1990년 12월 26일   8,800엔
VRAM 128K

 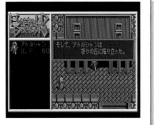

반전을 거듭하는 스토리와 캐릭터들의 개성을 전면에 내세운 RPG. 키무라 아키히로가 디자인한 매력적인 캐릭터를 비롯해, 이벤트 신 등 도처에 애니메이션을 의식한 연출을 시도했다. 블루 드래곤 '아틀샨'이 되어, 마왕 가

▶ 스토리를 중시한, 왕도적인 구성의 RPG.

르시아가 이끄는 마군과 싸우자. 시스템 상 레벨 업은 주인공과 히로인에게만 적용되고, 파티 멤버들이 이야기 전개에 따라 빈번히 교체되는 등, 스토리를 중시해 제작했다.

삼국지 II

코에이
1990년 4월 14일   14,800엔
RAM 64K   VRAM 128K

1986년에 발매된 「삼국지」의 속편. 6가지 시나리오 중 하나를 골라, 선호하는 군주로 41개 지역으로 분할된 중국을 통일하자. 매월의 커맨드를 도시 단위에서 무장 단위로 변경했고, '신군주' 등의 신규 요소도 추가했다.

대항해시대

코에이
1990년 9월 11일   11,800엔
RAM 64K   VRAM 128K

RPG와 시뮬레이션을 융합시킨 '리코에이션 게임' 시리즈 중 하나. 포르투갈의 몰락 귀족 '레온 페레로'가 되어, 배를 타고 모험과 교역은 물론 해전까지 처러 명성을 올려, 잃어버린 작위를 되찾아야 한다.

랑프뢰르

코에이
1990년 12월 15일   11,800엔
RAM 64K   VRAM 128K

18세기 말부터 19세기 전반의 유럽이 무대인 역사 시뮬레이션 게임. 프랑스의 영웅 나폴레옹이 되어 유럽 통일을 노리자. 외교를 구사해 적을 압박하는 독특한 스타일의 게임으로, 전술 역시 대포 중심의 장거리 공격 위주다.

디스크 스테이션 9호 / 디스크 스테이션 2월호

컴파일
1990년 1월 9일   1,940엔
VRAM 128K

매 호마다 신작 데모와 체험판을 수록해 유저들의 기대를 채워준 이 시리즈. 이번 호에는 「은하영웅전설」·「전뇌학원」의 데모를 비롯해, 「알레스터 2」의 7 스테이지를 개조하고 신곡을 넣은 체험판을 전호에 이어 수록했다.

쿼스

코나미
1990년 3월 9일 5,800엔
RAM 64K VRAM 128K

MSX2 SCC ROM

▶ 코나미만의 SCC로 연주한 BGM도 꼭 들어보자.

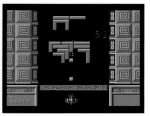

당시 일본 게임센터에서 '전대미문의 슈팅 퍼즐'이란 캐치프레이즈로 인기를 얻었던 「쿼스」의 이식작. 화면 상단에서 블록이 내려오며, 여기에 플레이어 기체인 포대가 블록조각을 발사해 빈 부분을 채워 사각형을 만들면 주변 블록까지 없앨 수 있다. 화면 맨 아래까지 블록이 도달하면 게임 오버. 무수히 떨어지는 블록들을 차근차근 메워 없애는, 상쾌함이 넘치는 퍼즐 게임이다.

SD 스내처

코나미
1990년 4월 27일 9,800엔
RAM 64K VRAM 128K

MSX2 SCC

▶ 미완의 명작 어드벤처 게임을 제대로 완결된 작품.

1988년 발매된 「스내처」의 리메이크판. 캐릭터를 SD화했고 시스템도 RPG로 변경했다. 첫인상과 달리, 스토리는 진지한 전개의 연속. 전투신은 원작처럼 공격부위를 선택하는 방식이며, 무기도 여러 종류 중 선택 가능하다. 최대의 특징은, 종반에서 스토리의 핵심에 근접한 캐릭터가 사건의 배경을 이야기해주는 장면의 존재다. 코지마 히데오 감독은 '기획 서포트'로 이 작품의 제작에도 참가했다.

메탈기어 2 : 솔리드 스네이크

코나미
1990년 7월 20일 7,800엔
RAM 64K VRAM 128K

MSX2 SCC ROM

▶ 코나미가 내놓은 MSX소프트의 집대성.

1987년 발매된 「메탈기어」의 속편. 코나미가 발매한 마지막 MSX2 타이틀이기도 하다. 전설의 영웅 '솔리드 스네이크'를 조작해 군사국가 잔지바랜드에 잠입, 마르프 박사를 구출하자. '앉기'와 '포복'을 구사해 은신하며 전진하는 '스텔스 액션' 장르의 개척자로, 액션·그래픽·BGM 등 모든 면에서 전작보다 진화했다. 지금까지 이어지는 「메탈기어」 시리즈의 기본을 확립시킨 작품이다.

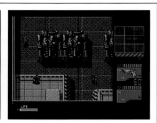

디스크 스테이션 10호 / 디스크 스테이션 3월호

컴파일
1990년 2월 8일 1,940엔
VRAM 128K

MSX2

졸업 시즌을 맞이해 오프닝 타이틀에 졸업증을 받은 여학생을 등장시킨, 이제는 친숙한 「디스크 스테이션」의 3월호. 이번 호는 '과거의 명작을 즐겨보자!' 라는 취지로서 「크루세이더」(106p)를 수록했다.

디스크 스테이션 11호 / 디스크 스테이션 4월호

컴파일
1990년 3월 9일 1,940엔
VRAM 128K

MSX2

입학 시즌을 맞이한 이번 호의 표지는 요상한 차림으로 란도셀을 멘 소년의 그림을 싣는 등, 매호의 오프닝에도 계절감을 가미했다. 수록 타이틀 중에는 추리 어드벤처 게임의 명작 「Misty」의 체험판도 있다.

디스크 스테이션 12호 / 디스크 스테이션 5월호

컴파일
1990년 4월 10일 1,940엔
VRAM 128K

MSX2

월간화 이후 벌써 1년이나 정례 발매되어 온 「디스크 스테이션」. 이번 호는 코나미의 명작 퍼즐 액션 게임 「쿼스」의 체험판을 수록했다. 체험판이긴 하나 고난이도 스테이지를 수록해, 제품판의 기대를 높여주었다.

디스크 스테이션 디럭스 1호 : 룬 마스터 II

컴파일
1990년 4월 20일 3,880엔
VRAM 128K

MSX2

디스크 스테이션 특별편격으로서, 이 호에는 말판놀이 요소를 도입한 RPG 「룬 마스터 II」를 수록했다. 전투 신에서도 말판놀이처럼 주사위로 운명을 결정하므로, 일반적인 RPG의 철칙이 통하지 않아서 재미있다.

 MSX   MSX2 MSX2+ MSXturboR 대응 기종 아이콘

🎞 카세트 테이프 ROM 카트리지

디스크 스테이션 13호 / 디스크 스테이션 6월호

컴파일
1990년 5월 10일   1,940엔
VRAM 128K

이번 호는 컴파일 사 기대의 신작 「마도 이야기 1-2-3」('1번가 2번지 3호'로 읽는다)의 프로모션 영상 '마도 이야기 타랑'을 수록했다. 메뉴에 '마이클 잭슨도 깜짝!'이라고 적어놓는 익살도 부렸다.

디스크 스테이션 14호 / 디스크 스테이션 7월호

컴파일
1990년 6월 8일   1,940엔
VRAM 128K

14호는 '7월호'이기도 해서 오프닝 그래픽에 수영복 소녀들이 등장했다. 이전 호에 이어 「마도 이야기 1-2-3」의 데모가 수록되어 있어, 개그가 가득한 RPG임을 체험판만 즐겨 봐도 알 수 있도록 했다.

마도 이야기 1-2-3

컴파일
1990년 6월 20일   8,800엔
VRAM 128K

▶ 아르르의 유년기 등, 3가지 에피소드를 수록.

컴파일 사의 인기 작품 「마도 이야기」 시리즈의 첫 작품으로, 타이틀명의 '1-2-3'은 일본의 주소 번지수 읽는 법대로 '1번가 2번지 3호'라는 개그이며, 에피소드 1~3까지 세 작품을 수록했다는 의미가 된다. 소녀 마도사(이때는 '아르르'란 이름이 없었다)가 주인공인 던전 탐색형 RPG로, 세이브 데이터 인계를 비롯해 오토 매핑 기능 등도 완비하여, 세 에피소드를 막힘없이 쾌적하게 즐길 수 있다.

디스크 스테이션 15호 / 디스크 스테이션 8월호

컴파일
1990년 7월 6일   1,940엔
VRAM 128K

15호까지 오니 제작 스탭들의 장난기도 늘어나, 메뉴 화면에는 「마도 이야기」 호평 발매중'이라고 당당히 선전까지! 이번 호는 신작 소개 외에, 과월호의 버그 패치 프로그램도 '미안미안!'이란 사과와 함께 수록했다.

디스크 스테이션 디럭스 2호 : 마도사 랄바 총집편

컴파일
1990년 7월 20일   3,880엔
VRAM 128K

과거 디스크 스테이션에 게재했던 커맨드 선택식 어드벤처 게임 「마도사 랄바」 시리즈 전체를 합본하고, 신규 에피소드 추가와 함께 게임의 그래픽과 음악도 강화시킨 '총집편'으로서 이번 호에 수록했다.

디스크 스테이션 16호 / 디스크 스테이션 9월호

컴파일
1990년 8월 10일   1,940엔
VRAM 128K

16호는 「전뇌학원」의 데모판과 2지선다 퀴즈를 수록했고, 유저들로부터 모집한 프로그램 투고 코너가 충실하다. 그 외에 MSX를 다루던 당시 각종 컴퓨터 잡지의 투고 프로그램도 수록해, 이에 자극받은 유저도 많았다.

디스크 스테이션 17호 / 디스크 스테이션 10월호

컴파일
1990년 9월 10일   1,940엔
VRAM 128K

제 17호에는 「전뇌학원 시나리오 2」·「크림즌 Ⅲ」·「랜더의 모험 Ⅲ」 등 MSX 유저들이 기대하던 신작의 데모판을 수록했다. 또한 편집후기 코너에는, 스탭들이 적은 '컴퓨터 통신 「컴파일넷」 운영중'이란 메시지도 있다.

랜더의 모험 Ⅲ : 어둠에 사로잡힌 마술사

컴파일
1990년 9월 21일   7,800엔
VRAM 128K

컴파일 사의 마스코트 캐릭터 '랜더'가 주인공인 필드 탐색형 RPG. 웃기는 개그도 많고, 식료품이 플레이어의 조리 실력에 좌우되므로 맛없게 만들면 체력이 거의 회복되지 않는 등, 타 작품에 없는 아이디어도 다수 들어갔다.

디스크 스테이션 18호 / 디스크 스테이션 11월호

컴파일
1990년 10월 9일   1,940엔
VRAM 128K

18호의 주목 컨텐츠는 「라플라스의 악마」·「에메랄드 드래곤」·「성전사 단바인」이라는, 당시 MSX 유저들이 기대하던 3대 타이틀의 데모다. 그 외에 퍼즐 게임 'TURING'도 수록했다. 매 호가 대만족이었던 시리즈다.

HARDWARE
1983
1984
1985
1986
1987
1988
1989
1990
1991
1992
1993-
INDEX

디스크 스테이션 19호 / 디스크 스테이션 12월호

컴파일
1990년 11월 9일   1,940엔
VRAM 128K

MSX2

이번 호는 「디스크 스테이션 디럭스 3호」의 발매고지가 메뉴에 있고, 구동하면 '곧 발매 예정!'이라고만 나온 후 메뉴로 되돌아가지만, 실은…… 메뉴 화면에는 카벙클과 랜더도 슬쩍 숨겨져 있다.

디스크 스테이션 20호

컴파일
1990년 12월 7일   2,980엔
VRAM 128K

MSX2

새해를 맞아 기모노에 하고(일본 전통놀이) 채를 쥔 여성 그림이 오프닝인 이번 호는 디스크 3장으로 호화롭게 발매했고, 그중 한 장은 아예 니혼팔콤 사 대망의 신작 「드래곤 슬레이어 영웅전설」의 데모로만 채웠다.

디스크 스테이선 디럭스 3호 : 냥피·샘 총집편

컴파일
1990년   3,880엔
VRAM 128K

MSX2

과거에 발매했던 디스크 스테이션에 종종 수록된 바 있는 아기고양이 주인공의 퍼즐 게임 '냥피'와, 주인공 '샘'이 다양한 일에 도전하는 미니게임 '샘 게임즈' 시리즈를 모두 수록한 알뜰 합본 타이틀이다.

디오스

자인 소프트
1990년 2월 16일   9,800엔
VRAM 128K

MSX2

미래의 개척 행성 '디오스'가 무대인 액션 RPG. 전사 7명 중에서 하나를 골라, 행성의 질서를 회복시키자. 시스템은 사이드뷰이며, 8방향으로 고속 다중 스크롤된다. 아이템을 획득하며 전진해, 거대 보스를 물리치자.

티르 나 노그 : 금단의 탑

시스템소프트
1990년 12월 27일 8,800엔
RAM 64K   VRAM 128K

MSX2

▶ 시나리오 생성 기능이 획기적이었다.

켈트 신화가 모티브인 RPG. 주인공을 조작해 던전을 공략, 라스트 보스를 타도하자. 시나리오와 맵의 자동생성 기능을 탑재해, 이름과 성별만 결정하면 자신만의 모험이 시작된다. 목적은 마물 퇴치와 공주 구출 등 다양하다. 파티도 자유롭게 구성 가능. 전투도 AI로 반자동 진행이라 플레이가 경쾌하다. 시나리오 생성 시 나오는 패스워드를 적어두면, 다른 기종판에서도 같은 모험을 즐길 수 있다.

로보 크러시

시스템소프트
1990년   7,800엔
RAM 64K   VRAM 128K

MSX2

근미래가 무대인, 로봇끼리 대전시키는 시뮬레이션 게임. 맵을 돌아다니다 조우하는 로봇과 배틀하자. 승리해 돈을 얻으면 파워업 파츠를 살 수 있다. 전투는 행동 패턴과 목표를 설정해 오토 배틀로 진행한다.

자금성

스캡트러스트
1990년 1월 18일   6,800엔

MSX2

유명한 「상하이」처럼, '마작패'를 사용하는 액션 퍼즐 게임. 같은 마작패를 가로나 세로로 붙이면 없앨 수 있으므로, 플레이어를 조작해 마작패를 차근차근 없애가자. 각 스테이지의 골에 도달하면 스테이지 클리어다.

사오토메 학원 Blue Wind : Story 1

studio ANGEL
1990년   7,800엔

MSX2

「사오토메 학원 입학안내」(170p)의 본편. 우주해역에서 하이재킹당한 관광선에서 신입생들을 구출하자. 노벨 형식의 어드벤처 게임이며, 등장인물이 모두 여성이다. 캐릭터 디자인을 유저들로부터 모집하여 사용했다.

천구패 스페셜 : 도원의 연회 2 ※

스튜디오 판사
1990년 3월 23일   3,600엔

MSX2

No IMAGE

「도원의 연회」(170p)의 속편. 중국 4천년 역사가 만들어낸 테이블 게임을 기반으로, 탈의 요소를 가미한 스페셜 버전이다. 등장하는 미소녀는 9명. TAKERU 독점 타이틀이며, 「천구패」 원작이 없어도 즐길 수 있다.

대응 기종 아이콘

카세트 테이프   ROM 카트리지

나루토마키 비첩 ※

젠류츠
1990년 4월 11일 6,800엔
RAM 64K VRAM 128K

일본 시대극 모티브의 어드벤처 게임. '뭐든지 탐정사' 소장 시노와 사원 아카츠키 겐노스케가 되어, '후비라이 한'에 두루마리를 전하는 의뢰를 완수하자. 도중에 다양한 함정과 장애물이 있다. 통쾌한 슬랩스틱 개그가 재미있다.

Misty Vol.3 ※

데이터 웨스트
1990년 1월 25일 5,000엔
VRAM 128K

옴니버스 추리 시리즈 제 3탄. 명탐정 '카미시로 류'가 되어, 대도시 무대의 5가지 시나리오를 클리어하자. 추리에 방해가 되는 BGM · 그래픽을 극단적으로 배제해, 마치 추리소설을 읽는 듯한 날카로운 긴장감을 즐길 수 있다.

제 4의 유닛 ZERO

데이터 웨스트
1990년 4월 20일 8,800엔
RAM 64K VRAM 128K

인기 시리즈 제 4탄. 사이킥 능력자인 미소녀 생체병기 '브론윈'이, 자신을 만들어낸 BS 계획에 맞선다. MSX2로는 마지막 작품이며, 시리즈의 핵심에 다가가는 스토리를 즐긴다. 배틀 모드로 누구와도 언제든 싸울 수 있다.

Misty Vol.4

데이터 웨스트
1990년 7월 25일 5,000엔
VRAM 128K

순수하게 추리를 즐기는 어드벤처 게임의 제 4탄. 과거 시리즈들처럼, 최소한의 그래픽과 난해하고도 심오한 스토리로 구성돼 있다. 수록 시나리오 중엔 일반 공모 작품도 있으며, 채택 시 10만 엔의 상금을 주었다고.

Misty Vol.5

데이터 웨스트
1990년 9월 21일 5,000엔
VRAM 128K

명탐정 '카미시로 류'가 주인공인 추리 시리즈 제 5탄. 순수하게 사고력을 시험하는 시나리오 5종류를 수록했다. 최신소식 코너가 있는 등 게임 외적으로도 충실해, 시리즈 전반적으로 디스크 매거진 느낌도 강한 편이다.

Misty Vol.6 ※

데이터 웨스트
1990년 11월 22일 5,000엔
VRAM 128K

순수하게 사고력을 시험하는 어드벤처 시리즈 제 6탄. 수록 시나리오는 모두 100점 만점 기준으로 감점되는 방식이며, 이동만 해도 5점이 빠지니 고득점을 노리려면 최소한의 이동으로 끝내야 한다. 효율적인 조사가 중요하다.

엑스터리언

D.O.
1990년 11월 30일 6,800엔
RAM 64K VRAM 128K

유원지가 무대인 필드형 RPG. 주인공인 잡지 기자가 '소녀 연쇄실종사건'의 의문을 쫓아, 애인인 케이코와 유원지로 들어온다는 스토리. 등장 여자는 20명. 보스 외의 피라미 적은 주인공의 레벨에 따라 강해지는 시스템이다.

단신의 이리 '울프' AT

테크노폴리스 소프트
1990년 1월 30일 6,800엔

심플한 조작으로 즐기는 격투 액션 게임. 악의 거대 조직 '데스 크로스'가 꾸미는 핵연료 밀수계획 '아토믹 트랜스포트'(통칭 AT)를 저지하러, 위험한 일에 목숨을 건 남자 '울프'가 맞선다. 막간에는 미소녀가 응원해 준다.

룬 워스 : 흑의의 귀공자

T&E 소프트
1990년 1월 11일 8,800엔
RAM 64K VRAM 128K

「하이드라이드 3」의 스탭들이 제작한 액션 RPG. 빛과 어둠의 경계에 있는 세계 '룬 워스'를 무대로, 여행자가 장대한 모험에 휘말리는 이야기다. 특징은 경험치 시스템이 없다는 것으로서, 레벨 업은 아이템으로 해야 한다. 또한

▶ 방대한 양의 설정자료집을 동봉한 RPG다.

멀티 시나리오에 가까운 구조라, 모험을 자유롭게 선택할 수 있다. 주문에도 발동시간

COPYRIGHT © 1990 T&ESOFT Inc
Made in Japan

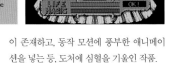

이 존재하고, 동작 모션에 풍부한 애니메이션을 넣는 등, 도처에 심혈을 기울인 작품.

187

주 : 타이틀명 옆에 '※'가 붙어있는 게임의 스크린샷은 타 기종판입니다.

HARDWARE 1983 1984 1985 1986 1987 1988 1989 1990 1991 1992 1993- INDEX

셰넌 드래곤

테크노폴리스 소프트
1990년 6월 28일　6,800엔

악의 워크리처 족에게 납치된 공주를 구출하는 RPG. 맵은 헥스 식이고 전투는 카드 게임이라는 독특한 스타일의 작품으로, 주인공은 3명 중에서 고르며, 놀랍게도 공주 본인을 골라 자력으로 탈출할 수도 있다.

디스크 NG 1

남코
1990년 3월 9일　4,800엔
VRAM 128K

남코의 정보지 'NG'에서 타이틀명을 따온 옴니버스 게임 모음집. 「갤러그」·「킹 & 벌룬」·「보스코니안」·「워프 & 워프」·「탱크 버탤리언」을 비롯해, 오리지널 슈팅 게임 「XVM」까지 6개 작품을 수록했다.

디스크 NG 2

남코
1990년 4월 27일　4,800엔
VRAM 128K

「디스크 NG 1」과 동일하게, 과거 출시했던 타이틀인 「갤럭시안」·「디그더그」·「팩맨」·「매피」·「RALLY-X」와 오리지널 3D 슈팅 게임 「SHM」까지 6타이틀을 수록한 옴니버스 게임 모음집.

바룬바

남코
1990년 7월 27일　6,800엔
VRAM 128K

PC엔진용 게임 「바룬바」의 이식작으로, 다방향 강제스크롤로 진행되는 슈팅 게임. 8방향으로 발사방향 조정이 가능한 발칸포와, 발사방향이 좌우 고정이지만 강력한 레이저를 장소에 맞게 구사하여 전진, 보스를 공략하자.

F1 여정기

남코
1990년 11월 27일　6,800엔
VRAM 128K

타이틀명으로는 짐작하기 어렵겠으나, 일본 내의 공공도로와 고속도로를 주행하며 전국제패를 노리는 레이싱 게임. 성적이 좋으면 섹시한 레이스 퀸의 그래픽이 나오지만, 시원찮으면 그만큼 어드바이스를 받아야 한다.

야구도 II

니혼 크리에이트
1990년 11월 10일　8,000엔

1989년 발매했던 「야구도」의 속편. 전작보다 그래픽·연출이 진화했고, 선수명도 한자로 표시되도록 했다. 트레이드와 드래프트 등의 시즌오프 요소는 남겨두었고, 후원회 교류와 구단주와의 절충 시스템을 추가했다.

루주 : 한여름의 립스틱

버디 소프트
1990년 10월 5일　6,800엔

귀여운 캐릭터 그래픽이 매력인 어드벤처 게임. 자산가의 아들이 되어, 유산을 상속받기 위해 행방불명된 여동생을 찾아 나선다. 단서는 사진 한 장뿐. 대화 등으로 다음 목적지를 알려주므로, 막힐 일은 거의 없다.

돌아온 탐정단 X

하트 전자산업
1990년 3월 9일　5,800엔
VRAM 128K

패러디 요소를 내세운 어드벤처 게임. 시스템은 전형적인 커맨드 선택식이며, 시나리오는 '부리바리 전설'·'힘내라 지구방위군'·'소녀의 눈물은 심해의 끝으로' 3종을 수록했다. 빈번하게 움직이는 그래픽도 특징 중 하나.

아지랑이 미궁

하트 전자산업
1990년 6월 28일　8,800엔
VRAM 128K

불가사의한 미궁을 모험하는 3D 던전 RPG. 의문의 유적 '아르데 미 앙카'를 탐색하며 딸과 친구를 찾아내자. 5종의 던전에는 폐쇄공간과 난공간이 존재한다. 각 몬스터마다 영역권과 유효한 공격수단이 설정돼 있다.

야구도 데이터북 '90

니혼 크리에이트
1990년　2,100엔

1989년에 발매된 프로야구 시뮬레이션 게임 「야구도」의 데이터 확장팩. 장기 페넌트레이스를 드라마틱하게 연출하는 데 필요한 추가 선수 데이터 등을 수록했다. TAKERU 독점 타이틀이라 현재는 입수가 매우 어렵다.

요마강림

니혼 덱스터
1990년 4월 6일   7,800엔
VRAM 128K

MSX 2

에도 시대 배경의 황당무계한 횡스크롤 액션 게임. 반혼술로 부활한 닌자 '마츠오 바쇼'와 무장 '도쿠가와 요시무네', 퇴마사 '아베노 세이메이' 중 하나를 조작해 납치된 소녀를 구출하자. 제한시간은 108일. 적은 거대한 서양 요괴다.

알바트로스 II : 마스터즈 히스토리

니혼 텔레네트
1990년 4월 3일   8,800엔
RAM 64K   VRAM 128K

MSX 2

1986년 발매된 「알바트로스」의 속편. 골프의 발상지인 영국 올드 앤드류스에서 리얼한 플레이를 즐기는 골프 게임이다. 마우스를 완전 지원하며, 볼의 궤도와 비거리를 보여주는 윈도우 등 전작에 없었던 기능을 탑재했다.

컬럼스

니혼 텔레네트
1990년 12월 14일   7,200엔
RAM 64K   VRAM 128K

MSX 2

낙하계 퍼즐 게임 「컬럼스」의 이식판. 원작인 아케이드판의 그래픽과 BGM을 충실히 재현한 의욕작으로, 니혼 텔레네트 사가 이식했다. 가로 · 세로 · 대각선으로 같은 보석을 맞춰 없애는 심플한 룰이지만, 패나 심오하다.

마작 자객

일본물산
1990년 8월 3일   9,700엔
RAM 64K   VRAM 128K

MSX 2

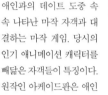

애인과의 데이트 도중 속속 나타난 마작 자객과 대결하는 마작 게임. 당시의 인기 애니메이션 캐릭터를 빼닮은 자객들이 특징이다. 원작인 아케이드판은 애인이 최종보스였지만, 이 작품은 밍키 모모를 닮은 캐릭터와도 싸운다.

드래곤 슬레이어 영웅전설
: The Legend Of Heroes

니혼팔콤
1990년 8월 7일   9,700엔
RAM 64K   VRAM 128K

MSX 2

▶ 초보자라도 즐길 만한 난이도의 왕도 RPG.

「드래곤 슬레이어」 시리즈의 6번째 작품. 전작까지는 액션 RPG였지만 이번엔 커맨드 선택식 RPG로 바뀌었고, 장별로 구분된 시나리오 중시형 게임이 되었다. MSX2의 선명한 발색을 살려 그래픽을 리뉴얼했고, FM 음원도 지원하며, 최종 보스전과 던전 일부에 신규 BGM을 추가했다. 해적선에서 즐길 수 있는 미니게임 '날아라 두목'도, 타 기종판에는 없는 컨텐츠다.

마작 자객 외전 : 꽃의 모모코 파!

일본물산
1990년 12월 21일   8,700엔
RAM 64K   VRAM 128K

MSX 2

주인공 '모모코'가 뒷세계 마작에 도전하는 탈의마작 게임. 동화 '모모타로'가 모티브이며, 서포트 캐릭터는 이누에 · 사루미 · 키지코 3명 중에서 고른다. 마작 자객과 대국해 승리하면 자객이 벗고, 패배하면 동료가 벗는다.

트릴로지 : 쿠키 아야카 진전

HARD
1990년 3월 9일   6,800엔
VRAM 128K

MSX 2

먼 옛날부터 이어져온 '쿠키' 일족과 '야샤' 일족의 인연 이야기를 쿠키의 후계자인 '아야카' 시점으로 그린 어드벤처 게임. 캐릭터 디자인을 만화가 기유군이 맡았다. 일단은 3부작의 프롤로그였지만, 속편은 미발매로 끝났다.

저질러버린 아야요 양 II : 위험천만 홀리데이

HARD
1990년   3,800엔
VRAM 128K

MSX 2

전작의 인기에 힘입어 제작된 속편의 MSX판. 제작 도중에 원화담당이 바뀌었기 때문에, 최초 출시된 PC-88판과는 그림 풍이 달라졌다. 이 작품부터 아야요 외에 친구 '토모코'가 등장해, 세 갈래로 분기되는 본편에서 활약한다.

미소녀 사진관 번외편 : 아웃 사이드 스토리

HARD
1990년   3,800엔
VRAM 128K

MSX 2

「미소녀 사진관 파트 III」에 등장했던 경찰관 '카무라 유코'와 주변의 미녀들이 보내는 하루를 그린 어드벤처 게임. 스토리 자체는 짧지만, 옷 갈아입기와 범인 설득을 위한 야외노출 등 다양한 섹시 샷을 잔뜩 집어넣었다.

베론쵸 신체검사

HARD
1990년 6,800엔
VRAM 128K

'성 베론쵸 신체검사'와 '베론쵸 야구권 말판놀이' 2작품을 즐기는 타이틀. 표제작인 '신체검사'는 밤에 펼쳐지는 금단의 신체검사의 수수께끼를 쫓는 RPG로, 단팥빵이나 면도날을 든 위험한 불량배가 적으로 등장한다.

로도스도 전기 : 회색의 마녀

허밍버드 소프트
1990년 3월 16일 9,800엔
VRAM 128K

같은 제목의 소설을 바탕으로 게임화한 RPG로, 필드는 2D이고 던전은 3D이며, 전투는 전열·후열로 파티를 나누는 택티컬 컴뱃 시스템이다. 디스크 액세스가 길고 잦은 게 단점이지만, 원작의 분위기를 잘 살려냈다.

로도스도 전기 : 후쿠진즈케

허밍버드 소프트
1990년 7월 13일 3,800엔
VRAM 128K

'로도스도 전기'의 캐릭터들을 활용한 16퍼즐과 25퍼즐, 본편의 세이브 데이터로 참가하는 '카드모스의 아라니아 무투제'를 모방한 택티컬 게임을 비롯해, 사운드 테스트와 원작자 미즈노 료의 Q&A까지 수록했다.

HAL 게임 컬렉션 Vol.1

HAL 연구소
1990년 3,800엔

No IMAGE

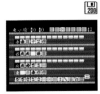

MSX 유저들에게 친숙한 HAL 연구소의 작품들이 모음집 패키지로 재등장했다. 당시의 인기 게임들이었던 「홀인원」·「테트만」·「딩크 샷」·「에거랜드 미스터리」를 합본해, 신규 MSX 유저용으로 판매했다.

HAL 게임 컬렉션 Vol.2

HAL 연구소
1990년 3,800엔

No IMAGE

앞서 소개한 Vol.1과 같은 시리즈로서, 다양한 장르의 스포츠 게임인 「롤러 볼」·「홀인원 프로페셔널」·「슈퍼 당구」에, 그림 그리기 툴인 「EDDY Ⅱ」를 합본하여 한 팩으로 만든 알뜰 상품이다.

SD건담 가챠퐁 전사 2 : 캡슐 전기

반프레스토
1990년 5월 25일 8,600엔

1989년 패미컴으로 발매했던 같은 제목 타이틀의 이식작. 전투가 액션 방식인 전술 시뮬레이션 게임으로, 패미컴판의 시스템에 신규로 '역습의 샤아'의 기체도 사용 가능하도록 추가했다. CPU의 사고시간도 단축시켰다.

쇼난 전설 : 붉은 별 전설

빅터음악산업
1990년 2월 7,800엔
RAM 64K VRAM 128K

폭주족들 간의 분쟁을 테마로 삼은 전략 시뮬레이션 게임. 주인공 '붉은 별'이 되어, 10종의 시나리오를 진행하자. 시스템 자체는 단순해, 6가지 커맨드를 입력 가능. 행동대장과 공격대 등, 능력이 다른 유닛 12종이 등장한다.

잭 니클라우스 챔피언십 골프

빅터음악산업
1990년 7월 20일 8,800엔
VRAM 128K

골프의 제왕 '잭 니클라우스'가 엄선한 3가지 코스를 수록한 골프 게임. 코스는 3D로 재현하여, 360도 임의의 경관으로 플레이 가능하다. 플레이 모드는 비기너·프로 2종류가 있다. 잭 니클라우스와의 대전도 가능하다.

패미클 패러딕 2

BIT2
1990년 8월 25일 6,800엔
RAM 64K VRAM 128K

▶ 어떤 게임의 패러디인지 전부 알아낼 수 있을까?

수많은 게임의 패러디를 꽉꽉 눌러 담은 종스크롤 슈팅 게임의 제 2탄. 이번에도 유명 슈팅 게임 등 다수의 게임을 패러디해 넣었다. 패미클 일가의 머신도 업그레이드되어, 전작과 마찬가지로 우승상품을 노리고 게임대회에 참가한다. 깔끔하게 그려낸 그래픽은 물론이고, 「MIDI사우루스」와 MIDI 음원이 있다면 박력 넘치는 미디 모듈의 사운드로 배경음악을 즐길 수 있다.

MS 필드 : 기동전사 건담 플러스 킷
패밀리 소프트
1990년 7월 14일　3,500엔
RAM 64K　VRAM 128K

1988년 발매했던 「MS 필드 : 기동전사 건담」의 추가 확장팩. 이것을 사용하면 기존 데이터에 20종류의 신규 맵과 모빌슈츠 18개 기종을 추가할 수 있다. TAKERU 독점 타이틀이다 보니 현재는 입수가 어렵다.

MS 필드 : 기동전사 건담 with 플러스 킷
패밀리 소프트
1990년 7월 14일　6,100엔
RAM 64K　VRAM 128K

「MS 필드 : 기동전사 건담」 본편에, 앞서 소개한 「플러스 킷」을 합친 호환판. 모빌슈츠는 초대 '건담'부터 '역습의 샤아'까지에 등장하는 총 82종류를 사용할 수 있다. 시험장의 맵 데이터는 50종류가 등장한다.

위타천 절정남 입문
: 사랑해줘서 고마워
패밀리 소프트
1990년 4월　5,100엔
RAM 64K　VRAM 128K

시리즈 중 유일하게 TAKERU 독점 소프트로 출시되어, 엄청난 레어도를 자랑하는 성인용 어드벤처 게임. 이 작품은 절정남이 아니라 그 제자가 주인공이며, 여자와의 교제를 거쳐 진정한 절정을 추구한다는 스토리다.

립스틱 어드벤처 2
페어리테일
1990년 6월 20일　6,800엔
VRAM 128K

인기 시리즈 제 2탄. 전작에 이어 주인공 '아사미 고로'와 히로인 '키요사토 오토미'가 활약하는 추리 어드벤처 게임이다. 사건에 휘말려, 자신에 씌워진 폭탄테러범 누명을 벗어야 한다. 미려한 그래픽과 대담한 시나리오가 특징.

살인의 드레스
페어리테일
1990년 4월 25일　6,800엔
VRAM 128K

여자의 손에서 피가 떨어지는 충격적인 데모로 시작하는 추리 서스펜스 어드벤처 게임. 친구의 약혼자가 약혼반지 째로 약지가 절단된 채 피살된 사건의 진상을 쫓는 스토리다. 주인공이 일반인이라, 경찰이 있는 사건현장에는 들어

▶ 등장인물의 이름은 플레이어가 자유롭게 설정 가능하다.

갈 수 없다는 리얼한 제약이 있다. 조사 도중 새로운 살인이 발생하고, 결국 주인공의 여

자친구도 행방불명되는 등 스릴 넘치는 전개가 이어진다. 2종류의 엔딩이 있다.

우로츠키 동자
페어리테일
1990년 7월 21일　6,800엔
VRAM 128K

마에다 토시오 원작의 성인용 만화를 게임화했다. '아마노쟈쿠'가 되어 천년에 한 번 인간으로 환생하는 초신을 찾아내자. 수인과 마인이 여성을 능욕하는 신이 화제가 된 타이틀이다. 그래픽 풍은 만화와도 OVA판과도 다르다.

살인의 드레스 2
페어리테일
1990년　6,800엔
VRAM 128K

추리 서스펜스 어드벤처 시리즈 제 2탄. 위장 결혼식 도중 신부가 살해당하는 사건에 휘말린 사립탐정이 혐의를 벗기 위해 조사한다는 이야기다. 전작보다 성애 묘사를 강화해, 베드 신부터 시작한다는 점을 선전하기도.

레넘
헤르츠
1990년 1월 11일　8,800엔
VRAM 128K

마법의 일족 '레넘'과 성검에 의해 멸망한 사신교의 부활을 꾀하는 사교 4신관을 물리치기 위해, 마법사 소녀 '렘'이 전사 '리크'와 함께 여행한다. 도중에 닌자 '쟈스'와 무투가 '미티' 등도 동료가 되어, 최대 5명 파티로 모험하

▶ 어드벤처와 RPG를 융합시킨 작품.

게 된다. 마을과 이벤트는 어드벤처 형식으로, 던전과 이동·전투는 RPG 형식으로 진

행한다. 스토리를 중시해, 반전을 거듭하는 드라마틱한 전개도 보여주는 타이틀이다.

HARDWARE / 1983 / 1984 / 1985 / 1986 / 1987 / 1988 / 1989 / 1990 / 1991 / 1992 / 1993- / INDEX

HARDWARE
1983
1984
1985
1986
1987
1988
1989
1990
1991
1992
1993-
INDEX

은하영웅전설 +set

보스텍
1990년 1월 18일 11,600엔
RAM 64K VRAM 128K

1989년 발매된 「은하영웅전설」 본편과 「파워 업 & 시나리오집」을 합본한 상품. 본편과 시나리오집을 합쳐 10종의 시나리오를 즐길 수 있다. 항공모함과 전함 등, 성능이 다른 함선을 잘 조합해 함대 진형을 구축하자.

은하영웅전설 II

보스텍
1990년 12월 23일 9,800엔
RAM 64K VRAM 128K

인기 전략 시뮬레이션 제2탄. 기본 시스템은 유지하고, 조작성과 연출을 향상시켰다. 게임의 기본인 탐색과 함정 수 증강, 물자 보급이 승부의 명암을 가른다. 선택 가능 시나리오는 5종류. 시나리오별로 턴수 제한이 있다.

마작보그 스즈메

포니테일 소프트
1990년 10월 8일 7,800엔
VRAM 128K

사이보그로 개조된 주인공 '스즈메'가 악과 싸우는 마작 게임. 모드로는 스토리 형식의 '파이팅 마작', 임의로 상대를 고르는 '프리 마작', 전작 「포키」에서 선발된 히로인과 싸우는 '포키 마작' 3종류를 준비했다.

프레이 : 사크 외전

마이크로캐빈
1990년 12월 6일 7,800엔
VRAM 128K

같은 제목 타이틀의 MSX2판. 게임 자체는 동일하지만, 샘플링 보이스가 삭제되고 오프닝·엔딩이 달라진 등의 차이가 있다. 시리즈 본편의 진지한 분위기가 거의 사라진, 밝고 즐겁고 호쾌한 모험을 즐기는 타이틀이다.

프레이 : 사크 외전

마이크로캐빈
1990년 12월 6일 7,800엔
VRAM 128K

▶ 점프하는 프레이의 모습이 귀엽다.

「사크」 시리즈의 스핀오프인 액션 RPG. 본편에서 주인공 '라토크 카트'의 도움을 받았던 소녀 '프레이'가 주인공으로, 「사크」(177p)와 「사크 II」 사이를 잇는 스토리를 즐긴다. 도중엔 종스크롤 액션 슈팅 게임으로 진행되며, 샷은 일

반탄과 모아쏘기가 있다. 대미지를 입으면 우상단의 프레이가 표정이 바뀐다. turboR

판은 보이스를 추가해, 오프닝과 마법 사용 시에 프레이의 음성이 나온다.

사크 II

마이크로캐빈
1990년 12월 13일 8,800엔
VRAM 128K

▶ 개량된 VR 시스템이 볼거리다.

1989년에 발매된 「사크」(177p)의 속편. 전작의 3년 후가 무대로, 주인공 '라토크 카트'가 행방불명된 아버지 '도르크'를 찾기 위해 영구빙벽에 인접한 항구마을 '바누와'로 여행하는 스토리다. 게임에 탑재된 'VR 시스템'은 더욱

숙성된 개량판으로, 필드에 높이·깊이감 등의 개념을 부가해 입체감을 강화하며, 라토

크가 건물 뒤에 가려져도 반투명화되어 조작하기 편리해지는 등 유저를 배려해준다.

마작광 시대 스페셜 part II : 모험편

마이크로네트
1990년 4월 14일 4,900엔
VRAM 128K

159p에서 소개했던 「마작광 시대 스페셜」의 속편. '모험편'과 '4인 대국 마작' 2종류를 즐긴다. 모험편은 전작의 속편으로, 납치당한 쿄코를 구하러 전국의 작장을 돌게 된다. 아이템을 쓰는 반칙과, 야한 CG도 볼 수 있다.

프로의 바둑 파트 3

마이티 마이컴 시스템
1990년 9,800엔
VRAM 128K

상급자용 바둑 소프트. 「프로의 바둑 파트 2」(178p)의 발전판으로, 지도 감수는 우시쿠보 요시타카 9단이 맡았다. 프로 감각을 기르는 것이 목표로, 기원의 본격 바둑을 배운다. 프로 대국과 정석 등, 64문제 이상을 수록했다.

피치 업 2호

모모노키 하우스
1990년 1월 25일 3,800엔
VRAM 128K

시리즈 제 2호. 시뮬레이션 게임 '코즈믹 플리트', 어드벤처 게임 '너스 아카데미', '모모노키 하우스의 미니게임 박스'를 수록했으며, 타사 작품 「전뇌학원 시나리오 1」의 예고편 데모도 들어가 있다.

피치 업 3호

모모노키 하우스
1990년 4월 13일 3,800엔
VRAM 128K

시리즈 제 3호. 수록 컨텐츠로는 말판놀이 게임인 '피치 클럽 세계일주 말판놀이 편', 슈팅 게임 '궁극 피치', 5호에 수록되는 3D RPG '아우터 리미츠'의 데모, 앨리스 소프트의 「위험한 텐구 전설」의 데모가 있다.

피치 업 4호

모모노키 하우스
1990년 5월 24일 3,800엔
VRAM 128K

컴파일 사가 별개 브랜드 형태로 발매한 디스크 매거진 시리즈의 제 4호. 퍼즐 게임 '그리엘의 성배', 액션 게임 '아우터 리미츠 번외편', 테크노폴리스 소프트의 RPG 「셰넌 드래곤」의 데모를 수록했다.

피치 업 5호

모모노키 하우스
1990년 7월 27일 3,800엔
VRAM 128K

디스크 매거진 「피치 업」 시리즈의 제 5호. 본격 3D RPG '아우터 리미츠', 액션 게임 '여자기숙사 순회 : 시소로 베론쵸'를 비롯해, 엘프 사의 시뮬레이션 게임 「FOXY」의 체험판을 수록했다.

피치 업 6호

모모노키 하우스
1990년 9월 27일 3,800엔
VRAM 128K

디스크 매거진 「피치 업」 시리즈의 제 6탄. 어드벤처 게임 '새니토리엄 오브 로맨스'를 비롯해, 키를 입력하면 여자가 벗는 액션 게임 '핑크 다이너마이트', 엘프 사의 RPG 「드래곤 나이트」의 체험판을 수록했다.

피치 업 7호

모모노키 하우스
1990년 11월 20일 3,800엔
VRAM 128K

시리즈 제 7탄. '한없이 투명에 가까운 블루머!' · '메스데키루온 전기 학생해부'의 2부로 구성된 어드벤처 게임 '학교처형인 래빗쨩'을 비롯해, '앞발과 손과', '빙글빙글 퍼즐 3화면으로 DON!', 「마작 자객」 체험판을 수록했다.

부라이 상권

리버힐 소프트
1990년 3월 23일 8,800엔
VRAM 128K

▶ 중후한 장편 스토리를 즐긴다.

'사토미 팔견전'이 모티브인 RPG. 행성 '키프로스'를 무대로, 8옥의 용사들이 어둠의 황제 '비도'와 싸운다. '적은 2억 4천만. 맞서는 8마리의 이리들!!'이란 선전문구가 당시 패나 유명했다. 개발진도 일류급이 모여, 원안 · 시나리오는 「라스트 하르마게돈」의 이이지마 타케오, 캐릭터 디자인 · 원화는 TV판 '세인트 세이야'의 아라키 신고와 히메노 미치, 음악은 여성 록밴드 SHOW-YA가 맡았다.

시드 오브 드래곤

리버힐 소프트
1990년 12월 23일 8,800엔

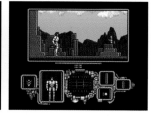

▶ 육체는 팔·다리 등 부분별로 강화된다.

종말론적 세계관이 특징인 액션 게임. turboR의 기능을 살린 다중 스크롤이 볼거리다. 22세기 말이 무대로, 외계인과의 싸움에서 압도적으로 불리한 상황인 인류의 반격을 그린 스토리다. 주인공인 용전사는 적 외계인을 물리처 입수하는 '파츠 엘리먼트'와 융합하면 공격방법과 특수능력이 바뀐다. 등장하는 적은 120종류 이상. 때로는 대형 몬스터와 배틀하는 등, 박력의 플레이를 맛볼 수 있다.

1991

MSX GAME SOFTWARE CATALOGUE

이 해에 발매된 게임 소프트는 총 81개 타이틀이다. 그중 24종이 디스크 매거진, 32종이 미소녀 게임이기에, 일반적인 게임 소프트의 신작이 일거에 감소한 해라 할 수 있다. 그런 와중에도 「노부나가의 야망 : 무장풍운록」, 「소서리언」, 「환영도시」 등의 대작 타이틀도 적으나마 발매되어 팬들을 기쁘게 했다.

던전 헌터
아스키
1991년 1월 8일 12,800엔

MSX용 광선총 지원 소프트 제1탄. 되살아난 좀비들의 침공을 저지하기 위해, 괴물의 소굴이 돼버린 던전에 돌입해 사악한 마법사를 물리쳐야만 한다. 삼림·지하감옥·동굴의 3층으로 구성된 던전에서 각층의 보스를 물리치고 최하층으로 향한다. 실시간으로 통로 내를 돌아다니는 몬스터들을 광선총으로

▶ 광선총이 2개 있으면 2인 동시 플레이도 가능.

날려버리자. 이동과 아이템 사용 등, 모든 조작을 광선총으로 할 수 있다.

D.P.S. SG set 2
앨리스 소프트
1991년 5월 15일 6,800엔
RAM 64K VRAM 128K

꿈속에서 다양한 체험을 하는 옴니버스 어드벤처 시리즈 3번째 작품. 수록된 시나리오는 'ANTIQUE HOUSE'·'주홍빛 밤'·'또다시 위험한 내과검진'의 3종이며, '또다시 위험한 내과검진'만이 전작의 다음 이야기다.

D.P.S. SG data 2
앨리스 소프트
1991년 5월 15일 4,500엔
RAM 64K VRAM 128K

「D.P.S. SG set 2」에서 시스템 디스크를 제외하고 시나리오 디스크만을 넣은 패키지. 시스템 디스크는 전 시리즈 공통이므로, 이미 갖고 있을 경우 이 패키지를 구입하면 세트판보다 저렴하게 즐길 수 있다.

투신도시
앨리스 소프트
1991년 12월 15일 6,800엔
RAM 64K VRAM 128K

161p에 소개한 「란스 : 빛을 찾아서」와 동일 세계관의 RPG. 미소녀 '쿠미코'를 파트너로 삼아 투신대회에 출장하자. 투신대회에 출장하려면 아름다운 여성이 파트너여야 한다. 시스템은 얼핏 심플하지만, 전투는 무턱대고

▶ 「란스,와 함께, 앨리스 소프트의 대표작이다.

밀어붙여서는 이길 수 없어 제법 심오하다. 시나리오도 정성을 들여, 에로 신과의 조화가 발군이다. 우승으로만 끝나지 않는 스토리는 이후의 시리즈에도 계승되었다.

란스 II : 반역의 소녀들
앨리스 소프트
1991년 6,800엔
RAM 64K VRAM 128K

1989년 발매한 「란스 : 빛을 찾아서」의 속편. 디스크 5장으로, 전작을 넘는 대작이 되었다. 도시를 함몰시킨 마녀 4명을 란스가 벌한다는 스토리로, 이 마녀들은 이후 시리즈에도 계속 등장하는 준 레귤러가 되었다. 전투도 란스 혼

▶ 전작을 진화시켜, 스토리에 깊이를 더했다.

자 싸우던 전작에서, 동료와 함께 싸우도록 진화해 재미가 늘었다. 시나리오도 캐릭터마다 뒷얘기를 파고드는 재미가 있지만, 란스의 목적은 언제나 단순명쾌하다.

 대응 기종 아이콘   카세트 테이프 ROM 카트리지

핑크 삭스 4

웬디 매거진
1991년 1월 15일 3,600엔
VRAM 128K

시리즈 최초의 플로피디스크 2장 구성으로 등장한 호. 3종류의 머리를 올바르게 상반신과 결합시키는 액션 퍼즐 '일발군'과 두더지 잡기 게임 'PICOPICO' 등의 미니게임, 그리고 어드벤처 게임을 수록했다.

핑크 삭스 5

웬디 매거진
1991년 4월 16일 3,600엔
VRAM 128K

미니게임과 읽을거리, 어드벤처 게임을 수록한 성인용 디스크 매거진의 제5호. '사야카의 사랑의 평균대'와 연재물 SF 어드벤처 게임 '누군가…' 등의 컨텐츠를 수록했다. 이전 호와 마찬가지로 디스크 2장 구성이다.

핑크 삭스 6

웬디 매거진
1991년 7월 6일 3,600엔
VRAM 128K

시리즈 6호째. 여러 호에 걸쳐 연재한 SF 어드벤처 게임 '누군가…'의 최종회 등, 많은 컨텐츠를 수록했다. 반사를 활용하는 이번 호의 미니게임 '일발 군 4'는 좌선 도중 잠든 캐릭터를 회초리에 맞지 않도록 깨우는 게임이다.

핑크 삭스 7

웬디 매거진
1991년 10월 4일 3,600엔
VRAM 128K

시리즈의 7호째. 소식이 두절된 마나미를 꼭 닮은 전학생의 수수께끼를 쫓는 신작 어드벤처 게임 'G 건캐논'이 이 작품부터 등장했다. 그 외에 '슬로터 전설'과 '세계명작극장', '하프타임 러버', '도시훈'을 수록했다.

핑크 삭스 매니아

웬디 매거진
1991년 12월 13일 3,600엔
VRAM 128K

과거 발매된 「핑크 삭스」 시리즈에서 발췌해낸 그래픽들을 한데 모아 보여주는 CG집. 실행파일이 BASIC이라, 프로그램을 살짝 변경하기만 하면 그림의 모자이크가 지워져버리는 것이 포인트였다.

핑크 삭스 프레즌츠

웬디 매거진
1991년 12월 13일 3,600엔
VRAM 128K

팬티 취향에 관한 질문에 답하여 진단을 받는 '신의 약속 : 너의 여자친구는 이렇다! 테스트'를 비롯해 '퀴즈를 맞춰봐 : 추억의 명장면 감상 투어', '어덜틱 타임 2 : 돌아온 사랑의 트라이애슬론'을 수록했다.

도시훈 스페셜

웬디 매거진
1991년 12월 13일 3,600엔
VRAM 128K

▶ 4컷만화 애니메이션은 클릭하여 진행한다.

디스크 매거진 「핑크 삭스」의 보너스 컨텐츠로 등장했다 후일 단독 코너화된 4컷만화 애니메이션 '도시도시훈도시'를 합본한 타이틀. 내용이 너무 초차원이라 '재미없다'는 의견도 있었으나, 한편으로 굳건한 팬들도 있던 코너였다. '도시에몽' 등 30종 이상의 4컷 애니메이션을 비롯해, 도시훈 군이 활약하는 단편 어드벤처 게임도 수록했다. 도시훈의 초차원 세계를 흠뻑 맛보는 작품이다.

핑크 삭스 매니아 2

웬디 매거진
1991년 3,600엔
VRAM 128K

「핑크 삭스」 시리즈의 야한 그래픽만을 모은 CG집 제 2탄. 게임 요소는 전혀 없고, 구동하면 CG가 순서대로 표시된다. 하얀 그물망 모양의 모자이크는 전작처럼 프로그램을 수정하여 간단히 해제시킬 수 있다.

핑크 삭스 매니아 3

웬디 매거진
1991년 3,600엔
VRAM 128K

「핑크 삭스」 시리즈의 야한 그래픽만을 모은 CG집 「핑크 삭스 매니아」 시리즈의 최종작. 이 시리즈 중에선 유일한 디스크 3장 구성이므로, 전작들보다 다량의 그래픽을 즐길 수 있는 셈이다.

NIKO²

울프 팀
1991년 12월 25일　7,800엔
VRAM 128K

 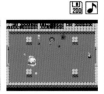

대전형 2D 액션 게임. 핀볼과 축구에 퍼즐 요소를 가미한 룰로, 필드 상의 볼을 상대의 골대에 넣어 득점을 벌어, 제한시간 종료 후 상대보다 득점이 많으면 승리한다. 캐릭터가 실시간으로 확대·축소되는 게 특징이다.

RAY·GUN

엘프
1991년 4월 10일　6,800엔
VRAM 128K

근미래가 무대인 필드형 RPG. 납치당한 애인을 구하기 위해, 주인공이 금속으로 뒤덮인 곤충형 괴물 '스테로이드'와 싸운다는 스토리다. 전투 신에는 애니메이션을 가미했다. 풍부한 보너스 그래픽도 즐길 수 있다.

드래곤 나이트 II

엘프
1991년 1월 31일　7,800엔
VRAM 128K

「드래곤 나이트」(181p)의 속편. 유랑의 검사 '야마토타케루'가 '퍼닉스'라는 도시에서 마녀 메사냐와 싸운다는 스토리다. 특징은 적이 모두 납치당한 미소녀라는 점. 소녀들은 저주가 풀릴 때까지 몇 번이고 습격해온다. 덕분에 싸울 때마다 서비스 신을 볼 수 있는데다, 저주를 풀어주면 한층 더 농후한 서비스 이벤트가 나온다. 일반적인 RPG에선 불가능한, 획기적인 시스템이 아닐 수 없다.

▶ 적 캐릭터는 모두 미소녀 몬스터다.

일루미나!

칵테일 소프트
1991년 4월 26일　6,800엔
VRAM 128K

미소녀의 다소 야한 그래픽을 볼 수 있는 필드형 RPG. 히로인 '류나'를 비롯한 3명의 미소녀들과 함께 잃어버린 기억을 찾아 나서자. 히로인은 잡지 '테크노폴리스'에서 진행한 '레몬틱 콘테스트'를 통해 채용했다.

칵테일 소프트 증간호

칵테일 소프트
1991년 6월 25일　3,900엔
VRAM 128K

자사가 과거 발매했던 5개 타이틀의 그래픽을 재활용한 어드벤처 게임. 내비게이터 '아리스'가 내는 질문에 답하면, 과거 작품의 그래픽을 이용해 만든 그림일기를 읽을 수 있다. 개발진들의 장난기가 담긴 팬디스크 형 작품이다.

코즈믹 사이코

칵테일 소프트
1991년 9월 14일　7,800엔
VRAM 128K

개성적인 시나리오의 성인용 어드벤처 게임. 돌연히 이세계로 전송된 현대 일본의 젊은이가 원래 세계로 돌아갈 방법을 찾는 스토리다. 겹겹이 깔린 복선과 엄청난 반전을 준비했고, 눈물을 자아내는 라스트 전개도 일품이다.

나이키

칵테일 소프트
1991년　7,800엔
VRAM 128K

시나리오 중시형 커맨드 선택식 어드벤처 게임. 주인공인 전직 에이스 파일럿 '나이키'가 부조종사 '미포링'과 함께 은하일주 레이스 우승을 노리면서도 은하제국 황녀를 찾는다는 스토리다. 클리어 후의 항해일지가 볼만하다.

캔캔 버니 스피리츠

칵테일 소프트
1991년 10월 10일　7,800엔
VRAM 128K

인기 미소녀 어드벤처 게임 제 3탄(MSX2로는 제 2탄). 기본은 커맨드 선택식이지만, 당시 일본의 인기 TV프로 '네루톤 홍경단'의 영향을 받은 파티게임 시스템도 채용했다. 여자는 파티 편·해외여행 편 합계 10명이 나온다. 대화로 여자의 호감도를 올려 야한 장면까지 도달해보자. '사오리 사건'의 직격탄을 맞은 타이틀로, 패키지에 '18금' 스티커를 붙이고 국부 수정을 가한 재판본도 발매했다.

▶ 여자의 호감도를 꾸준히 올려두자.

대응 기종 아이콘　카세트 테이프　ROM 카트리지

제독의 결단

코에이
1991년 3월 28일　14,800엔
RAM 64K　VRAM 128K

2차대전이 소재인 해전 시뮬레이션 게임. 일본제국이나 미합중국을 골라 적 함대를 괴멸시켜 모든 도시를 점령하자. 커맨드 중 '신형 폭탄 개발'이나, 수병이 여성을 데려가는 '위로'가 있는 등 복각을 가로막는 요소가 있다.

이인도 : 타도 노부나가

코에이
1991년 11월 13일　11,800엔
RAM 64K　VRAM 128K

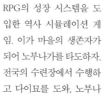

RPG의 성장 시스템을 도입한 역사 시뮬레이션 게임. 이가 마을의 생존자가 되어 노부나가를 타도하자. 전국의 수련장에서 수행하고 다이묘를 도와, 노부나가 포위망을 만든다. 후일의 히트작「타이코 입지전」의 밑바탕이 되었다.

노부나가의 야망 : 무장풍운록

코에이
1991년 5월 23일　11,800엔
RAM 64K　VRAM 128K

▶ 시리즈의 단골 무장들이 처음 등장한 작품.

시리즈 제 4탄. 1989년의「전국군웅전」의 속편으로, '문화와 기술'이 테마라 찻잔과 철포, 철갑선 등의 존재를 강조했다. 목적은 일본 전토의 지배로서, 전작에서 삭제됐던 도호쿠·규슈 지방이 부활했다. 또한 가장 과거의 시나리오도 1555년으로 시점을 앞당겼으므로, 스에 하루카타·사이토 도산·타이겐 셋사이 등 한 세대 전의 무장도 사용 가능해졌다. 난이도도 입문편·초급편부터 선택 가능하다.

로열 블러드

코에이
1991년 12월 26일　9,800엔
RAM 64K　VRAM 128K

코에이 최초의 판타지 시뮬레이션 게임. 검과 마법이 지배하는 이슈메리아 대륙에서, 6명의 귀족이 드래곤의 힘을 봉인한 왕관 '로열 블러드'를 둘러싸고 전쟁을 펼친다. 시스템이 심플해 초보자라도 즐겨볼 만한 타이틀.

디스크 스테이션 21호

컴파일
1991년 1월 11일　1,940엔
VRAM 128K

밸런타인데이를 앞두고 나온 이번 호의 오프닝은 초콜릿을 만들고 있는 소녀의 그림이다. 컨텐츠로는, 남코의「F1 여정기」와 낙하계 퍼즐 게임「컬럼스」(블록을 100개까지만 없앨 수 있는 버전) 등을 수록했다.

디스크 스테이션 22호

컴파일
1991년 2월 8일　2,980엔
VRAM 128K

이번 호의 오프닝 영상은 '아르르'와 '카벙클' 두 캐릭터. 수록 컨텐츠는「꽃의 모모코 파!」·「D.P.S. SG」의 데모판 등. 'MSX 매거진'과 'MSX·FAN' 두 잡지에서 제공받은 프로그램도 소개했다.

디스크 스테이션 23호

컴파일
1991년 3월 8일　1,940엔
VRAM 128K

오프닝에 '랜더'와 소녀가 그려져 있는데, 복선이었는지는 몰라도 수록작품 중「알레스터 2」의 스테이지 3 스코어 트라이얼 버전이 있다. 매 호마다 푸짐한 수록 타이틀들은 물론, 투고 프로그램도 잔뜩 넣었다.

디스크 스테이션 24호

컴파일
1991년 4월 9일　1,940엔
VRAM 128K

이번 24호에는 컴파일 사의 게임「룬 마스터」의 BGM을 PSG와 FM 음원 양쪽으로 들을 수 있는 뮤직 모드를 수록했다. 스테레오 컴포넌트처럼 디자인한 화면을 조작해, 작품의 곡들을 자유롭게 들을 수 있다.

고르비의 파이프라인 대작전

컴파일
1991년 4월 12일　6,800엔
VRAM 128K

다양한 형태의 파이프가 그려진 2개 한 조의 블록을 연결해, 화면 오른쪽에서 흐르는 물을 무사히 왼쪽 끝의 파이프까지 잇는 게 목적인 낙하계 퍼즐 게임. 타이틀명의 '고르비'란, 다름 아닌 구 소련 '고르바초프 서기장'이다.

디스크 스테이션 25호

컴파일
1991년 5월 10일 1,940엔
VRAM 128K

매 호마다 신작 게임의 데모를 다수 수록한 시리즈로, 이번 호는 타츠미 출판의 '살짝 야한 것'이란 제목의 성인용 퍼즐 게임을 수록했다. 15퍼즐 요령으로 조각난 파츠를 잘 결합시키면 므흣한 영상이 나타난다.

디스크 스테이션 26호

컴파일
1991년 6월 11일 1,940엔
VRAM 128K

월간화된 지 2년 이상이 지나, 「디스크 스테이션」도 어느덧 26호째. 이번 호는 컴파일 사가 개발한 「랜더의 모험 III」의 뮤직 갤러리와, 이 호 출간 직전에 발매가 결정된 「드래곤 퀴즈」의 데모를 수록했다.

룬 마스터 : 삼국영걸전

컴파일
1991년 5월 24일 6,800엔
VRAM 128K

「디스크 스테이션 스페셜 크리스마스호」에 수록했던 말판놀이 RPG '룬 마스터'의 시스템과 소설 '삼국지'에 등장하는 캐릭터들을 융합시킨 작품. '황건적의 난'을 비롯한 여러 시나리오를 수록했고, 플레이어는 유비 현덕 등의

▶ 각 무장별 엔딩도 준비했다.

무장이 되어 골 지점으로 향한다. 시뮬레이션 게임과는 달리, 주사위 눈이 어떻게 나오느냐로 좌우되는 독특한 전개가 신선한 재미를 낳는 작품이다.

디스크 스테이션 27호

컴파일
1991년 7월 9일 1,940엔
VRAM 128K

이번 호는 '디스크 스테이션 3주년 기념 스페셜 틀린 그림 찾기'가 수록돼 있다. 큼직한 일러스트가 나오고 독자들에게 친숙할 '랜더'와 '카벙클' 두 캐릭터가 등장하며, 이 그림을 보고 틀린 부분을 찾는 게임이다.

디스크 스테이션 28호

컴파일
1991년 8월 9일 1,940엔
VRAM 128K

이번 호엔 '디스크 스테이션 소프트웨어 스쿨'이라는 코너명으로, 유저들이 투고한 프로그램을 평론해 주는 의욕적인 코너가 등장했다. 게재작·낙선작 양쪽에 정중한 조언을 곁들여, 유저들의 호응도가 높았다.

디스크 스테이션 29호

컴파일
1991년 9월 6일 1,940엔
VRAM 128K

이번 호의 오프닝 영상에는 다양한 파츠가 조금씩 페이드 인되어 그림 전체가 완성되어가는, 이전에는 없었던 화려한 시도를 추가했다. 또한 발매일을 3주 앞둔 자사의 게임 「드래곤 퀴즈」의 체험판도 수록했다.

드래곤 퀴즈

컴파일
1991년 9월 27일 6,800엔
VRAM 128K

컴파일 사가 발매한, 퀴즈와 RPG를 융합시키고 개그 요소를 잔뜩 넣은 작품. 성의 '퀴즈 왕'이 준 100실버를 밑천으로 모험을 진행한다. 입수 가능한 아이템 중엔 '2지선다 나무열매' 등이 있어, 문제를 풀 때 도움을 준다.

디스크 스테이션 30호

컴파일
1991년 10월 9일 1,940엔
VRAM 128K

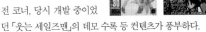

컴파일 사의 낙하계 퍼즐 게임 '뿌요뿌요'의 발매 2주일 전인지라 선행 플레이 데모판을 수록했고, 컴퓨터 통신 '컴파일넷'의 선전 코너, 당시 개발 중이었던 「웃는 세일즈맨」의 데모 수록 등 컨텐츠가 풍부하다.

디스크 스테이션 31호

컴파일
1991년 11월 8일 1,940엔
VRAM 128K

「디스크 스테이션」의 유저 투고 작품 중엔 프로그램 외에 그래픽 작품도 많아, 이번 호엔 투고자 작품의 그림을 섬네일로 표시하고 편집자가 문장으로 소개하였다. 소개문 텍스트도 독특한 맛이 나는 것들뿐이다.

MSX MSX2 MSX2+ MSXturboR 대응 기종 아이콘

카세트 테이프 ROM 카트리지

뿌요뿌요

컴파일
1991년 10월 25일   6,800엔
VRAM 128K

MSX2

▶ CPU와 대전하는 모드가 없는 게 아쉽다.

유명한 낙하계 퍼즐 게임 「뿌요뿌요」의 MSX2판. 화면 위에서 떨어지는 뿌요는 같은 색끼리 4개 이상 붙이면 소멸하며, 소멸한 뿌요의 상하좌우에 다시 같은 색 뿌요가 4개 이상 붙으면 '연쇄'를 일으켜 없어진다! 화면 최상단

까지 뿌요가 쌓이면 게임 오버다. 숨겨진 커맨드를 입력하면 화면의 뿌요가 '사람'으로

바뀌거나 노란색 뿌요가 '카뱅클'로 바뀌는 등, 개발자의 장난기가 가득한 작품이다.

웃는 세일즈맨

컴파일
1991년 12월 10일   3,980엔
VRAM 128K

MSX2

▶ 단편작들을 모은 노벨 어드벤처 게임.

후지코 후지오 Ⓐ(아비코 모토오)의 만화 '웃는 세일즈맨'의 애니메이션판을 MSX2로 재현한 작품. 간단한 커맨드 선택식으로 애니메이션처럼 스토리를 진행한다. 애니메이션 첫 화로 방영했던 에피소드 '듬직한 얼굴' 등을 수록했

고, 간판 캐릭터 '모구로 후쿠조'가 '쿵-!' 외침과 함께 불길한 미소를 띠는 장면이 화면

한 가득 표시될 때는 샘플링 음성도 출력되어 장면의 분위기를 살려준다.

디스크 스테이션 32호

컴파일
1991년 12월 19일   8,800엔
VRAM 128K

MSX2

애석하게도 이 호가 최종호가 된 MSX판 「디스크 스테이션」. 이번 호는 디스크 4장이라는 특대호 볼륨으로서, 그중 백미인 편집후기(디스크 C에 수록)에서는 편집부 멤버들 각자가 다양한 추억을 이야기한다.

드래곤 아이즈

GAME 테크노폴리스
1991년 3월 2일   6,800엔

MSX2

판타지와 SF를 조합한 세계관의 어드벤처 게임. 귀여운 캐릭터 디자인과, 200장이 넘는 이벤트 CG가 특징이다. 메카닉 묘사를 스튜디오 누에가 담당해, 당시 발매된 게임들 중에서는 정상급의 퀄리티를 자랑한다.

너에게만 사랑을…

GAME 테크노폴리스
1991년 9월 21일   7,800엔

MSX2

순애 데마의 어드벤처 게임. 주인공이 사모하던 선배 '콘노 미사'가 허니문 직후 사고로 기억상실증에 걸린다. 그녀와 제대로 소통하여, 냉철한 형으로부터 그녀의 마음을 가져오자. 미사 외에도 매력적인 히로인이 다수 등장한다.

우주를 나는 비즈니스맨

젠류츠
1991년 2월 5일   6,800엔
RAM 64K   VRAM 128K

MSX2

판타지에 SF 요소를 가미한 커맨드 선택식 어드벤처 게임. 어느 행성의 자원 채굴권을 사들이기 위해, 샐러리맨이 공주를 구한다는 이야기다. 기본은 왕도 판타지 전개이지만, 시나리오 분위기는 전반적으로 코믹 터치다.

As You Like : 맘껏 하고파 3

젠류츠
1991년 2월 5일   6,800엔
RAM 64K   VRAM 128K

MSX2

유럽 각지의 여자들을 꼬셔 가며 함께 현지를 여행하는 어드벤처 게임. 바르셀로나와 베네치아 등의 유명한 유적과 명소를 방문 가능해, 그럭저럭 관광 기분을 낼 수 있다. 플래그 세우기가 꽤 어려운 것으로도 유명하다.

백과 흑의 전설 : 총집편

APROS
1991년   3,600엔
VRAM 64K

MSX2

과거 카세트테이프로 판매했던 「백과 흑의 전설」 3부작을 플로피디스크로 복각한 타이틀. 다만 용량 문제로, 일부 삭제한 장면이 있다. 지옥에서 온 사자 '백귀'와 인간들이 초능력으로 싸우는 오컬트 어드벤처 게임이다.

Misty Vol.7 ※

데이터 웨스트
1991년 1월 25일   5,000엔
VRAM 128K

MSX2

도시를 무대로 삼은 옴니
버스 추리 게임 시리즈의
최종작. 이 작품도 5종의
시나리오가 수록돼 있다.
탐문이 끝나도 범인을 모
르겠다면 포기할 수 있으
며, 이때는 마이너스 점수가 나오고 시나리오의 해답을 알려준다.

스위트 이모션

디스커버리
1991년 12월 18일   7,800엔
VRAM 128K

MSX2

5종의 에피소드가 연속되
는 미소녀 어드벤처 게임.
피해자·목격자·탐정 세
시점으로 사건의 수수께끼
를 풀자. 선택지를 틀려도
되돌려주는 친절 설계.
캐릭터 디자이너 시카토 미요·오오코시 히데타케의 그래픽이 매혹적.

별모래 이야기

D.O.
1991년 3월 5일   6,800엔
VRAM 128K

MSX2

▶ 타 기종에선 추리
물로 유명했던 작품

농후한 에로 묘사와 모자이
크를 해제 가능한 장치 등으
로 유명했던 미소녀 어드벤
처 게임. 설정은 다르나, 과거
'어덜트 인' 명의로 출시했던
「꽃의 키요사토」(161p)의 리메이크에 가깝
다. 펜션에서 일하던 주인공이 자신에 씌워
진 누명을 벗는다는 스토리다. 특징은 임팩
트 있는 그래픽과 과격한 에로 신으로, 타
기종으로는 시리즈화까지 되었다. 증거품
찾기가 중요해, 난이도는 전반적으로 높다.

야구도 II 데이터북 '91

니혼 크리에이트
1991년 5월 17일   2,500엔

MSX2

No IMAGE   No IMAGE

1990년 발매된 「야구도
II」의 기능 확장팩. 개막전
성적을 바탕으로 각 선수
의 최신 데이터를 수록했
다. 모토키 다이스케나 새
외국인 선수 델라크루즈
등도 추가할 수 있다. 기존의 선수도 플레이어 취향대로 육성 가능하다.

BEAST : 음수의 저택

버디 소프트
1991년 9월 21일   7,800엔
VRAM 128K

MSX2

저택 탐색식의 어드벤처
게임. 플래그를 세우기가
묘하게 까다로워, 난이도
가 높기로도 유명하다. 오
컬트 연구부 부원이 되어,
저택에 잡혀있는 부원을
구출하자. 특징은 RPG 풍 던전으로, 아이템도 다수 나온다.

CAL II

버디 소프트
1991년 11월 8일   7,800엔
VRAM 128K

MSX2

▶ MSX2로는 2편까
지만 발매되었다.

이세계를 거니는 환상적인
어드벤처 게임 시리즈의 2번
째 작품. 전작의 수년 후, 시
간의 여신 '아이온'에 애인을
빼앗긴 주인공이 시간의 세
계로 떠난다는 이야기다. 도중에 신기를 모
으는 게 목적으로, 신기를 가진 여자의 절정
시에 나타난다는 문장의 유무를 확인해야
한다. 전작에 나온 동화의 세계가 아니라 시

대와 나라가 다른 세계가 무대이지만, 이후
등장인물과의 어떤 인연이 밝혀진다.

CAL

버디 소프트
1991년   6,800엔
VRAM 128K

MSX2

소심한 소년이 동화의 세계
를 거닐며, 좋아하는 여자
에게 고백할 용기를 얻기까
지를 그린 어드벤처 게임.
도중에 유명한 동화의 히로
인인 성냥팔이 소녀나 잠자
는 숲 속의 공주 등이, 나나오 안즈가 그린 미려한 그래픽으로 등장한다.

타나토스

버디 소프트
1991년   6,800엔
VRAM 128K

MSX2

순수하게 스토리를 따라가
는 식의 어드벤처 게임. 셜
록 홈즈를 동경하는 사립
탐정이, 친구의 죽음의 계
기가 된 사건을 쫓는 이야
기다. 스릴과 서스펜스 중
심의 시나리오로, 선택지를 잘못 고르면 바로 배드 엔딩이 나와버린다.

    대응 기종
아이콘

 카세트
테이프

 ROM
카트리지

HARDWARE

1983
1984
1985
1986
1987
1988
1989
1990
1991
1992
1993-

INDEX

피아스

버디 소프트
1991년   6,800엔
VRAM 128K

살인 혐의를 뒤집어쓴 소꿉친구를 구하러 주인공이 활약하는 어드벤처 게임. 시스템은 커맨드 선택식이며, 도중에 암호를 푸는 퀴즈도 나온다. 등장하는 여자들도 속속 능욕당하는 등, 모두가 운명의 장난에 희롱당하는 시나리오다.

매일이 야한 날 ※

하트 전자산업
1991년 8월 2일   7,200엔
VRAM 128K

후일의 「동급생」 시리즈처럼 시간 개념을 도입한 어드벤처 게임. 거리에서 만난 여자를 꼬시자. 대화·이동 등의 커맨드로 임의의 행동을 선택하여, 그 선택에 따라 게임 내 시간이 경과한다. 여자는 모두 14명이 등장한다.

성전사 단바인

패밀리 소프트
1991년 1월 19일   8,800엔
RAM 64K   VRAM 128K

▶ 단바인과 빌바인이 압도적으로 강하다.

일본에서 1983~4년 방영했던 같은 제목의 TV 애니메이션을 시뮬레이션 게임화했다. 내용은 TV판 기반이며, 토미노 요시유키의 소설 설정도 집어넣어 '단바인'의 결정판과도 같다. 주인공 '쇼 자마'가 되어 드레이크의 야망을

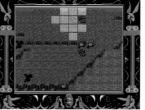

분쇄하자. 특징은 매우 미려한 그래픽으로, 애니메이션 처리도 집어넣었다. 패키지 일러스트는 당시 만화가·일러스트레이터로도 활약하던 미키모토 하루히코가 맡았다.

드래곤 시티 X지정

페어리테일
1991년 2월 22일   6,800엔
VRAM 128K

'X지정' 문자가 눈에 띄는 미소녀 어드벤처. 이세계에 있는 '드래곤 시티'를 지키기 위해, 미소녀들에게 여자의 기쁨을 가르쳐주자. 과격한 그래픽을 즐기는 타이틀로, '사오리 사건' 탓에 개발사가 리콜한 작품으로도 유명.

X·na (키사나)

페어리테일
1991년 3월 20일   6,800엔
VRAM 128K

미소녀만이 사는 나라를 모험하는 3D 던전 RPG. 방랑자인 주인공이 되어, 사로잡힌 소녀 '플로라'를 구해내자. 물론 던전 내에서는 에로한 시추에이션이 기다린다. 오토 매핑 기능이 있어 모험 난이도를 낮춰준다.

나를 골프에 데려가줘

페어리테일
1991년 4월 12일   7,800엔
VRAM 128K

미소녀 어드벤처에 골프 요소를 가미한 게임. 당시 일본의 유행가 '나를 스키에 데려가줘'에서 타이틀명을 따온 듯하다. 공략대상 캐릭터는 15명. 시나리오는 가벼운 꼬시기 위주이지만, 골프 시스템은 꽤 제대로 만들었다.

페어리테일 해적판

페어리테일
1991년 6월 2일   3,900엔
VRAM 128K

No
IMAGE

개발사의 정규 발매작인데도 타이틀명에 '해적판'을 붙인 소프트. 「살인의 드레스 2」·「스트로베리 대전략」·「립스틱 어드벤처 2」·「드래곤 시티」·「키사나」 5개 작품의 다이제스트판을 수록했고, 보너스 게임도 있다.

교내사생 1권

페어리테일
1991년 9월 13일   4,800엔
VRAM 128K

성인만화가 유진의 대표작을 게임화했다. 제 1탄인 이 작품에선 단편 스토리 5종을 옴니버스 형식으로 즐긴다. 수록 타이틀은 각각 '하느님 HELP!'·'만원전철의 행복'·'이상한 나라의 아누스'·'성냥팔이 소녀'·'여름의 트렌드'다.

교내사생 2권

페어리테일
1991년 9월 13일   4,800엔
VRAM 128K

여러 미디어믹스 작품으로 유명한 성인용 만화의 게임판. 오리지널 캐릭터 '미소녀 가면'의 에피소드를 중심으로, 도처에 원작의 에피소드를 삽입해 전개한다. 여고생의 체험과 생태를 묘사하며 그 매력을 파고드는 내용이다.

 플로피 디스크
 BEE CARD
 레이저 디스크
 VHD VHD 디스크
 메가롬 내장 게임
 파나 어뮤즈먼트 카트리지지원게임
 MSX-MUSIC 지원 게임
SCC SCC 내장 게임

201

주 : 타이틀명 옆에 「※」가 붙어있는 게임의 스크린샷은 타 기종판입니다.

교내사생 3권

페어리테일
1991년 9월 13일　4,800엔
VRAM 128K

당시 일본에서 대인기였던 성인용 만화를 게임화했다. 그중 3권인 이 작품은 2권과 동일 세계관이며, 세일러 전사 '앗코'와 미소녀 가면의 대결을 그렸다. CG에 모자이크가 없는 등 내용이 과격해, 사오리 사건의 직격탄을 맞았다.

마이★MAI

: 포동포동 퓨웅~이란 말이 나올 것 같아!

페어리테일
1991년 12월 22일　6,800엔
VRAM 128K

고양이귀 소녀 '마이'가 활약하는 3D 던전 RPG. 마법 실패로 이세계에 워프된 '마이'를 다시 돌려보내자. 체력이 마이의 SD 캐릭터로 표시되고, 마법도 '모에'를 의식해 히라가나로 표기하는 등, 캐릭터와 귀여움을 중시했다.

기제!

페어리테일
1991년 12월 28일　7,800엔
VRAM 128K

전형적인 시스템의 3D 던전 RPG. 트레저 헌터가 되어, 숨은 사연이 있는 소녀와 모험하자. 캐릭터 디자인은 현재도 업계 현역인 마키노 류이치가 맡았다. 설정 중 일부는 후일의 대히트작「로맨스는 검의 빛」에 활용되었다.

전국 소서리언

브라더 공업
1991년 12월 20일　4,800엔
VRAM 128K

No IMAGE

플레이하려면 아래의 「소서리언」 본편이 필요한 추가 시나리오집. '다케다 신겐 편', '오다 노부나가 편' 등 5가지 신규 스토리가 있으며, 등장 캐릭터와 배경과 음악 모두 일본 전국시대를 멋지게 표현하여 지금도 팬이 많다.

소서리언

브라더 공업
1991년 8월 10일　8,800엔
RAM 64K　VRAM 128K

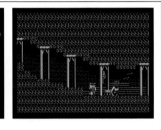

▶ 무기에 걸 마법을 조합하는 시스템이 재미있다.

도시 '펜타워'에 사는 모험가들을 일컫는 '소서리언'이 주인공인 액션 RPG. 5단계의 레벨로 구분된 짧은 시나리오 15종이 있으며, 캐릭터를 육성하며 각 시나리오를 클리어해 간다. '파이터'·'엘프'·'드워프'·'위저드' 등의 종족을 시나리오에 맞춰 적절히 조합해 진행하며, 본래는 캐릭터마다 수명이 있지만 하기에 따라서는 불로불사로 만들 수 있다는 점으로도 화제가 되었다.

판타지 IV : 영웅의 혈맥

보스텍
1991년 1월 30일　9,800엔
RAM 64K　VRAM 128K

인기 시리즈 제 4탄. 전작의 20년 후가 무대로, 니카데무스와 싸운 영웅들의 자손이 활약한다. 시스템을 GUI 방식으로 변경했고, 전투도 전략계 배틀로 개량했다. 전작까지의 캐릭터를 전송할 수 있고, 혼혈종족 작성도 가능.

은하영웅전설 II DXkit

보스텍
1991년 6월 14일　4,800엔
RAM 64K　VRAM 128K

'은하영웅전설' 게임화 제 2탄으로서 1990년 발매했던 「은하영웅전설 II」의 편의성을 향상하고 시나리오를 추가한 확장팩이다. 기능 면에서는 처리속도 향상과 난이도 변경, 각 제독의 체류행성 자유 변경이 가능해졌다.

은하영웅전설 II DXset

보스텍
1991년 7월 12일　12,800엔
RAM 64K　VRAM 128K

「은하영웅전설 II」와 「~DXkit」을 합본한 상품. 이 하나로 「은하영웅전설 II」 전체를 즐길 수 있다. 추가 시나리오 7종은 주로 원작의 라그나뢰크 작전 기반으로, 제국군의 페잔 침공부터 동맹 수도성 함락까지를 그렸다.

AD&D 히어로즈 오브 더 랜스

포니 캐년
1991년 9월 21일　7,500엔
VRAM 128K

상급자용 테이블 토크 RPG '어드밴스드 던전즈 & 드래곤즈'에서 파생된 소설 '드래곤랜스'를 액션 게임화했다. 원작에 등장하는 용사 8명이 암흑의 여왕 타키시스 타도에 도전한다. 레벨 업과 무기 강화 등의 요소는 없다.

   대응 기종 아이콘

 카세트 테이프　 ROM 카트리지

사크 : 가젤의 탑

마이크로캐빈
1991년 10월 4일 7,800엔
VRAM 128K

MSX 2

마이크로캐빈 사의 「사크」 시리즈에서 외전격 포지션에 있는 작품. 시리즈 타 작품과 동일한 탑뷰형 RPG로, 입체감 표현과 대화 시의 윈도우 처리, FM 음원을 능숙하게 구사한 중후한 사운드도 전통을 잘 계승하여 팬들의 마음

▶ 각 캐릭터의 특수 능력을 활용해 행동하자!

을 사로잡았다. 이번 작품에선 여러 주인공을 조작한다. 라토크 · 프레이 등의 캐릭터

를 장면별로 선택하여, 상황에 맞춰 퍼즐을 풀며 가젤의 탑을 올라가야 한다.

환영도시

마이크로캐빈
1991년 12월 15일 9,800엔

MSX turbo R

사실상 FS-A1GT 전용인 초 하이스펙 RPG. 사이버펑크와 전기물이라는 상반된 세계관을 하나로 합쳐낸 의욕작이다. 200X년의 네오 홍콩을 무대로, 마물 토벌업자로 활동하는 주인공 '텐런'과 신흥종교 '마천교'와의 싸움을 그린

▶ 남자×남자의 베드 신은 당시엔 충격이었다.

스토리다. 기본은 전형적인 필드형 RPG지만 독자적인 조연(操演) 시스템을 내장해, 비

주얼 신 없이도 캐릭터의 디테일한 모션만으로 스토리를 드라마틱하게 연출했다.

프로의 바둑 파트 4

마이티 마이컴 시스템
1991년 9,800엔
VRAM 128K

MSX 2

No IMAGE

승기를 잡는 기술과 판단력을 기르는 바둑 소프트. 「프로의 바둑 파트 3」(192p)의 진화판으로, 수읽기와 공격법을 단련한다. 프로의 대국과 포석, 정석을 100문제 이상 수록했고, 우시쿠보 요시타카 9단이 지도 감수했다.

피치 업 8호

모모노키 하우스
1991년 1월 25일 3,800엔
VRAM 128K

MSX 2

시리즈 제 8탄. 퍼즐 게임 '미러 메이즈 : 함내의 천사들', 카드 게임 '아우터 번외편 II : 라이엇 폴리스 채용시험」, 「전뇌학원 시나리오 3 : 톱을 노려라!」의 체험판을 수록했다. 이번 호를 끝으로 「피치 업」은 휴간되었다.

에스트랜드 이야기

MEDO
1991년 6월 8일 6,800엔
RAM 64K   VRAM 128K

MSX 2

No IMAGE

'소프트 벤더 TAKERU'로 출시된, MSX용 게임 중에선 드문 오리지널 롤플레잉 게임. 평화로운 나라 '에스트랜드 왕국'이 돌연 나타난 마물의 습격을 받아, 성의 경비대는 전멸하며 에미아 공주까지 납치당하고 만다. 게임은 사

▶ 주인공은 아버지의 원수를 갚을 수 있을까?

건의 한 달 후, 경비대장의 아들인 주인공이 소꿉친구인 공주를 구하러 여행하면서 시

작된다. 기본에 충실하여 쉽게 즐길 수 있는 내용의 게임이다.

피치 업 총집편

모모노키 하우스
1991년 3월 26일 6,800엔
VRAM 128K

MSX 2

기존 작품들에 수록했던 게임을 개량 · 변경하여 재수록한 총집편. '그리엘의 성배 엑설런트'를 비롯해 액션, 퀴즈 어드벤처 등 여러 장르의 게임을 즐길 수 있다. 패키지에 '모모코의 귀여운 선물'로서 팬티를 동봉했다.

피치 업 총집편 II (웃음)

모모노키 하우스
1991년 11월 26일 7,800엔
VRAM 128K

MSX 2

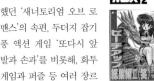

총집편 제 2탄. 6호에 수록했던 '새너토리엄 오브 로맨스'의 속편, 두더지 잡기풍 액션 게임 '또다시 앞발과 손과'를 비롯해, 화투 게임과 퍼즐 등 여러 장르의 게임을 수록했다. 부록으로 '모모코의 수줍은 팬티'도 동봉했다.

HARDWARE
1983
1984
1985
1986
1987
1988
1989
1990
1991
1992
1993-
INDEX

1992

MSX GAME SOFTWARE CATALOGUE

1992년에 발매된 게임 소프트는 36개 타이틀이다. 전년 11월엔 최후의 MSX인 FS-A1GT가 발매되었고, 이 해 5월에는 아스키 사의 공식 잡지인 'MSX 매거진'도 휴간된다. 이즈음이 되자 상용 소프트 발매를 사실상 기대할 수 없게 되어 대신 아마추어 활동이 MSX라는 하드웨어를 지탱하는 구조로 서서히 바뀌어, 소프트의 핵심 공급처는 동인행사와 TAKERU가 되었다.

에어 하키

아스키
1992년 5월 6일   2,980엔
RAM 16K

오락실에서 사람끼리 일대일로 즐기는 '에어 하키' 게임을 본 사람이 있을 것이다. 플레이어는 광선총을 사용해 컴퓨터가 튕겨내는 에어 퍽을 히트시켜 상대 진지로 돌려보내, 에어 퍽을 골대에 집어넣어야 한다.

슈팅 컬렉션

아스키
1992년 5월 6일   2,980엔
RAM 16K

MSX용 광선총을 입력장치로서 지원하는 작품. 클레이 사격 느낌의 건 슈팅을 즐길 수 있는 게임, 샷 버튼을 눌러 장애물 달리기를 하는 돼지를 점프시키며 전진하는 독특한 게임 등을 수록했다.

2021 SNOOKY

아틀리에 타카
1992년 1월 1일   4,900엔

'신감각의 4차원 퍼즐 게임'을 자칭하는 작품으로, 화면 내 공간을 튀며 돌아다니는 볼을 지정된 요건대로 배치해 고정시키는 3D 슈팅 퍼즐 게임이다. turboR의 성능을 활용한 256색 모드의 고속 확대 · 축소 표시는 압권.

D.P.S. SG set 3

앨리스 소프트
1992년 2월 15일   6,800엔
RAM 64K   VRAM 128K

특정한 꿈이 프로그래밍된 카트리지를 교체해 다양한 전개의 이야기를 보여준다는 설정의 작품으로, '신혼부부 이야기' · '졸업' · 'Rabbit-P4P' 총 3화를 수록했다. 인터레이스 모드를 이용한 고품질 그래픽을 즐길 수 있다.

D.P.S. SG data 3

앨리스 소프트
1992년   4,500엔
RAM 64K   VRAM 128K

「D.P.S. SG set 3」의 시나리오 디스크만을 수록한 버전. 시리즈 타 작품의 시스템 디스크가 있을 경우, 이것만 구입해도 게임을 플레이할 수 있다. 시리즈 자체는 이후에도 이어지지만, MSX로는 이 3편이 마지막이다.

핑크 삭스 8

웬디 매거진
1992년 4월 24일   6,800엔
VRAM 128K

「핑크 삭스」 메인 시리즈 제 8탄. 동화 어드벤처 게임 '세계명작극장'에선 백설공주가 모티브인 스토리가 전개된다. 그 외에 바다에서 씨를 기르는 'SIM GIRL'과 '작은 구멍에서 꾸준히…', '도시훈' 등을 수록했다.

Dr.STOP!

앨리스 소프트
1992년   6,800엔
RAM 64K   VRAM 128K

▶ '대화'가 중요한 공략 포인트다.

자유분방한 병원이 무대인 미소녀 어드벤처 게임. 주인공은 어느 병원의 내과의사로, 원장의 딸과 약혼했지만 반대 세력인 부원장파 소속인 미묘한 입장이다. 어느 날 친구가 맡은 수술이 실패해 카르테를 조사하던 중, 원장이 숨긴 어떤 비밀을 보고 만다. 스토리가 반강제 진행이라 플레이는 쉬운 편이다. 초기의 앨리스 소프트 작품답게, 슬랩스틱 코미디와 깊이 있는 시리어스 전개를 겸비했다.

   대응 기종 아이콘   카세트 테이프   ROM 카트리지

HARDWARE

1983

1984

1985

1986

1987

1988

1989

1990

1991

1992

1993-

INDEX

슈퍼 핑크 삭스 2 :
YUKA - 유카의 신비한 체험

웬디 매거진
1992년 5,800엔
VRAM 128K

MSX 2

▶ 어드벤처 파트는 특정 화면부터 시작 가능.

©Wendy Magazine

기존 시리즈 대비로 컨텐츠 수를 줄인 대신 작품 하나의 볼륨을 대폭 늘린, 「슈퍼 핑크 삭스」 2번째 작품. 타이틀작 '유카의 신비한 체험'은 주인공 '유카'가 소식이 끊긴 친구를 빼닮은 전학생과 만나 정체를 조사하던 중 학교가 휘말리는 세너 소동으로 발전한다는 스토리를 그린 어드벤처 게임으로, ACT 1~4를 수록했다. 그 외에 업계의 뒷얘기도 들려주는 독자 코너, 뮤직 모드도 즐길 수 있다.

ELLE

엘프
1992년 2월 17일 7,800엔
RAM 64K VRAM 128K

MSX 2

▶ 엔딩에 찬반양론이 갈리는 작품.

'아이콘 클릭 시스템'을 도입한 어드벤처 게임. 근미래가 무대로, 치안유지조직 '스나이퍼' 소속인 주인공과 범죄조직 '블랙 위도우'의 싸움을 그린 스토리다. 시나리오를 맡은 허루타 마사토의 대표작으로 꼽히며, 에로와 재미와 놀라움이 연속되는 스토리라 지루할 틈이 없다. 반면 시체나 폭발 신 등의 그로테스크한 묘사도 많고 엔딩 전개도 논란거리여서, 발매 당시엔 상당한 문제작이었다.

졸업사진 / 미키

칵테일 소프트
1992년 3월 26일 6,800엔
RAM 64K VRAM 128K

MSX 2

비련을 테마로 삼은 작품 2종을 합본한 옴니버스 타이틀. 수록작은 끝나버린 여름의 사랑을 마무리 짓는 '졸업'과, 무대에서 연기하던 도중 타임 슬립되는 '미키' 두 작품이다. 모두 쓸쓸하고도 비극적인 스토리로 진행된다.

비밀의 화원

GAME 테크노폴리스
1992년 3월 6일 7,800엔

MSX 2

일본사 담당 출산휴가 보충교사로서 옆방에 이사 온 사립탐정 미녀와 살인사건을 조사하여, 원래 교사가 복귀하는 3일 후까지 해결해야 한다. 해결보수 선택과 누구를 파트너로 골랐느냐로 난이도와 진행법, 엔딩이 바뀐다.

컨티넨털

GAME 테크노폴리스
1992년 3월 20일 8,800엔

MSX 2

등장인물이 미소녀들뿐인 필드형 RPG. 2년 전에 개최되었던 무투회 '컨티넨털'에서 탈락했던 주인공이, 2년 후 다시 영예를 얻기 위해 여행에 나선다. 특징은 애니메이션 풍 그래픽으로, 미소녀화된 몬스터도 다수 나온다.

푸른 늑대와 하얀 암사슴
: 원조비사

코에이
1992년 9,800엔
RAM 64K VRAM 128K

MSX 2

시리즈 제 3탄. 테무진의 몽골 통일, 이후 세계 각국과의 전쟁, 손자인 쿠빌라이가 세운 원나라와 세계 간의 전쟁까지 총 3개 시대를 플레이한다. 시리즈 공통 특징인 '오르도'는, 왕후를 잘 유혹해야만 밤을 보낼 수 있다.

유럽 전선

코에이
1992년 4월 2일 12,800엔
RAM 64K VRAM 128K

MSX 2

▶ 초반엔 독일군, 후반엔 연합군이 유리하다.

「제독의 결단」(197p)에 이은 코에이의 「WWII」 게임 시리즈 제 2탄. 추축군·연합군 중 한쪽을 골라 승리로 이끌자. 2차대전 중의 유럽이 무대인 전술 시뮬레이션 게임으로, 제시되는 맵을 하나씩 클리어하는 시나리오 클리어 식 전개다. 부대 이동은 반자동으로 진행되며, 부대에 배속한 장군의 능력치가 부대의 능력에도 영향을 준다. 생산 개념이 없으며, 보급은 상부에 요청해야만 받을 수 있다.

미라쥬

디스커버리
1992년 7,800엔
VRAM 128K

MSX 2

200

3D 던전을 탐색하는 미소녀 RPG. 여러 히로인과 미소녀 몬스터가 나온다. 불사의 저주가 걸린 소년 '켄', 그리고 언니가 인질로 사로잡힌 소녀 '아쿠아'가 위대한 마법사 '마르듀크'를 찾아 저주를 풀기까지의 이야기다.

조커 II

버디 소프트
1992년 7,800엔
VRAM 128K

MSX 2

200

「조커」 2부작의 완결편. 고향 마을과 소꿉친구를 잃은 '와일드'가 파트너 '블랑카'와 함께 다시 조커 부활 저지를 위해 노력한다. 매뉴얼 내에 흡혈귀 '힐데가드'와 신부의 만남을 그린 과거편 소설을 수록했다.

조커

19세기의 미국을 무대로 삼은 어드벤처 게임. 백·흑마술과 흡혈귀라는 오컬트 요소를 가미한 서부극 장르로, 인디언과 백인의 혼혈인 바운티 헌터 '와일드'가 사악한 신 '조커' 부활을 저지하기 위해 싸우는 이야기를 그렸다.

버디 소프트
1992년 1월 14일 7,800엔
VRAM 128K

MSX 2

200

▶ 「조커 II」로 이어지는 스토리의 전편에 해당한다.

하드보일드한 세계관과, 여색을 밝히는 와일드를 둘러싼 미녀들과의 교류가 작품의 세일즈포인트다. 원안·캐릭터 디자인·채색을 만화가 하야시야 시즈루가 맡았다.

버디 월드

버디 소프트의 팬 디스크격 타이틀. 자사 브랜드의 인기 타이틀을 소개하는 내용의 게임이며, 메인 게임인 말판놀이 모드를 비롯해 명작 「CAL II」(200p)의 패러디인 「PAL II」, 「조커」의 패러디 데모와 '버디 뉴스'를 수록했

버디 소프트
1992년 7,800엔
VRAM 128K

MSX 2

200

▶ 게임 자체의 재미보다는 자료가치 쪽이 높은 작품이다.

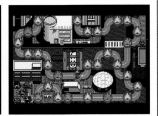

다. 말판놀이의 목적은 「BEAST 2」·「CAL III」·「조커 II」의 데모를 보는 것이다. 현재 만화가로 활약 중인 하야시야 시즈루도 '하야시파' 명의로 제작에 참가했다.

용의 화원

패밀리 소프트
1992년 9월 4일 7,800엔
RAM 64K VRAM 128K

MSX 2

200 ♪

프로듀서인 아오이 타이켄 등, 프로 만화가 4명이 참여한 미소녀 어드벤처 게임. 같은 장소라도 시간별로 이벤트가 변화하는 시스템, 주인공의 행동으로 결말이 바뀌는 멀티 엔딩 등의 선진적인 시스템을 여럿 채용했다.

성전사 단바인 (상)

패밀리 소프트
1992년 3,500엔
RAM 64K VRAM 128K

MSX 2

200 ♪

1991년 발매했던 「성전사 단바인」의 상·하편 분할판. 이 작품은 스토리의 전반부를 재현했다. 주인공 '쇼 자마'와 아군 기체를 조작해 적 유닛을 격파하자. 전투 신은 커맨드 배틀 형식으로 전개된다.

No IMAGE

성전사 단바인 (하)

패밀리 소프트
1992년 3,500엔
RAM 64K VRAM 128K

MSX 2

200 ♪

「성전사 단바인」의 스토리 후반을 재현한 시뮬레이션 게임. 전투 신과 비주얼 신이 교대로 진행된다. 비주얼 신은 전투 신을 클리어할 때마다 메뉴에도 추가되므로, 나중에 몰아서 다시 감상할 수도 있다.

No IMAGE

MSX 트레인

패밀리 소프트
1992년 7,800엔
RAM 64K VRAM 128K

MSX 2

200 ♪

여러 만화가가 원화를 그린 디스크 매거진의 창간호. 소녀 검사가 주인공인 RPG '붉은 이쟌', 로봇×소녀의 사랑을 그린 어드벤처 'RM', 「용의 화원」의 과거편 '용의 꽃 : 카나코', 퀴즈 '카루와 소 : M트레 판' 등을 수록했다.

     대응 기종 아이콘

 카세트 테이프   ROM 카트리지

미쳐버린 과실

페어리테일
1992년 6월 12일 7,800엔
VRAM 128K

MSX2

▶ 이시하라 신타로의 같은 제목 소설과는 무관한 작품이다.

음울한 전개와 잔혹한 묘사로 충격을 던져준 타이틀. 선전 문구인 '소녀는 미쳐버릴 만큼 기분이 좋다'와는 반대로, 도입부부터 엽기적인 장면이 속출한다. 주인공 '카노 테츠'와 관계한 여성이 차례로 죽는 전개의 스토리로, 살해방법

도 잔혹하고 기괴한 경우가 많다. 그 탓에 후일 '미소녀 게임 사상 제일 지독한 타이틀'

등의 평가를 받았고, 히로인 '미나츠'도 범행 동기 등의 이유로 '원조 얀데레'라 불린다.

데드 오브 더 브레인

페어리테일
1992년 7월 17일 8,800엔
VRAM 128K

MSX2

▶ 성묘사는 다른 방향의 '성인용'을 모색한 작품이다.

성인물 표현규제를 성애 묘사가 아니라 호러 표현 쪽으로 돌파한 타이틀. '시체들의 새벽' 등의 스플래터 영화와 '터미네이터'를 비롯한 SF 영화의 요소를 대거 믹스했다. 미국의 모처를 무대로, 주인공 '콜'과 히로인 '실라'가 흉포

한 원령들로부터 도망친다는 스토리다. 시스템은 커맨드 선택과 화면 클릭의 결합이

며, 전투 신은 시간제한이 있는 FPS와 비슷하다. 스토리와 적당한 긴박감을 겸비했다.

유메지 : 아사쿠사 기담

페어리테일
1992년 8월 7일 7,800엔
VRAM 128K

MSX2

다이쇼 시대가 무대인 어드벤처 게임. 주인공 '타케무라 유메지'가 되어, 잃어버린 자신을 찾으며 여성의 본질을 탐구하자. 특징은 시대감이 느껴지는 세피아 톤 그래픽. 등장인물명도 타니자키 · 요사노 등 일본 문호에서 따왔다.

미소녀 대도감

페어리테일 / 산타 페
1992년 6,800엔
VRAM 128K

MSX2

칵테일 소프트와 페어리테일의 인기 미소녀 캐릭터들이 등장하는 올스타 어드벤처 게임. 미공개 오리지널 원화를 수록한 '앞으로 스타가 될 미소녀 캐릭터 노트북'을 부록으로 패키지에 동봉했다.

전국·피라미드 소서리언

브라더 공업
1992년 4월 20일 7,800엔
VRAM 128K

MSX2

「소서리언」의 추가 시나리오 작품인 「전국 소서리언」 · 「피라미드 소서리언」 2종을 합본하여 한 패키지로 판매한 상품. 스토리 관계상, 각 작품은 순서대로 클리어하지 않으면 진행할 수 없도록 하였다.

피라미드 소서리언

브라더 공업
1992년 4월 20일 3,800엔
VRAM 128K

MSX2

「전국 소서리언」에서 사명을 완수한 소서리언에게, 펜타워 국왕이 "마의 파동이 이번에는 길바레스 섬에 깃들었다"고 전해준다. 일단 선더스 섬에 들러 섬의 노인에게서 조언을 들은 후, 마왕 길바레스를 물리치러 가야 한다.

부라이 하권 : 완결편

브라더 공업
1992년 10월 30일 8,800엔
VRAM 128K

MSX2

▶ 일류 스탭들이 만든, 개성이 강한 작품이다.

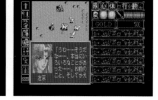

1989년에 발매된 「부라이 상권」(193p)의 속편. 부활한 어둠의 황제 '비도'와 8옥의 용사들이, 시공을 초월해 최후의 싸움에 나선다. 전투가 전작의 탑뷰에서 사이드뷰로 변경되고, 이동 중에도 몬스터가 아닌 통행자가 출현하

는 등 시스템이 특수해졌다. MSX2판은 타 기종판과 화면 레이아웃이 다르고, 그래픽

은 전용으로 새로 그렸다. 패키지판에는 행성 키프로스 지도와 트럼프를 동봉했다.

슈퍼 배틀 스킨 패닉

브라더 공업
1992년 7월 7일   7,200엔
VRAM 128K

전투 시스템에 카드 게임을 조합한 어드벤처 게임. 히로인 '반도 미미'는 고대 중국 역사상 최강의 권법 '나신활살권'의 전승자라, 벗을수록 강해지는 게 특징이다. 다만 '부끄러움' 수치가 일정량을 넘으면 행동불능이 된다.

캠페인 판 대전략 II

마이크로캐빈
1992년 6월 11일   8,800엔
VRAM 128K

유닛을 성장시켜 계승해가며 연속으로 맵을 공략하는 '캠페인 모드'를 채용했다. 이 작품에선 자주포가 등장해 원거리 공격이 가능해졌지만, 잘못 쏘기도 하므로 주의해야 한다. 함선 유닛도 사용 가능해졌다.

란마 1/2 : 비룡전설

보스텍
1992년 6월 12일   12,800엔

타카하시 루미코 원작의 인기 만화를 게임화했다. 전년에 발매된 PC-9801판의 이식작이지만, 이 작품을 위해 모든 CG를 다시 그려 turboR 전용 작품다운 초 미려 그래픽을 즐길 수 있다. 원작의 설정을 충실히 살린 오

▶ '란마 1/2'을 OVA 감각으로 즐긴다.

리지널 스토리이며, 디스크 8장의 대용량을 활용한 500장 이상의 그래픽, 애니메이션이

들어간 캐릭터, 애니메이션 CD에서 발췌한 BGM 등, 게임의 모든 사양이 파격적이다.

포키 2

포니테일 소프트
1992년 5월 9일   8,800엔
VRAM 128K

「포키」의 속편. 전작과 동일한 사립 포키 학원을 무대로, '남자 선발 여자팬티 쟁탈전' 후의 사건을 그린 학교 슬랩스틱 코미디물이다. 평범한 남녀공학이 된 학교에, 여학생만을 습격하는 괴인 '붉은 망토'가 출현한다. 플레이어

▶ 전작 이상으로 가련한 미소녀 CG를 다수 수록했다.

는 신문부 소속 여학생 3명을 조작해 그의 정체를 밝혀내야 한다. 시스템은 커맨드 선

택식이며, 난이도도 전작보다 낮아졌다. 마우스를 지원하여, 조작성도 더욱 진화했다.

프린세스 메이커

마이크로캐빈
1992년 5월 14일   14,800엔
VRAM 128K

고아가 된 소녀를 양녀로 들여, 18세까지 8년간을 키워나가는 육성 시뮬레이션 게임. 공부와 실습, 무사수행, 아르바이트 등의 계획을 세워 성장시켜 딸을 공주로 만드는 게 게임의 목표다. MSX2판은 '고아원 교사' · '마왕의

▶ 육성 시뮬레이션 장르의 효시격 작품.

아내' · '아버지와의 결혼'이란 3개 엔딩이 추가되었고, 게임 내에서의 PCM 음성 출력

도 구현했다. MSX turboR로 플레이할 경우 고속 모드 구동을 지원한다.

The Tower of CABIN : 캐빈 패닉

마이크로캐빈
1992년 12월   5,800엔
VRAM 128K

지금도 일본 미에 현 욧카이치 시에 실존하는 소프트 개발사 마이크로캐빈, 즉 자사를 무대로 삼은 멀티미디어 패러디 소프트. 회사 건물을 '탑'으로 간주해, 유저가 개발사 내부를 견학한다는 설정이다. 수록 소프트는 '진 GOGO

▶ 당시의 게임 개발 환경을 기록한 자료로서도 가치가 있다.

픽시', 「샤크」의 패러디 게임인 '사랑의 라이벌 선언' · '수다쟁이 프레이 양' 등이다. '불

타라! 압승 카 레이스', 뮤직 소프트 'GM해보자고!' 등의 타이틀도 수록돼 있다.

1993

MSX GAME SOFTWARE CATALOGUE

1993년에 발매된 게임 소프트는 8개 타이틀. 대부분이 TAKERU로만 판매되었기에 실물 패키지가 존재하지 않으므로, 실질적으로는 이 해를 기점으로 실물 시판 형태의 소프트 공급이 종료되었다. 뒤집어 말하면, 패키지 유통이 끊겼음에도 MSX가 어느 정도 연명할 수 있었던 데는 TAKERU의 존재가 큰 역할을 했다고도 할 수 있겠다.

마이티 배틀 스킨 패닉

가이낙스
1993년 2월 5일 8,800엔
RAM 64K VRAM 128K

PC-9801용 게임의 이식작. 가이낙스 사가 제작한 어드벤처 게임으로, 플레이어는 주인공 '아리카와 스스무'가 되어 '반도 미미'와 함께 나신활살권 전승자의 증표인 '블루 랍스터'를 찾아내야 한다. 게임은 어드벤처 파트와 카

▶ 무작정 벗기만 해서는 강적을 이길 수 없다.

드 배틀 파트로 구성되며, 스토리 진행 도중 적과 만나면 카드 배틀에 돌입한다. 배틀에

선 벗으면 벗을수록 공격력이 올라가지만, 수치심 역시 상승하므로 위험도 커진다.

졸업사진

칵테일 소프트
1993년 2,900엔
RAM 64K VRAM 128K

「졸업사진 / 미키」에서 「졸업사진」을 분리해 상품화한 타이틀. 당시엔 '사오리 사건'의 영향으로 성인용 게임 제작사들이 성적 묘사에 의존하지 않는 작품을 모색하던 시기라, 이 작품도 전연령용이다. 졸업식을 계기로 각자의 추

No IMAGE

▶ 당시의 트렌디 드라마 유행을 의식한 작품.

억을 마무리 짓기로 한 남녀의 심경을 그린 스토리로, 전반적으로 가슴이 미어지는 긴

장된 심정을 묘사했다. CG도 담담한 수채화 풍 색조로 작품의 분위기를 장식한다.

미키

칵테일 소프트
1993년 2,900엔
RAM 64K VRAM 128K

「졸업사진 / 미키」 중에서 「미키」를 단독 상품화한 커맨드 선택식 미소녀 어드벤처 게임. 주인공이 사는 지방에 에도 시대부터 내려온 전설이 소재인 연극을 주인공과 히로인이 연기하던 도중 실제로 타임 슬립하여 그 전설

No IMAGE

▶ 연애물에 타임 슬립 요소를 결합한 타이틀.

의 등장인물에 빙의돼버렸기에, 전설에 예고된 비련을 회피해야 한다는 스토리다. 과

거를 바꿔 해피 엔딩을 노려야 하므로, 동시발매된 「졸업사진」과는 대조적인 작품이다.

MSX 트레인 2호

패밀리 소프트
1993년 9월 3일 7,800엔
RAM 64K VRAM 128K

패밀리 소프트 사의 디스크 매거진 제 2호. '열차'라는 모티브를 전작보다 강조하여, 메뉴 화면의 여러 열차를 이동하는 식으로 각 컨텐츠를 선택한다. 컨텐츠는 창간호에서 이어지는 속편 중심의 '붉은 이잔' · 'RM' · '카루와 소

▶ 전작보다 그래픽이 진화되었다.

: M트레 판'과, 이전 호에 수록한 '용의 꽃 : 카나코'의 속편인 '용의 꽃 : 아이', 근미래 SF

어드벤처 게임 '신들의 우주선' 등을 수록했다. 철도를 사진으로 해설하는 코너도 있다.

그램 캐츠 2

도트 기획
1993년   7,800엔
VRAM 128K

지구방위군 대원인 '사야카'와 파트너 '마린'이 리조트 섬에서 일어나는 행방불명 사건의 진상을 캐는 어드벤처 게임. 잠입 수사 중이면서도 리조트를 즐기는 두 사람의 섹시한 그래픽을 스토리 도처에 삽입한 것이 특징이다.

캠페인 판 대전략 II
: 커스터마이즈 킷

마이크로캐빈
1993년 3월 13일   4,500엔

No IMAGE

앞서 발매되었던 「캠페인 판 대전략 II」를 더욱 재미있게 해주는 '맵 에디터' · '유닛 에디터' 프로그램을 비롯해, 'MSX · FAN' 잡지가 개최한 콘테스트에서 수상한 맵 등 다량의 컨텐츠를 수록한 확장팩 디스크다.

엘리멘탈 사가

로그인 소프트
1993년   2,000엔
VRAM 128K

No IMAGE

아스키 사가 주최한 '로그인' 지의 소프트웨어 콘테스트에서 입상, 소프트 벤더 TAKERU로 판매된 RPG. 세계의 평화를 지키는 3인의 정령들이 갑자기 악에 사로잡혀 폭동을 일으켰다. 주인공은 원인을 찾으러 여행한다.

피에로트

로그인 소프트
1993년   1,500엔

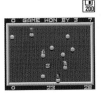

No IMAGE

잡지 '로그인'이 1983년 개최했던 '로그인 대상'의 프로그램 부문 2위 수상작. 피에로가 되어 공에 올라타, 다른 피에로들과 숫자를 쟁탈하는 게임이다. 공은 화면 내에 최대 16개 등장하며, 128방향으로 굴릴 수 있다.

1994
MSX GAME SOFTWARE CATALOGUE

이 해를 기해 개발사가 상용으로 제작 판매하는 소프트의 출시가 종료되었고, 파나소닉도 FS-A1GT의 생산종료를 발표하여, 상업적 측면에서의 MSX 시장은 막을 내렸다. 토쿠마쇼텐 사의 전문지 'MSX · FAN'도 격월간화를 거쳐 휴간을 예고하였기에, 1994년은 일본의 MSX 역사가 대단원을 짓는 해가 되었다.

천옥

로그인 소프트
1994년   1,500엔
VRAM 128K

No IMAGE

월간 '로그인'이 1994년 개최한 '로그인 대상' 프로그램 부문 3위 수상작. 제각기 색이 다른 구슬 3개를 같은 색깔로 맞추자. 화면구성도 심플하고 룰도 간단해 알기 쉽지만, 클리어하려면 색을 바꿀 순서를 잘 정해야 한다.

슈퍼 핑크 삭스 3

웬디 매거진
1994년   6,800엔
VRAM 128K

MSX2 최후의 디스크 매거진. 어드벤처 게임 '삐삐 클럽 : 방과 후'와 '세계명작극장 : 백설공주'를 비롯해 미니게임 '벌거벗은 기수', 4컷 애니메이션 '도시 도시 훈도시', 독자 투고 코너를 수록했다.

MSX MSX2 MSX2+ MSXturboR 대응 기종 아이콘

카세트 테이프 ROM 카트리지

Chapter 3

일본 MSX
하드웨어&소프트웨어 색인

INDEX OF MSX HARDWARE & SOFTWARE

MSX HARDWARE LIST BY MANUFACTURER

일본 MSX 제조사별 하드웨어 리스트

이 페이지는, Chapter 1에서 소개했던 일본 내 발매 MSX 본체들을 제조사별 발매 리스트화하여 표로 정리한 것이다. 가격과 사양 등을 어느 정도까지는 편리하게 비교할 수 있도록 하였으므로, 각 제조사별 가격과 사양

비교 시에 도움이 되었으면 한다.
'슬롯' 항목에는 괄호가 부가된 경우가 있는데, 괄호 안의 숫자는 ROM 카트리지 슬롯 외에 제조사 독자규격의 확장단자가 있을 경우 이 단자의 수를 가리킨다. 공통규격의 기치를 내

걸긴 하였으나, 제조사별로 각자의 의도와 사정이 있었기에 완전히 사양을 통일하기가 그리 여의치 않았던 것으로 보인다.

■ 나쇼날

규격	상품명	형식번호	발매일	가격	RAM	VRAM	슬롯	드라이브	참고
MSX	킹콩	CF-1200	1985년	¥43,800	16	16	2		
	킹콩	CF-1300	1985년	¥39,800	64	16	2		
	킹콩	CF-2000	1983년 10월	¥54,800	16	16	2		
	킹콩	CF-2700	1984년 10월	¥59,800	32	16	2		
	킹콩	CF-3000	1984년 11월	¥79,800	64	16	2		
	킹콩	CF-3300	1985년	¥148,800	64	16	2	🖫100 1	
	워프로 퍼스컴	CF-4000	1985년	¥106,000	64	16	2		漢 프린터 내장
MSX2	워프로 퍼스컴	CF-4500	1986년 5월	¥108,000	64	128	2		漢 프린터 내장
	워프로 퍼스컴	CF-4600F	1986년	¥138,000	128	128	2	🖫200 1	漢 프린터 내장
	워프로 퍼스컴	CF-4700	1986년	¥158,000	64	128	2	🖫200 1	漢 프린터 내장
		CF-5000	1986년 11월	¥158,000	128	128	2(3)	🖫200 1	
		CF-5500F1	1985년 12월 1일	¥188,000	64	128	2(3)	🖫200 1	漢
		CF-5500F2	1985년 12월 1일	¥228,000	64	128	2(3)	🖫200 2	漢

■ 파나소닉

규격	상품명	형식번호	발매일	가격	RAM	VRAM	슬롯	드라이브	참고
MSX2		FS-A1	1986년	¥29,800	64	128	2		
		FS-A1mk2	1987년	¥29,800	64	128	2		
		FS-A1F	1987년	¥54,800	64	128	2	🖫200 1	漢
		FS-A1FM	1988년	¥89,800	64	128	2	🖫200 1	漢 모뎀 내장
MSX2+		FS-A1FX	1988년 10월 21일	¥57,800	64	128	2	🖫200 1	漢
		FS-A1WX	1988년 10월 21일	¥69,800	64	128	2	🖫200 1	漢 ♪
		FS-A1WSX	1989년 10월	¥69,800	64	128	2	🖫200 1	漢 ♪ S단자 탑재
MSX turbo R		FS-A1ST	1990년 10월	¥87,800	256	128	2	🖫200 1	漢 ♪ PCM 음원 내장
		FS-A1GT	1991년 11월	¥99,800	512	128	2	🖫200 1	漢 ♪ PCM 음원, MIDI 단자 내장

■ 카시오 계산기

규격	상품명	형식번호	발매일	가격	RAM	VRAM	슬롯	드라이브	참고
MSX		PV-7	1984년 10월 15일	¥29,800	8	16	1(1)		
		PV-16	1985년	¥29,800	16	16	1(1)		
		MX-10	1985년	¥19,800	16	16	1(1)		
		MX-101	1987년	¥19,800	16	16	1(1)		

■ 소니

규격	상품명	형식번호	발매일	가격	RAM	VRAM	슬롯	드라이브	참고
MSX	HiT-BiT MEZZO	HB-10	1985년	¥34,800	64	16	2		
	HiT-BiT U	HB-11	1986년 2월 21일	¥48,000	64	16	2		漢
	HiT-BiT	HB-55	1983년 10월	¥54,800	16	16	1(1)		
	HiT-BiT	HB-75	1984년	¥69,800	64	16	1(1)		
	HiT-BiT MEZZO	HB-101	1984년	¥46,800	16	16	2		
	HiT-BiT MEZZO	HB-201	1985년	¥59,800	64	16	2		
	HiT-BiT	HB-701	1984년 11월	¥99,800	64	16	2		
	HiT-BiT	HB-701FD	1984년 11월	¥148,000	64	16	2	🖴100 1	
MSX2	HiT-BiT	HB-F5	1985년 10월	¥84,800	64	128	2		
	HiT-BiT	HB-F500	1985년	¥128,000	64	128	2	🖴200 1	
	HiT-BiT	HB-F900	1986년	¥148,000	256	128	2	🖴200 2	
	HiT-BiT	HB-T7	1987년	¥59,800	64	128	2		漢 모뎀 내장
	HiT-BiT	HB-T600	1987년	¥135,000	128	128	3	🖴200 1	漢 모뎀 내장
	HiT-BiT	HB-F1	1986년	¥32,800	64	128	2		
	HiT-BiT	HB-F1II	1987년	¥29,800	64	128	2		
	HiT-BiT	HB-F1XD	1987년	¥54,800	64	128	2	🖴200 1	
	HiT-BiT	HB-F1XDmk2	1988년 9월 21일	¥49,800	64	128	2	🖴200 1	
MSX2+	HiT-BiT	HB-F1XDJ	1988년 10월 21일	¥69,800	64	128	2	🖴200 1	漢 ♪
	HiT-BiT	HB-F1XV	1989년 10월 21일	¥69,800	64	128	2	🖴200 1	漢 ♪

■ 야마하

규격	상품명	형식번호	발매일	가격	RAM	VRAM	슬롯	드라이브	참고
MSX		CX5	1983년	¥59,800	32	16	1(2)		
		CX5F	1984년	¥64,800	32	16	1(2)		FM 신디사이저 유닛 탑재
		CX11	1985년	¥54,800	32	16	2(1)		
		SX100	1985년	¥36,800	32	16	1		
		YIS303	1983년 11월	¥49,800	16	16	1(2)		
		YIS503	1984년	¥64,800	32	16	1(2)		
		YIS503II	1985년	¥54,800	64	16	2(1)		
MSX2		CX7/128	1985년	¥99,800	128	128	2(2)		
		CX7M/128	1985년	¥128,000	128	128	2(2)		FM 신디사이저 유닛 II 탑재
		YIS604/128	1985년	¥99,800	128	128	2(2)		
		YIS805/128	1986년 6월 21일	¥148,000	128	128	2(2)	🖴200 1	
		YIS805/256	1986년 6월 21일	¥198,000	256	128	2(2)	🖴200 2	

■ 미쓰비시 전기

규격	상품명	형식번호	발매일	가격	RAM	VRAM	슬롯	드라이브	참고
MSX	HiT-BiT	ML-8000	1983년 10월 21일	¥59,800	32	16	1		
	Letus	ML-F110	1984년	¥54,800	16	16	2		
	Letus	ML-F120	1984년	¥64,800	32	16	2		
	Letus	ML-F120D	1984년	¥74,800	32	16	2		
MSX2	MelBrain's	ML-G10	1985년	¥98,000	64	128	2(1)		
	MelBrain's	ML-G30model1	1985년 8월	¥168,000	128	128	1(3)	🖴200 1	漢
	MelBrain's	ML-G30model2	1985년 8월	¥208,000	128	128	1(3)	🖴200 2	漢
	텔레컴 스테이션	ML-TS2	1987년 11월	¥65,000	64	128	1		모뎀 내장
	텔레컴 스테이션	ML-TS2H	1987년 11월	¥75,000	64	128	1		모뎀·수화기 내장

■ 산요 전기

규격	상품명	형식번호	발매일	가격	RAM	VRAM	슬롯	드라이브	참고
MSX	WAVY1	MPC-1	1985년		16	16	2		
	WAVY2	MPC-2	1985년	¥39,800	64	16	2		
	WAVY3	MPC-3	1985년 2월	¥46,800	16	16	3		
	WAVY5	MPC-5	1984년	¥54,800	16	16	2		
	WAVY6	MPC-6	1985년	¥55,800	64	16	1(1)		
	WAVY10	MPC-10	1983년	¥74,800	32	16	1(1)		라이트 펜 동봉
	WAVY10	MPC-10mk2	1984년	¥75,800	32	16	1(1)		라이트 펜 동봉
	WAVY11	MPC-11	1984년	¥99,800	32	16	1(1)		라이트 펜 동봉
		PHC-27	1985년	¥49,800	64	16	2		
		PHC-30	1984년 3월	¥64,800	16	16	2(1)	카세트	
		PHC-30N	1984년	¥69,800	64	16	2	카세트	
		PHC-33	1985년	¥59,800	64	16	2	카세트	
MSX2	WAVY23	PHC-23	1986년	¥32,800	64	128	2		
	WAVY23	PHC-23J	1987년	¥32,800	64	128	2		漢
	WAVY25	MPC-25F	1985년 12월	¥118,000	64	128	1	3.5″ 100 ×1	漢
	WAVY25	MPC-25FS	1985년	¥118,000	64	128	1	3.5″ 100 ×1	漢
	WAVY25	MPC-25FD	1985년 12월	¥135,000	64	128	1	3.5″ 200 ×1	漢
	WAVY25	MPC-25FK	1986년 4월	¥125,000	64	128	1	3.5″ 200 ×1	漢
	WAVY55	PHC-55FD2	1988년		128	128	2	3.5″ 200 ×2	
	WAVY77	PHC-77	1987년	¥138,000	64	128	2	3.5″ 200 ×1	漢 프린터 내장
MSX2+	WAVY35	PHC-35J	1989년		64	128	2		漢
	WAVY70FD	PHC-70FD	1988년 11월 4일	¥64,800	64	128	2	3.5″ 200 ×1	漢 ♪
	WAVY70FD2	PHC-70FD2	1989년 10월 21일	¥87,800	64	128	2	3.5″ 200 ×2	漢 ♪

■ 히타치 제작소

규격	상품명	형식번호	발매일	가격	RAM	VRAM	슬롯	드라이브	참고
MSX		MB-H1	1983년 12월	¥62,800	32	16	2		
		MB-H1E	1983년	¥54,800	16	16	2		
		MB-H2	1984년	¥79,800	64	16	2	카세트	
		MB-H21	1984년	¥49,800	32	16	2		
		MB-H25	1986년	¥34,800	32	16	2		
		MB-H50	1986년 10월 21일	¥24,800	64	16	2		
MSX2		MB-H3	1985년	¥99,800	64	64	2		태블릿 탑재
		MB-H70	1986년	¥138,000	128	128	1(2)	3.5″ 200 ×1	

■ 캐논

규격	상품명	형식번호	발매일	가격	RAM	VRAM	슬롯	드라이브	참고
MSX		V-8	1985년 8월 31일	¥39,800	16	16	1		
		V-10	1984년	¥54,800	16	16	2		
		V-20	1984년	¥64,800	64	16	2		
MSX2		V-25	1985년	¥69,800	64	64	2		
		V-30F	1985년 11월 8일	¥138,000	64	128	2	3.5″ 200 ×1	

■ 제너럴

규격	상품명	형식번호	발매일	가격	RAM	VRAM	슬롯	드라이브	참고
MSX	PAXON	PCT-50	1983년	¥128,000	16	16	1		TV 일체형
	PAXON	PCT-55	1984년	¥138,000	32	16	1		TV 일체형

■ 도시바

규격	상품명	형식번호	발매일	가격	RAM	VRAM	슬롯	드라이브	참고
MSX	PASOPIA IQ	HX-10S	1983년	¥55,800	16	16	1(1)		
	PASOPIA IQ	HX-10D	1983년	¥65,800	64	16	1(1)		
	PASOPIA IQ	HX-10DP	1984년	¥67,800	64	16	1(1)		
	PASOPIA IQ	HX-10DPN	1984년	¥69,800	64	16	1(1)		
	PASOPIA IQ	HX-20	1984년 10월 16일	¥69,800	64	16	2		
	PASOPIA IQ	HX-21	1984년 10월 16일	¥79,800	64	16	2		
	PASOPIA IQ	HX-22	1984년 10월 16일	¥89,800	64	16	2		
	PASOPIA IQ	HX-30	1985년	¥43,800	16	16	2		
	PASOPIA IQ	HX-31	1985년	¥49,800	64	16	2		
	PASOPIA IQ	HX-32	1985년	¥79,800	64	16	2		
MSX2	PASOPIA IQ	HX-23	1985년	¥98,000	64	64	2		
	PASOPIA IQ	HX-23F	1985년	¥108,000	64	128	2		漢
	PASOPIA IQ	HX-33	1985년	¥99,800	64	128	2		漢
	PASOPIA IQ	HX-34	1985년	¥148,000	64	128	2	⊞200 1	漢

■ 파이오니아

규격	상품명	형식번호	발매일	가격	RAM	VRAM	슬롯	드라이브	참고
MSX	PALCOM	PX-7	1984년 4월	¥89,800	32	16	2		
	PALCOM	PX-V60	1986년		32	16	2		

■ 산업능률대학교

규격	상품명	형식번호	발매일	가격	RAM	VRAM	슬롯	드라이브	참고
MSX		SPCmk-III	1985년		16	16	2		
		SPC-Super	1985년		32	16	2		

■ 후지쯔

규격	상품명	형식번호	발매일	가격	RAM	VRAM	슬롯	드라이브	참고
MSX	FM-X	CF-1200	1983년 12월	¥49,800	16	16	2		

■ 가와이 악기

규격	상품명	형식번호	발매일	가격	RAM	VRAM	슬롯	드라이브	참고
MSX		KMC-5000	1987년		64	128	2	⊞200 1	

특수용도 MSX의 세계

앞서 여러 종류의 MSX를 소개해왔지만, 실은 위의 표로 정리한 것 외에도 다양한 MSX가 존재한다. 학교 교육용과 방송업계용, 산업기기 제어용 등 특수용도로 한정하여 제작한 기종이 이에 해당하며, 협소한 지면이나마 그 중 일부를 소개해볼까 한다.

오른쪽 사진의 SPC-mkⅢ와 SPC-Super는 학습교재용으로 생산되어

교재용 ROM 카트리지 소프트와 함께 판매된 기종으로, 당연히 일반 시장에서는 판매되지 않았다. 하드웨어 자체는 한 눈에 알 수 있듯 카시오·산요 기종의 OEM 제품으로서, 각각 PV-16과 PHC-27 기반이다. 참고로 'mkⅢ'이므로 당연히 mkⅠ과 mkⅡ도 있으나, 그쪽은 MSX가 아니라 소드 사의 홈 컴퓨터인 'M5' 기반이다.

▲ 산업능률대학교의 SPC-mkⅢ와 SPC-Super. 모두 자사 로고가 문제에 인쇄되어 있으며, 하드웨어 자체는 기반 기종과 완전히 같다.

HARDWARE
1983
1984
1985
1986
1987
1988
1989
1990
1991
1992
1993-
INDEX

일본 발매 MSX 소프트 색인

이 페이지는 Chapter 2에서 소개한, 일본에서 발매된 MSX용 게임 소프트 총 1,400여 개 타이틀을 가나다 순으로 정렬한 색인이다.

이 책에 수록된 해당 게재 페이지도

소개하였으므로, 당시 갖고 있었던 게임을 회고한다거나, 컬렉션 수집을 위해 타이틀을 조사한다거나…… 등등의 이유로 추억의 게임을 찾는 데 참고자료로 활용해준다면 감사하겠다.

■ 범례

검은색 타이틀명 …………………… MSX용
붉은색 타이틀명 …………………… MSX2용
푸른색 타이틀명 …………………… MSX2+용
녹색 타이틀명 …………………… MSX turboR용

HARDWARE

1983

1984

1985

1986

1987

1988

1989

1990

1991

1992

1993-

INDEX

HARDWARE
1983
1984
1985
1986
1987
1988
1989
1990
1991
1992
1993-
INDEX

HARDWARE

1983
1984
1985
1986
1987
1988
1989
1990
1991
1992
1993-

INDEX

HARDWARE
1983
1984
1985
1986
1987
1988
1989
1990
1991
1992
1993-
INDEX

HARDWARE

1983
1984
1985
1986
1987
1988
1989
1990
1991
1992
1993-

INDEX

Chapter 4

한국의 MSX & 재믹스 이야기

MSX & ZEMMIX KOREAN CATALOGUE

해설 한국의 MSX & 재믹스 이야기
COMMENTARY OF MSX #3

가전 3사의 각축전에서, 대우전자의 시장 석권에 이르기까지

제 4장은 원서인 일본판에는 없는 한국어판의 독자적인 추가 지면으로서, 원서 감수자인 마에다 히로유키 씨의 허락 하에 한국어판 역자가 추가 집필하였음을 먼저 밝혀둔다.

한국 개인용 컴퓨터(PC) 역사의 출발점은 1982년으로 보는 게 적절하지 않을까 싶다. 1981년 신군부의 집권으로 제5공화국이 출범하였고, 당시의 한국은 전쟁의 참화를 복구하기는 하였으나 아직 1인당 국민소득이 8천 달러 미만이었던 '개발도상국'으로서, 경공업·중공업에 이어 새로운 산업을 개척해야 하는 시기였다. 전자·정보산업 육성의 일환으로 정부는 PC 산업 활성화 대책을 수립했고, 1982년 2월에는 과학기술처가 10억 원의 예산으로 그해 연말까지 실업계 고교 등에 PC 5,000대를 공급한다는 '교육용 컴퓨터 보급계획'을 발표했다. 당시 한국의 PC 보급대수가 1천 대에도 못 미쳤다 하니, 신정부 출범에 즈음한 과시적인 성격이 어느 정도 있었으리라 여겨진다.

1982년 당시 한국의 PC산업은 극초창기여서, 국산 PC 제 1호로 알려진 삼보엔지니어링(현 TG삼보)의 SE-8001이 있었으나 실질적으로는 너무 고가여서 일반 시판용이 아니었고, 청계천 세운상가의 소규모 제조사들이 애플 II 호환기종을 복제 제작해 전산학도들을 중심으로 공급하고 있던 정도로서 '가정용 컴퓨터'라는 개념 자체가 대중의 인식 상에 전무했다. 일반인들은 기껏해야 TV·신문의 뉴스로 '컴퓨터'라는 신문물의 소식을 접하는 수준이었다. 한편 종주국인 미국은 1977년의 애플 II를 기점으로 80년대 초 시점에 이미 8비트 PC가 시장경쟁 체제에 들어섰으며, 1981년엔 IBM PC 5150이 발표되어 16비트 PC 시대의 서막을 열었다. 일본의 경우 충분한 공업기술력을 바탕으로 NEC가 1979년 완제품 PC인 PC-8001을 출시해 대히트시켜, 내수 PC시장이 팽창하며 본격적인 보급기에 들어서고 있었다. 이를 감안하면, 당시 한국의 경제사정상 무척 과감하면서도 앞선 정책이었다 하겠다.

급작스레 열린 교육용 컴퓨터 대규모 납품시장을 선점하기 위해 여러 기업이 8비트 컴퓨터 시장에 뛰어들어, 금성사(현 LG전자)의 FC-100, 삼성전자의 SPC-1000, 삼보컴퓨터의 트라이젬 20, 동양나이론의 HYCOM-8, 한국상역의 스포트라이트-I 등 극초창기의 국산 8비트 컴퓨터들 대부분이 1982~3년 사이에 출시되었다. 하지만 이들은 실제로는 하나같이 미국·일본 컴퓨터가 밑바탕인 모방품이었고, 소프트웨어 생태계도 없어 제조사가 직접 해외 소프트를 이식해 공급하는 데 급급했으며, 가격도 당시 일반인에겐 너무 고가여서 대부분 학교 납품 위주로 보급되었다.

한편, 마이크로소프트의 한국대리점 역할을 하고 있던 큐닉스(※1) 사의 이범천 사장은 1983년 6월 일본에서 발표된 MSX 규격에 주목했다. 공개규격이어서 제조 부담이 적은데다, 국제표준이므로 일본·미국·유럽의 MSX용 소프트가 그대로 호환되고, 미국 MS와 일본 아스키의 기술지원도 받을 수 있는 등 한국 실정에 적합하리라고 판단하여, 큐닉스는 유력 가전기업들에게 MSX 규격 도입을 적극 권유한다. 그 결과 금성사와 삼성전자, 그리고 대우전자(※2)가 83년 11월 마이크로소프트와 MSX 규격 도입 계약을 맺고 국산화 양산에 돌입, 1984년 4월을 전후해 시장에 출시했다. 큐닉스는 3사 MSX에 들어가는 한글 BIOS를 제작·제공하고 MSX용 소프트를 직접 유통·보급하는 등으로 지원했다. 즉 한국 MSX 역사의 시작은 1984년인 셈이니, 일본과도 큰 시차 없이 국내에 소개되었다고 할 수 있다.

▲ 아이큐 1000의 발매 전 첫 신문광고(1984년 2월 27일 매일경제 12면에서 발췌). 타 가전사에 비해 브랜드가 약했던 대우전자는 신기종 명칭을 대중에 공모하는 파격적인 수단을 택해, 1984년 1월 20일~2월 15일까지 응모를 받고 상금 1백만 원과 컴퓨터 1대를 내걸었다. 최종적으로는 당선작이 다수여서 최우수상을 추첨으로 결정했다고 한다. 광고의 MSX 로고가 최종 확정 이전의 버전인 것도 이채롭다.

▲ 초기의 국산 MSX는 가전 3사가 거의 동시에 상호 호환되는 제품을 출시했기 때문에, 초기 한국 컴퓨터 역사에서는 드물게, 경합중인 타사를 의식한 광고경쟁이 등장하기도 했다.

(※1) 1981년 KAIST 최초의 전산공학박사인 이범천 씨가 창립한, '한국 최초의 벤처기업'으로 불리던 회사. 한국마이크로소프트의 모태가 되기도 했으며, 한국 IT업계에 다수의 업적을 남겼으나 97년 IMF 사태의 여파로 도산했다.

(※2) 대우그룹 산하로 1971년 창립하여, 가전시장 진출을 위해 83년 9월 대한전선 가전부문을 인수해 종합가전업체로 확장했다. 컴퓨터사업부·개발부도 이때 신설하게 되니, 사실상 MSX 규격 참여가 컴퓨터사업 진출의 계기였다고 할 만하다.

'아이큐 1000'의 탄생, 그리고 '재믹스'의 성공

대우전자의 아이큐 1000, 금성사의 FC-80, 삼성전자의 SPC-800이 1984년 3~5월에 잇달아 출시되면서 한국 MSX의 역사가 막을 올렸으나, 출발은 그리 순탄치 못했던 것으로 보인다. 일단 3사의 MSX조차 빙산의 일각일 정도로 당시의 8비트 컴퓨터 시장은 무려 40여 제조사가 난립하던 과당경쟁 상태였고, 아직 가정에 들여놓기엔 매우 부담스러운 고가였으며, 실질적인 수요였던 학교 납품 시장에서는 오히려 제살깎기·덤핑 경쟁이 치열했다. 그런 이유로, 80년대 중후반까지의 '가정용 컴퓨터'란 학교 컴퓨터실과 컴퓨터학원에서나 볼 수 있는 기계, 혹은 중산층·부유층 자녀의 전유물일 수밖에 없었다.

또한, 가전 3사의 입장차도 있었다. 국내 가전업계의 양대 라이벌이었던 금성사와 삼성전자는 당시 각각 '금성 패미콤'과 '삼성퍼스컴'이라는 자사 브랜드와 상품군이 이미 있었기에, 양사에게 MSX란 자사 주력 제품군 바깥에 있는 방외기종이란 측면이 강했다. 이들 기종의 당시 홍보가 주력기종에 비해 소극적이었던 주요 이유로 보인다.

하지만 가전시장 후발주자였던 데다, 모든 하드웨어 라인업이 MSX여서 MSX의 성패에 신생 사업부의 사활이 걸려있었던 대우전자는 MSX 보급에 모든 걸 걸어야 하는 입장이었다. 따라서 시장 초기부터 드물게 저가형과 고급형의 모델·컬러 바리에이션을 펼쳤고, 신문·잡지와 TV 등으로 광고전을 펼쳐 전방위적으로 홍보했으며, 유럽·중동 등에도 적극적으로 OEM 모델을 수출하는 등 저돌적으로 MSX 사업을 전개했다. 일본과 유럽의 MSX 소프트웨어, 특히 '게임'을 국내에 그대로 들여올 수 있었던 것도 MSX의 큰 강점이었다.

이런 MSX의 잠재력이 조금 엉뚱한 방식으로 폭발한 제품이, 바로 1985년 12월 대우전자가 발매한 '재믹스'였다. 당초엔 아이큐 1000의 제조과정에서 남게 된 대량의 저용량 DRAM 재고를 소진하기 위한 일발 아이디어로 기획된 기기로서, 기본적으로는 '컴퓨터'인 MSX에서 BASIC·키보드·입출력 등 당시 컴퓨터의 필수요소를 대부분 잘라내고 최저사양과 최저단가로 생산해 ROM 카트리지만 구동할 수 있는 '가정용 게임기'로 상품화한다는, 획기적이면서도 이단적인 시도였다. 당시는 '전자오락'과 '오락실'이 어린이를 망치는 퇴폐문화로 치부되던 시기였고, 대기업이 고작 '장난감'을 만들어 판다는 데 대한 세간의 눈총도 의식해야 했다. 그랬기에 대우전자조차 한철 기획상품으로 취급해 조용히 내놓았지만, 일본·미국의 게임기가 거의 수입되지 않아 '게임기'라는 문물을 전혀 몰랐던 당대의 한국 어린이들에게는 큰 충격과 반향을 일으켜, 새로운 시장을 창출했고 히트상품의 반열에 올라섰다.

재믹스의 히트가 결과적으로는 한국에서의 MSX를 '컴퓨터'보다는 '게임기'로 각인시키는 데 큰 역할을 했다는 부작용도 분명 짚어두어야겠으나, 한국의 MSX 문화를 논할 때 좋든 싫든 재믹스를 빼놓고 갈 수는 없다는 점 역시 엄연한 사실이다.

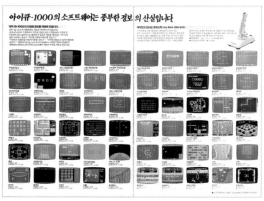

▲ 1985년의 아이큐 1000 제품 카탈로그에 실린 소프트웨어 목록. 어린이 학습용 소프트부터 성적처리·급여관리 등의 사무용 소프트, 게임 소프트까지 구색이 풍부하다. 소프트가 부족해 결국 직접 프로그램을 배워 짜기 일쑤였던 당시 8비트 컴퓨터 시장에서, 풍부한 소프트 자원은 큰 강점이었다. 일부 게임은 간단하게나마 한글화도 한 것으로 보인다.

▲ 1985년 12월 재믹스 발매 초기의 신문광고들. 첫 발매 당시에는 쪽광고 위주였고, 대우전자조차 이 제품에 그다지 기대를 걸지 않았다고 한다(DRAM 소진이 완료되면 단종할 계획이었다고). 하지만 '게임기'라는 신문물을 접한 어린이들이 가치를 알아봐주어, 당시로서는 놀라운 히트와 인기를 기록했고 MSX 카트리지 시장이 크게 활성화되는 부수적 효과도 누렸다. 가격은 본체+조이스틱으로 81,000원(2020년 물가환산 기준 약 27만 원 정도)으로서, 2~30만 원이나 하는 8비트 컴퓨터도 가정에 부담이던 시대이니 충분히 매력적이었다 할 수 있다.

'아이큐 2000' 출시 — 짧았지만 강렬했던 한국 MSX의 전성기

1986년 7월, 대우전자는 국내 최초의 MSX2 기종인 '아이큐 2000'을 출시한다. 이 시점에 이르자 한국의 8비트 컴퓨터 시장은 높아진 국민소득을 바탕으로 어느 정도의 자립기반을 구축하고 기종 난립도 정리되어, 큰 틀에서 세운상가 및 중소기업들이 생산하는 애플 Ⅱ 호환기종군과 대우전자의 MSX 제품군이 가장 큰 점유율을 차지한 가운데, 삼성전자의 SPC-1000이 대기업 홈 컴퓨터 중에서는 일정한 유저층을 형성하는 형국을 띠게 되었다 (금성사는 8비트 컴퓨터 시장에서 일찍이 손을 떼고, 업무용 16비트 PC 쪽으로 방향을 돌렸다). 애플과 MSX가 국내 8비트 컴퓨터 문화의 양대축이 된 것은, 결국 우수한 외국산 소프트웨어 및 게임 라인업의 튼실함 때문이라고 봐도 과언은 아닐 것이다.

아이큐 2000은 대우 MSX 역사상 가장 성공했고 장기간 지속적으로 판매되어 한국의 MSX를 대표하는 모델로 올라선 기기로서, 80년대 중후반의 국내 8비트 컴퓨터계를 애플 Ⅱ 호환기종과 함께 양분하며 건투했다. 80년대 중후반에 소년시절을 보내고 컴퓨터 교육을 받았다면 어떻게든 접해보았을 만큼 히트한 기기이기에, 지금의 IT·게임업계 중견인들의 어린 시절 입문기로도 자주 꼽힐 정도의 히트작이기도 하다. 일본 대중문화 유입이 철저히 규제되었던 엄혹한 80년대에, 당시 황금기를 구가하던 일본의 인기 PC 게임들을 한국에 전파하는 창구로서도 크게 활약했다. 이후 대우전자는 슈퍼임포즈·디지타이즈 기능과 FDD 내장, 한자 ROM 탑재 등이 특징인 고급형 MSX2 'X-Ⅱ'도 1987년 12월에 출시하여, 지속적으로 한국 MSX 시장을 견인해갔다.

재믹스 역시, 같은 1987년 12월에 첫 출시한 후속기종 '재믹스V'가 크게 히트하여 한국에서 '게임기'의 대명사가 되는 등 황금기를 누려, 한때 전국에 MSX 및 재믹스의 하드·소프트를 판매·유통하는 점포들이 성업했고 수많은 외산 게임들이 카트리지 형태로 범람했으며, 소수이나마 초보적인 수준의 국산 게임 소프트웨어가 개발되어 출시되기도 하였다.

▲ 당시의 재믹스용 국산 롬팩들. 'MSX/재믹스 공용'으로 표기한 경우가 많았다. 지금처럼 라이선스 관리가 엄격하지 않던 초창기라, 외산 게임을 무단 복제해 조악하게 양산하는 경우가 대부분이었다.

▲ 월간 「컴퓨터학습」 1989년 4월호의 아이큐 2000 광고. '89년부터 컴퓨터가 정식 교과목으로 채택되어 학교에서도 배우게 되었으니 가정에서도 교육용 컴퓨터를 구입해야 한다'라고 권유하고 있다. 아직 교육용 컴퓨터 16비트 일원화 정책이 확정되기 전 시점이다.

▲ 같은 잡지의 표제특집 '컴퓨터 교육' 중 일부 지면을 발췌했다. 학교 정규수업과목에 '정보산업' 제하로 컴퓨터 교육을 추가하고 교육용 PC를 보급하는 정책의 향방이 업계의 미래를 결정하는 큰 변수여서 논란과 진통이 상당했다. 참고로, 89년 초 당시의 국내 8비트 컴퓨터 업계 구도는, 대우전자의 MSX2 제품군과 세운상가·중소기업 중심의 애플 Ⅱ+ 호환기종이 가장 점유율이 큰 가운데 삼성전자의 SPC-1500이 힘겹게 맞서는 형국이었다. 대기업들은 16비트인 IBM PC/XT·AT 호환기종에도 주력하며 고등학교 보급 수요를 노렸다.

교육용 PC 정책의 전환으로, 급격한 낙조에 접어든 한국 MSX

애플과 MSX라는 양대축이 형성된 8비트 컴퓨터는 가격도 충분히 염가화되어, 컴퓨터 교육을 이유로 구매하는 가정도 늘어났으며 전국에 애플과 MSX를 가르치는 컴퓨터학원이 성업하는 등, 80년대 후반까지 아동을 위한 입문용 컴퓨터로서 나름대로의 시장을 형성했다.

하지만 1989년 6월 7일, 문교부(현 교육부)가 초·중·고교에 납품될 교육용 컴퓨터를 16비트 PC, 즉 IBM PC 호환기종으로 일원화한다고 발표함으로써 다시금 활황기를 구가하던 국내 8비트 컴퓨터 업계 전체가 날벼락을 맞게 된다. 이전까지만 해도 국민학교(당시 명칭. 현재의 초등학교)와 중학교에는 8비트, 고등학교에는 16비트 컴퓨터를 보급한다는 정책이었고, 컴퓨터 제조사들 역시 8비트와 16비트로 나누어 '아동이 이해하기 쉽고 저

렴한 8비트'와 '더욱 연산능력이 뛰어난 16비트'로 서로의 이해가 충돌하던 와중이었으며, 학부모·교사 역시 찬반이 나뉘었다. 그것이 결국 '16비트로 통일'로 뒤집히면서 업계와 교육계가 다시 한 번 대혼란을 겪었고, MSX를 포함한 8비트 컴퓨터 문화 전체가 급속도로 위축되며 '시대의 퇴물'로 전락하는 결과를 낳았다. 학교들은 도입한 지 얼마 되지도 않았던 8비트 컴퓨터들을 대거 폐기하고, 일선 판매점 역시 8비트 컴퓨터를 덤핑 처리하거나 16비트 PC로 교환 판매하는 등의 자구책을 모색했으며, 대우전자 역시 이미 생산된 컴퓨터들의 판로가 완전히 막혀 더 이상 MSX 사업을 지속할 수가 없어졌다.

결국 1990년 초를 기점으로 대우전자는 재고를 수출 등으로 처분하고 사업 주축을 16비트 PC로 옮겼으며(후

일, 대우전자의 PC사업부문은 대우통신에 흡수 통합된다), 재믹스 역시 88~9년부터 대만제 패미컴 호환기가 국내에 염가로 범람하게 되자 급속히 가정용 게임기로서의 경쟁력과 인기를 잃어갔다. 말기에는 '재믹스 수퍼V'(1989년 12월)와 '재믹스 터보'(1991년 10월) 등의 신기종으로 분투하기도 하였으나, 결국 1992년경 재믹스 라인업까지도 모두 단종됨으로써 한국 MSX의 공식적인 역사는 8년여로 막을 내린다[※3].

하지만 짧은 한때였으나마 MSX로 소년·청년시절을 불태운 컴퓨터 1세대 유저들 중 상당수가 지금도 업계의 현역으로 활동하고 있으며 아직도 MSX와 재믹스를 추억하고 기념하는 사람들이 적지 않은 바, 다시금 돌아보면 MSX와 재믹스가 80년대의 한국 사회에 끼친 변화와 영향력은 실로 크다 아니할 수 없다.

▲ 당시엔 새한상사(재미나) 등 여러 중소기업들이 MSX·재믹스 호환 주변기기를 생산하거나 초보적인 형태의 국산 게임 소프트를 제작하는 등 나름대로의 생태계를 이루었다. 재믹스V의 폭넓은 보급 덕에 MSX 게임 소프트는 국내에도 활발히 유통되었으나, 사실상 국내 MSX 소프트의 기준점이 재믹스V, 즉 MSX1으로 고정되어 버려 MSX2 소프트의 발전 가능성을 막아버리는 양면성도 갖게 되었다.

▲ 월간 '컴퓨터학습' 1989년 8월호 기사 중 일부. 문교부의 16비트 일원화 결정 직후로, 당시 8비트 컴퓨터를 주력으로 생산하던 제조사들과 8비트 컴퓨터로 교육하던 학원가·교사 등이 일대 혼란에 휩싸인 상황임을 엿볼 수 있다. 결과적으로, 이를 기점으로 불과 1~2년 만에 한국 8비트 컴퓨터 문화는 급속도로 절멸하고 만다.

(※3) 당시 관계자의 회고에 따르면, 1988년경 대우전자 컴퓨터개발부 내에서는 아이큐 2000의 차세대기로서 'MSX3'라는 코드명의 신기종을 개발중이었다고 한다(이후 교육용 PC 정책 변화로 인해 상품화가 좌절되었다). Z80B CPU를 사용한 고속 클럭 구동, 본체 내장형 FDD, 한글 표시속도 대폭 향상 등이 주요 개선점으로, 일본의 MSX2+ 전에 앞발출한 설계가 아니었을까 추측될 따름이다. 현재 관련 자료는 남아있지 않으나 시제품까지는 개발이 거의 완료됐었다 하니, 교육정책 변화가 없었더라면 아마도 1989년 말이나 1990년 초쯤 출시되지 않았을까?

MSX 유저들과 동고동락했던 잡지들

80년대, 여러 잡지들이 한국 컴퓨터 문화 초창기를 일구다

앞서 설명했던 대로 1980년대의 한국은 미국·일본 등의 선진국을 정신없이 쫓아가야 했던 '개발도상국'으로서, 비교적 이른 시기에 전자·정보산업에 투자하여 해외의 최신 트렌드였던 개인용 컴퓨터 문화의 보급에 박차를 가했다. 이 과정에서 컴퓨터 자체는 비교적 일찍부터 생산·보급을 시작했으나 국내 실정에 맞는 소프트가 턱없이 부족해, 외산 소프트웨어에 의존하면서도 수많은 기업과 학생들이 소프트를 직접 개발해 자급자족해야 했다. 당연히 앞선 선진국들의 컴퓨터 관련 최신 정보에 목마를 수밖에 없었다.

이런 정보를 전달하는 창구로서, 1983년 하순부터 대중용 컴퓨터 전문잡지들이 창간되어 컴퓨터에 일찍 눈뜬 독자들을 대거 확보하며 큰 호응을 얻었다. 대학생과 업계인을 대상으로 한 기술잡지, 막 컴퓨터에 입문한 학생들을 대상으로 삼아 교육과 정보에 주안점을 둔 잡지, 게임에 일점 집중하여 게임을 선호하는 학생들을 사로잡은 잡지 등, 당시에도 다양한 MSX 관련 잡지들이 존재했다. 90년대 초에 8비트 문화가 막을 내리기 전까지 일정한 독자층을 형성했던 4종의 컴퓨터잡지를 간단히 소개한다.

참고로, 1990년 여름 창간한 '게임월드'를 시작으로 한국에서도 게임 전문 잡지가 우후죽순처럼 등장하게 되나, 아쉽게도 이 시기는 8비트 컴퓨터 문화가 막을 내리는 시점과 겹쳤기 때문에, 말기의 MSX 게임들을 일부 다루기는 하였으나 비중이 크지 않았다. 그 외에, 80년대 당시엔 전자산업 잡지나 학생잡지 등도 어느 정도 MSX를 다룬 경우가 있었다.

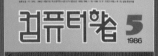

컴퓨터학습

발행사는 민컴으로, 1983년 11월호로 창간했다. 학생층에 눈높이를 맞추고 컴퓨터의 활용·학습법과 정보제공에 주안점을 두면서 게임에도 상당한 지면을 배려한 것이 특징. 90년대 초까지 꾸준히 MSX를 다뤄주어, 당시의 MSX 팬들에게 매우 인지도가 높았다. 1990년 1월호부터 '마이컴'으로 제호를 변경하고 16비트 PC로 주력을 옮겼으며, 1998년 1월호를 끝으로 휴간된다.

학생과 컴퓨터

발행사는 컴퓨터세계로, 1984년 3월호로 창간했다. MSX1 시대에는 컴퓨터학습과 함께 당시 국내 8비트 컴퓨터 유저들 사이에서 널리 읽혔던 잡지로서, 역시 학생층을 타깃으로 삼아 컴퓨터 활용법과 정보제공 위주로 꾸몄다. '컴퓨터학습'과 함께 80년대 컴퓨터잡지 중 드물게 8비트 컴퓨터 중심이었던 귀중한 잡지이기도 하다. 1987년경 휴간했다.

마이크로 소프트웨어

발행사는 정보시대(현재는 아이티조선)로, 1983년 11월호로 창간했다. 중·고교생을 타깃으로 삼은 '컴퓨터학습'과는 달리 대학생 및 업계인이 타깃인 전문잡지로서, 내용이 학생에게는 비교적 어려운 편이었으며 8비트의 비중도 상대적으로 낮았다. 2020년의 통권 401호까지 발간되었다.

MSX와의 만남

발행사는 한국전산연구사(실질적으로는 새한상사로 추정)로, 1988년 7월호로 창간했다. 국내 유일의 MSX 전문지로서, 일본 게임의 소개·분석 비중이 매우 높았던 것도 큰 특징이다. 일본의 MSX 잡지 내용을 번역 소개하기도 했으며, 자체 기사가 적은 대신 독자투고를 적극 활용했다. 서점보다는 소프트 판매점 위주로 공급됐으며, 1990년경 휴간.

HARDWARE

1983
1984
1985
1986
1987
1988
1989
1990
1991
1992
1993-

INDEX

COLUMN OF KOREAN MSX #2

대우전자 MSX의 다양한 광고들

광고를 통해 한국 MSX 문화의 일면을 엿보다

대우전자는 1984년부터 국내에 MSX 컴퓨터를 보급하면서, 타 경쟁사와는 일선을 긋는 치열한 마케팅과 적극적인 홍보전략으로 80년대 중후반의 국내 8비트 컴퓨터 시장에서 MSX를 유력 플랫폼으로 올려놓았다. 업계 후발주자 특유의 도전자적 자세, 모든 하드웨어 라인업이 MSX였기에 수단과 방법을 가리지 않고 MSX를 성공시켜야 했던 컴퓨터사업부의 당시 입지, 80년대 특유의 경제호황과 진취적 분위기 등등이 한몫을 했으리라 여겨진다.

이를 잘 보여주는 것이 대우전자의 당시 지면광고들로, 강렬한 메시지와 자사의 MSX에 대한 애착·자부심을 행간에서 느낄 수 있다. 그중 잡지 컬러광고 위주로 9종류를 발췌한다.

MSX HARDWARE CATALOGUE : GOLDSTAR

금성사

금성사는 당시에도 한국 백색가전 업계의 선두에서 있던 대기업으로, '금성패미콤'이란 브랜드명으로 1982년부터 다양한 가정용 컴퓨터를 발매하기 시작했다.

금성사(현 LG전자)는 80년대 초 당시에도 삼성전자와 함께 국내에서 가전업계 쌍벽을 이루던 대기업으로서, 정부의 학교 교육용 컴퓨터 보급정책을 계기로 8비트 개인용 컴퓨터 시장에 참전하여, 1982년의 FC-100을 시작으로 '금성패미콤' 브랜드 하에 다수의 기종을 출시했다. MSX 규격인 FC-80 등도 그 일환이었다. 하지만 지열한 경쟁 끝에 이느 정도의 입지를 확보한 두 회사에 비해 지나쳤던 기종 파편화와 소프트웨어 부족 등으로, MSX2까지 가지도 못하고 8비트 시장에서 발을 뺐다.

FC-80 / GFC-1080

금성사   1984년 4월 3일(FC-80) / 1985년 6월(GFC-1080)   298,100원

▲ FC-80의 본체 패키지 박스. 이 시대의 개인용 컴퓨터들은 점두판매를 염두에 두지 않았던지 대부분 밋밋한 디자인 위주였다.

'금성패미콤' 브랜드로 발매된 첫 MSX 기종

초기에는 '금성패미콤-80'이라는 제품명으로 판매했던 금성사의 첫 MSX 기종이 바로 FC-80으로, 1982년부터 금성사가 전개하던 8비트 개인용 컴퓨터 브랜드인 '금성패미콤'의 일환으로서 대우전자·삼성전자 등 타사의 MSX와 경합하기 위해 출시된 기기이다. 그런 만큼 당시의 타 '금성패미콤' 기기들과도 호환성이 없어(정확히는, 당시 전개하던 FC-100, FC-150, FC-30 등 이 브랜드의 기종들은 모두 기반설계가 달랐기 때문에 전혀 상호호환성이 없었다), 브랜드 내에서는 다소 이질적인 포지션이었다. 그랬던 탓인지 발매 초기를 제외하고는 변변한 광고나 홍보 지면을 찾기 매우 힘든 편이나, 결과적으로는 MSX의 비교적 풍부한 소프트·주변기기 라인업 탓이었는지 동시기의 금성패미콤 기종들 중에서는 단명하지 않고 제일 장수한 축에 든다는 아이러니한 결과도 낳았다.

FC-80 / GFC-1080의 사양

형식번호	FC-80 / GFC-1080
CPU	자일로그 Z80A 상당품 3.58MHz
VDP	텍사스 인스트루먼트 TMS9918
ROM	32KB (BIOS, MSX-BASIC) / 8KB (큐닉스 MSX 한글)
RAM	메인 메모리: 64KB, VRAM: 16KB
그래픽 기능	텍스트 표시 : 최대 40글자×24행 그래픽 표시 : 최대 256×192픽셀, 16색 스프라이트 표시 : 32스프라이트/화면, 4스프라이트/라인, 16색 중 단색
사운드 출력	PSG 음원: 8옥타브 3중화음(AY-3-8910 상당품)
인터페이스	RF 출력, 컴포지트 비디오, 모노럴 오디오, 조이스틱×2, 프린터, 카세트테이프, 카트리지 슬롯×1
기타	라이트 펜 접속 가능(인터페이스 팩 경유), FDD 및 RS-232C 인터페이스 지원(확장 박스 필요) GFC-1080은 사무용 프로그램 '파소칼크'를 ROM에 내장

CATALOGUE

TOP VIEW (FC-80)

TOP VIEW (GFC-1080)

REAR VIEW

RIGHT SIDE VIEW

사무용 프로그램이 내장된 GFC-1080 등, 여러 파생기종을 전개

최초 기종에 해당하는 FC-80의 외장 금형을 그대로 사용한 대신 본체·키보드 배색과 내부 기능 등을 차별화한 기종이 다수 존재하는 것도 큰 특징으로서, 가장 대표적인 바리에이션 모델이 1985년 6월 발매된 GFC-1080이다(이 모델의 발매와 동시에, FC-80의 가격을 인하했다). GFC-1080은 '사무용 MSX'로 포지셔닝한 제품으로, 일본 토카이 크리에이트 사의 스프레드시트 프로그램 '파소칼크'(PASOCALC)를 본체 내에 추가 ROM 형태로 내장하여 소프트 없이 단독 구동이 가능하도록 하였다. 이후 파소칼크를 제거하여 도로 FC-80과 동일 스펙이 된 파생 모델인 GFC-1080A도 발매하였다.

그 외에 한글 ROM을 2.0으로 버전 업한 어나더 컬러 모델인 FC-80U, FC-80의 해외 수출용 모델인 FC-200(유럽 등지에서 발매) 등 다양한 모델이 존재하며, 이들 모두 저마다 배색에 차이가 존재하는 것도 이 모델의 재미있는 점이라 하겠다.

▲ 한글 ROM이 업그레이드된 FC-80U(왼쪽)와 GFC-1080의 염가판인 GFC-1080A(오른쪽). 의외로 다양한 모델이 존재했다. GFC-1080계는 86~7년경에는 주문생산 형태로만 판매되었다고 한다.

▲ 해외 수출용 모델인 FC-200. 한글 ROM을 삭제했고 '한글' 키를 'MODE' 키로 바꾼 등의 차이점이 있다. 이쪽도 몇 가지 컬러 바리에이션이 존재하며, FC-80과 유사한 컬러의 모델도 있다.

▲ 당시의 카탈로그에서 발췌한 GFC-1080 및 내장 프로그램 파소칼크에 대한 정보.

삼성전자

80년대 당시에도 금성사와 함께 한국 백색가전 선두기업이었으며, 역시 '삼성퍼스컴' 브랜드로 1982년의 SPC-1000부터 여러 가정용 컴퓨터를 발매해왔다. 다만 SPC-1000 시리즈가 선전했기에, SPC-800은 그리 부각되지 못했다.

삼성전자는 금성사와 거의 동시기에 동일한 계기와 형태로 8비트 개인용 컴퓨터 시장에 참전해, '삼성퍼스컴' 브랜드의 플래그십 기종이었던 SPC-1000 시리즈를 주력으로 전개했다.

MSX 규격으로는 금성사·대우전자와 동시기에 SPC-800이라는 위성 기종을 출시한 바 있으나, SPC-1000이 시장에서 선전하여 일찍이 자리 잡았기 때문인지, SPC-800은 타 경쟁기종보다 훨씬 정보가 적어 광고조차 찾기 힘든 편이다. 이쪽은 타 모델과 달리 별다른 바리에이션 모델이 알려져 있지 않으며, 일찍이 단종된 것으로 추측될 따름이다.

SPC-800

삼성전자   1984년 5월 17일   299,000원

▲ SPC-800의 본체 패키지 박스. 당시의 삼성전자 타 전제품 박스와 유사한 디자인이다. 참고로 SPC-800도 두 가지 컬러 바리에이션이 존재하는데, 본 지면은 후기형 기준이다. 전기형은 전반적인 컬러링이 FC-80과 유사한 편이고, 후기형에선 삭제된 RESET 키가 존재한다.

■ '삼성퍼스컴' 브랜드 유일의 MSX 기종

금성사의 FC-80, 대우전자의 아이큐 1000과 동시기에 국내 출시된 모델이자, 당시 삼성전자가 전개하던 개인용 컴퓨터 브랜드 '삼성퍼스컴'의 파생기종이다. 출시 초기에도 'SPC-1000의 자매기종'임을 강조하는 등, SPC-1000에 비해 홍보에 크게 힘을 싣지 않은 인상을 주었다.

하드웨어적으로 당시 타사의 MSX 기종과 내부적으로 거의 동일하며, 한글 입출력 시스템 역시 3사 모두 동일한 큐닉스 제작의 한글 바이오스를 이용했다(출시 초기에 설치된 1.0이 일부 버그가 있어, 이후 2.0으로 업그레이드 생산되었고 AS를 통해 한글 ROM을 교체해

주기도 했다). 큐닉스의 한글 바이오스는 당시 8비트 컴퓨터의 한계로 한 글자가 영문 2행을 차지하는 이른바 'N 바이트 한글'(한 글자가 차지하는 용량이 2~5바이트까지 가변됨을 의미)로서, 삼보컴퓨터가 개발했던 애플 II 호환기종용의 속칭 'CALL 3327 한글'을 바탕으로 제작한 것이었다. 이것으로 MSX에서도 한글을 쓸 수는 있었으나, 일일이 풀어쓰기 모드에서 모아쓰기 모드로 전환해야 하고 글꼴이 아름답지 않으며 수정·편집도 매우 불편해, 당시의 유저들로부터도 불평이 많았다. 대신 3사의 MSX끼리는 거의 완벽한 호환성을 보장했다.

SPC-800의 사양

형식번호	SPC-800
CPU	자일로그 Z80A 상당품 3.58MHz
VDP	텍사스 인스트루먼트 TMS9118
ROM	32KB (BIOS, MSX-BASIC) / 8KB (큐닉스 MSX 한글)
RAM	메인 메모리: 64KB, VRAM: 16KB
그래픽 기능	텍스트 표시: 최대 40글자×24행 그래픽 표시: 최대 256×192픽셀, 16색 스프라이트 표시: 32스프라이트/화면, 4스프라이트/라인, 16색 중 단색
사운드 출력	PSG 음원 8옥타브 3중화음(AY-3-8910 상당품)
인터페이스	RF 출력, 컴포지트 비디오, 모노럴 오디오, 조이스틱×2, 프린터, 카세트테이프, 카트리지 슬롯×1
기타	라이트 펜 접속 가능(인터페이스 팩 경유)

TOP VIEW

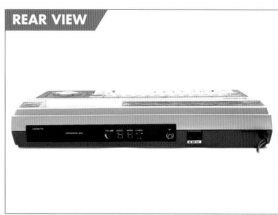

REAR VIEW

LEFT SIDE VIEW

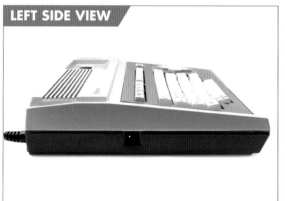

RIGHT SIDE VIEW

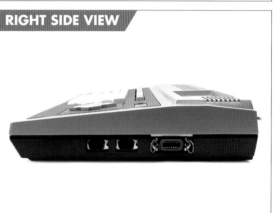

비교적 일찍이 시장에서 퇴장한 비운의 MSX

SPC-800은 다른 2개사의 MSX에 비해 다소 뒤늦게 등장한 데다 광고 등의 홍보도 거의 발견되지 않아, 금성·대우의 MSX에 비해 비교적 매상이 저조하여 사내에서의 관심도도 뒷전으로 밀리게 된 것이 아닌가 추측된다. 1987년 2월 5일 매일경제의 '8비트 퍼스컴 사장 위기' 제하 기사에서는 당시 8비트 컴퓨터들의 과당경쟁과 컴퓨터 붐 냉각, 소프트 부족 등으로 소비자들에게 점차 외면당하고 있음을 지적하면서, "삼성전자는 SPC-800 생산을 이미 중단했고 SPC-1000은 주문이 있을 때만 생산하고 있으며, 금성사는 FC-80과 GFC-1080을 판매하고는 있으나 생산은 중단한 것으로 알려졌다."라고 언급하고 있다. 이를 보아, 87년 이후 8비트 컴퓨터가 다시 교육용으로 짧은 활황을 맞기 전에 이미 양사가 기존 MSX 전개를 사실상 포기한 것으로 보인다(이후 87년 4월, 삼성전자는 SPC-1000의 후속기종인 SPC-1500을 출시하여 89년경까지 이 모델만으로 8비트 컴퓨터 사업을 지속한다).

▲ SPC-800의 부팅 초기 화면. 3사의 MSX 모두 동일한 BIOS를 내장했으므로, 실질적으로는 상단의 컴퓨터 이름 표시 외에는 내부적인 차이점이 없었으며 프로그램과 주변 기기 등도 MSX용이라면 공통 사용이 가능했다.

▲ SPC-800 본체 내에 동봉된 사용설명서·BASIC 매뉴얼과, 데모 프로그램이 든 번들 카세트테이프. 별매품인 데이터레코더가 있어야 구동할 수 있다. 이 당시엔 아직 FDD가 가정에서 구입하기엔 초고가였기에, 저렴한 카세트테이프를 매체로 널리 사용했다.

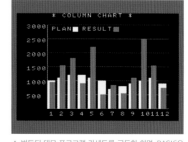

▲ 번들된 데모 프로그램 카세트를 구동한 화면. BASIC으로 작성된 비교적 간단한 데몬스트레이션이다.

대우전자

대우그룹의 지원 하에 컴퓨터사업부를 출범시켜 MSX로 시장에 전격 참전한 대우전자. 과감하게 MSX에 '올인'하여, 특유의 저돌적인 사업 전개와 홍보전략으로 한국에서만큼은 80년대 8비트 컴퓨터 업계의 대표주자가 되었다.

대우전자는 1983년 9월 대한전선 가전부문을 인수하여 종합가전업체가 되면서 컴퓨터개발부를 신설, 회사도 팀원도 컴퓨터 개발 노하우가 전혀 없던 바닥부터 시작하여 8비트 컴퓨터 시장에 참전했다. 그런 만큼 해외 기술 제공과 해외 소프트 라인업의 도움을

받을 수 있었던 MSX는 대우전자에게 최적이었기에, MSX의 한국 시장 정착에 회사의 운명을 걸고 치열하게 달려들어, 80년대 후반이 되자 한국 유일의 MSX 제조사이자 애플-MSX의 양강 구도 확립에 성공하여 8비트 시장 개척의 과실을 향유한다.

또한 1985년의 '재믹스'는 '가정용 게임기'라는 문화가 거의 존재하지 않았던 당시의 한국에서 게임기 시장을 홀로 개척한 기념비적인 기기로서, 대우전자는 80년대 한국의 컴퓨터·게임 문화 양면에 실로 막대한 영향을 끼쳤다고 해도 과언은 아닐 것이다.

아이큐 1000

MSX ROM × 1

대우전자   1984년 3월 하순(DPC-100·200) / 4월 중순(DPC-180)
257,000원(DPC-100) / 274,000원(DPC-180) / 295,000원(DPC-200)

▲ 아이큐 1000(DPC-200)의 본체 패키지 박스. 본 지면에 사용된 본체 사진 역시 DPC-200 기준이다.

● 용량 : ROM 40KB, RAM 80KB
● 권장소비자가격 : ₩ 295,000

◀ 당시의 8비트 컴퓨터로는 드물게 처음부터 6색의 컬러 바리에이션을 제안했다. 다만 실제로는 대부분이 기본색인 회색으로 출고·판매된 듯해, 여타 색 버전은 현재 그리 발견되지 않고 있다.

아이큐 1000의 사양

형식번호	DPC-100	DPC-180	DPC-200(CPC-200)
CPU	자일로그 Z80A 상당품 3.58MHz		
VDP	텍사스 인스트루먼트 TMS9918		
ROM	32KB (BIOS, MSX-BASIC) / 8KB (큐닉스 MSX 한글)		
메인 RAM	16KB	64KB	64KB
VRAM	16KB		
그래픽 기능	텍스트 표시 : 최대 40글자×24행 그래픽 표시 : 최대 256×192픽셀, 16색 스프라이트 표시 : 32스프라이트/화면, 4스프라이트/라인, 16색 중 단색		
사운드 출력	PSG 음원 : 8옥타브 3중화음(AY-3-8910 상당품)		
인터페이스	RF 출력, 컴포지트 비디오, 모노럴 오디오, 조이스틱×2, 프린터, 카세트테이프, 카트리지 슬롯×1		
기타	라이트 펜 접속 가능(인터페이스 팩 경유), FDD 및 RS-232C 인터페이스 지원(확장 박스 필요) 6색 컬러 바리에이션 전개(황·녹·백·청·적·회색) DPC-100·180은 멤브레인 키보드 채용 DPC-200E(카트리지 슬롯·조이스틱 포트가 없는 학교 납품용 모델), DPC-88(오락실 설치용 모델) 등도 존재		

TOP VIEW
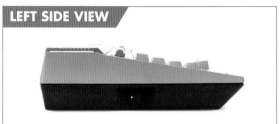

REAR VIEW

LEFT SIDE VIEW

RIGHT SIDE VIEW
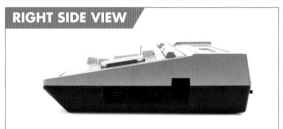

대우전자 MSX 역사의 서막을 연 컴퓨터

'아이큐 1000'은 후일 MSX2까지 이어지는 대우전자 MSX 계보의 시작점에 위치하는 역사적인 기기로서, 앞서 소개한 금성사·삼성전자의 MSX와 동 시기에 출시되어 경합하였다. 전년에 설립된 대우전자 컴퓨터사업부가 내놓은 최초의 컴퓨터이기도 하다.

아이큐 1000은 하드웨어 구조 자체는 타 2개사 MSX와 기본적으로 대동소이하나 성능과는 별개의 측면에서 여러 차이점이 있는데, 일단 당시의 국산 컴퓨터 중에선 드물게 '아이큐 1000'이라는 특이한 네이밍의 브랜드(일반 공모를 통해 결정했다고 한다) 하에 다수의 바리에이션 기종을 전개했으며, 키보드와 RAM의 단가를 절감한 염가형(DPC-100)과 풀스펙을 완비한 고급형(DPC-200)의 투트랙 모델을 시장에 내놓았다는 점이다. 이후 DPC-100에서 RAM만을 64KB로 상향한

DPC-180도 발매했으나, 결과적으로는 고급형인 DPC-200계가 장기간 꾸준히 시판되며 가격 인하로 보급률을 늘려 사실상의 표준 사양이 되었다. 국산 컴퓨터로서는 최초로 6색의 컬러 바리에이션(상판 한정)을 전개한 것도 짚어둘 만하다(다만 시장에서는 기본색인 회색을 대부분 선호했던 듯하다).

한글 바이오스 및 MSX-BASIC, 하드웨어 사양 등은 기본적으로 타사와 거의 동일하며, 큰 차별점이 없다.

장기간 생산·보급되며 다양한 모델을 전개

DPC-100계는 낮은 RAM 사양과 키감이 조악한 키보드·커서 키 등으로 시장에서 호응을 받지 못해 비교적 이른 시기에 단종된 것으로 추측되나, DPC-200은 꾸준히 보급되어 아이큐 2000이 출시된 이후인 1988년경까지도 병행 모델로 전개되며 입문용 MSX

로서 유저들의 사랑을 받았다.

이 모델은 장기간 생산·보급되었기에 내부적으로 여러 리비전이 존재하는데, 대표적으로 1986년의 후기형 DPC/CPC-200(※)은 대우전자가 독자 설계한 통합 인터페이스 칩 'DW64MX1'을 탑재하는 등으로 생산 단가를 절감한 버전이다. 카트리지 슬롯과 조이스틱 포트를 삭제한 학교 납품용 모델인 DPC-200E도 존재한다.

그 외에 조금 독특한 케이스로서 CPC-100계 본체를 베이스로 제작한 특수목적용 모델인 CPC-88이 있는데, 카트리지 슬롯과 프린터 포트를 삭제한 것이 특징이다. 유기장업법 개정으로 85년 4월부터 청소년오락실에 8비트 컴퓨터의 설치가 법제화되자, 세운상가를 중심으로 아이큐 1000을 오락실 캐비닛에 연결해 게임 등을 즐길 수 있도록 하는 개조기기를 오락실에 납품하게 되었고, 이를 위해 대우전자가 기존 재고를 활용하여 제작해 공급한 모델이다.

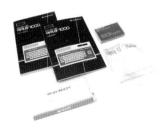

▲ 아이큐 1000 패키지에 동봉된 내용물. 각각 사용설명서와 BASIC 설명서, 보증서, 먼지 방지용 비닐 커버, 그리고 데모 프로그램이 든 카세트테이프이다.

▲ 아이큐 1000의 샘플 데모가 든 카세트테이프. 샘플 데모는 마찬가지로 BASIC으로 작성되었다. 간단한 그래픽 데모와 그림그리기, 피아노 연주 데모 등이 포함되어 있다.

▲ 오락실용으로 제작된 특수목적용 모델인 CPC-88. 일반 시판된 기기가 아니므로, 지금은 상당히 희귀한 모델에 속한다. 키보드 및 구조는 기본적으로 DPC-100계이므로, 한덩이로 붙어있는 커서 키 디자인도 그대로다.

(※) 대우전자가 1985년 미국 코로나 데이터 시스템 사를 인수하여 IBM PC 호환기종 생산기술을 도입하면서, 1985년 말부터 제품번호 체계도 'DPC-'에서 'CPC-'로 바꾸어 통일하게 된다. 이후 코로나의 기술로 생산한 XT 기종인 CPC-4000계는 1990년 봄 '아이큐 슈퍼'라는 브랜드로 리네이밍되어 출시되기도 하였다.

아이큐 2000

대우전자   1986년 7월   345,000원

▲ 아이큐 2000(CPC-300)의 본체 패키지 박스. 박스에 'IVORY', 'BLACK' 등의 원형 스티커를 붙여 본체 색깔을 구분했다.

대우전자 MSX 역사상 가장 크게 히트한 컴퓨터

'아이큐 2000'은 대우전자 MSX의 제2세대기종이자 국내 최초의 MSX2 규격 가정용 컴퓨터로서, 메인 RAM 및 VRAM이 각각 128KB인 등 출시 당시 시점의 국산 8비트 컴퓨터 중에서는 최고 스펙

이었다. 전용 컬러 모니터를 연결 가능한 아날로그 RGB 단자도 추가했다.

아이큐 2000은 일본에서도 1985년 가을부터나 실제 모델이 출시되기 시작했던 신생 규격인 MSX2를 아직 기술수준이 낮았던 당시였음에도 불과 1년 만에 출시·양산에 성공해낸 기술적 쾌거이자, 세계적으로도 일본 외 타 국가에서 자체 제작된 몇 안 되는 귀중한 MSX2 기종 중 하나다. 그런 만큼 유럽·중동·남미 등에 OEM 형태로 활발하게 수출되어, 외국 MSX 팬들 사이에서도 유명한 모델이다. 한국 내에

서도 대우전자가 MSX 사업에서 철수하는 1990년까지 3년 이상 꾸준히 생산·보급되어, 한국에서만큼은 'MSX'의 대명사가 된 기념비적인 모델이기도 하다.

큐닉스와 MS·아스키에 크게 의존해 제작되었던 아이큐 1000에 비해 곳곳에 자사 개발부의 독자적인 시도와 고안이 들어가 있는 기기이기도 해, 국산 MSX1과의 호환성을 위해 그대로 유지한 큐닉스의 MSX 한글 2.0 시스템과 함께 MSX2용으로 사내에서 독자 개발한 2바이트 조합형 기반의 MSX 한글 3.0 시스템, 세칭 'SCREEN 9 한글'을 내장한 것이 최대의 특징이었다. 또한 컴퓨터 초보자를 위한 내장 소프트웨어로서, 일종의 튜터리얼 프로그램인 '아이큐 교실'(MSX-TUTOR)도 탑재했다.

▲ 아이큐 2000의 부팅 화면. 일반적인 MSX2 기종의 부팅 화면은 보통 MSX 로고이지만, 이렇게 자체 브랜드 로고를 넣은 케이스는 희귀한 편이다.

▲ 처음 부팅하면 자동 구동되는 내장 튜터리얼 소프트 '아이큐 교실'. SCREEN 9 한글의 테크 데모도 겸한다. 종료 후 BASIC 명령어를 입력해 끝낼 수 있다.

아이큐 2000의 사양

형식번호	CPC-300
CPU	자일로그 Z80A 상당품 3.58MHz
VDP	야마하 V9938
ROM	96KB (BIOS 및 BASIC 48KB, 한글 32KB, 아이큐 교실 16KB)
메인 RAM	128KB
VRAM	128KB
그래픽 기능	텍스트 표시: 영문 최대 80글자×24행, 한글 최대 40글자×24행 그래픽 표시: 최대 512×212픽셀(인터레이스 시 512×424픽셀), 최대 512색 중 256색 스프라이트 표시: 32스프라이트/화면, 8스프라이트/라인, 최대 512색 중 16색 표시 그래픽 기능: 세로방향 하드웨어 스크롤, 팔레트 SCREEN 9 모드 독자 추가
사운드 출력	PSG 음원: 8옥타브 3중화음(AY-3-8910 상당품)
인터페이스	RF 출력, 컴포지트 비디오, 아날로그 RGB, 모노럴 오디오, 조이스틱×2, 프린터, 카세트테이프, 라이트 펜, 확장 버스 단자, 카트리지 슬롯×1
기타	내장시계 기능, 라이트 펜 접속 기능, FDD 연결 기능(확장 버스 단자 경유) 2색 컬러 바리에이션 전개(아이보리·블랙). 아이보리 컬러 중 커서 키 색깔이 회색인 후기형 모델도 존재 CPC-300E(조이스틱 포트가 없는 학교 납품용 모델)도 존재

TOP VIEW

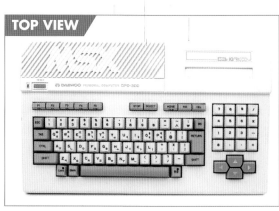

REAR VIEW

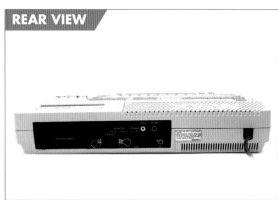

LEFT SIDE VIEW

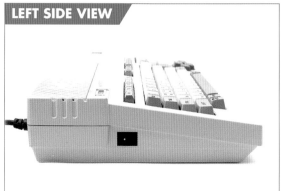

RIGHT SIDE VIEW

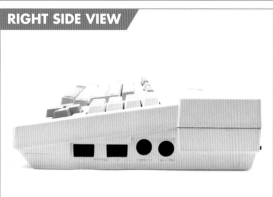

HARDWARE

1983

1984

1985

1986

1987

1988

1989

1990

1991

1992

1993-

INDEX

▌ 자체 개발한 한글 모드, 'SCREEN 9'를 추가

1985년 3월 MS와 아스키의 제휴관계가 해지되어 MS가 사실상 MSX에서 이탈하자 큐닉스 역시 MSX에서 손을 떼었기 때문에, 대우전자는 아이큐 1000과의 호환성 차원에서 큐닉스의 한글 2.0 시스템을 남겨두면서도 사내에서 MSX2용 한글 3.0 시스템을 새로 개발해 아이큐 2000에 추가 탑재했다. MSX2의 제한된 성능에서 당시의 업계 표준이었던 2바이트 조합형 한글코드를 80컬럼 고해상도로서 지원하기 위해, 대우전자는 MSX2 표준에 존재하지 않는 오리지널 한글 모드인 'SCREEN 9'(※)를 독자 고안한 것이다.

SCREEN 9는 16비트 PC와 동등한 한글 40×24자 표시를 구현하기 위해 추가한 모드로, 당시 대우전자는 IBM PC 호환기종 '코로나 XT·AT'도 판매중이었기에 이들과 한글코드를 호환시킨다는 의도도 있었다. 덕분에 SCREEN 9는 세계에서 유일하게 대우전자의 한국판 MSX2 기종에만 존재하는 고유 모드가 되었고, 아스키도 이를 사실상 인정하여 호환성 배려 차원에서 후일의 MSX2+부터는 MSX 표준에서 영구결번화시켰다.

여담이지만, 본체 상단의 슬롯 부분 디자인이나 내부 기판을 보면 설계 당초에는 일본 MSX처럼 듀얼 카트리지 슬롯 시스템의 채용을 고민했던 것으로 보이나, 최종적으로는 아이큐 1000과 동일한 싱글 슬롯 형태로 마무리하고 FDD 등을 확장 버스 단자로 연결하도록 하였다.

▲ 패키지에 포함된 각종 첨부물. 번들 소프트로 타이토의 「알카노이드」(116p) 등의 게임이 든 카세트테이프나 카트리지를 끼워 넣었다.

▲ 학교 납품용으로 제작된 교육용 모델인 CPC-300E. 기본적으로 시판품과 동일하나, 본체 오른쪽의 조이스틱 포트와 라이트 펜 포트를 삭제했다.

(※) 내부적으로는 MSX2의 표준 그래픽 모드인 SCREEN 6의 인터레이스 모드를 기반으로 하여 한글 입력기를 구현한다. 그래픽 모드에서 한글을 억지로 표시하는 방식이었기에 처리속도가 매우 느려 실용적이지 못해, 당시 실제 유저들 사이에선 평이 좋지 않았다.

X-II

MSX2 | ROM ×1 | 200 ×1

대우전자　1987년 12월　650,000원(CPC-400) / 780,000원(CPC-400S) (모니터 별매)

▲ X-II(CPC-400)의 본체 패키지 박스. 별다른 장식이 없는 것이 특징으로, 아동보다는 전문가나 성인을 타깃으로 삼기기 때문으로 보인다. CPC-400S의 경우 박스의 인쇄 컬러링이 오렌지색으로 차이가 있다. 본 지면의 사진은 모두 CPC-400 기준이다.

▲ X-II의 전용 키보드. 전체적인 레이아웃은 아이큐 2000과 동일하나, 모든 키를 블랙 컬러로 통일해 독특한 고급감을 자아낸다.

대우전자 최후의 MSX2 기종

'X-II'는 대우전자 MSX 계보의 3번째 메이저 모델이자, 공식적으로는 대우전자의 마지막 MSX 컴퓨터이다. 키보드가 분리된 '세퍼레이트 디자인'을 도입한 고급형 MSX2라는 포지션으로 제작되었으며, 당시엔 아직 비쌌던 3.5" 2DD 플로피디스크 드라이브 1대를 기본 내장했기에 당대의 16비트 PC에 버

금갈 만큼 상당한 고가였다. 기본형인 CPC-400과, 본체 내에 'SD보드'를 내장해 외부 영상신호의 입력·합성이 가능한 슈퍼임포즈·디지타이즈 기능을 구현한 고급형인 CPC-400S로, 2종류의 모델 바리에이션을 전개했다.

전문가용으로 X-II를, 입문자용으로 아이큐 1000·2000을 포지셔닝해 전개한다는 대우전자의 판매 전략은 매우 야심적이었으나, 애석하게도 본격적인 보급을 개시했어야 할 80년대

후반에 불운이 겹쳤다. 1988년 4월 말의 생산공장 파업으로 인해 자사 컴퓨터 생산이 한동안 중단되어 중요한 5월의 신학기 판매수요를 놓쳤으며, 89년 6월에는 문교부가 학교 교육용 컴퓨터를 16비트로 통일한다고 발표함으로써 MSX를 포함한 8비트 컴퓨터 업계 전체의 활로가 막혀버렸다(특히 고가의 신기종이었던 X-II의 타격이 막심했을 것으로 추측된다). 결국 대우전자는, 1990년 초를 기점으로 MSX 컴퓨터 사업을 사실상 포기하기에 이른다.

X-II의 사양

형식번호	CPC-400 / CPC-400S
CPU	자일로그 Z80A 상당품 3.58MHz
VDP	야마하 V9938
ROM	112KB (BIOS 및 BASIC 48KB, DISK BIOS 16KB, 한글 32KB, 한자출력 시스템 16KB) + 256KB(한자 폰트)
메인 RAM	128KB
VRAM	128KB
그래픽 기능	텍스트 표시 : 영문 최대 80글자×24행, 한글 최대 40글자×24행 그래픽 표시 : 최대 512×212픽셀(인터레이스 시 512×424픽셀), 최대 512색 중 256색 스프라이트 표시 : 32스프라이트/화면, 8스프라이트/라인, 최대 512색 중 16색 표시 그래픽 기능 : 세로방향 하드웨어 스크롤, 팔레트 SCREEN 9 모드 독자 추가
사운드 출력	PSG 음원 : 8옥타브 3중화음(AY-3-8910 상당품)
인터페이스	RF 출력, 컴포지트 비디오, 아날로그 RGB, 모노럴 오디오, 조이스틱×2, 프린터, 카세트테이프, 라이트 펜, 확장 버스 단자, 카트리지 슬롯×1
기타	내장시계 기능, 라이트 펜 접속 가능, 2드라이브 FDD 확장 가능 명조체 한글 폰트 및 한자 폰트(3,640자) 내장 슈퍼임포즈 및 디지타이즈 기능 내장(CPC-400S 한정)

FRONT VIEW

REAR VIEW

한자 폰트 ROM과, 영상합성 기능을 내장

기능적인 면에서 X-Ⅱ의 최대 특징은 명조체 폰트와 한자 ROM(당시 대우전자가 생산하던 워드프로세서 기기 '르모'의 내장용으로 제작한 한자 ROM을 유용했다)의 추가로서, 한층 더 한글·한자 입출력 기능을 강화하여 실용성을 도모했다. 다만 기본은 어디까지나 아이큐

2000의 한글 3.0 시스템과 동일했으므로, 실질적으로는 대우전자가 직접 제작한 프로그램 외에는 활용성이 적은 편이었다.

또한, CPC-400S에 한정된 추가기능이기는 하나 통칭 'AVC(Audio Visual Control) 기능'이라 하여 본체 후면의 컴포지트 AV IN 단자를 통해 VTR 등의 외부 영상입력을 받아 컴퓨터 내에서 편집하거나 합성할 수 있는 슈퍼임포즈·디지타이즈 기능을 도입했다. 85~6년 당시 일본 8비트 컴퓨터업계의 AV 기능 강화 붐에 자극을 받아 탑재된 것으로서, 한국에선 무척 생소한 기능이었으나 특성상 간단한 방송자막 처리 등에 응용할 수 있어, 소규모 방송실 등에서 영상편집 업무 용도로

도 쓰였다고 한다. 대우전자 역시 X-Ⅱ 전용의 이미지 편집 프로그램 '수퍼그래픽', 자막 편집 프로그램 '수퍼텔로프'를 유저에게 제공해 지원했다.

X-Ⅱ는 출시 후기를 대비해 몇 가지 기능 확장을 예비해두었던 듯한데, 2번째 FDD 장착을 위한 예비 베이를 비롯해 메모리를 256KB까지 확장 가능한 메인보드의 예비 공간, 생산 초기의 광고에서 시사했던 '뮤직 신시사이저 카드의 옵션 부착 가능' 등이다(실제로는 제품화되지 않았다). 또한 CPC-400도, A/S센터 등을 통해 SD보드를 별도 구매해 장착하면 400S와 동등한 기능으로 확장 가능했다고 한다. 하지만 X-Ⅱ가 결과적으로 단명했던 탓인지, 대부분은 가능성으로 끝났다.

▲ X-Ⅱ 유저에게 기본 제공된 그래픽 편집 프로그램 '수퍼그래픽'과, 비디오 영상을 띄우고 컴퓨터 쪽에서 자막을 제작해 표시하여 합성하는 프로그램 '수퍼텔로프'. 후자는 CPC-400S 전용이다.

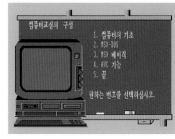

▲ X-Ⅱ 본체 동봉품인 기능설명서와 시스템 디스켓. 시스템 디스켓에는 MSX-DOS 1.05와 데모 프로그램, '수퍼그래픽' 등이 들어있다. 튜터리얼 프로그램 '컴퓨터교실'은 이번엔 본체에 내장되지 않고, 시스템 디스켓 내에 프로그램으로 포함되었다.

재믹스

대우전자   1985년 12월 6일(CPC-50) / 1987년 중순(CPC-50B)   70,000원(조이스틱 별매)

▲ 재믹스 후기형(CPC-50B)의 본체 패키지 박스. 초기형은 별다른 장식이 없는 백색 기조의 박스였으나, 후기에 들어서 장식이 가미된 것으로 보인다.

MSX 기반으로 제작된, '국산' 가정용 게임기

'재믹스'는 대우전자가 1985년 12월 6일부터 시판을 개시한 가정용 게임기로서, MSX1 규격을 기반으로 하되 BASIC·키보드·인터페이스 등을 삭제하고 MSX 롬 카트리지 구동 기능과 조이스틱 포트만을 남긴 가전기기다. '오락실' 문화가 막 태동하여 비디오 게임이 당대 어린이들의 최신 유희문화로 발돋움하는 가운데 저렴한 가격과 양질의 소프트를 바탕으로 당시의 한국에서 크게 히트하여, 대우전자의 대표적인 브랜드로 발돋움했음은 물론 80년대 중후반기의 한국에서 '게임기'의 대명사가 되었고, 오히려 재믹스로 MSX와 게임에 입문하는 아이들을 대거 낳은 선구적인 기기로 자리매김했다.

대우전자가 재믹스를 기획한 실제 이유는, 후일 밝혀진 바에 따르면 아이큐 1000의 제조과정에서 발생한 저용량 DRAM의 악성재고를 소진하기 위한 고육지책이었다고 한다. 당초에는 대우전자도 큰 기대 없이 기획한 상품이었기에 DRAM이 소진되면 바로 단종하기로 하고, 금형을 단순화해 생산비용을 줄였으며 마진도 극도로 낮춰 별다른 홍보 없이 염가에 발매했다. 하지만 실제로 내놓고 보니 사내의 예상을 뒤엎고 큰 반향과 화제를 낳아, 결과적으로는 아이큐 2000과 함께 80년대의 대우전자 컴퓨터사업부를 대표하는 히트 아이템이 되었다. MSX의 풍부한 게임 라인업과 당시 한국 실정에 맞춘 저렴한 가격, '게임기'라는 문물을 재믹스로 처음 접하게 된 어린이들의 열광 등이 히트의 요인이었다고 볼 수 있다.

결과적으로, '재믹스'는 오히려 아이큐 2000보다도 오래 살아남은 장수 브랜드가 되었다.

재믹스의 사양

형식번호	CPC-50/50A	CPC-50B
CPU	자일로그 Z80A 상당품 3.58MHz	
VDP	텍사스 인스트루먼트 TMS9118	
ROM	32KB (BIOS)	
메인 RAM	8KB	64KB
VRAM	16KB	
그래픽 기능	텍스트 표시 : 최대 40글자×24행 그래픽 표시 : 최대 256×192픽셀, 16색 스프라이트 표시 : 32스프라이트/화면, 4스프라이트/라인, 16색 중 단색	
사운드 출력	PSG 음원 : 8옥타브 3중화음(AY-3-8910 상당품)	
인터페이스	RF 출력, 컴포지트 비디오, 모노럴 오디오, 조이스틱×2, 카트리지 슬롯×1	
기타	초기형(CPC-50/50A)은 백색/녹색, 백색/핑크색으로 2색 컬러 바리에이션 전개 후기형(CPC-50B)은 핑크색/하늘색, 청색/황색으로 2색 컬러 바리에이션 전개 MSX 규격 조이스틱(DPJ-900) 별매(11,000원)	

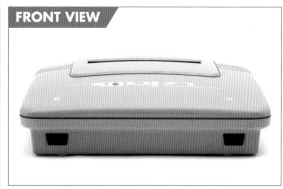

TOP VIEW

FRONT VIEW

RIGHT SIDE VIEW

REAR VIEW

초기형과 후기형, 2종류의 모델이 존재

재믹스의 기본적인 내부구조는 사실상 MSX1 그대로이지만, BASIC에 접근할 수 없고 키보드나 외부 입·출력장치 등도 연결 불가능하므로, 컴퓨터로는 이용할 수 없으며 ROM 카트리지 구동만 가능하다. 따라서 엄밀히 따지면 MSX 규격 위반이지만(그래서 제품 어디에도 MSX 로고 및 라이선스 언급이 없다), 대부분의 MSX 카트리지 구동이 가능하며 세계적으로도 MSX를 게임으로 활용한 유일한 사례이기에, 넓은 의미의 MSX로서 인정받는 편이다.

초기형인 CPC-50/50A의 메인 메모리는 MSX1 규격의 최소용량인 8KB였는데, 이는 앞서 서술한 대로 원목적이 저용량 DRAM 재고의 소진이었기 때문이다. 그래도 당시의 MSX1 롬팩 게임들을 구동하는 데에는 문제가 없었으나, 1986년 후반기부터 본격 등장한 「꿈대륙 어드벤처」 등의 메가롬 게임들이 메모리 부족으로 구동되지 않는 문제가 발생했다. 후기형인 CPC-50B부터는 메모리를 64KB로 증량하여 이 문제를 보완했다.

재믹스는 1986년 어린이날과 연말을 거치며 국내 전자완구 시장에서 사실상 독점 지위를 획득, 88년까지 15만 대를 판매(1989년 6월 9일 매일경제 기사 근거)하며 시장에 자리 잡았다. 재믹스의 히트 덕에 국산 MSX 카트리지를 제조·판매하는 업체가 대거 늘어나 소프트 시장이 활성화되고 MSX의 저변 확대에도 도움이 되기는 하였으나, 당시의 한국은 아직 소프트 개발이 턱없이 부족했기에 절대다수가 결국 일본·유럽 등 해외 게임의 무단복제였다는 어두운 일면도 지니게 되었다.

▲ 후기형인 CPC-50B의 내부구조. 일부러 누르기 어렵게 설계한 RESET 버튼이 측면에 있다. 후기형은 아이큐 2000 등에도 사용된 DW64MX1 칩을 활용해 부품 개수를 줄여 단가를 절감했다.

▲ 별매품인 전용 조이스틱(DPJ-900)을 연결한 사진. 조이스틱 구조상 고장이 잦았다고 한다.

▲ 초대 재믹스는 총 4가지 컬러 바리에이션이 존재하는 것으로 알려져 있으며, 백색 바탕의 2종류가 초기형(CPC-50), 더욱 컬러풀해진 2종류가 후기형(CPC-50B)이다. 본체 모양이 단조로운 라운드형인 이유는, 생산단가 절감을 위한 금형 단순화 때문이라고.

HARDWARE

1983
1984
1985
1986
1987
1988
1989
1990
1991
1992
1993-

INDEX

재믹스V

대우전자   1987년 12월   96,000원(조이스틱 별매)

▲ 재믹스V는 장기간 생산·판매된 인기 모델이었기 때문에 패키지도 여러 버전이 존재한다. 위쪽은 초기형, 아래쪽은 후기형(컬러 바리에이션 전개 후)으로 추측된다.

재믹스 역사상 가장 성공한 인기 모델

'재믹스V'는 대우전자가 1987년 12월부터 시판을 개시한 가정용 게임기로서, 내부구조 및 기능은 후기형 재믹스와 동등하지만 디자인을 유선형의 우주선 모양으로 리뉴얼하고 유저의 불만이 많았던 조이스틱을 개량하는 등, 외장 디자인 면에서 여러 개선을 가한 신 모델이다. 기본 메모리 역시 64KB로서, 메가롬 게임 구동도 제대로 지원하도록 하였다.

아이큐 2000이 첫 출시된 1987년 연말 시즌의 신규 모델로서, 기능 면에서는 전원부 내장 외에 이전 세대 대비로 큰 개선점이 없지만, 초대 재믹스의 시장 호응도에서 힘을 얻어 외장 디자인을 파격적으로 리뉴얼한 덕에 기존의 단조롭고 가벼운 이미지가 일신되어, 모든 재믹스 모델을 통틀어 가장 오랫동안 현역으로 판매되며 백화점과 자사 가전대리점을 중심으로 상당한 판매고를 기록했다. 특히 특유의 우주선 형태 디자인과 레드-블랙 컬러링이 당대 어린이들에게 깊은 인상을 심어주어, 지금까지도 '재믹스'라 하면 이 재믹스V의 모양과 컬러가 상징적으로 기억되고 있다고 해도 과언은 아니다.

▲ 재믹스V의 표준 조이스틱인 CPJ-905. 재믹스V 본체에 맞춘 컬러와 디자인이 특징이며, 이전 세대와 달리 훨씬 오락실 캐비닛의 레버·버튼 체계에 가깝게 개선되어 아이들에게 사랑받았다. 다만 스틱의 내구력이 그리 좋지 않고, 바닥에 고무흡반을 붙여 고정하는 방식이어서 흡반이 손상되는 경우가 많았다.

재믹스V의 사양

형식번호	CPC-51
CPU	자일로그 Z80A 상당품 3.58MHz
VDP	텍사스 인스트루먼트 TMS9918
메인 RAM	64KB
VRAM	16KB
그래픽 기능	텍스트 표시 : 최대 40글자×24행 그래픽 표시 : 최대 256×192픽셀, 16색 스프라이트 표시 : 32스프라이트/화면, 4스프라이트/라인, 16색 중 단색
사운드 출력	PSG 음원 : 8옥타브 3중화음(AY-3-8910 상당품)
인터페이스	RF 출력, 컴포지트 비디오, 모노럴 오디오, 조이스틱×2, 카트리지 슬롯×1
기타	초기엔 레드 모델만 발매되었으나, 이후 블랙(CPC-51B)·화이트(CPC-51W) 모델도 출시 MSX 규격 조이스틱(CPJ-905) 별매 (13,000원)

TOP VIEW

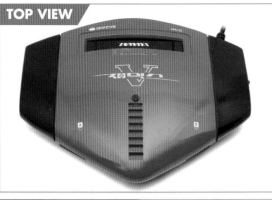

FRONT VIEW

RIGHT SIDE VIEW

REAR VIEW

HARDWARE

1983

1984

1985

1986

1987

1988

1989

1990

1991

1992

1993-

INDEX

■ 결국 'MSX'보다는 '재믹스'로 기억되다

앞서 서술했듯, 기기의 기본적인 설계 및 기능 면에서는 후기형 재믹스와 사실상 동등하다. 따라서 내부 구조도 MSX1 기반이므로, MSX2 전용 게임의 구동은 지원하지 않는다.

이전 세대에 비해 가장 크게 바뀐점은 한 눈에 딱 보이는 외장 디자인외에, 이전에는 AC 어댑터 형태의 외장형이었던 전원부가 본체 내에 내장되는 형태로 바뀐 것이다. 우주선 형태로 디자인이 바뀌며 내부공간이 비교적 넉넉해진 이점을 살린 것으로, 유저입장에서도 전원 플러그만 꽂으면 되어 사용이 간편해졌다. 전원 내장에 따른 내부 열배출을 위해, 케이스 곳곳에 슬릿 형태의 통기구가 뚫린 것도 큰차이점이다.

그 외에, 소소한 점이지만 본체 하단에 'KEYBOARD'라고 마킹된 단자부가 밀폐 상태로 존재하는데, 설계 초기에 키보드나 키보드가 포함된 도킹 스테이션의 접속 가능성을 고려했던 흔적으로 추측된다. 해당 단자의 흔적은 기판에도 존재하나, 제품판에서는 단자와 기판 모두 막힌 상태로 출하되었기에, 재믹스V의 공식 주변기기는 조이스틱뿐이다.

재믹스V는 한국에서만큼은 게임기의 대명사에까지 등극한 기념비적인 기기이지만, 결과적으로는 '재믹스' 브랜드가 'MSX' 이상으로 당대 한국인들의 인상에 깊이 각인되는 효과도 낳게 되었다. 또한 이 재믹스V가 가장 널리 오랫동안 보급된 모델이었기에, 이후 MSX와 재믹스가 한국 시장에서 입지가 축소되는 1990년경에 이르기까지 한국의 MSX 게임 소프트는 이 재믹스V, 즉 MSX1 사양이 '기준'이 되어버렸다는 아쉬움도 남겼다.

▲ 재믹스V의 내부 구조. 전반적인 설계와 구성은 전원부가 내장되고 RESET 스위치가 삭제되었다는 점 외에는 후기형 재믹스와 거의 동일하다.

▲ 당시의 카탈로그에서 발췌한, 재믹스V의 컬러 바리에이션 3종. 실질적으로 기본색인 레드-블랙 모델이 제일 널리 팔려서인지, 나머지 두 모델은 소장자가 많지 않다.

HARDWARE
1983
1984
1985
1986
1987
1988
1989
1990
1991
1992
1993-
INDEX

재믹스 수퍼V

대우전자　　　1989년 12월　　　135,000원

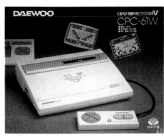

MSX2 [ROM] × 1

▲ 재믹스 수퍼V의 외장 패키지 박스. 이전과는 달리 조이패드 1개와 메가롬팩 1개가 번들로 동봉되었다.

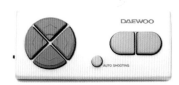

▲ 재믹스 수퍼V의 조이패드인 CPJ-600. 본체 컬러에 따라 백색·흑색 중 하나를 본체에 동봉했다. 특징은 초당 12회 연사 기능과, 좌측의 '좌우전환용 스위치'를 바꾸면 왼손잡이라도 패드를 거꾸로 잡고 즐길 수 있다는 점. 다만 커서 키 자체의 조작감이 나빠, 평이 좋지 않았다.

◀재믹스 수퍼V는 부팅 시 고유 로고가 표시되는 최초의 재믹스 기종이기도 하다. 카트리지 없이 부팅하면 내장 MSX-BASIC이 열리는 것도 이전 재믹스와의 큰 차이점.

재믹스 최초의 MSX2 베이스 모델

'재믹스 수퍼V'는 대우전자가 1989년 12월부터 시판을 개시한 가정용 게임기로서, 재믹스 패밀리로는 최초의 MSX2 기반 기기이다. 아스키의 정규 라이선스를 받아 본체에도 MSX2 로고가 들어갔으며, MSX2 전용 게임도 구동 가능하고, 별매품인 전용 키보드(CPK-30)를 연결하여 어엿한 MSX2 규격 컴퓨터로도 활용할 수 있도록 한 점이 최대의 특징이다.

재믹스 수퍼V가 출시되던 1990년 시점은 이미 재믹스를 비롯한 8비트 컴퓨터가 급격한 내리막길을 걷던 시기였으므로 그리 히트하지는 못한 것으로 보이나, 당시 대우그룹의 계열사인 대우증권이 제공하던 전화선 홈 트레이딩 서비스 'DIAL-VAN' 접속을 위한 가정용 단말기 역할로서 전용 모뎀(CMD-120)과 함께 서비스 가입자에게 유료 판매했다는 기록이 남아있다.

MSX2 컴퓨터로의 이용도 가능하다는 게 최대의 특징이긴 하나, 메인 메모리가 아이큐 2000의 반절인 64KB이고 확장 버스 슬롯이 없어 FDD 연결도 불편한 등(카트리지 슬롯을 통해 FDD 유닛을 연결하는 수밖에 없다), 컴퓨터로서의 확장성은 좋지 않은 편이었다. 실질적인 판매기간이 비교적 짧았기에, 재믹스 중에선 소장자가 드문 모델로도 유명하다.

▲ 재믹스 수퍼V도 2종의 컬러 바리에이션이 존재하며, 사진은 90년경 추가 출시된 흑색(CPC-61B) 모델이다.

재믹스 수퍼V의 사양

형식번호	CPC-61
CPU	자일로그 Z80A 상당품　3.58MHz
VDP	야마하 V9938
ROM	64KB (BIOS 및 BASIC 48KB, 한글 16KB)
메인 RAM	64KB
VRAM	128KB
그래픽 기능	텍스트 표시 : 영문 최대 80글자×24행, 한글 최대 40글자×24행 그래픽 표시 : 최대 512×212픽셀, 최대 512색 중 256색 스프라이트 표시 : 32스프라이트/화면, 8스프라이트/라인, 최대 512색 중 16색 표시 그래픽 기능 : 세로방향 하드웨어 스크롤, 팔레트 SCREEN 9 모드 존재
사운드 출력	PSG 음원 : 8옥타브 3중화음(AY-3-8910 상당품)
인터페이스	RF 출력, 컴포지트 비디오, 모노럴 오디오, 키보드 단자, 조이스틱×2, 카트리지 슬롯×1
기타	초기엔 화이트 컬러 모델(CPC-61W)이 발매되고, 1990년경 블랙 컬러 모델(CPC-61B)이 추가 발매 MSX 규격 조이패드(CPJ-600) 및 전용 키보드(CPK-30), FDD 유닛 별매

CATALOGUE ─

HARDWARE
1983
1984
1985
1986
1987
1988
1989
1990
1991
1992
1993-
INDEX

재믹스 터보

대우전자　　　1991년 10월 하순　　　148,000원

`MSX2` `ROM × 1`

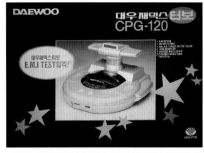

▲ 재믹스 터보의 외장 패키지 박스. 조이스틱 1개와 30합 롬팩 1개가 번들로 제공되었다.

◀ 재믹스 터보를 오른쪽에서 본 모습. 한층 더 우주선다운 모습이 되었다.

◀ 전원부를 다시 AC 어댑터 형태로 분리했고, 본체가 아니라 AC 어댑터 쪽에 전원 스위치를 두어 이를 눌러 ON·OFF한다는 독특한 사양도 특징 중의 하나다.

최강의 재믹스, 그리고 최후의 재믹스

　'재믹스 터보'는 대우전자가 1991년 10월 하순 시판한 가정용 게임기이자, 재믹스 패밀리의 마지막 모델이다. 이 기기를 끝으로 대우전자 MSX 및 재믹스 전 라인업은 대미를 짓는다.

　재믹스V보다도 한층 더 '우주선' 느낌을 강화한 강렬한 인상의 은색 외장 디자인이 최대의 특징으로, 덕분에 완구적인 느낌이 한층 더 강해졌다. 본체 상단의 장식물 전면에는 일렬로 늘어선 LED 파츠가 있어, 게임의 PSG 연주에 따라 점멸되는 이퀄라이저 역할을 한다.

　내부 구조적으로는 실질적으로 이전의 재믹스 수퍼V와 거의 동일한데, 역시 MSX2 기반이므로 본체에 MSX2 로고가 있으며 재믹스 수퍼V와 동일한 전용 키보드 단자도 채택되어 있어, MSX2 컴퓨터로서도 활용 가능하다. 다만 독자적인 특징도 있는데, 본체에 게임을 강제로 일시정지하는 PAUSE 버튼(기존의 재믹스는 일시정지 기능이 없었기에 오래 전부터 유저들의 불만이 있었다)과 CPU를 약 5.37MHz로 오버클럭하여 게임 속도를 증가시키는 TURBO 버튼이 존재한다는 것이다. 또한 VDP로 MSX2+의 V9958을 내장해, 불완전하나마 MSX2+의 특성도 어느 정도 갖고 있다고 알려져 있다.

　1991년 하순부터 시행된 전자파장해검정기준 강화에 따라 전자파장해시험(EMI 테스트)을 통과하여 EMI 마크가 붙게 된 최초이자 마지막 재믹스이기도 하나, 출시 당시 이미 16비트 컴퓨터·게임기가 대중화되었기에 시장에서 호응을 얻지 못해, 극소수만이 판매되고 이른 시기에 단종된 것으로 추측된다.

재믹스 터보의 사양

형식번호	CPG-120
CPU	자일로그 Z80B 상당품　3.58MHz / 5.37MHz
VDP	야마하 V9958
ROM	64KB (BIOS 및 BASIC 48KB, 한글 16KB)
메인 RAM	64KB
VRAM	128KB
그래픽 기능	텍스트 표시 : 영문 최대 80글자×24행, 한글 최대 40글자×24행 그래픽 표시 : 최대 512×212픽셀, 최대 512색 중 256색 스프라이트 표시 : 32스프라이트/화면, 8스프라이트/라인, 최대 512색 중 16색 표시 그래픽 기능 : 세로방향 하드웨어 스크롤, 팔레트 SCREEN 9 모드 존재
사운드 출력	PSG 음원 : 8옥타브 3중화음(AY-3-8910 상당품)
인터페이스	AV 복합 단자, 키보드 단자, 조이스틱×2, 카트리지 슬롯×1
기타	TURBO·PAUSE 버튼 추가, LED 이퀄라이저 기능 MSX 규격 조이스틱(CPJ-905S) 및 전용 키보드(CPK-30) 별매

대우 MSX & 재믹스의 공식 주변기기들

1984~91년까지 시장에서 현역으로 활약해 왔던 대우전자의 MSX와 재믹스. 그런 만큼 수많은 공식·비공식 주변기기들이 출시되어 유저들의 사랑을 받았다. 하지만 지금은 세월이 많이 지났고 소장자 역시 적은 탓에,

지금 다시 이들을 정리하기란 극히 어렵다.

그런 관계로, 지면과 시간의 한계를 감안하여 대우전자가 공식적으로 발매한 MSX·재믹스용 각종 주변기기의 실물 자료를 최대한 모아보았다.

▲ 재믹스 수퍼V 전용 주변기기인 키보드(CPK-30). 키캡 레이아웃이 아이큐 1000과 동일해, 텐키패드가 없다는 점이 특징.

모노크롬/컬러 모니터

| DM-120MWA | 1987년 | 80,000원 |
| CMC-472AW | 1987년 | 275,000원 |

80년대 당시의 모니터는 부담되는 가격이었기에, 아이에게 컴퓨터를 사줄 때 모니터 없이 본체만 구입하는 부모도 많았다(당시의 8비트 컴퓨터가 대부분 TV에 RF로 연결 가능했던 이유도, 이를 배려한 것이다). MSX2부터는 선명한 RGB 컬러 모니터도 등장하지만, 역시나 본체 가격에 버금가는 고가여서 80년대 후반에나 서서히 보급되기 시작했다.

대우전자는 아이큐 1000 당시부터 다양한 흑백·컬러 모니터들을 함께 판매해 왔으며, 사진의 두 모니터는 아이큐 2000과 동세대인

1987년경부터 MSX 단종 직전까지 판매되었던 비교적 후기형에 해당한다. 외장 색이 백색인 모델도 존재한다.

데이터레코더

| DPR-600 | 1984년 3월 하순 | 29,500원 |

80년대 중반까지만 해도 MSX용 플로피디스크 드라이브(FDD)는 초고가였기에 일반에 거의 보급되지 않고, 대신 저렴한 카세트테이프를 기록매체로 사용하는 데이터레코더를 보조기억장치로 사용했다. 테이프에 1200baud(정규) / 2400baud(고속) 속도로 기록하며, 순차기록식이므로 여러 프로그램을 저장/로딩하기가

번거롭고, 저장/로딩 시간 역시 수 분 내지는 십수 분이나 걸리는 등의 불편함이 있었다. MSX2 초기까지 널리 사용되었다.

라이트 펜 유니트

| DLP-01 | 1984년 | 가격 미상 |

'라이트 펜'이란 브라운관 화면상에 직접 터치해 포인팅하거나 그림을 그리는 용도의 입력장치로, 요즘 말로 표현하면 '브라운관을 터치스크린처럼 활용하는 전자 펜'이다(기본 원리는 게임기의 전자총과 같다). 80년대 당시에는 교육용 등으로 사용되었으며, MSX를 비롯해 상당수의 컴퓨터가 라이트 펜 연결을 지원했다. 아이큐 2000과 X-II는 라이트 펜 인터페이스를 자체

내장해, 본체에 라이트 펜 단자가 존재한다(사진은 슬롯에 접속하는 MSX1용).

참고로, CRT의 주사선을 검출하는 원리이므로 현대의 LCD 화면에서는 쓸 수 없다.

퀵디스크 드라이브(QDD)

DPQ-280	1984년 가을	140,000원

퀵디스크(QD; 15p 참조)를 매체로 하여 MSX에 연결해 사용 가능한 최초의 국산 QDD로서, 단면 64KB, 양면 활용 시 128KB의 데이터를 저장할 수 있다. 64KB를 전부 로딩하는 데는 약 8초가 소요된다. 데이터 레코더만큼 널리 보급되지는 않았으나, 대용량 데이터·프로그램을 사용해야 하나 FDD는 초고가라 부담이었던 교육·산업현장 위주로 활용되었다.

조이스틱

DPJ-900	1984년 3월 하순	11,000원
CPJ-905	1987년 12월	13,000원

80년대의 MSX·재믹스 유저들과 동고동락해온 대우 조이스틱. DPJ-900은 원래 아이큐 1000 출시와 함께 발매된 제품이나, 이후 재믹스의 기본 조이스틱으로도 채택되어 활약한다. 현대의 조이스틱과는 패나 다른 조작구조이나, 80년대 중반의 PC용 조이스틱은 오히려 이쪽이 표준에 가까웠다.

CPJ-905는 재믹스V 발매와 함께 출시된 개선 모델로, 오락실 레버에 가까운 구조와 비교적 견고한 만듦새 덕에 오랫동안 대우 MSX·재믹스의 표준 조이스틱이 되어 많은 유저들의 사랑을 받았다.

플로피디스크 드라이브(FDD)

DPF-510/520	1984년 가을	499,000원/799,000원
CPF-350C/360C	1987년 7월	290,000원/398,000원

플로피디스크는 랜덤 액세스가 가능하며 고속에 대용량인 80년대의 최신 보조기억매체였지만, 본체를 훨씬 뛰어넘는 고가였기에 MSX에서는 염가화되는 80년대 최후반에나 본격 보급되었다. 후기의 3.5" 드라이브는 MSX2 전용인 일본의 최신 인기 게임을 즐기려면 사실상 필수였다.

5.25" 드라이브인 DPF-510(싱글)/520(더블)은 360KB 용량의 2DD(양면 배밀도) 포맷, 3.5" 드라이브인 CPF-350C(싱글)/360C(더블)은 720KB 용량의 2DD 포맷이다. 후기의 3.5" 드라이브 쪽이 훨씬 널리 보급되었다.

네트워크 카드

CMD-120	1989년	가격 미상

속칭 '재믹스 모뎀'. MSX2 컴퓨터 및 재믹스 수퍼V로, 전화회선을 경유해 비디오텍스(VT) 기반의 컴퓨터 통신 서비스를 접속하고 이용할 수 있는 1200bps 속도의 모뎀 카트리지다. 당시의 국내 PC통신 서비스였던 KETEL(하이텔의 전신)과 천리안, 대우증권의 홈트레이딩 서비스 'DIAL-VAN' 등에 접속할 수 있었다.

1990년 초, 대우증권이 DIAL-VAN 접속을 위한 가정용 단말기로서 재믹스 수퍼V와 네트워크 카드 세트를 서비스 이용자에게 230,000원에 판매했다는 기록이 남아있다.

HARDWARE

1983
1984
1985
1986
1987
1988
1989
1990
1991
1992
1993-

INDEX

대우전자의 또 다른 'MSX'들

'아이큐'도 '재믹스'도 아닌, 대우전자의 MSX 파생 기종들

앞서 하드웨어 지면을 통해, 대우전자가 공식적으로 발매한 모든 MSX 및 재믹스 기종을 살펴보았다. 하지만 알고 보면 이들 외에도, 당시 대우전자가 내놓은 전자제품 중 '알고 보면 MSX'인 상품이 3종류 더 존재한다.

이들 중 대부분은 MSX 말기에 출시되어 일반에 그리 알려지지 않은 채 소리 소문 없이 단종되었기 때문에, 지금은 극히 희귀하여 소장자가 매우 적거나, 심지어는 존재만 알려져 있고 2021년 3월 현시점까지 실물이 발견되지 않은 것조차도 있다. 그런 만큼 당시의 광고나 기사에 의존한 추측으로서만 기능을 설명할 수밖에 없는 점, 독자의 양해를 바란다.

수퍼보이
DTX-1493FW   1988년 12월 하순   348,000원

1988년 12월 22일자의 신문광고. 시력 보호 브라운관. 예약/게임/TV 전환기능 ON/OFF시간 등의 부가기능이 있다.

대우전자의 컴퓨터사업부가 아닌 가전사업부 쪽에서 제작·발매된, 14인치 TV에 재믹스 기능을 합체시킨 복합가전 형태의 가정용 TV다. 내장된 재믹스 부분은 초대 재믹스나 재믹스V와 동등한 것으로 알려져 있으며, 대우전자 가전대리점 유통망을 통해 판매된 것으로 추측된다. 당시 일본에 이미 게임기를 TV나 PC에 통합시킨 복합가전이 다수 나와 있었기에, 이에 영향을 받아 나온 모델이 아닐까 한다.

재믹스 카드
CPA-601   1990년 하순   105,000원

광고나 기사 등의 당시 발매 기록은 있으나, 아직도 실물이 발견되지 않은

환상의 제품. IBM PC 호환기종용 ISA 확장 카드로서, 메인보드 슬롯에 장착해 PC 상에서 MSX용 소프트웨어 구동을 가능케 했다고 한다. 카드는 PC에서 전원 및 FDD·키보드 신호를 공급받지만 독립적으로 동작하므로, 카드 브라켓의 비디오 출력 단자에 직접 TV나 컬러 모니터를 연결해 게임을 즐기는 방식이다. Z80A CPU, V9958 VDP, RGB·컴포지트 비디오 출력, 64KB RAM, 조이스틱 포트 2개를 탑재하고 있으며, 별도의 애드온 보드를 장착하면 메모리도 2~4MB까지 확장 가능했다고 한다. 구조상 MSX1/2용 플로피디스크만 구동 가능하지 않았을까 추측될 따름이다.

유아용 컴퓨터 '코보'
CPC-330K   1990년 가을   307,000원(본체)

▲ 코보용 소프트웨어 「만화 만들기」의 실제 구동화면. 소프트는 대우전자가 내부 제작한 개발툴 'Nymph'로 만들어졌다고 한다. 제품명 '코보'는 'Korean Boy'의 준말이라고.

대우전자가 MSX 사업을 포기한 직후, 서울대·이화여대 등과의 산학협동으로 기획해 유치원을 타깃으로 출시한 유아교육용 컴퓨터. 실은 판매할 수 없게 된 아이큐 2000 재고품의 기판을 재활용해 생산한 기기이므로, 하드웨어 자체는 완전히 MSX2이며 소프트도 호환된다. 대우전자는 본체 생산·보급은 물론, 유수 대학 유아교육학과의 자문을 받아 3~4세용·5~7세용·'아이큐박사'·'유치원교실' 시리즈 등 20종이 넘는 소프트를 제작 공급했다. 큼직하고 둥글둥글한 외장과 도형 형태의 독특한 키보드 등, 세계적으로도 유례가 드문 매우 선구적인 개념의 컴퓨터였다.

코보는 최종적으로는 약 2년 만에 단종되어 비공식적으로는 국내 최후의 MSX가 되었으나, 당시의 한국 유아교육계에 컴퓨터 도입을 선도한 기기로서 큰 의의를 남겼다.

(※) '코보'의 본체 사진은 프로토타입 단계의 자료사진으로 추정되며, 실제 시판품과는 일부 차이가 있으나 실기를 찾아내지 못해 부득이하게 이쪽을 인용하였습니다.

COLUMN OF KOREAN MSX #4

세계로 수출 판매된 국산 MSX들

대우전자를 비롯한 국내 컴퓨터 제조사들은 내수 판매뿐만 아니라 해외 수출도 적극 행했다. 특히 국내 수요가 아직 미진했던 80년대 중반에 수출이 활발했는데, 유럽 각국부터 남미·중동에 이르기까지 현지 발매사의 OEM 형태로 출시된 여러 모델이 후일 세계의 MSX 팬들에 의해 재발견되었다.

가장 활발히 수출된 모델은 역시 대우전자의 DPC-200으로, CE-TEC(독일), Fenner(이탈리아), Talent(아르헨티나 등), Olympia·Yeno(프랑스), Dynadata(스페인), AVT(네덜란드·벨기에), Tensai(브라질), Perfect(중동), Network(영국), Wandy(태국) 등을 통해 세계 각지에서 발매되었다.

외장 디자인은 국내판과 거의 같으며, 'Manufactured by DAEWOO' 표기가 인쇄된 경우도 많다. 아이큐 2000도, 이만큼은 아니나 여러 제3세계 국가로 수출되었다.

또한 금성사의 FC-80(주로 유럽 수출용 모델인 FC-200), 삼성전자의 SPC-800(Fenner 등)도 해외 수출판이 존재한다.

▲ 1984년 10월 24일 대우전자가 게재한 신문광고. 당시 신문에 따르면, 프랑스의 컴퓨터업체 ITMC 사(Yeno 브랜드)와 연간 3만 대 규모의 수출계약을 체결했었다고 한다.

금성사 FC-200 (유럽)
※ FC-80의 해외 수출 모델

DYNADATA DPC-200 (스페인)
※ 대우전자 DPC-200의 OEM 수출 모델

한국에 정식 발매된 일본 MSX2 게임들

MSX 전성기에 국내에서 범람했던 MSX·재믹스용 소프트들은, 잘 알려져 있다시피 거의 대부분이 일본 등 외국산 소프트의 불법복제품이었다(90년대 초까지의 한국은 저작권 의식이 극히 희박했다). 하지만 1987년 7월의 컴퓨터프로그램보호법

발효 후 해외 판권사들의 제소·경고가 잇따르자 저작권 의식이 점차 높아져, 1989년부터는 해외 회사와 계약하여 소프트를 국내판으로 발매하는 사례가 나오기 시작했다. 당시엔 대우전자·SKC 소프트랜드·다우정보시스템 등이 일본 개

발사와 계약해 여러 소프트를 정식 발매했으나, 이미 시장에 염가 불법 복제 카트리지가 만연해 있었기에 호응은 얻지 못했던 것으로 보인다. 이후 8비트 컴퓨터 시장이 급속도로 쇠퇴하자, 이들 정규 유통작들도 시대의 파고에 휩쓸려 사라졌다.

▲▶ 다우정보시스템이 발매했던 「사각의 비밀」(184p 「퀴스」와 동일 게임). 코나미와 정식 계약해 발매한 한국판으로, 타이틀을 교체했으며 원작과 동일하게 카트리지에 SCC 음원을 내장했다.

◀ 월간 컴퓨터학습 1989년 9월호에 실린 SKC 소프트랜드의 광고지면. T&E 소프트의 「언데드라인」, HOT·B의 「중화대선」 등이 국내에 정식 발매했음을 알 수 있다.

▲ 대우전자가 1989년 발매한 「요정의 나라」(125p의 「페어리랜드 스토리」), 「인조인간 프랑켄」(163p 「몬몬 몬스터」)과 함께, HOT·B의 한국지사였던 HOT·B KOREA와 계약해 발매한 작품이다. 그 외에 「자낙 엑셀런트」, 「퀸플」 등도 정식 발매했다.

HARDWARE

1983
1984
1985
1986
1987
1988
1989
1990
1991
1992
1993-
INDEX

MSX 한글화 게임 소프트 카탈로그

널리 알려져 있지는 않으나, 국내 MSX 시판 초창기인 1985~6년쯤 일부 소프트 판매사들이 일본 게임의 내부 메시지를 '한글화'하여 시판한 경우가 소수 존재했다. 물론 당시는 저작권 침해 의식이 미흡했기 때문에 모두 원작의 무단 개조로 여겨지지만, 당시 시

대상황상 이해의 여지가 있기도 하거니와, '외국 게임의 한글화' 사례로서는 역사적으로 최초이기도 해서 기록으로 남겨둘 만하다. 모두 '번역'이 필요한 어드벤처 장르라는 것도 이채롭다.

아래 언급된 4종 외에도 다른 예가 더 있었을 것으로 여겨지나, 이제는 실물

혹은 데이터가 거의 남아있지 않아 여기서 그치는 점, 너른 양해 바란다. 여기 소개된 작품 외에도, 한국어는 아니나 「북해도 연쇄살인」(108p 「오호츠크에 사라지다」), 「SF ZONE 1999」(114p) 처럼 원작의 일본어 텍스트를 영문화해 내놓은 어드벤처 게임도 있었다.

타임 트렉

삼미컴퓨터 / 토피아
1985년 가격 미상
RAM 32K

폴리시 사의 같은 제목 어드벤처 게임(106p)을 한글화한 작품. 시공관제국이 제공한 타임머신을 사용해, 다양한 시공간을 워프하며 세계를 위협하는 흉악범의 흔적을 추적해 체포하는 것이 목적인 게임이다. 당시로서는 드물게

▶ 워프할 때는 연료가 줄어드니 주의.

커맨드 선택식이 아니라 초보적인 포인트& 클릭 방식을 도입해, 커서를 화면상에 움직

여 풍경의 특정 지점에 놓고 스페이스 키를 누르면 수색하는 식으로 게임이 진행된다.

메피우스 1 : 혹성의 전설
I · II · III 합본

삼미컴퓨터 / 토피아
1986년 5,000원
RAM 32K

T&E 소프트의 「스타아더 전설 I : 행성 메피우스」(99p)를 한글화한 작품. 원작은 '스타아더 전설' 3부작 중 1부로서 속편이 2작품 더 있지만, MSX로는 이 작품만 나왔다. 국내판 패키지에는 'I · II · III 합본'이라고 표기되어 있는

▶ 원작은 T&E 소프트 초기의 대표작이다.

데, 카세트 3개 구성이다 보니 제작 시 착오한 듯하다. '32×12 한글' 모듈을 사용해,

비교적 미려한 한글 표시를 구현했다. 컴퓨터학습 86년 7월호에 가이드가 실려 있다.

쟈~스

토피아
1986년 4,500원
RAM 32K

에닉스 사의 어드벤처 게임 「쟈스」(89p)를 한글화한 작품. 카세트테이프 2개 구성이다. 원작은 당시로서는 드물었던 SF 풍 어드벤처 게임으로서, MSX1의 16색 제한을 최대한으로 파고들어 미려한 애니메이션 풍 풀스크린

▶ 미리카는 프롤로그의 엑스트라일 뿐.

그래픽을 보여줌으로써 화제를 일으켜 히트했다. 발매 당시, 게임의 프롤로그와 광고

에 등장하는 미소녀 '미리카'가 히로인인 줄 알고 산 사람이 많았다고 한다.

지구인의 위기일발…?

토피아
1986년 3,500원(상·하 별도)
RAM 32K

소프트스튜디오 WING의 「일요일에 우주인이…?」(116p)를 한글화한 작품. 원작은 MSX1판과 MSX2판이 각각 별도로 발매되었는데, 이 작품은 그중 MSX1판을 기반으로 한글화했다. 내용이 상·하편으로 나뉘는 2부

▶ 당시로서는 상당한 볼륨의 게임.

구성인 것도 특징. 당신은 '88저널'의 기자 '브라운'이 되어, '네코오카' 뉴타운 20주년

기념으로 특종기사를 취재해 와야 한다. 그리하여 초정밀연구소를 방문하는데……

MSX 국산 게임 소프트 카탈로그

이 페이지에서는, 1987년부터 1992년까지 재미나(새한상사) 등의 회사가 MSX·재믹스용으로 발매한 자체 개발 국산 게임 소프트들 중에서 총 39개 타이틀을 추정 발매년도 순으로 정렬해 원서와 동일한 형식으로 카탈로그화하였다.

여기 실린 게임들은 2021년 3월 시점에서 디지털 파일로 추출·공개되어 있어 존재가 확인된 작품으로 한정하였다. 여기 실린 것 외에도 컴퓨터잡지 광고 등을 통해 당시 제작·발매되었음으로 추정되는 작품이 여럿 알려져 있으나, 실제 데이터 형태로 남아있지 않

아 부득이하게 목록에서 제외한 경우도 있음을 미리 밝혀둔다.

또한 거의 대부분이 이제는 정확한 발매시기를 특정할 수 없기에, 게임 타이틀 화면의 판권표기 연도나 게임잡지 등으로 추정하여 표기한 것이 다수 있음을 아울러 밝힌다.

형제의 모험

재미나
1987년 하순 8,000원
RAM 8K

기록상 최초의 MSX · 재믹스용 국산 게임. 세운상가를 모태로 당시 MSX용 주변기기 · 롬팩을 활발히 제작 판매하던 새한상사(재미나)의 작품으로, 이후에도 재미나 자체제작 게임 대부분에 관여하는 김을석 · 구은중 씨가 프

MSX
ROM

▶ 『마리오브라더스』의 모방작이다.

No IMAGE

로그래밍했다. 개발자재 · 자료 · 경험이 극히 부족했던 산업 초창기에 소인수로 제작

한 탓인지 게임 자체의 완성도는 낮은 편이나, 첫 국산 MSX 게임이라는 의의가 있다.

꾀돌이

아프로만
1988년 하순 10,000원
RAM 8K

마술나라인 슝그리 왕국의 왕자 '꾀돌이'가 겪는 모험이라는 설정의 퍼즐 액션 게임. 실제 개발사는 미키소프트웨어(구 삼미컴퓨터)로, 장창수 · 정경택 · 김광래 씨 3인이 제작했다. 룰과 시스템 면에서 테크모의 「솔로몬의 열쇠」의

MSX
ROM **200**

▶ 타이틀에서 GRAPH 키를 누르면 패스워드 입력이 가능하다.

영향이 짙게 보이나, 맵 구성과 그래픽 · 사운드 등은 당시 국산게임 중에선 오리지널

리티가 높은 편이다. 카트리지판 외에 디스크판도 발매되었다고 한다. 총 50스테이지.

대마성

토피아
1988년 7월 16일 30,000원
RAM 16K

기록상 메가 롬을 채용한 최초의 국산 MSX 게임. 중 · 고교생이었던 이규환 · 이상헌 · 이상윤 · 이길호 · 최지영 5인의 '뉴에이지 팀'이 개발한 고정화면식 액션 게임으로, 아이템 · 무기 선택 개념이 있는 등 당시 국산게임으로는

MSX
MEGA ROM **ROM** **200**

▶ 패스워드에 'LEE SANG HUN'을 입력해보자.

독창성과 만듦새가 뛰어난 편이었다. 다만 메가 롬이다 보니 가격이 비싸, 판매량이 기대

만큼은 아니었다고(디스크판도 발매했다). 후일 개발진 중 상당수가 판타그램 사를 창립한다.

뉴 보글 보글

재미나
1988년 10,000원
RAM 8K

타이토의 「버블 보블」 (131p)을 MSX · 재믹스용으로 무단 이식했으며, 재미나 내부 개발팀이었던 MBITM의 정찬용 · 천용민 씨가 개발했다. MSX1 용인 걸 감안하면 꽤 분발한 편이나, 아무래도 독창성이 아쉬운 작품.

MSX
ROM

띠띠빵빵

아프로만
1989년 가격 미상
RAM 8K

'정의의 사도 밍코는 슈퍼카 띠띠빵빵으로…'라는 캐치카피로 소개된, 승용차를 조작하는 강제 횡스크롤 액션 게임. 플레이어 차량에 공격수단이 전혀 없고 이동과 점프만 가능한 게 특징이다. 능숙한 컨트롤로 골인하자.

MSX
ROM

No IMAGE

더블 드라곤

재미나
1989년 12,000원
RAM 8K

 MSX
 ROM

이규환·이상헌 씨가 「대마성」 완성 이후 재미나로 퍼블리셔를 옮겨 내놓은 작품. 테크노스 재팬의 같은 제목 작품의 모작이며, 제작에 2개월이 걸렸다 한다.

MSX로 정규 이식작이 없어서였는지, 당시 무려 2만 장이나 팔렸다고.

용의 전설

재미나
1989년 가격 미상
RAM 8K

MSX
ROM

역시 이규환·이상헌 씨가 제작해, 재미나를 통해 발매한 작품. 코나미의 「마성전설」과 유사한 스타일이라, 당시 「마성전설」의 인기를 엿볼 수 있다. 이 시절의 다른 재미나 게임들처럼, 겜보이용으로도 발매되었다.

슈퍼보이 I

재미나
1989년 가격 미상
RAM 8K

MSX
ROM

딱 보기에도 패미컴 「슈퍼마리오브라더스」의 무단 이식작. 횡스크롤 기능이 없는 MSX1에서 어떻게든 원작을 그럭저럭 형태나마 구현해낸 작품으로, 타이틀명이 아예 「 I 」인 것을 보면 처음부터 상·하로 나눈 것으로 보인다.

슈퍼 바블 바블

재미나
1989년 가격 미상
RAM 8K

MSX
ROM

앞 페이지의 「뉴 보글 보글」과 같은 MBITM 팀의 작품으로, 게임 제목이 바뀌긴 했으나 타이틀과 맵 디자인 정도를 제외하면 실질적으로는 기본적으로 동일한 구성이라, 「뉴 보글 보글」의 개량판으로 보인다.

악마지대

으뜸소프트
1989년 30,000원
RAM 64K VRAM 128K

 MSX2
 ROM

No IMAGE

▶ 진행은 단순하지만, 기본이 제법 탄탄하다.

기록상 최초의 국산 MSX2 게임이며, MSX2 전용 게임이 이 작품과 후일의 「그날이 오면 II」단 둘뿐인지라 무척 귀중한 작품이 아닐 수 없다. 무기·아이템 전환 개념이 존재하는 횡스크롤 슈팅 액션 게임으로, 다양한 배경의

5스테이지 구성에 간소한 엔딩 비주얼과 무기 구입 개념도 있어, 난이도가 적절하고 독

창성이 높은 편이다. 3.5" 디스크판(9,000원) 도 발매했다는 기록이 있다.

테트리스

으뜸소프트
1989년 12,000원
RAM 8K

MSX
ROM

해외에서의 「테트리스」의 선풍적 인기가 암암리에 국내에도 전달되면서, 이 해를 전후해 여러 컴퓨터와 게임기로 「테트리스」의 모작들이 우후죽순처럼 등장했다. 2인 동시 플레이가 가능하다.

에프에이 테트리스

FA SOFT
1989년 가격 미상
RAM 8K

MSX
ROM

당시 MSX용 확장램팩, 백업 툴 등을 제작·판매하던 에프에이 소프트가 발매한 「테트리스」게임. 실제 제작자는 'FRESH FISHES' 팀으로 보이며, MSX1 게임인데도 수준급의 그래픽과 퀄리티가 일품이다.

No IMAGE

너클 죠

프로소프트
1989년 가격 미상
RAM 8K

MSX
ROM

게임 제목은 타이틀명이 같은 세이부 개발의 1985년작 아케이드 게임(80년대 중후반, 한국에서도 오락실에서 인기가 많았다)에서 따온 것으로 보이나, 실질적으로는 「프로텍터」(106p)를 모작한 게임이다.

No IMAGE

테트리스 II

프로소프트
1989년 가격 미상
RAM 8K

MSX
ROM

당시 한국을 비롯해 세계 각국에서 범람하던 「테트리스」아류 이식작 중 하나. 룰이 극히 간단했기에 제작이 쉬워 수많은 회사들이 아류작을 내놓았다. 이 게임은 재믹스 후기의 여러 합팩에 등장하기도 한다.

No IMAGE

L.3.W

스크린소프트
1990년 12,000원
RAM 8K

당시 국내 오락실·PC에서 유행이었던 이른바 '헥사'류 게임을 MSX로 이식한 작품. 2인 동시 플레이 가능. 이유는 불명이지만, 후일 하이콤이 「슈퍼 컬럼스」로 타이틀명 및 텍스트를 바꿔 재발매한 버전도 있다.

독수리 5형제

재미나
1990년 가격 미상
RAM 8K

제목은 '독수리 5형제'이지만 게임 내 타이틀명은 'EAGLES 5'이고, 기본적으로는 5단계 파워업 요소가 있는 종스크롤 슈팅이다. 컴파일 사의 「파이널 저스티스」의 코드를 일부 도용한 게 아닌가 싶은 흔적이 있다.

마이크로 제비우스

재미나
1990년 가격 미상
RAM 8K

남코의 인기작 「제비우스」를 무단 이식한 작품. 무단 이식인 것은 차치하고라도, 이식도 자체도 그리 좋다고 하기 어렵다. 스크롤이 부드럽지 않고 스프라이트 깜박임도 있는 등, MSX1에 맞춰 힘겹게 돌아가는 느낌의 게임이다.

수퍼보이 II

재미나
1990년 가격 미상
RAM 8K

앞서 소개했던 「슈퍼보이」의 속편. 월간 '게임챔프' 1997년 5월호 기사에 따르면, 「슈퍼보이」 시리즈가 10만여 장이나 팔려 재미나가 닌텐도로부터 10억 원의 소송을 당했으나 여러 이유로 결국 흐지부지되었다고 한다.

PUZNIC

재미나
1990년(추정) 가격 미상
RAM 8K

재미나의 자체제작 게임 중에서는 매우 드문 퍼즐 장르. 게임 자체는 타이토의 같은 제목 퍼즐 게임의 모방작이다. 이유는 불명이지만 패키지에 적힌 타이틀명은 그저 'PUZZLE'인데, 본서에선 게임 내 표기를 따랐다.

보글보글

크로바소프트
1990년 15,000원
RAM 16K

앞서 소개한 재미나판과는 다른, 크로바소프트가 개발·판매한 버전. 후발작인 만큼, 재미나판보다는 원작(?)에 충실하게 이식했다. 재믹스용 국산게임은 당대에 한국에서도 인기였던 게임들의 모작이 많았음이 엿보인다.

비지란테

크로바소프트
1990년(추정) 가격 미상
RAM 8K

아이렘 사의 아케이드용 액션 게임 「비질란테」의 무단 이식판. 펀치·킥과 점프, 쌍절곤 등 기본적인 요소는 원작의 에센스를 그럭저럭 살렸으나, 난이도가 진행불가 급으로 어렵고 히트 판정도 패나 부조리한 편이다.

SUPER 수왕기

크로바소프트
1990년 가격 미상
RAM 16K

패키지의 타이틀명은 어째서인지 '수황기'라고 되어 있는, 세가의 아케이드 게임 「수왕기」의 무단 이식판. MSX1이라는 압도적으로 열악한 스펙으로, 변신·파워 업 등 의외로 그럭저럭 원작의 요소를 어떻게든 담아냈다.

스카이 화이터 ※

크로바소프트
1990년 가격 미상

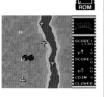

재믹스와 젬보이로 출시된 종스크롤 슈팅 게임이며, 게임 내용은 동일한 것으로 추측된다(본서에 실린 사진은 젬보이판 기준). 여담이지만, 젬보이판의 커버 아트워크에 실린 타이틀명은 '보라매 전사'다.

GUN.SMOKE

프로소프트
1990년 가격 미상
RAM 8K

캡콤의 같은 제목 아케이드 게임을 무단 이식한 작품(재미있게도 원작의 커버 아트까지 그대로 패키지에 복제했다). 전체적인 화면을 보면, 이식할 때 패미컴판을 나름대로 참고한 것으로 추측된다.

HARDWARE | 1983 | 1984 | 1985 | 1986 | 1987 | 1988 | 1989 | 1990 | 1991 | 1992 | 1993- | INDEX

그날이 오면 II

미리내소프트
1991년초 24,500원
RAM 64K VRAM 128K

▶ 후일의 명작인 「그날이 오면 3」의 전작.

1987년 대구에서 창립한 게임 개발사, 미리내 소프트웨어의 첫 발매작. 처녀작인데도 'II'인 이유는, 이보다 앞서 개발했으나 발매하지 못한 1편이 존재했기 때문이라고. 게임 자체는 90년경 완성했으나 유통사를 잡지 못하는 동안 MSX2가 무너져 뒤늦게 출시된 데다 유통도 원활히 되지 않아, 현재 남아있는 판본은 극소수로 알려져 있다. 이후 미리내는 16비트 PC로 「자유의 투사」를 발매한다.

아기공룡 둘리

다우정보시스템
1991년 가격 미상

▶ 애플 II 의 「우주전사 둘리」에 이은 2번째 게임화에 해당한다.

다우정보시스템 사의 게임 사업부 '잼잼크럽'이 내놓은, MSX 국산게임 중 유일한 판권작품. 김수정 화백의 같은 제목 만화 캐릭터를 정규 라이선스 계약하여 사용했다. 액션과 슈팅 두 장르를 섞어 스테이지별로 양쪽 장르를 번 갈아 진행하는 것이 큰 특징이며, 겜보이판도 존재한다. 다우정보시스템은 이때 획득한 라이선스를 이용해 패미컴용 게임 「둘리 부라보랜드」도 제작, 1992년에 발매했다.

사각의 비밀

재미나
1991년(추정) 가격 미상
RAM 8K

코나미의 퍼즐 게임 「퀴스」를 MSX1용으로 무단 이식한 작품으로, 코나미의 원작을 정규 라이선스하여 다우정보시스템이 출시했던 같은 제목의 MSX2 게임(253p)과는 별개의 소프트다. 게임 내 타이틀명은 'Block Hole'.

사이보그Z

재미나
1991년 가격 미상
RAM 8K

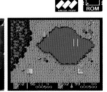

재미나의 첫 메가 롬 사용 작품 중 하나로서, 재미나 작품들 중에서는 제일 오리지널리티가 있는 게임으로 꼽히는 편이다. 로봇을 조종하는 종스크롤 슈팅 게임이며, 별도의 버튼으로 무기 교체가 가능하다.

수퍼보이 III

재미나
1991년 가격 미상
RAM 8K

시리즈 3번째 작품으로, 메가 롬을 채용했다. 이 시기의 재믹스 게임들처럼 겜보이판도 나왔다. 원작을 복제하다시피 한 1·2편에 비해 캐릭터·그래픽을 제법 차별화했다. 4편도 있지만, 이쪽은 겜보이판만 존재한다.

후레쉬 포인트

재미나
1991년 가격 미상

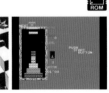

비교적 평범한 스타일의 「테트리스」아류작 게임. 정확히는, 1988년 세가가 아케이드로 발매한 「플래시 포인트」를 모방 이식한 것으로 추측된다. 반짝이는 블록을 모두 없애야 클리어된다는 룰도 동일하다.

원시인

재미나
1991년(추정) 가격 미상
RAM 8K

기본적인 시스템은 「마성전설」과 유사하나, 게임 자체는 허드슨의 패미컴용 게임 「신인류」를 크게 참고해 만든 것으로 추정되는 작품. 당시 게임잡지 기사에 따르면, 개발 시의 타이틀명은 '고인돌'이었던 듯.

닥터 헬로

GENIUS SOFT
1991년 가격 미상

제작사가 불분명한 게임 중 하나로서, 시스템 및 그래픽으로 보면 패미컴의 「닥터 마리오」를 모방한 무단 이식작이다. 겜보이판으로도 발매되었다. 타이틀명처럼, 일단 주인공의 이름은 '헬로우 박사'다.

    대응 기종 아이콘

가세트 테이프 / ROM 카트리지

홍길동 ※

크로바소프트
1991년 15,000원

MSX

▶ 90년대 초의 전형적인 '한국형 게임'.

MSX·재믹스로 등장한 국산 상용 게임 중에서는 무척 드문 오리지널 작품. 월간 '마이컴' 1990년 2월호에는 '새론시스템 사가 개발한 MSX용 신작'이라고 되어 있으나, 사정이 있었는지 실제로는 다음해 크로바소프트를 통해 나왔고, 겜보이판도 발매되었다(사진은 겜보이판). 비교적 단순한 횡스크롤 슈팅 액션 게임이나, BGM으로 민요를 삽입하는 등 '한국적인 게임'을 고민한 흔적이 엿보인다.

슈퍼 브로스 월드 1

크로바소프트
1991년(추정) 21,000원
RAM 16K

MSX

패미컴의 「슈퍼 마리오브라더스 3」를 MSX1의 스펙으로 흉내 내려는 듯한 느낌이 강한, 크로바소프트의 모방작. 타이틀명에 '1'이라는 표기가 있어 속편도 만들려 했던 듯하나, 이후의 작품은 발견되지 않았다.

슈퍼 바이오맨 4

세계로전자
1992년(추정) 25,000원
RAM 16K

MSX

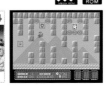

발매사가 다르지만, 그래픽·구성이 왼쪽의 「슈퍼 브로스 월드 1」과 거의 동일해 이 게임의 스테이지 맵 교체판으로 추정된다. 'HELLO SOFT'라는 명의로 출시된 1~3편도 존재하는 듯하나, 확인되지는 않았다.

강철 로보캅

씨에코
1992년 가격 미상
RAM 16K

MSX

당시 누구나 알던 인기 영화 '로보캅'에서 모티브를 강하게 받은 것으로 보이는 작품(패키지 아트에 아예 영화 포스터를 가져다 썼다). 가혹한 히트 판정과 고난이도를 자랑하는 플랫포머 액션 게임이다.

수퍼 펭귄

씨에코
1992년(추정) 가격 미상
RAM 8K

MSX

펭귄이 주인공인, '슈퍼 마리오' 스타일 게임. 다만 화면 스크롤이 없고 다음 화면으로 넘어가는 식인데다, 파워 업 상태가 아닐 경우 적을 밟아 없앨 수 없으며, 구름을 발판으로 쓸 수 있는 등 이색적인 면이 많다.

스트리트 마스터

재미나
1992년 가격 미상
RAM 8K

MSX

▶ MSX1으로 대전격투 장르에 도전했다.

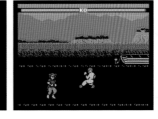

기록상 재미나의 마지막 MSX·재믹스용 게임으로, 겜보이로도 함께 발매되었다. 전반적으로 초대 「스트리트 파이터」를 매우 참고해 제작한 듯하며, 당시 오락실의 대인기 장르였던 대전격투 액션에 도전한 게임이다. MSX1의 열악한 스펙을 감안하면 곳곳에 노력한 흔적이 있으나, 스프라이트 깜박임과 깨짐이 심하고 조작감이 나쁜 등 아무래도 역부족이라는 느낌을 피할 수 없는 작품.

원더키드

열림기획
1993년(미발매)
RAM 16K

MSX

No IMAGE

▶ 완성은 되었으나, 국내엔 발매되지 않았다.

재미나 제작 게임들 다수의 개발에 참여했던 김은석·구은중 씨가 독립해 설립한 개발사인 열림기획의 첫 작품으로, 실제 개발은 이상헌 씨가 맡았다. 발매를 고지하는 광고가 월간 '게임챔프' 92년 12월호에 실렸으나 결국 발매되지 않았고, 호주 HES 사가 95년 출시한 세가 마스터 시스템용 합팩 모음집에 'Adventure Kid'라는 타이틀명으로 수록되어 발견되었다고 알려져 있다.

HARDWARE
1983
1984
1985
1986
1987
1988
1989
1990
1991
1992
1993-
INDEX

 플로피 디스크
 BEE CARD
 레이저 디스크
 VHD 디스크
 메가롬 내장 게임
 파나 어뮤즈먼트 카트리지 지원 게임
 MSX-MUSIC 지원 게임
SCC 내장 게임

259

주 : 타이틀명 옆에 「※」가 붙어있는 게임의 스크린샷은 타 기종판입니다.

MSX & 재믹스
퍼펙트 카탈로그

1판 1쇄 | 2021년 4월 26일
1판 2쇄 | 2022년 8월 29일
감   수 | 마에다 히로유키
옮 긴 이 | 조기현
발 행 인 | 김인태
발 행 처 | 삼호미디어
등   록 | 1993년 10월 12일 제21-494호
주   소 | 서울특별시 서초구 강남대로 545-21 거림빌딩 4층
          www.samhomedia.com
전   화 | (02)544-9456(영업부) (02)544-9457(편집기획부)
팩   스 | (02)512-3593

ISBN 978-89-7849-638-4 (13690)